自在囚

明清塾师的生存状态

丁志军 著

湖北省社科基金一般项目（2017105）成果

巴蜀书社

图书在版编目（C I P）数据

自在囚 : 明清塾师的生存状态 / 丁志军著. -- 成都 : 巴蜀书社, 2020.8
ISBN 978-7-5531-1302-9

Ⅰ. ①自… Ⅱ. ①丁… Ⅲ. ①私塾－教师－研究－中国－明清时代 Ⅳ. ①D663.5

中国版本图书馆CIP数据核字(2020)第076649号

自在囚:明清塾师的生存状态

ZIZAIQIU MINGQING SHUSHI DE SHENGCUN ZHUANGTAI

丁志军　著

策划编辑　张照华
责任编辑　张照华　王　楠
封面设计　冀帅吉
出版发行　巴蜀书社
（成都市槐树街 2 号　邮政编码 610031）
发 行 科　02886259422　86259423
网　　址　http://www.bsbook.com
经　　销　新华书店
照　　排　成都木之雨文化传播有限公司
印　　刷　成都蜀通印务有限责任公司
成品尺寸　160mm×235mm
印　　张　24.5
字　　数　490 千
版　　次　2020 年 8 月第 1 版
印　　次　2020 年 8 月第 1 次印刷
书　　号　ISBN 978－7－5531－1302－9
定　　价　58.00 元

目录

绪论

一、写作缘起

提起塾师，大多数人首先想到的，恐怕就是鲁迅笔下的私塾先生寿镜吾这一跃然纸上的“老秀才”形象了。若再往前追溯，相对为人熟知的塾师，便是吴敬梓笔下备受奚落的“老童生”周进以及西周生笔下的“学霸”汪为露。从某种意义上讲，当代人对古代塾师正面或负面形象的认知，多来自明清及民国时期的通俗小说。

塾师是中国传统教育中一个特有的职业类型。在传统社会中，塾师广泛分布于基层社会，并形成了一个极其庞大的职业群体，他们包办了传统基础教育中的绝大部分内容。在私学极为兴盛的明清时期，无论是接受精英教育、以猎取功名为目标的世家子弟，还是接受平民教育、以识字书算为目的的升斗小民子弟，几乎都有跟从塾师受学的教育经历。塾师之于传统教育的重要性不难想见。

但是，传统塾师这个庞大的职业群体被国家取缔并退出历史舞台，至今已有近六十年的时间了[1]。笔者通过文献梳理发现，在当代的教育语境中，除了明清及民国时期的通俗小说等文学作品外，传统教育的执业者——塾师已极少进入人们的视野。在现有的中国古代教育史研究中，塾师也往往被忽略，甚至被遗忘。20世纪90年代以来，当代公办学校教育本身存在的一些问题以及民办教育的涌现，促使一些学者将目

---

〔1〕 吴修申认为，传统私塾约在20世纪60年代中期整体退出了历史舞台。参见吴修申：《中国共产党私塾政策研究》，北京：中国社会科学出版社2013年版，第168页。

光重新转向传统教育，由此形成了一股私塾研究热。塾师作为私塾教育的主要组织者和实施者，也开始进入研究者的视野。令人遗憾的是，由于传世文献中关于塾师的资料普遍简略且十分零碎，小说、戏曲等通俗作品又因为文学本身的艺术夸张与取材的偏好，其所塑造的塾师形象往往流于片面，甚至被有意扭曲，因而传统教育中塾师的整体面貌和他们的生存状态，对当代人来说依然显得十分模糊且不够真实。从这个意义上来讲，古代塾师确是一个备受冷落但又值得关注的职业群体，塾师研究有必要继续深入。

二、当前的塾师研究概况

清末民初，自上而下的大变革逐次推进，教育亦不例外。1903 年，《奏定学堂章程》出台，标志着源于西方的新式教育在中国开始推广；1905 年，延续千余年的科举制被正式废除。但是，新教育的发展并非一帆风顺。20 世纪二三十年代，新式小学教育在乡村的推广遇到诸多困境，私塾改良与取缔的进程缓慢，这也使得新式学校与传统私塾的冲突、融合成为教育研究的热点话题。在这些教育研究中，私塾是传统教育的主体，因而私塾教育的直接实施者——塾师是个始终绕不开的群体。伴随教育自上而下的变革，中国知识分子的命运面临彻底的改变，传统士人的生存方式也成为学界的一个关注点。塾师这一群体中，相当一部分是属于“士”阶层的知识分子，因而塾师很自然地成为了知识分子群体研究的特殊对象。20 世纪 90 年代以来，我国现代教育出现新的变化，民办教育进入公众视野，并成为国民教育的重要组成部分，这是传统私学再次成为教育研究热点的时代背景。但对塾师这一群体进行较为系统的专题研究，则已是 20 世纪 90 年代末期的事了。综而观之，自清末以来，学界对塾师的研究，经历了从作为私学研究的附属到作为专题研究的独立对象、从简单描述到系统研究的渐进过程。

（一）私塾研究中涉及的塾师研究

20 世纪 30 年代，王兰荫在《明代之社学》一文中，对明代社学的系列问题进行了较为全面的考察，其中涉及社学教师的人员构成、选聘方式、经济待遇等方面的问题，并指出明代社学存在“选师无法、师多而轻、奸巧者尝挟社学以为市”的弊端[1]。与王兰荫同时期的廖泰初所著《动变中的中国农村教育——山东省汶上县教育研究》是民国时期较早观照新式教育与传统私塾教育冲突的专著，书中在探讨私塾的组织与运作模式的时候，对私塾教育的实施者——塾师有较多的描述，包括塾师的就业方式、收入、对私塾的管理、塾师与乡土社会的关联等[2]。20世纪90年代以来，教育史的编纂及相关研究也或多或少地对塾师予以关注。璩鑫圭主编的《中国近代教育史资料汇编·鸦片战争时期教育》较多地涉及了近代私塾教育，并特别涉及了“塾师的生活待遇”这一主题，收录了记录塾师生活状况的文献4篇[3]。陈宝良的《明代的义学与乡学》对明代的义学与义塾进行了初步的探讨，在义学与义塾的创办、教师聘请和教学等方面均涉及塾师[4]。王洪宾、武修敬主编的《中国教育大系·历代教育名人志》中，收录了明清时期有塾师从业经历的教育名人数百名，但仅限于生平和教育思想的简略介绍[5]。周德昌、王建军主编的《中国教育史研究·明清分卷》在研究明清蒙学教育时，也对明清蒙学教师的状况进行了一定的关注[6]。吴宣德《中国教育制度通史》（第四卷）专章研究明代的小学（即私学），对小学教师的选用、考核、待遇进行了较多探讨[7]。然而需要指出的是，吴宣德虽然将“小学”当作明代所有私塾类型的总称，但在探讨

---

〔1〕 王兰荫：《明代之社学（续）》，《师大月刊》1936年2月第25期，第116页。

〔2〕 廖泰初：《动变中的中国农村教育——山东省汶上县教育研究》，1936年个人刊，第26－42页。

〔3〕 璩鑫圭：《中国近代教育史资料汇编·鸦片战争时期教育》，上海：上海教育出版社1990年版，第405－411页。

〔4〕 陈宝良：《明代的义学与乡学》，《史学月刊》1993年第3期，第44－47页。

〔5〕 王洪宾、武修敬：《中国教育大系·历代教育名人志》，武汉：湖北教育出版社1994年版，第166－364页。

〔6〕 周德昌、王建军：《中国教育史研究·明清分卷》，上海：华东师范大学出版社1995年版。

〔7〕 吴宣德：《中国教育制度通史》（第四卷），济南：山东教育出版社2000年版，第314－324页。

小学教师时，却又仅将论述焦点集中于明代社学教师，因而得出了一些并不具有普遍意义的结论。沈海梅在研究明代云南的私学时，对私塾的师资也进行了简略探讨[1]。谭清宣等《试论明代地方学校的类型及功能》在论及明代社学、义学、乡学等地方学校时，对塾师的聘用作了简要分析[2]。

以上是现当代学者在研究明清私塾教育时，涉及塾师研究的部分成果。通过简单的梳理可以发现，这类成果有如下特点：一是分布零散，散见于专著（包括教育史）、资料汇编、单篇论文中；二是研究深度不够，多停留于原始材料的罗列和一般性描述，既无整体的系统展开，也无某一方面的深入探究。

（二）知识分子群体研究中涉及塾师的研究

学界对传统知识分子特别是士人群体的关注虽始于清末民初的大变革时期，但将士人中的塾师作为一个独立的群体予以观察，则是在中华人民共和国成立以后。20 世纪 50 年代，旅居美国的张仲礼先后出版了英文著作《中国绅士——关于其在十九世纪中国社会中作用的研究》《中国绅士的收入》，90 年代以后被译介到国内，并产生很大影响。前书中，作者在探讨绅士家庭的经济状况时，对绅士中的塾师群体给予了特别关注[3]；而在后书中，作者以整章的篇幅对从事教学的绅士收入进行了专门研究，并对绅士中塾师群体的教学收入进行了较为具体、深入的考察[4]。赵园《明清之际士大夫研究》主要关注明清之际士人的职业选择和生存方式，其中包含了对士人充塾师的讨论[5]。刘晓东在

---

〔1〕 沈海梅：《明代云南文化教育中的私学》，《思想战线》1999 年第 3 期，第 100－105 页。

〔2〕 谭清宣、王丽琼、霍敏：《试论明代地方学校的类型及功能》，《重庆社会科学》2007 年第 11 期，第 73－77 页。

〔3〕 张仲礼：《中国绅士——关于其在十九世纪中国社会中作用的研究》，李荣昌译，上海：上海社会科学院出版社 1991 年版。

〔4〕 张仲礼：《中国绅士的收入》，费成康、王寅通译，上海：上海社会科学院出版社 2001 年版。

〔5〕 赵园：《明清之际士大夫研究》，北京：北京大学出版社 1999 年版。

《明代士人生存状态研究》一书中，对明代底层士人充塾师的现象进行了较为全面和细致的探讨，包含塾师的择业动机、生活状况以及进入塾师行业对底层士子人格形成的影响等[1]。陈宝良所著《明代儒学生员与地方社会》在涉及儒学生员的职业流动时，对底层士子将训蒙作为职业首选的普遍现象给予了关注，并对塾师的收入状况、塾师的“师道长短”也有论列[2]。此外，美籍学者高彦颐独辟蹊径，其所著《闺塾师——明末清初江南的才女文化》对明清之际的女性知识分子群体作了专题研究，力图通过具体地展现明末清初江南地区的上层妇女生活，来把握性别关系的互动，从而改写五四史观对传统妇女史的论述，“巡游的女塾师”成为明末清初的江南闺秀们创造“丰富多彩和颇具意义的文化生存方式”的重要表现[3]。以上是知识分子群体研究中涉及塾师研究较有代表性的著作。

（三）塾师专题研究

与私塾研究和知识分子群体研究对塾师的连带性论述相比，以塾师为专门对象的研究起步很晚，始于20世纪90年代末。截至2019年11月，已经公开发表的塾师研究成果中，专著共有3部、单篇论文约70篇[4]。其中，专著均为以塾师为对象的综合性研究，单篇论文既有综合性研究，又有针对塾师的单项研究。

1. 综合性研究

韩凝春《明清塾师初探》是较早对明清塾师进行初步勾勒和全面叙述的文章，认为塾师是以落第文人为骨干的乡间职业教育阶层；作为基层文人，他们有忠于朝堂、关怀教化的历史追求；塾师的收入与劳动付出基本不成比例；塾师通过文化的世袭与师徒、姻眷、乡亲、宗党等

---

〔1〕 刘晓东：《明代士人生存状态研究》，长春：吉林文史出版社2002年版。

〔2〕 陈宝良：《明代儒学生员与地方社会》，北京：中国社会科学出版社2005年版。

〔3〕［美］高彦颐（Dorothy ko）：《闺塾师——明末清初江南的才女文化》，李志生译，南京：江苏人民出版社2005年版。

〔4〕 此处所统计的论文数量，仅为研究性论文，一般介绍性文章则未计算在内。

关系，构成其特有的社交关系网[1]。蒋纯焦所著《一个阶层的消失——晚清以降塾师研究》对塾师阶层从遭到近代新式教育冲击以来，直至完全退出历史舞台的整个过程进行了分段、系统的研究，旨在“从塾师的近代命运去透视中国传统教育的转型和新教育的建立过程”[2]。简言之，塾师只是该研究的视角，构建近现代教育史才是目的。刘晓东《明代的塾师与基层社会》一书则从社会史的视角对明代塾师的社会规模、职业构成、生计状况、职业生存观念、职业生活、社会关系与社会活动等方面进行了综合性研究，是迄今为止对明代塾师群体研究最为系统和深入的学术专著[3]。相较而言，蒋威的《清代江南乡村塾师与地方社会》则将江南乡村塾师纳入乡村史的范畴加以考察，关注这一群体的经济生活、馆居生活、社会交往及其在乡村社会中的地位与作用[4]。

2. 单项研究

此处所谓单项研究指对塾师某一方面进行的专门探讨。笔者通过梳理和归纳发现，现有研究成果中，对塾师的单项研究主要集中在收入状况、生存状态、社会形象、社会地位与权力等方面[5]。

（1）关于塾师收入状况的研究

无论是私塾研究还是知识分子群体研究，塾师的经济收入一直是学者关注的热点之一，在已有的塾师研究成果中，这一主题占了很大比例。张仲礼在《中国绅士的收入》一书中对清代塾师的收入给予了特别关注，他通过研究后认为，有绅士身份的塾师平均年收入在银 100 两左右[6]；闻洁《塾师经济待遇初探》侧重探讨民国中期湖北塾师的收入，认为塾师的经济待遇包括束脩、膳食和节敬；私塾的级别、类别和

〔1〕 韩凝春：《明清塾师初探》，《中国社会经济史研究》1997 年第 3 期，第 15－23 页。

〔2〕 蒋纯焦：《一个阶层的消失——晚清以降塾师研究》，上海：上海书店出版社 2007 年版。

〔3〕 刘晓东：《明代的塾师与基层社会》，北京：商务印书馆 2010 年版。

〔4〕 蒋威：《清代江南乡村塾师与地方社会》，北京：中国社会科学出版社 2019 年版。

〔5〕 本部分对单项研究成果的梳理遵循以下原则：一是选择较有代表性的研究成果；二是研究内容相同或观点相似的，则择取发表时间较早的成果，其余论文不再逐一列举。

〔6〕 张仲礼：《中国绅士的收入》，第 95 页。

塾师自身的素质是影响塾师待遇的三个主要因素；作为一个职业群体，塾师既非薪俸很高，亦非啼饥号寒[1]。郝锦花《20世纪二三十年代乡村塾师的收入》认为，受废科举、兴学堂的影响，20世纪二三十年代乡村塾师的经济地位较19世纪有所下降，年收入大约相当于高等学校教员的十分之一，比城市熟练工人低，但比小学教员和城市工人的平均工资略高，是农民的2.5—12.5倍[2]。徐梓《明清时期塾师的收入》一文与闻洁所持观点一致，认为塾师通过教学课徒获得的收入主要有束脩、膳食和节敬三项。其中束脩是塾师收入的最主要来源，塾师的供膳情形直接反映出塾师的生活质量[3]。刘晓东《明代塾师“生计”刍议——以江南地区为中心》认为，明代塾师有“经师”与“蒙师”之别，两者的经济收入也有着较大的差别。塾师中虽不乏生活相对优裕者，但从总体看来还是表现出维持生计的基本特征。同时，相较于农、商等职业群体而言，塾师虽具有较高的社会身份，但并不意味着其生存状态也全然确立为“四民之首”[4]。蒋威《明清时期塾师业外活动收入及其原因与影响》将明清塾师的业外收入归纳为耕田、从医卖药、卖文、卖字、卖画和占卜说媒等方面，而明清时期塾师从事业外活动的原因有为家计所迫、对财富的追求、中国传统农耕文化价值观念的影响和难以逃避的应酬等[5]。刘伯山《清代徽州塾师的束脩——以〈徽州文书〉第二辑资料为中心》通过对徽州文书所载清同治年间徽州黟县宏村一位万姓塾师束脩收入情况的分析，认为当时塾师的收入在当地民众

---

〔1〕 闻洁：《塾师经济待遇初探》，《教育与经济》2000年第3期，第55－58页。

〔2〕 郝锦花：《20世纪二三十年代乡村塾师的收入》，《福建论坛（人文社会科学版）》2005年第8期，第71－75页。

〔3〕 徐梓：《明清时期塾师的收入》，《中国社会经济史研究》2006年第2期，第30－37页。

〔4〕 刘晓东：《明代塾师“生计”刍议——以江南地区为中心》，《中国社会经济史研究》2008年第2期，第32－38页。

〔5〕 蒋威：《明清时期塾师业外活动收入及其原因与影响》，《苏州教育学院学报》2008年第2期，第93－95页。

中属中等偏上水平[1]。王玉坤《清末徽州塾师胡廷卿的乡居生活考察——以〈祁门胡廷卿家用收支账簿〉为中心》一文统计了祁门塾师胡廷卿于光绪二十六年以后16年的束脩收入，低者33元，高者64元。但作者未对其收入作进一步分析，仅引用《祁门文史资料》的论断，认为胡廷卿属于祁门塾师中的低收入者[2]。陈宝良在《说“教书匠”——明清塾师的生计及其形象转变》一文中认为，与明代塾师相比，清代塾师的脩金稍显微薄。明代一般经师的束脩大概在每年30—50两，而清代塾师的脩金低者10—20两，高者在40—50两。他认为明清时期大多数塾师的生活处于维持生计的水平线之下[3]。

从整体上看，在关于塾师的单项研究中，塾师的收入问题受到的关注最多。研究者在一些方面的结论一致，如塾师的经济收入与塾师自身的职业素养和能力层次直接相关，但同时又在对塾师收入水平的评估等方面出现了一些分歧。对于明清塾师收入状况的论断，目前的研究呈现出两个极端，要么显得过于笼统，要么过于细碎，而且缺乏相对明晰的社会定位。简言之，塾师的收入问题还有很大的研究空间。

（2）关于塾师生存状态和社会形象的研究

与塾师的收入状况相同，塾师的生存状态和社会形象也受到了研究者的较多关注。如陈宝良在前文提及的《说“教书匠”——明清塾师的生计及其形象转变》一文中评价道：“‘穷’、‘苦’二字大致已经道尽明清塾师的生活境遇，堪称塾师生存状态的实录。塾师之‘穷’，究其根本原因，还是因为收入过低。”[4] 徐梓在《传统学塾中塾师的辛酸苦痛》一文中，从科场失意、馆中孤寂、饮食粗劣、环境艰苦、主人怠

[1] 刘伯山：《清代徽州塾师的束脩——以〈徽州文书〉第二辑资料为中心》，《安徽大学学报（哲学社会科学版）》2008年第1期，第86－94页。

[2] 王玉坤：《清末徽州塾师胡廷卿的乡居生活考察——以〈祁门胡廷卿家用收支账簿〉为中心》，《贵州师范学院学报》2015年第5期，第26－31页。

[3] 陈宝良：《说“教书匠”——明清塾师的生计及其形象转变》，《文史知识》2012年第7期，第36－41页。

[4] 陈宝良：《说“教书匠”——明清塾师的生计及其形象转变》，《文史知识》2012年第7期，第36－41页。

慢、倚人门墙、缺少自由、无所适从、束脩不时等方面透视出了坐馆塾师的各种辛酸[1]。王春榆《先生虽读万卷书，一字不堪疗饥腹——塾师的辛酸》也从教学环境和塾师自身穷困等方面展示了塾师恶劣的生存状况[2]。蒋威《论清代乡村塾师馆居生活的孤寂及其调适》认为，清代乡村大量坐馆塾师长期处于背井离乡和远离亲人的封闭状态，过着孤寂的馆居生活，塾师通过温书备考、抄书著书、练习琴棋书画、饮酒赋诗等业余活动，无意识地达到了调适"孤寂"心态的效果[3]。

纪军的《谈民间故事中的塾师形象》以民间故事中的塾师为研究对象，对塾师故事作了简单的分类，指出中国封建社会私学体制对于民间塾师故事形态有着深刻的影响，以及科举制下塾师人格的两重性和社会意识形态中两种文化观念的冲突导致了民间对塾师评价的分歧[4]。李丽霞《明清白话小说塾师形象研究》以明清小说家笔下灰色黯淡的塾师生涯为出发点，从塾师形象塑造的现实依据、小说之商业运作对塾师的形象塑造所产生的影响、市民与文人的隔膜、市民的接受心理和审美趣味、小说家对塾师自身存在问题的反思、科举制度对塾师形象塑造的影响等方面探讨了塾师文学形象灰暗的原因[5]。马敏、张航《晚清至民国时期小说中的塾师形象研究》通过对小说中的塾师形象进行整理分析，认为晚清民国时期塾师的社会地位较高，受到普通民众的尊重，那些受到讽刺和嘲笑的塾师，多半是食古不化或糊弄改革的士绅[6]。同样以清末民初小说为依据，汪注《"天演论"的祭品：塾师形象的妖

---

〔1〕 徐梓：《传统学塾中塾师的辛酸苦痛》，《中国典籍与文化》2004 年第 4 期，第 64－70 页。

〔2〕 王春榆：《先生虽读万卷书，一字不堪疗饥腹——塾师的辛酸》，《海燕》2005 年第 12 期，第 41－42 页。

〔3〕 蒋威：《论清代乡村塾师馆居生活的孤寂及其调适》，《贵州文史丛刊》2012 年第 2 期，第 24－29 页。

〔4〕 纪军：《谈民间故事中的塾师形象》，《高等函授学报（哲学社会科学版）》2003 年第 2 期，第 19－21 页。

〔5〕 李丽霞：《明清白话小说塾师形象研究》，首都师范大学 2005 年硕士学位论文。

〔6〕 马敏、张航：《晚清至民国时期小说中的塾师形象研究》，《西安社会科学》2012 年第 1 期，第 90－93 页。

魔化书写》则认为，由于受到“天演论”的社会进化理论影响，清末民初通俗小说中的塾师形象呈现出形貌猥琐、道德败坏、不学无术等妖魔化特征。小说家以此凸显传统塾师在个人修为、知识层次、社会价值等方面远远落后于新兴知识分子并注定被其取代。他认为，这种妖魔化源自小说家对社会危机的焦虑和对改良的冲动，属于特定历史时期的思想产物[1]。陈宝良在《说“教书匠”——明清塾师的生计及其形象转变》一文中认为，在明清民间的印象中，塾师已经被塑造成“腐儒”“冬烘先生”的典型。民间对塾师形象的塑造，源于现实生活中塾师地位的下降，而塾师地位的下降，既有塾师自身素质下降的因素，又有科举功利性的影响。

（3）关于塾师社会角色与权利的研究

刘晓东在《“君师治教”与明代塾师的社会角色》一文中指出，明代塾师的社会活动超出了传道、授业、解惑的范畴，并在事实上多有涉及乡村社会治理层面的内容，如代官化民与为民申言、乡村纷争的调停与仲裁、民间礼仪生活的指导等[2]。蒋威《论明清塾师在乡村社会中的教化作用》认为，明清塾师在参与国家教化组织的过程中，完成了国家赋予其教化使命的一次合作，并通过撰写诗歌戏曲、族谱碑文、奉行孝道礼制等方式，积极地推行和实践符合国家教化标准的理念[3]。同时，在《论清代的塾师与乡村杂事》一文中，蒋威归纳了塾师在教学之外，还要参与乡民日常生活中的杂事，包括文书拟定、婚丧嫁娶、居间调停、算命看风水、看病立方等[4]。马敏、张航《晚清至民国时期小说中的塾师形象研究》通过梳理小说中的塾师形象后认为，塾师是文化的传承者和传播者，掌握着社会舆论的话语权，在日常事务中，塾师

---

〔1〕 汪注：《“天演论”的祭品：塾师形象的妖魔化书写》，《内蒙古农业大学学报（社会科学版）》2012年第1期，第335－337页。

〔2〕 刘晓东：《“君师治教”与明代塾师的社会角色》，《社会科学辑刊》2010年第2期，第142－147页。

〔3〕 蒋威：《论明清塾师在乡村社会中的教化作用》，《广西社会科学》2011年第1期，第97－101页。

〔4〕 蒋威：《论清代的塾师与乡村杂事》，《历史教学》2011年第14期，第24－29页。

的意见起着决定性作用[1]。

此外，左松涛《晚清民国私塾与塾师的“权势”问题研究》指出，科举停废后，学界对私塾、塾师的研究不足，有人认为塾师已成失语者，是乡村社会的弱势群体，而史实却表明，在清末到民国相当长一段时间里，乡村的教育“权势”是由传统塾师而不是由新式教师所掌握的，以学校教育为代表的国民教育并没有得到基层民众的普遍认同[2]。

由以上所述可以见出，近二十年来，学界关于明清塾师的研究可谓不少，并且在塾师经济收入、社会形象、社会角色等方面的研究已渐趋深入、成果日多。但同时也可发现，对于明清塾师的研究，无论在深度和广度上，都还有进一步拓展的空间。首先，就深度而言，塾师收入状况、社会形象等方面已有的研究成果并不尽如人意。以受到关注最多的塾师收入状况为例，虽然目前所出成果最多，但研究者得出的结论却并不一致。如张仲礼认为清代塾师的平均收入在100两银左右，而陈宝良则认为清代塾师脩金低者10—20两，高者40—50两，这就产生了较明显的分歧；又如刘伯山通过研究发现，清代徽州地区的塾师收入在当地民众中属中等偏上水平，而陈宝良则将清代大部分塾师的收入划在维持生计的水平线以下。产生这些分歧的原因可能在于相关资料的匮乏和零散，不同的研究者根据各自掌握的文献得出不同的结论，因而这些论题尚有待运用更丰富的文献来进行论证。

其次，塾师研究的广度尚待拓展。目前对塾师的探讨主要集中在收入、地位、形象、角色与权力等方面，但由于塾师是古代私塾教育的直接实施者，他们身上体现着私塾教育的一些根深蒂固的传统，研究者大可以借助更多的文献，将这些传统还原到当时的真实语境中去，从不同的视角来对这些传统进行解读，从而作出更为全面和客观的评价。明清塾师几乎遍布城乡，蒙师、经师皆有之，但研究者多将注意力集中在乡

---

〔1〕 马敏、张航：《晚清至民国时期小说中的塾师形象研究》，《西安社会科学》2012年第1期，第90－93页。

〔2〕 左松涛：《晚清民国私塾与塾师的“权势”问题研究》，《中山大学学报（社会科学版）》2006年第2期，第61－65、125页。

村蒙师身上，若能挖掘新的材料，则可从更大的范围、更全面地把握明清塾师的整体面貌。

三、本书的文献来源构成及使用特征

明清时期的塾师队伍中，大多数塾师是尚未进入仕途且终身都无法走入仕途的读书人。作为身在底层的知识分子，他们在知识界的地位不高，影响力也十分有限，因而出自他们之手的文献很难得到长时间的公开流传和保存，而记载塾师事迹的其他相关文献又十分零散，这就加大了塾师群体研究在文献搜集上的难度。在已有的塾师研究成果中，正史、政书、地方志、宗谱文献的使用率相当高，这些类型的历史文献的确保存了不少有价值的材料。如关于社学、义学、族塾的运作，关于塾师生平的传记资料，大多可以直接使用。但这类文献同时又有明显的缺陷，即缺乏细节，尤其是其中的传记资料，往往受史志、谱录的体例、篇幅所限，无法详述传主的生活经历，因而从这些传记的只言片语中，很难窥见他们作为塾师的更多生动细节。

刘晓东在研究明代塾师时独辟蹊径，在材料运用上以明代文集、杂记为主，兼采地方志和宗谱文献，同时又以传奇小说等文学作品为补充。明清时期，文人文集中的墓志、碑传、行状等史料与史志相比，对塾师生活细节的记载更为详细，涉及的人群也更广；传奇小说等文学作品在塑造塾师形象时，加入了大量的生活细节，可以当作印证塾师真实生活的辅助材料。当然，这些文献仍有其局限性，如文集中的传记资料涉及塾师生活细节的细致程度仍然不够，文学作品固有的想象、夸张与虚构亦会导致其塑造的塾师形象可信度降低等等。

由于文献搜集本身的难度，在明清人物传记的文献类型中，“年谱”至今没有引起塾师研究者的重视，在现有的塾师研究成果中，征引年谱的情形仅见数例。事实上，与上述史志、谱牒、文集、传奇小说等文献类型相比较，年谱具有非常独特的优势。首先，年谱较详细地记载了谱主的求学经历，对所从学的塾师有较多记载；其次，由于很多谱主都有充当塾师的经历，因而年谱中关于他们的从业、收入、教学、日常生活等方面有更加翔实和生动的记载，而且这种逐年记录的方式较有系统性，这对于塾师研究的优势不言而喻。第三，方志、文集中所载多为终身授徒的塾师，而明清文人年谱中所载则多为初以授徒为业、后入仕或转业之人，与方志、文集等文献相结合，更能见出塾师的职业特点与塾师生存状态之全貌。最后，现存明清文人年谱中有大量的自撰年谱，通过阅读年谱序跋可知，这些年谱多是谱主及其弟子、子孙根据谱主一生的日记删节整理而成，其可信度极高，在真实性和生动性方面甚至超过了史传和家传。梁启超曾评价此类自撰年谱云："令读者如接其謦欬，而悉其甘苦，观其变迁进步，尚友之乐，何以加诸?"〔1〕 鉴于年谱本身具有的独特优势，笔者集中梳理了北京图书馆所藏珍本年谱中的近600种，上海图书馆所藏珍本年谱近100种，以及其他散见的明清人年谱数十种，搜集了明清时期文人受学以及授徒的相关资料。因此，本论题在研究塾师群体时，将以明清时期的文人年谱、文集为文献征引的重点，兼采宗谱、方志文献，同时将明清传奇小说、戏曲、笔记等文学作品作为研究的辅助材料。

四、本书的写作方法与主要内容

（一）写作方法

在以往的塾师研究中，塾师群体多被纳入教育史的视野予以关注，作为教育史的附庸而存在，或被纳入社会史的范畴加以考察。本书则尝试从社会文化史和集体传记的视角与方法来观照明清时期的塾师群体。

社会文化史主要关注历史上人们的社会生活、生活方式与思想观念之间的相互关系，它关注的是隐蔽在人们社会行为后面的精神因素，是观察和诠释历史的重要视角〔2〕。社会文化史的特色主要表现在两个方

---

〔1〕（清）梁启超：《中国近三百年学术史》，北京：中国人民大学出版社2012年版，第335页。

〔2〕 李长莉：《社会文化史：历史研究的新角度》，赵清主编：《社会问题的历史考察》，成都：成都出版社1992年版，第386－387页。

面，一是微观史与深度描述的趋向，二是以记述叙事为主要表现形式的趋向。“文化史研究偏重于精神层面，关注思想观念、社会意识等问题；社会史研究偏重于社会层面，即关注社会结构、社会生活等问题；而社会文化史研究则关注两者的共生共荣。”[1] 笔者更倾向于将“共生共荣”理解为一种“互动”。当然，社会文化史的理论体系本身尚处于发育阶段，笔者也无意全盘套用社会文化史现有的理论框架来进行写作，而是适当采用社会文化史的理论中所涉及的一些视角与方法，如深度描述、记述叙事等。通过明清时期塾师的年谱、日记以及出自当时文人之手的传记、笔记、小说等文献，笔者对塾师所置身的职业环境、塾师的职业活动与科场角逐、塾师的日常社会生活等景象与当时人们的各种思想文化观念的互动关系进行尽可能细致的观察，以期对塾师群体的生存状态有更生动的展现与尽量真实的把握，对一些具有争议性的现象和事实进行尽量客观的描述和评价。在行文中，笔者较为注重对明清塾师日常生活细节、场景的描述，注重将塾师的生活景象与世俗观念间的内在关联呈现出来，并辅之以明清私塾与塾师的相关图像、历史照片以及统计表格，使研究对象尽量变得具象而鲜活。

但是，单纯的社会文化史视角容易陷入具有个人化特征的“细节”中，难以从整体的角度观照塾师这一极其庞大的职业群体。因而，本书在写作中还吸收了“集体传记”的研究方法。“集体传记”这一研究方法是通过尽可能多地收集目标人群的传记资料来描绘所要研究的这一群体的共同特征。其方法是对群体成员的出生与死亡、婚姻与家庭、社会出身与经济地位、居住地、教育、个人财富之数量与来源、职业、宗教、宦历等要素进行罗列与考察，从中找出具有显著意义的变量，继而进行进一步的分析研究，并将结论与其他相关资料进行印证[2]。换言

---

〔1〕 危兆盖：《社会文化史：史学研究的又一新路径》，《光明日报》，2010 年 8 月 17 日，第 12 版。按：该文为《光明日报》对社会文化史研究专家刘志琴、梁景和、李长莉的联合专访，由记者危兆盖主持和整理。

〔2〕 参见侯雨佳：《社会科学研究中的集体传记方法》，《中国社会科学报》，2019 年 5 月 28 日，第 6 版。孙益、武雅静：《集体传记法与教育史研究：可能性与可行性的探讨》，《教育科学》2018 年第 1 期，第 89 – 96 页。

之，集体传记的研究方法重在比较中发现“共性”和“变量”。这一方法与社会文化史的研究方法相融合，可较好地平衡细节的呈现与共性的归纳之间的关系。本书在对明清塾师群体的研究中，会根据需要适当运用这一方法。

（二）主要内容

中国古代私塾的发展在明清时期处于鼎盛期，基本上包含了所有的私塾组织形式，而且由于科举考试的持续推行与制度的日益严密、固化，作为私塾教育组织者与实施者的塾师群体，其生存方式与私塾教育中的一系列文化观念经过长期累积后，也变得相对稳定。但是，目前已有的以塾师为对象的研究著作中，有的是以明或清为断代分期，有的则以晚清至民国为分期，尚无将明清贯通起来对塾师进行全面考察的专书。事实上，若能舍弃传统史学根据鼎革划定的明清时代分割线，而以教育本身的发展规律为标准，将明清两代的民间私学发展以及塾师群体的存在及活动当作一个整体进行研究，对呈现中国古代私塾在鼎盛时期的全貌，以及全方位观照塾师群体的生存状态，必有更多的可能性。因而，本书在整体结构上将明清视为一个整体或历史的横断面，以塾师活动场域的变化为基础，对这一群体的生存状态及其相关要素进行共时性探讨，而在考察某些具体的“变量”时，将根据需要进行适度的纵向观照。全书的具体结构安排与主要内容如下：

第一章的主要目标是厘清“师”“塾”“塾师”等概念的起源、相互关系以及伴随古代私学发展过程而产生的流变，为后文的展开奠定基础。第二章从整体上对私塾教育的三个构成要素——求学的生徒、施教的塾师以及教学实施的平台在明清时期的情况进行探讨。自儒家思想成为正统思想以来，“学而优则仕”的观念在传统社会中不断得到强化。隋唐以来实行的科举制度为普通读书人向上层流动、由学而仕开辟了通道。到明清时期，科举考试向社会绝大多数男性民众敞开大门，理论上，男性受教育者角逐功名“机会均等”。在官本位思想占统治地位的明清时期，功名与仕途往往意味着社会身份与经济利益的双重保障。无论是豪宦富室“保家”的初衷，还是普通民众“救贫”的愿望，均可能通过教育的方式得以实现，而社会的发展也使得知识本身在个人生存中的重要性日益凸显，这无疑对当时民间向学风气的兴盛起到了重要的刺激作用。因此，除开书香之家外，接受教育在明清时期已经成为农、工、商贾等普通大众的一种普遍需求，教育由精英化转向大众化的趋势日益明显。

当然，教育需要经济投入，以角逐科场、猎取功名为目标的教育更需要长时间的持续投入，因而普通民众投资教育的经济支撑成为本章中予以关注的一个重要方面。明清时期的商品经济发展处于整个传统社会的巅峰期，农业、手工业、商业均呈现出不同程度的繁荣局面，尤其是农业商业化成为明清经济发展中的重要方面，它为更多的农家子弟接受教育提供了重要的经济支撑。

教育的大众化趋势使得民间产生了极大的教育需求，但自秦汉以来，由于国家行政体系自身的特点或局限性，“国权不下县”，官学亦仅延伸至县一级。在县以下的基层社会中，官学长期处于一种“失位”的状态，这为私学的发展和私学教师的从业提供了广阔的空间。从另一个角度看，教育的大众化趋势和民间对教育的热情“生产”了大量的读书人，但是，明清时期的科举人才流通渠道壅滞的现象越来越明显，各级考试的录取率低，竞争日趋激烈，读书人从获取初级功名到最终入仕的时间跨度被极度拉伸，这给多数读书人带来了严峻的生计问题。为了继续应试，他们必须采取一种工读结合的生活方式。而在文人的治生手段中，充塾师与应科举的关系至为密切，可以做到治生和应考一举两得，因而成为多数应试举子兼顾谋生与应试的职业首选。在这种情势下，教育的“施”与“受”形成了一种相互需要的关系。同时，明清时期的私塾组织形式多样，而且具有极大的灵活性，私塾的设立在硬件设施上不需要太大的投入。这些因素吸引着各个层次的读书人进入塾师这一行业，使得塾师队伍变得前所未有的庞大。

从某种意义上讲，本章所涉及的内容为本书的总纲。明清教育的大众化趋势与科举人才流通渠道的壅滞“生产”了大量长期生活于基层的读书人，他们多因经济上的困厄而进入塾师行业，塾师群体在社会身份的构成上呈现出持续走低的趋势，对这些事实的探究，成为后面相关章节的研究得以展开的基础。

第三、四两章主要针对塾师活动的三个场域——教育场域、科举场域、社会生活场域进行横向展开，尽可能呈现出塾师在教育和社会生活中扮演的多重角色与发挥的功能。

第三章主要研究塾师的从业、授徒活动与授徒之余的自课活动。当前已有的研究对塾师授徒内容的论述已较为充分，书中未将这一部分作为关注的重点，仅对塾师在私塾教学中表现出来的三个主要特点进行了归纳和分析，且将重点放在了前人尚未给予足够关注的塾师从业流程与塾师的自课活动上。塾师的从业看起来像是一个简单的教育供需协议，但它却往往需要以传统乡土社会中的“熟人圈子”为依托，才能得以实现。塾师从业的过程十分生动地展示了塾师这一职业群体与中国传统社会中各种文化观念之间的互动关系。

塾师在教学之余的自课活动是塾师馆塾生活的重要组成部分，他们或通过自我修习的方式为应试作准备，或醉心于学术研究，从事著述活动，或流连于诗文辞赋，从事文学创作，或总结教学心得，编撰教材以惠后学。从总体上看，明清塾师的自课活动展示了塾师职业生涯中较为丰富的侧面，也折射出了他们颇为艰辛的生存状态。

第四章从塾师的社会生活场域出发，对明清塾师与传统乡土社会的互动关系进行了专门探讨。塾师以其职业活动为切入点，扩充自己的社会关系网络，为自身职业活动的延续提供了多种可能性。更为重要的是，通过职业活动累积起来的关系网络和社会威望，为塾师高度融入乡土社会奠定了基础。此外，明清塾师还通过提供文化与社会服务、推动社会教化等途径参与基层事务并融入乡土社会，成为乡土社会“自足”世界的重要组成部分。同时，这种“融入”又反过来提升塾师的个人威望，为塾师拓展了生存空间。

第五、六两章探讨明清塾师的经济生活与社会文化变迁背景下的塾师形象，在结构上可以看作是对第三、四两章的延伸，在内容上则与

三、四两章所呈现的塾师角色与功能的重要性形成鲜明对比。在第五章中，笔者主要从经济收入、基本消费以及社会经济地位三个角度进行展开。在通常情形下，一位塾师的经济收入并不仅仅来自教学活动的职业收入，塾师通过“兼业”的方式获取业外收入在明清时期十分常见。其“兼业”的范围既有文人的特有领域，又有农业、商业等普通大众赖以谋生的领域。

鉴于“束脩”一直是塾师研究的热点，而目前的研究尚存在拓展的空间，笔者对明清塾师职业收入中的束脩收入水平进行了专题研究。通过一定规模的群体研究，笔者将塾师的束脩收入分为低、中、高三个层次，并根据所掌握的材料对这三个收入层次自明后期到清末的变化趋势进行了梳理与勾勒，其中重点对低收入群体的收入水平进行了探讨，得出了一些有异于其他研究者的结论。在塾师的消费支出方面，笔者主要根据明清时期普通家庭的消费结构，对塾师家庭的基本生活消费进行了并不以“精确”为目标的估算，借以凸显一种认知，即明清时期大多数塾师虽然是家庭中的经济支柱，但他们的束脩并不能支撑家庭的基本生活消费，而必须依靠业外收入来达到收支的大致平衡。最后，笔者比较了塾师束脩收入与其他行业的基本收入水平的差距，得出的结论为：蒙师（塾师中的多数）的束脩收入不仅在明清文人职业类型中处于最低的水平，而且与农、工、商相比，塾师的收入水平也仅与底层小商贩和普通农夫相当。简言之，束脩收入体现出塾师群体的经济地位处于明清社会的底层。

第六章主要探讨塾师在明清社会文化变迁背景下的特有形象。在明清时期商品经济的进一步发展、通俗文学对世俗价值观的宣扬、科举政策的全面放开、基础教育的大众化、清末新学的兴起、塾师群体前所未有的庞大以及整体素质的下降趋势等复杂因素的相互影响下，这一时期的塾师的教学主体性和职业崇高感丧失，落魄者、假道学、丑陋的妖魔等极端的形象凸显。此种形象，主要通过通俗文学以及民间社会对塾师作为“社会人”的评价来折射，其背后的作用因素颇值得深究。

结论与余论部分对传统塾师群体在清末民初政治变革和新学冲击下

逐渐走向萎缩，在中华人民共和国成立后被整顿和走向消亡的历程作了简要梳理，并对其消亡的“被动性”以及塾师群体在明清乡土社会中存在的历史合理性进行了总结，对明清塾师群体在保障古代基础教育和维系传统乡土社会结构所具有的不可替代的历史作用作出了评价，对其发挥的作用与获得的认可之间存在的失衡现象进行了讨论。

综而论之，明清时期的绝大多数塾师在教学活动中虽能做到兢兢业业，但他们投身基础教育的动机，并非出于对塾师这一职业的热爱，而是将其视为谋食养家的手段，以及为科场角逐作更充分的准备。但令人遗憾的是，塾师这个职业几无可能让经济困顿的从业者变得富有，也难以让科场失意的读书人变得更具竞争力。明清时期，众多塾师的经历表明，塾馆这个最初被当作“背水一战”的蓄积能量之地，最终变成了他们终老一生的栖息地。“半饥半饱清闲客，无锁无枷自在囚。”（《教馆诗》）这是清人郑燮对清代处馆塾师的评价。作为基础教育主要承担者和为科名所累的塾师，“清闲客”未必属实，“自在囚”却是真的。当然，郑燮所谓“自在囚”，是就处馆授徒对塾师个人的牵绊而言，而笔者所理解的“自在囚”，则超出了这一范围。在微薄的束脩面前，他们何尝不是生活的囚徒？在无数次冲击未果的科举场域中，他们何尝不是功名的囚徒？在职业辛劳与外界评价的失衡面前，他们何尝不是社会的囚徒？然而他们又的确是自由的，他们可以自由地进入塾师行业，可以自由地备考与应考，可以在诗文、学术著述中涵泳优游，可以自由地脱离塾师行业。由此观之，“自在囚”实在算得上是塾师群体充满矛盾的生存状态的真实写照。

第一章　“塾师”之起源及其流变

中国古代教育的历史十分久远，不唯“师”之起源甚早，演变亦繁。作为古代乡学系统中最低一级的“塾”，至少在周代已经成为统治者在基层实施社会教化的场所。西周以降，官学逐渐走向没落和瓦解，服务统治阶级的知识分子开始向下层流动，并走向民间，因而民间以个人名义兴办的私学在春秋时期已较常见。自此以后，私学在民间扎根并持续繁荣，成为古代塾师群体形成和不断壮大的前提。“塾师”一词虽首见于宋代文献，但与塾师相当的民间私学教师早在汉代已活跃于基层社会。因此，笔者虽以明清时期的塾师为研究对象，但有必要对中国古代私学的发展脉络与私学教师的概况进行必要的梳理。

第一节　“师”与“塾”的起源

一、“师”在先秦的起源与流变

自有人类社会开始，人的教育活动便一直存在。在原始社会中，教育活动是贯穿于生产和生活中的，尚未从生产、生活中分离出来。这一时期的教育，其直接目的是为了满足生产劳动和生存需要，确切地说，主要体现在生产、生活等经验和技能的“言传身教”上。这些经验和技能囊括了生产、生活的方方面面，如农业、渔猎、畜牧业生产技能，原始工具制造与工艺技术，建筑、纺织技能，以及天文历算、地质物候等自然科学知识。当然，基本伦常与生活习俗的养成等也是教育的内容之一。有教必有师。原始社会教育与生产、生活直接相关的特点，决定了知识和技能来源于实践经验的积累，因而在原始社会中，教育的实施者多是一个群体中年高望重的长者。

到原始社会晚期，随着生产的发展，社会制度产生变革，阶级分化开始出现，原始教育也开始产生新的变化。这些变化中最为明显的是，一些特定的知识逐渐被少数人所垄断，如军事、宗教、天文、物候等方面的知识即被部落显贵垄断，以“家学”的方式在上层进行代际传承。例如，据现有的文献记载，有虞氏的始祖虞幕“能听协风”[1]，即精通气象知识。这在原始社会中可算极为重要的知识，因为越是原始时期，气候对人们生产、生活的影响越直接。虞幕将“听协风”的知识传授给其部落的后裔，舜之父瞽叟再传之于舜，俨然成为了舜的世袭家学。与气象知识相似，天文学知识从颛顼开始，一直由黎之后代所掌握，因而世袭“天官”一职。在这种家学传承中，“师”之承担者即为父兄。

原始社会教育的这些变化，使得教育本身逐渐分化为社会教育和专门教育两个主要方面，社会教育仍然在普通民众中推行，而专门教育则为统治者所拥有。这些专门教育直接导致了原始学校的萌芽。《礼记·王制》载：“有虞氏养国老于上庠，养庶老于下庠。”[2] 据后世学者的考证，“庠”为有虞氏设立的兼有养老与教育功能的机构，国老与庶老在其中亦扮演“师”的角色，“庠”可算是后世学校的雏形。随着部落之间冲突的加剧，军事知识在早期知识体系中的重要性被凸显出来，军事教育开始成为氏族显贵专门教育的重要内容，后世关于夏代教育尚武的记载有很多，可以相互印证。殷墟甲骨卜辞中关于商代学校的记录更多，其中商代之“庠”便以习射为教育的重要内容之一。更值得注意的是，甲骨文中已有“大学”的概念，表明专门教育已经上升到关乎

---

〔1〕 徐元诰撰：《国语集解》卷十六《郑语》，王树民、沈长云点校，北京：中华书局2002年版，第466页。

〔2〕（东汉）郑玄注，（唐）孔颖达疏：《礼记正义》卷十三《王制二》，北京：北京大学出版社1999年版，第497页。

国家统治的高度[1]。此外，作为施教者的专门称谓——“师”直接来源于军事，恐怕与原始社会末期以来军事教育的专门化不无关系。专门教育的进一步分化，最终导致的是专门教育的体系化、贵族化以及“师”的职业化，并为统治阶级所占有，即后世所称“学在官府”。“校”是夏代学校的另一称谓，毛礼锐等考证后认为，“校”为夏代的乡学，是以“明人伦”等基本社会教育为主要内容，以教化为主要目的的场所[2]。应该说，这种社会教育更多地带有未分化之前的原始教育的底色，一直延续到周代。

西周时期已经形成了相对完备的学校体系，总体上可分为国学与乡学两个层次。国学专为贵族子弟而设立，根据学习程度的不同，分为小学与大学两个梯次。大学又分而为五，分别为太学（问道、典礼之所，太师、太保、太傅主持）、成均（学乐之所，大司乐主持）、北学上庠（学书之所，由诏书者主持）、东学东序（学干戈羽龠之所，乐师主持）、西学瞽宗（演礼之所，礼官主持）[3]。这种专门教育的精细化，意味着国学之“师”在当时已经高度专门化和职业化。与国学相对的便是乡学。西周实行“六乡六遂”的行政建制，六乡为国人所居，在王城和诸侯国近郊；六遂为野人所居，在王城和诸侯国远郊。所谓“乡学”，特指六乡（家、比、闾、族、党、州六级）之学，根据行政级别的高低，形成了较完整的梯次。《礼记·学记》载：“古之教者，家有塾，党有庠，术有序，国有学。”[4] 庠、序在夏商时期为实施专门教育的场所，到周代则演化为乡学，但掌管庠、序之教的同样为官府。大司徒负责“以乡三物教万民而宾兴之”[5]，乡大夫“各掌其乡之政教禁

〔1〕 参见毛礼锐、沈灌群：《中国教育通史》（第一卷），济南：山东教育出版社1985年版，第66－69页。

〔2〕 参见毛礼锐、沈灌群：《中国教育通史》（第一卷），第61页。

〔3〕 参见毛礼锐、沈灌群：《中国教育通史》（第一卷），第71－72页。

〔4〕（东汉）郑玄注，（唐）孔颖达疏：《礼记正义》卷三十六《学记》，第1227页。

〔5〕（东汉）郑玄注，（唐）贾公彦疏：《周礼注疏》卷十《大司徒》，北京：北京大学出版社1999年版，第314页。

令”[1]，乡师“各掌其所治乡之教”[2]，州长“各掌其州之教治政令之灋”[3]，充分体现了“学在官府”的背景下，官师一体、治教一体的特征。至于周代之“塾”，作为乡学的最低一级，笔者于下文中会有专门的讨论。

从上文的论述可知，“学在官府”是夏、商及西周时期学校教育（包括国学教育与乡学教育）和学术文化的主要特点。但是，随着春秋以来持续的社会变革，诸侯崛起，周王室逐渐失去控制力，中央王朝官学日趋没落，学校逐渐废弛，官府人才流失的现象日益明显，一些亦官亦师的人才开始向下层流动，最终走向民间，并通过开办私学的方式传播学术。有学者通过考证认为，老子是春秋时期第一位从官府走向民间并开办私学的学者[4]。笔者以为，由于古代文献散佚严重，老子是否为从官府走向民间并开办私学的第一人，已难以确考，但该文认为老子曾在民间开办私学，这一结论是比较有说服力的。老子曾开办私学的事实无疑也表明，至少在老子生活的春秋中期，学术从周王朝的中央官府走向民间的现象已经存在。到孔子生活的时期，“天子失官，学在四夷”（《左传·昭公十七年》），可见周王朝“学术官守”的传统已经被打破，学术已经通过人才的下移传播到诸侯国甚至边远之地。到孔子开办私学之时，学术由官府下移到民间的趋势已经不可逆转，“士”阶层开始形成。孔子必然不是私学的首创者，但无疑是当时影响力最大的私学传播者之一。他聚集了众多门徒，并由此缔造了后来的儒家学派。汉代以来，由于儒术地位尊崇，孔子因儒家学派缔造者的身份而逐渐被视为私学之祖。

概而言之，春秋战国时期的教育呈现出官学与私学并存的局面，并且官学不断衰落，私学不断兴盛，活跃于民间的私学教育实践者传播学

---

〔1〕（东汉）郑玄注，（唐）贾公彦疏：《周礼注疏》卷十二《乡大夫》，第348页。

〔2〕（东汉）郑玄注，（唐）贾公彦疏：《周礼注疏》卷十一《乡师》，第338页。

〔3〕（东汉）郑玄注，（唐）贾公彦疏：《周礼注疏》卷十二《州长》，第354页。

〔4〕张松辉、周晓露：《老子是首创私学的人》，《湖南师范大学社会科学学报》2007年第5期，第119－121页。

术，最终形成了百家争鸣的局面。秦统一中国后，虽曾禁止私学传播，但由于秦代存在的时间短，私学并未受到致命打击，传统得以保留下来。

二、周代之“塾”与里塾之师

从文字的角度来看，“塾”为形声字，由“享”孳乳而来。而“享”的本字为“亯”，甲骨文写作，《说文解字：附检字》释“亯”曰：“献也，从高省，曰象进孰物形。”[1] 可见“亯”之本义当与宗庙祭献密切相关。在古代，“亯”字兼有通达、享献、烹饪三义。在文字的孳乳过程中，“亯”分别被析为亨、享、烹三字，三字字义以祭献食物之生熟为内在关联。“孰”由“享”孳乳而来，《说文解字》释“孰”为“食饪”[2]。《仪礼·特牲馈食礼》云：“特牲馈食之礼。不诹日。”郑玄注：“祭祀自孰始，曰馈食。馈食者，食道也。”孔颖达疏：“……食道是生人饮食之道，孝子于亲，虽死事之若生，故用生人饮食之道馈之也，此释经不言祭祀而言馈食之意耳。……天子诸侯堂上朝践、馈献后，迎尸于堂，亦进黍稷牲体，其犬、豕、牛、羊亦孰之，同节也。”[3] 可见熟食在古代祭祀中的重要性，亦可见由“享”而“孰”的演化仍以食物生熟之义贯之。在后世，“孰”在食物生熟之义的基础上抽象出了人对事物的“熟悉”程度之义。故段玉裁云：“后人乃分熟为生熟、孰为谁孰矣。”[4] 事实上，古代“孰”字还有一个义项，特指宗庙或宫室大门两侧的一种附属建筑。《尚书·顾命》叙述周代典礼

---

〔1〕（东汉）许慎撰：《说文解字：附检字》卷五下，南京：江苏古籍出版社 2001 年版，第 111 页上栏。

〔2〕（东汉）许慎撰，（清）段玉裁注：《说文解字注》第三篇下《丮部》，上海：上海古籍出版社 1981 年版，第 113 页下栏。

〔3〕（东汉）郑玄注，（唐）孔颖达疏：《仪礼注疏》卷四十四《特牲馈食礼》，北京：北京大学出版社 1999 年版，第 967－968 页。

〔4〕（东汉）许慎撰，（清）段玉裁注：《说文解字注》第三篇下《丮部》，第 113 页下栏。

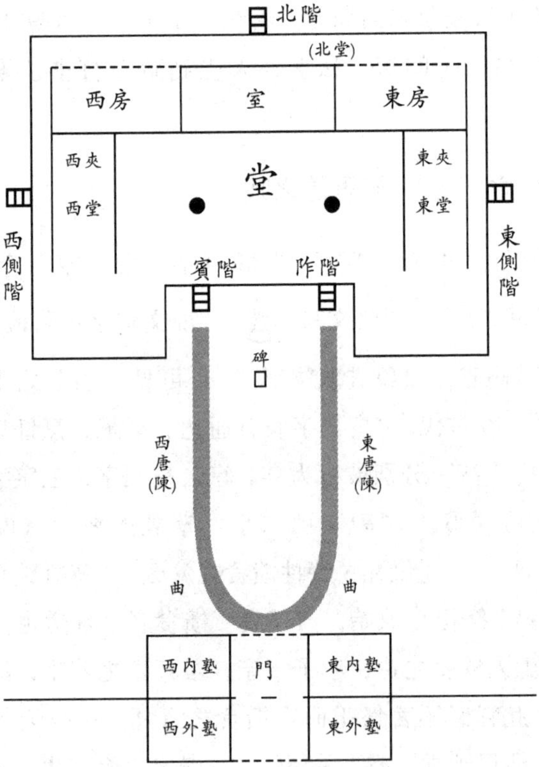

图 1　周代诸侯大夫宗庙中之“塾”

云：“大辂在宾阶面，缀辂在阼阶面，先辂在左塾之前，次辂在右塾之前。”[1]《尔雅·释宫》：“门侧之堂谓之塾。”[2] 台湾学者郑宪仁在研究古代宗庙图后，新绘制了一幅周代诸侯大夫宗庙图[3]（见图 1），这种被称作“塾”的附属建筑大约为供宾客、臣僚临时驻足的场所。根据图中显示，宗庙大门两侧之塾共四间，不仅有左右之分，还有内外之

〔1〕（西汉）孔安国传，（唐）孔颖达疏：《尚书正义》卷十八《顾命》，北京：北京大学出版社 1999 年版，第 592 页。

〔2〕（西晋）郭璞注，（北宋）邢昺疏：《尔雅注疏》卷五《释宫》，北京：北京大学出版社 1999 年版，第 143 页。

〔3〕郑宪仁：《周代“诸侯大夫宗庙图”研究》，《汉学研究》第 24 卷第 2 期，第 37 页。

别。“塾”古代写作“孰”[1]。《白虎通》云：“所以必有塾何？欲以饰门，因取其名也。明臣下当见于君，必孰思其事也。”[2] 此处对作为门侧堂之“塾”的来由及功能的解释未必准确，但“孰思其事”毕竟与由食物的“生熟”之义抽象出来的人对事物的“熟悉”之义联接了起来，在字义演化逻辑的解释上有其合理之处。

“塾”与教育相联系，最早出现于《学记》中：“古之教者，家有塾，党有庠，术有序，国有学。”孔颖达疏：“《周礼》百里之内，二十五家为闾，同共一巷，巷首有门，门边有塾，谓民在家之时，朝夕出入，恒受教于塾，故云‘家有塾’。”[3] 由此可知，至少从周代开始，“塾”已经作为教育场所广泛出现于基层，且其建筑形制仍有左右之分。又，孔颖达引《书传说》云：

> 大夫七十而致仕，而退老归其乡里。大夫为父师，士为少师。新谷已入，余子皆入学，距冬至四十五日始出学，上老平明坐于右塾，庶老坐于左塾，余子毕出，然后皆归，夕亦如之。[4]

从这则引文可以了解到，与掌管庠、序的施教者为在位官师不同的是，“塾”的施教者，即里塾之师，为致仕归乡的大夫与士。至于民人“受教”的内容，《白虎通》有较详细的描述：

> 古者教民者，里皆有师，里中之老有道德者为里右师，其次为左师，教里中之子弟以道艺、孝悌、仁义。立春而就事，朝则坐于

---

〔1〕 段玉裁《说文解字注》第十三篇下《土部》释“垛”时对“塾”字古作“孰”有详细考证：“垛，门堂孰也。……孰，经典皆作塾。以孰加土，犹以孰加火耳……古作孰而已，后乃加土也。”第686页上栏。

〔2〕（清）陈立：《白虎通疏证》卷十二《阙文》，吴则虞点校，北京：中华书局1994年版，下册，第595页。按：塾，段玉裁、郑珍等所引《白虎通》原文均作“孰”。

〔3〕（东汉）郑玄注，（唐）孔颖达疏：《礼记正义》卷三十六《学记》，第1227页。

〔4〕（东汉）郑玄注，（唐）孔颖达疏：《礼记正义》卷三十六《学记》，第1228－1229页。

里之门，余子皆出就农而后罢。夕亦如之，皆入而后罢。其有出入不时，早晏不节，有过，故使语之，言心无由生也。若既收藏，皆入教学。其有贤才美质、知学者足以闻其心，顽钝之民，亦足以别于禽兽而知人伦。故无不教之民。[1]

如此看来，周代的里塾实施的是一种面向基层平民的普及教育，涉及生产技能、伦理规范、社会知识以及日常生活规范等诸多方面，带有较为明显的社会公共教育性质。同时，由于"塾"依附于"闾（里）"而存在，并非私人修造的建筑，加之教育的实施者多为"仕焉而已"的"上老""庶老"，所以周代的里塾之教带有一定的政治色彩。"塾"是一个面向闾里平民、实施基本社会教育和综合管理的场所，具有治、教一体的特点。因而，周代的里塾可以看作是周代"学在官府"、官师一体、治教合一的政治特点向基层社会的延伸。周代的里塾意味着"师"与"塾"实现了真正意义上的结合，但是由于"师"之担任者为致仕之官，且其所实施的治教活动带有一定的强制性和官方色彩，所以他们与后世私学中的塾师还有着较大的差别。需要特别指出的是，周代的行政建置为乡遂制度，"乡"为国人所居，"遂"为野人所居，"家塾"之教亦仅针对国人而言，因而《白虎通》所云"无不教之民"，特指居于乡中的国人，而野人是没有受"家塾"教育的权利的。

第二节　私学发展与塾师称谓演变

由上文的分析可知，我国古代的教育大约从春秋中期已经开始分为官学与私学两途。秦统一中国后，出于政治的考量，官方对民间私学及其传播者进行压制，但仍是禁而不绝。汉代在官学恢复之前，学术承传与教育传播全赖民间私学来维系，而官学体系的逐步建立并未对民间私

[1]（清）陈立：《白虎通疏证》，上册，第262－263页。

学的发展带来障碍。魏晋南北朝时期，时局的持续动荡导致官学时兴时废，这为私学的发展与繁荣提供了充足的空间。唐宋时期是中国古代官学体系进一步走向成熟的时期，统治者亦尝试将官学推广至县以下的基层，但这些措施总是得不到持续有效的执行，因此，私学及其执教者在民间始终有足够的生存和发展空间。唐宋时的科举制对民间私学的教学内容具有很强的导向性，但是，这种导向非但没有挤压私学的生存空间，反而使民众对私学及其执教者的需求愈发旺盛。从整体上看，私学从春秋时期兴起以来，经历了一个由学术传播到文化普及教育、由中上层到基层社会不断下移的推进过程。在这种下移过程中，私学执教群体也随之不断演化。

一、私学演进与汉、宋间的私学教师群体

文献记载中的诸子百家虽多以学术传播者的面貌出现，但并不意味着私学中没有初等教育。根据部分学者的考证，《礼记》中，《学记》篇的写定时间当在战国时期[1]。编撰者在《学记》中将“古之教者”与“今之教者”进行了一番比较，对古之“家有塾、党有庠、术有序、国有学”以及循序渐进、化民易俗的学校教育体系不无向往之意，而对当下教育的鄙陋之处则颇有微词。从“古之教者”这一追溯语气来看，“家有塾”以及“塾”作为基层民众教育中心的地位在撰者生活的年代已经遭到破坏，取而代之的是“呻其占毕，多其讯，言及于数，进而不顾其安，使人不由其诚，教人不尽其材”[2] 的个人化教授，颇类后世的典籍诵读教育。编撰者描述的这一现象当与战国时期官学体系的瓦解直接相关，同时也透露出了私学教育在民间除了以学术传播的面目存在以外，以启蒙为特征的文化普及教育也是一个重要的方面。从教育本身

[1] 关于《学记》的写定时间，学界有不同观点，有的认为成书于战国时期，有的认为成书于秦统一后，更有人认为成书于汉代。综合各家观点，笔者认为《学记》成书于战国时期的说法更为妥当。参见高时良：《学记研究》，北京：人民文学出版社 2006 年版，第 17－30 页。

[2] （东汉）郑玄注，（唐）孔颖达疏：《礼记正义》卷三十六《学记》，第 1235 页。

所具有的内在规律来看，识字教育与基本典籍的诵读本身就是实现学术传播的基础和前提，所以在春秋战国时期的私学教育中，基础教育也应当是毋庸置疑的重要组成部分。战国以后的整个传统社会中，“闾里”作为社会基层组织虽然一直存在，但官学始终未能真正延伸到这一层面，活跃其间的是不断丰富的各类私学。

西汉时期，汉武帝在董仲舒的建议下设立太学，征召民间的通经名儒为经学博士，同时要求郡国及地方官选送秀异子弟到太学充当博士弟子。至此，中央官学才算正式建立起来。到西汉末年的汉平帝时，朝廷才开始议及地方官学的设立：“郡国曰学，县、道、邑、侯国曰校。校、学置经师一人。乡曰庠，聚曰序。序、庠置《孝经》师一人。”[1] 但是，以汉代的教育水平，显然难以将官学体系延伸到乡、聚的层面，因此在汉代的史籍中，鲜有关于乡、聚一级官学的记载。地方官学体系的建立，事实上仍停留在郡县一级。与官学不同的是，私学在汉初就已经十分兴盛，并逐步形成了低、中、高较为完备的教学分层，即启蒙教育、一般典籍诵读、专经研习三个层次，基本上确立了后世私学教育的三个阶段。东汉末年的王充曾对自己少时的三个学习阶段有较完整的描述：

> ……六岁教书，恭愿仁顺，礼敬具备，矜庄寂寥，有巨人之志。……八岁出于书馆，书馆小僮百人以上，皆以过失袒谪，或以书丑得鞭。充书日进，又无过失。手书既成，辞师受《论语》《尚书》，日讽千字。经明德就，谢师而专门，援笔而众奇。[2]

王充的祖上以农桑为业，祖父转而经商，并非世家巨族，可见当时接受私学教育的已经包含普通大众。根据王充的记述可知，当时民间启蒙教

[1] （东汉）班固：《汉书》卷十二《平帝纪》，北京：中华书局 1962 年版，第一册，第 355 页。

[2] （东汉）王充撰，黄晖校释：《论衡校释》卷三十《自纪》，北京：中华书局 1990 年版，第四册，第 1188 页。

育的主要内容可大致分为三个层次：一是行为养成、识字、书算，主要由书馆之书师承担；二是典籍诵读，这一阶段的内容为儒家基本典籍的普及性阅读，由一般性的经馆之经师承担；三是专经研习，这一阶段则是对“五经”中的一经进行深入的讲论与研究，已经进入学术传承的层次，由更高一级的精舍（精庐）之经师来完成。一般来说，能够开辟精舍进行专经教育的，多为在治学上较为知名、较有影响力的学者。王充在完成基本典籍的诵读教育之后，并没有接受更高级的专经教育，而是通过自学完成，这可能是由于家庭没有足够的财力支撑的缘故。

东汉崔寔所撰《四民月令》分别在正月、八月、十月、十一月涉及童子入学的安排，表明在东汉时期，有经济条件的业农家庭多在农隙送子弟入学，农忙则停学。其中“正月”条云：“农事未起，命成童以上入大学，学五经；师法未备，勿读书传。研冻释，命幼童入小学，学篇章。”又“十一月”条云：“研水冻，命幼童读《孝经》、《论语》篇章，入小学。”[1] 由此可见，在汉代人眼中，启蒙教育以及《孝经》《论语》等儒家一般典籍的诵读阶段皆属于“小学”教育层次，“五经”中的专经研习则属“大学”教育层次。无论是从王充所描述的三个层次来看，还是从崔寔描述的两个层次来看，至少在东汉时期，一个类似于后世塾师的私学教师群体已经形成。他们在教育中扮演的角色以及在教学内容分层上的特点都与宋代及以后的“塾师”大体相当，只不过当时的私学教师尚普遍坚守“不往教”的传统，民间也没有“塾师”这个统一的称谓而已。

虽然汉代以来的民间私学已被更细致地划分为书馆、经馆等，但从现存的一些文献来看，当时的人们仍多以“塾”来统称闾里私学这一类教育机构。如《后汉书》云：“自光武中年以后……其服儒衣，称先王，游庠序，聚横塾者，盖布之于邦域矣。”[2]《魏故金城郡君墓志铭》

---

〔1〕（东汉）崔寔撰，石声汉校注：《四民月令校注》，北京：中华书局1965年版，第9、71页。

〔2〕（南朝宋）范晔：《后汉书》卷七十九下《儒林列传》，北京：中华书局1965年版，第九册，第2588页。

称赞墓主："澄俭端响，柔廉衡塾，可谓晕峰独秀、霄岫孤栖者也。"[1]《北魏高道悦墓志》谓高道悦"青襟沿庠，业光衡塾；羁发钥序，童风辉茂"[2]。这些记载中提及的"衡塾（横塾）"有时又称"黉塾"，即指民间开办私学的场所，或可看作当时的民间私学对周代乡学实施基层教育的场所——"塾"这一概念的借用。

初创于汉代的传统官学体系，在魏晋南北朝时期兴废无常，但到了隋唐及宋代却得到了快速的发展和不断完善。隋代不仅建立了国子监、太学，还有四门学、书学、算学、律学，由国子监统领，而且在地方还设置郡、州、县学。唐代一因其旧，并且增加了医学、天文历学、畜牧兽医学、弘文馆、崇文馆、崇玄馆等中央官学，地方设立州学、县学、医学、玄学，从而形成了比较完善的中央—地方官学体系[3]。宋代官学在唐代的基础上得到进一步完善，除了增加武学和画学外，学校系统向庶民的开放度也进一步增加。官学体系的完善和学校开放度的增加，不但没有挤压民间私学的生存空间，反而在一定程度上刺激了民间对教育以及对私学教师的需求。

民间对教育需求的增加，除了官方学校系统的刺激外，更大程度上还要归功于隋代开始实行的科举制度。科举制度的实施是中国古代人才选拔和教育领域的一个大事件，它不仅确立了此后一千多年的中国选士制度，也对民间私学的发展产生了巨大影响。科举制扩大了选士的范围，使得更多地位低下、家境贫寒的读书人具有了参与科场角逐的资格。这就直接刺激了人们求师问学的意愿和各类私学的蓬勃发展。早在

---

〔1〕 赵超编：《汉魏南北朝墓志汇编》，天津：天津古籍出版社 1992 年版，第 166 页。

〔2〕 秦公：《释北魏高道悦墓志》，《文物》1979 年第 9 期，第 44 页。

〔3〕 据《旧唐书·玄宗本纪》载，玄宗曾令"天下州县，每乡一学，仍择师资，令其教授"。则乡中设学的情形在唐代一度存在，但据学者考证，官设"乡学"在唐代存在时间很短，最终为私学所取代。参见宋社洪：《唐代乡学性质考论》，《社会科学战线》2008 年第 4 期，第 250－253 页。

唐代，乡里村学就已频频见之于文献记载[1]，表明民间私学在当时的基层社会已经十分活跃。同时，这一时期的私学还出现了许多前代未有的新变化。首先是肇端于唐代的书院，在宋代及以后得到快速的发展，这是比汉以来以个人名义开办的“精舍”规模更大的学术研讨和传播平台；其次是宋以来的民间公共办学得到极大发展[2]，使民间办学形式不断丰富。

值得一提的是，自佛教传入中国后，佛寺、僧人逐渐在民间教育中扮演了重要角色。魏晋南北朝时期，由于时局动荡、政权更迭频繁，儒家思想受到较大的冲击，学术文化呈现出多元发展的特点，民间教育的内容也十分驳杂，除了儒学之外，道学、玄学、佛学甚至阴阳谶纬之学，无不成为教育的内容。与佛教的兴盛直接相关的是僧徒的教育问题。有学者指出，许多平民子弟因生活无着或笃信佛教而进入寺庙，成为僧徒，寺庙师父除了传授以佛经为主的宗教文化典籍外，还涉及世俗教育和文学艺术的传播，因而在南北朝官学衰落的背景下，寺庙僧人与世俗社会中的私学教师共同成为了当时平民教育的主要承担者[3]。对于寺庙或僧人在当时是否承担了世俗教育的内容，笔者未能找到直接的文献依据，对该学者用以论证其观点的文献的说服力亦持保留态度，但当时寺庙中的僧童的确面临着接受基础教育的问题，具有一定文化水平的僧人直接承担僧童的基础教育，或将基础教育贯穿于佛教典籍传授过程中的可能性并非没有，只不过尚待更加令人信服的材料出现。

---

〔1〕 现存唐代文献对乡里村学的记载已经十分常见，但名称尚不统一。如《唐庐州刺史本州团练使罗珦德政碑》载罗珦牧庐江时，“命乡塾党庠，缉其墙室，乡先生总童冠子弟”（《全唐文》卷四七八）；权德舆《送右龙武郑录事东游序》自述“弱岁时从师于党塾”（《全唐文》卷四九二）；柳宗元《与太学诸生喜诣阙留阳城司业书》自称尝因恶太学之乱象而“退托乡闾家塾，考励志业”（《柳宗元集》卷三十四）；刘禹锡《绝编生墓表》则称村学为“党庠”“里塾”（《刘禹锡集》卷四十）。这些教育机构既有乡民合办之塾，又有乡先生自开之馆。

〔2〕 参见王善军：《宋代族塾义学的兴盛及其社会作用》，《中国史研究》1999 年第 2 期，第 103－110 页。

〔3〕 参见喻进芳：《南北朝平民教育的主要承担者——佛寺僧人》，《武汉科技大学学报（社会科学版）》2007 年第 1 期，第 65－69 页。

唐代佛教盛极一时，僧徒众多，其中相当一部分僧童的启蒙教育需由寺院僧人来承担。安史之乱以后，中央与部分地方官学受到冲击，渐趋废弛，官学的部分角色转由唐代盛极一时的佛寺来扮演，研究者称为“寺学”，学童称为“学郎”或“学士郎”。唐代正史文献中没有关于寺学的记载，但现存的敦煌文献却表明，中唐至五代时期，寺学的存在十分普遍。台湾学者郑阿财在对敦煌蒙书进行研究后指出：

> 中唐之后，吐蕃占领敦煌，敦煌地区的州学随之荒废。然而由于佛教发达，寺院兴盛，民间教育工作，则转由寺院来接续办理。……换句话说，当时的寺学承担了敦煌地区教育的主要任务。[1]

大体而言，敦煌地区的寺学为寺院自办，属于私学范畴，执教者为文化知识较高的僧人，而教育的对象除了沙弥以外，更多的是当地的俗家子弟，教学上则既有佛教的内容，又有儒家内容。敦煌莫高窟第四六八窟、第十二窟、第九八窟分别有中唐、晚唐、五代时期所绘寺院学堂图。其中第九八窟中所绘寺学为五代初绘制的“维摩诘经变”中的局部：学舍中，一位僧人模样的老师端坐在炕上，手持书卷，维摩诘立于炕前，二人正相与讲论、问难，另四位学生则手捧书卷听讲（见图2）。图中的素材可能来自《维摩诘经》中的“入诸学堂，诱开童蒙”之句。贺世哲认为，这些壁画是晚唐、五代时期敦煌沙州学堂的局部写照[2]。

不过需要指出的是，官学废弛是唐代安史之乱后的财政窘迫和五代时期的政权更迭频繁引发的全国普遍现象，并非敦煌一地一时所特有。敦煌地区尚有寺学填补官学失位带来的空缺，那么在中原腹地以及其他佛教兴盛地区规模较大的寺院中，僧人充当基础教育实施者的情形亦可

---

〔1〕 郑阿财、朱凤玉：《启蒙养正：敦煌的学校教育》，兰州：甘肃教育出版社2007年版，第6－7页。

〔2〕 季羡林等主编：《敦煌学大辞典·经变画》，上海：上海辞书出版社1998年版，第99页。

图2　敦煌莫高窟第九八窟维摩诘经变“方便品”中的寺院学堂图（局部）

大致想见。在我国一些佛教兴盛的少数民族地区，寺院往往是基础教育实施的主要平台，僧人长期承担着施教者的重要角色。如西藏，自佛教传入后至民国时期，僧人长期为当地教育的主要实施者。在傣族的文化传统中，教育一直是通过佛寺来完成的，童蒙年满七岁即出家为僧，成年还俗后便成为知识分子。因此对傣族人而言，佛寺便是学校，佛爷即为老师。佛教有佛寺，道教则有道观，道童受教育的方式在文献中虽罕有记载，但必定存在道士实施基础教育的事实。因此，至少在佛、道教兴盛的唐代，知识文化水平较高的僧人、道士与普通文人一样，也是当时私学教师群体的组成部分。

“义学（塾）”“族塾”“舍馆”“村塾”“家塾”“私塾”等概念的出现，意味着汉以来以“塾”统称的民间学塾分类日趋多元化，而这些分类主要体现的是民间学塾组织形式的多样化。在唐宋文献中，“义学（塾）”一般指地方官绅或富室出资开办的公益性学塾，延请教师教读当地的贫寒子弟。如晚唐王潮任福州团练使时，“作四门义学，还流亡，定赋敛，遣吏劝农，人皆安之”[1]。此外，官宦或富室以个人名义出资开办的、仅面向本族子弟的学塾亦称“义学（塾）”，如范仲淹“尝建义宅、置义田、义庄以收其宗族，又设以义学，教养咸备，意最近古”[2]。洪迈《夷坚志》载李仲永侍郎致仕后，“自立义学，……招延师儒，召聚宗党，凡预受业者踰三十人，捐良田二百亩以赡其用”[3]。“族塾”是指以宗族公产为经济依托，招收本族子弟入学的学塾，入学者免费或仅缴纳极少的费用。

值得注意的是，随着“家”的内涵的变化，“家塾”在古代也是一个变化的概念。大约在宋代以后，文献中所载“家塾”包含两类学塾。一是家族兴办的学塾，与族塾、宗族义学为同一内涵，如宋代著名的吕氏家塾、程氏家塾皆是其例。一是单个家庭开办的学塾，亦称家馆、私馆，专为教育自家子弟而开设，此类家塾的开办者多为书香官宦门第及富厚之家。家塾或由父兄亲自教授，或延名师课读。“舍馆”在后世亦称“散馆”，由教授者私人开办，就近招收学童入学，入学者需缴纳束脩，在办学形式上类似汉代私人开设的书馆、经馆。

在以上所涉及的民间学塾组织形式中，“义学”的公共色彩最浓，公益性也最为明显，而家塾、舍馆（散馆）的私人特征最明显，且为后世民间学塾最普遍的组织形式。至于“私塾”，乃是因“义学”“族塾”等具有公共性质的办学形式兴盛后派生出的一个与之相对的新概念，最初统指私人色彩最浓的“家塾”和“散馆”。如宋元之际的欧阳守道在其书牍中云：“……某年且强仕，于道无闻，滥得一官而亲老在，念宦情特薄，闭门读书，有友生数辈，栖于私塾，朝夕所与讲论，不敢

[1]（北宋）欧阳修、宋祁等：《新唐书》卷一百九十《王潮传》，北京：中华书局1975年版，第十七册，第5492页。

[2]（元）牟巘：《牟氏陵阳集》卷九《范文正公义学记》，《景印文渊阁四库全书》，第1188册，台北：台湾商务印书馆1983年影印本，第76页上栏。

[3]（南宋）洪迈撰：《夷坚志·三志己》卷十《界田义学》，何卓校点，北京：中华书局1981年版，第三册，第1382－1383页。

自畔于圣贤。”[1] 这里的“私塾”即指塾师自开的散馆。又如元代贾居贞“延师私塾，毓德诸子，日或一至其舍”[2]。此“私塾”又指东家开设的家馆，延请塾师教授子弟。与“私塾”“散馆”相对的则是“公塾”，包括具有公共性质的“义学”“族塾”等。清代尚有“公塾”这一概念：“……尉本名相后裔，为一族之长。先是，族有公塾，其师老病卒，族人正请命延师，左虚数月矣。”[3] 这里所谓“公塾”，就是指宗族所开办的“义学”或“族塾”。郑观应在《盛世危言》中亦云：“各乡亦分设家塾、公塾，无论贫富皆可读书习艺。”[4] 到清末民初，官办的新式学堂兴起，“私塾”演变为与新式学堂相对应的概念，成为对民间传统学塾所有组织形式的统称，这即为今天的“私塾”概念。

二、“塾师”概念的出现及其称谓的多样化

就现存的文献来看，私学教师群体虽然在春秋中期以后便已出现，但“塾师”一词首见于北宋文献。如邵雍《梦林玄解》卷十七“石榴”条云：“榴者留也，有久留之义。梦此者婚姻当入赘，塾师当复留，行人未归，囚者未出。”[5] 这里的“塾师”指应聘坐馆的私学教师。又如生活于两宋之交的胡寅自叙其十六七岁时，见其父案头有杨时所撰《论语解》，与塾中所学不同，便在上学时“请诸塾师”[6]。可见将私学教师统称“塾师”在宋代已较为常见了。《宋史·列女传》亦云：“男有

〔1〕（南宋）欧阳守道：《巽斋文集》卷三《通萧宰书》，《景印文渊阁四库全书》，第1183册，第526页下栏。

〔2〕（元）苏天爵撰：《元朝名臣事略》卷十一《参政贾文正公》，姚景安点校，北京：中华书局1995年版，第235页。

〔3〕（清）吴炽昌：《客窗闲话·初集》卷四《命生》，石家庄：河北人民出版社1985年版，第85页。

〔4〕（清）郑观应：《盛世危言》卷二《考试下》，上海：上海古籍出版社2008年影印本，第130－131页。

〔5〕（北宋）邵雍纂辑：《梦林玄解》卷十七，崇祯九年（1636）刻本，第十九页。

〔6〕（北宋）胡寅撰：《斐然集》卷十九《鲁语详说序》，容肇祖点校，北京：中华书局1993年版，第403页。

塾师，女有师氏。国有其官，家有其训……”[1] 撰者虽然只是追述古代情形，但无疑表明宋元时期的民间私学教师已然被统称为“塾师”了。到明清时期，“塾师”的称谓已十分常见。《辞源》将“塾师”界定为“家塾的教师”，显然是不确当的，因为家塾仅为古代私塾中之一类，义学、社学、散馆、村塾中的执教者，在明清时期绝大多数情形下皆统称“塾师”[2]。笔者以为，塾师在中国古代是一个统称，指在民间各种组织形式的学塾中执教的教师。若根据今天的“私塾”概念来界定，塾师是指在私塾中执教的教师，若以现代汉语的理论来概括，“塾师”属于称谓中的集合名词。虽然“塾师”这一通用称谓首见于北宋，但正如笔者在前文中已论及的，与塾师相当的书师、经师等私学教师群体在汉代早已出现。

“塾师”的称谓统合了官学以外的民间各类学塾的执教者，是对私学教师群体的总称。由于民间学塾本身的划分十分复杂，且民间学塾与官学教育及古代门客等文化有着千丝万缕的联系，因而塾师在民间话语中也呈现出称谓多样化的特点。

（一）西宾（西席）、馆宾（馆客、馆师）、塾宾（塾客）

塾师的这些称谓皆与古代“家塾”的兴盛相关。唐代以来，随着社会经济的发展和科举制渐趋成熟，越来越多的家庭有能力开设家塾，并延请师儒教授子弟。中国古代的宾主之礼，席次以西为尊，因而宾客亦称西宾，富家延请的塾师为宾客之一类，故后世对家中所延师儒亦称“西宾”或“西席”。如柳宗元有“若道柳家无子弟，往年何事乞西宾”（《重赠刘连州》）之句；明代任环延师课子，直称沈姓塾师为“沈西

---

[1] （元）脱脱：《宋史》卷四百六十《列女传》，北京：中华书局 1977 年版，第三八册，第 13477 页。

[2] 此类例证甚多，如雍正《陕西通志》卷六十二载清人李承引“设社学，塾师及诸生膏火悉以身任”。（雍正）《江西通志》卷一百二十七《安成李氏重修安贤义塾记》中亦称义塾执教者为“塾师”。

宾”[1]；金仁本家贫而博学，“世家士族争为西席，子弟经其训诲，悉有礼度”[2]。私人所设之学在汉代已称为“馆”。唐宋以降，民间私塾更是“馆”“塾”并称，因而被延聘课读的塾师又多被称为“馆客”“馆宾”“馆师”“塾客”“塾宾”等。南宋吴自牧《梦粱录》载：“以今时府第宅舍言之，食客者有训导童蒙子弟者，谓之‘馆客’。”[3] 明初处士周道，“自幼嗜学，十余岁能属文，日强识数千言。……远有造诣，里名家竞延为塾宾，教其子弟”[4]。清代陈宏谋《义学条规议》则称塾师为“馆师”[5]。

（二）先生、夫子、老师

“先生”一词早在秦汉或更早时便用于指称执教者了。《礼记·曲礼》云：“从于先生，不越路而与人言。”郑玄注：“先生，老人教学者。”[6] 又《韩诗外传》云：“问者曰：‘古之谓知道者曰先生何也？’曰：‘犹言先醒也。不闻道术之人，则冥于得失，不知乱之所由，眊眊乎其犹醉也。’”[7] 由于古之私学执教者多为精于学问的学者，因而古人常称教学者为“先生”。“先生”在明清时期可用于对教师的泛称，私塾中的执教者，民间多统称为“私塾先生”，而在具体指称某师时，则常称“某先生”。

据清人王应奎考证，“夫子”之称在古代被广泛运用于君臣、师

---

〔1〕（明）任环：《山海漫谈》卷一《延沈西宾书》，《景印文渊阁四库全书》，第1278册，第589页上栏。

〔2〕（明）苏景元撰：《金仁本德玹传》，（明）程敏政辑：《新安文献志》卷九十五下，合肥：黄山书社2004年版，第三册，第2432页。

〔3〕（南宋）吴自牧：《梦粱录》卷十九，《丛书集成初编》，上海：商务印书馆1939年版，第3221册，第181页。

〔4〕（明）杨士奇：《东里续集》卷三十四《周处士墓志铭》，《景印文渊阁四库全书》，第1239册，第118页下栏。

〔5〕（清）陈宏谋撰：《义学规条议》，（清）鄂尔泰等修：雍正《云南通志》卷二十九，《景印文渊阁四库全书》，第570册，第621页下栏。

〔6〕（东汉）郑玄注，（唐）孔颖达疏：《礼记正义》卷二《曲礼上》，第40页。

〔7〕（西汉）韩婴撰，许维遹校释：《韩诗外传集释》卷六，北京：中华书局1980年版，第213页。

生、友朋之间，并不涉及对象的尊卑贵贱，“近代师生必称夫子，不知何本，若以孔门为例，则近于僭；若以尊卑贵贱之通称而称其师，则又近于亵，两者固交失之”[1]。根据王应奎所论来看，以“夫子”称师虽无礼仪上的依据，但若从语言发展的角度来看，明清时期的“夫子”已经演变为对执教者的专称，意味着“夫子”一词的外延缩小。

“老师”本为偏义复合词，指年老辈尊之师。如《史记》云：“田骈之属皆已死，齐襄王时而荀卿最为老师。”[2] 又如张履祥《钱先生遗事》云：“予年向壮，先生招延使课少子，礼敬与昔诸老师不异。”[3] 明清时期，生员、举人皆尊座主为老师，而民间私塾亦有称塾师为老师者，如清代杨国桢自述其五岁入塾开蒙时云：“入学教蒙，聘徐老师教读。先生善于训蒙，读书以熟为度。”[4] 可见塾师之称“老师”，是官学教师专称“老师”词义扩大和使用泛化的结果。

（三）蒙师、经师

汉代根据教学层次的不同，将小学之教分为书馆和经馆，后世一直沿用此种分层，不过明清时的“书馆”多指“蒙馆”。如陈宏谋《义学条规议》云：“馆师宜慎也。成材之学，取法宜上，经馆之师，选择宜严。……至于城乡蒙馆，即于本地附近生员儒士内慎选诚朴素自好、不与外事者为之。”[5] 经馆之师即为经师，主要教授儒家经典；蒙馆之师则为蒙师，主要承担识字、行为规范等启蒙教育。当然，明清时期的很

---

〔1〕（清）王应奎撰：《柳南随笔》卷六，王彬、严俊英点校，北京：中华书局1983年版，第122页。

〔2〕（西汉）司马迁：《史记》卷七十四《孟子荀卿列传》，北京：中华书局1959年版，第七册，第2348页。

〔3〕（清）张履祥撰：《杨园先生全集》卷二十一《钱先生遗事》，陈祖武点校，北京：中华书局2002年版，中册，第629页。

〔4〕（清）杨国桢：《杨国桢海梁氏自叙年谱》，《北京图书馆藏珍本年谱丛刊》，北京：北京图书馆出版社1999年影印本，第137册，第641页。（下文征引明清人年谱，凡出自该丛书者，皆简称为《北图珍本年谱丛刊》。）

〔5〕（清）陈宏谋：《义学条规议》，雍正《云南通志》卷二十九之十一，《景印文渊阁四库全书》，第570册，第621页下栏。

多私塾并没有简单地进行经、蒙二元划分，而是经蒙兼授，所以这种经师、蒙师的分类适用性有限，不适于用在所有塾师身上。

（四）学究、村夫子、冬烘先生

“学究”最初为唐宋科举考试中的科目之一，后来泛指读书人。“学究”起初并无贬义，如陆游即自称“衣冠醉学究”（《自咏》），到明清时期则演变为专指迂腐浅陋的读书人。明清时期的塾师队伍中，多有思想封闭、学识浅陋、言行迂腐的读书人，因而“学究”往往成为人们对此类塾师的别称。如明代有《嘲学究》云：“我若有道路，不作猢狲王。”[1] 相比之下，“村学究”“三家村学究”更是对乡村塾师的谑称。“冬烘”一词出自晚唐。郑薰主进士试时，误将试者颜标当成颜真卿之后，遂取为状元。时人作诗嘲讽曰：“主司头脑太冬烘，错认颜标作鲁公。”（王定保《唐摭言》卷八）可见“冬烘”本为“糊涂”之义。后世多以“冬烘先生”指学识浅陋、头脑糊涂之塾师，如宋人范浚有诗云：“冬烘先生时自哂，安用盘盂学田蚡。”[2] 到明清时期，对塾师的谑称还有“村夫子”“猢狲王”等。此类称谓体现出古代上层知识分子对塾师的蔑视，同时也透露出底层塾师综合水平的欠缺，本书的相关章节会分别论及。

从本章的分析中不难见出，中国古代教育随着时代的发展，大约呈现出如下几个总体趋势。其一，中国古代教育的发展历程，从整体上看是知识、学术由上层向下层呈现出不断下移和扩散的过程。其二，自春秋时期私学出现以来，民间私学与官学两途在中国古代始终处于并存的状态。其三，由于科举制的出现并始终成为官方人才选拔的主要方式，

---

〔1〕（明）郎瑛：《七修类稿》卷二十六《嘲学究》，北京：中华书局1959年版，上册，第400页。

〔2〕（北宋）范浚撰：《三月廿六日夜同端臣端杲侄观异书效李长吉体》，（清）吴之振等选编，（清）管庭芬、蒋光煦补编：《宋诗钞》卷五十二《香溪集钞》，北京：中华书局1986年版，第二册，第1503页。

但私学未因官学的成熟、完善而衰落。其四，与知识、学术不断向下扩散相伴的是，童蒙教育由父兄之教为主转向以“就外傅”的师授为主。这些因素共同促使宋代以前的私学教师群体形成并不断壮大。

第二章　明清民间基础教育供需与塾师的构成

中国古代自实行郡县制以来，国家行政系统止于县一级，“国权不下县”，县以下长期采用以士绅和里甲为纽带的自治方式进行管理。与此相一致的是，官学系统亦止于县一级。随着科举制的成熟与发展，地方官学为官方培养和输送科举人才的职能进一步加强，但官学本身并不承担基础教育的任务。读书人在通过官方组织的考试进入官学系统之前，必须自主完成基础教育。这正是民间私学在中国传统社会中持续壮大的制度根源。

明清时期，教育与科举制度有了更为密切的联系，民间私塾在私学中的地位日渐凸显。塾师作为私塾教育的组织者和实施者，在民间社会中发挥着越来越重要的作用。明清时期的私塾开办具有高度的自主性，因此对塾师而言，无论是他人聘请还是自设馆塾，他们都已被置入一种“市场化”的教育语境中。市场是应需求而产生的，从求学者的角度来讲，自己是知识的需求方，塾师是供给方；从塾师就业的角度讲，自己是职业需求方，求学者是供给方。从本质上讲，这是一种教育的双向供需，明清时期的这种“基础教育市场”的高度繁荣，即为双向供需高度契合的表现。笔者认为，要对明清时期塾师群体的生存状态进行研究，首先有必要对这种双向供需的产生、维持和扩大的内在动力加以探讨。本章主要包括三个方面的内容：一是分析明清时期的民间社会对塾师的需求程度、支撑这种需求所必备的经济条件，以及普通大众热衷教育的心理动因；二是探讨明清时期的读书人急于“治生”的原因，他们倾向于以塾师为业的主要动机以及塾师群体的构成状况；三是梳理明清私塾的基本类型以及“塾馆”这一私塾教育实施平台的大致面貌。

第一节　普通民众对教育的需求

隋唐时确立的科举制度使国家的人才选拔机制显示出了相当程度的“机会均等”。科举制度的主要目的虽然是为统治者笼络人才，但它无疑也在客观上为出身底层的普通人提供了一条向上层流动、从而改变人生命运的通道。到明清时期，科举考试已向绝大多数基层男性民众开放，官办学校教育的推广范围进一步扩大，民间的向学之风亦日渐浓厚。明中叶以来，社会经济进一步繁荣，农业商业化趋势明显，工商业空前发达，使得更多的普通家庭具备了投资教育的基本经济条件。明清时期的家庭以及家族地位的升降、兴衰与家族子弟所受教育的关系至为密切。同时，由于社会经济的发展，基本文化知识在普通民众的日常生活中的重要性也日益凸显。这些因素共同刺激了普通民众对教育的需求，从而推动了明清时期私塾的兴盛，也为塾师群体提供了较广阔的执业空间。

一、教育需求的大众化

按照“四民分业”的传统观念，中国古代的民众大致可以分为士、农、工、商四大群体。“四民”的界限虽在后世不断被打破，但在传统社会中，“士”作为四民之首的地位始终未曾真正动摇过。农、工、商贾要进入社会地位较高的“士”阶层，必须通过向上流动来实现，而向上流动的重要通道便是教育。明人黄润玉曾这样概括读书受教育的重要性：“为人须要读书，读书所以致知，致知所以明理，明理所以应事，应事所以治人，治人所以尽为人之道也。"[1] 在他看来，读书的终极目标是为了"治人"，而唯有"治人"才可以让个人价值得到最大程度的实现。应该说，黄润玉的观点基本上可以代表当时的大众对读书目的的普遍看法。普通民众尚且重视读书，以诗礼传家、代有功名的家庭就更不用说了。"士"之后代接受教育、传承家学在古代被看作是一件理所当为之事，因而在明清时期，跻身于"士"阶层的家庭，往往十分重视子女的教育问题。如明代处士颜祯本出于书香之家，后因家贫而被迫放弃业儒，总理家政，但他并未让自己的后代失去受教育的机会，常训导其子曰："家自复圣公五十世，世受儒，何自中绝哉！吾居则惭吾姓，祀则惭吾先，孺子勉之！"[2] 又如清初沈起元在教育其子弟时云："四民有恒业，士子恒为士。我士诗礼家，不士即不子。"[3] 在这些人的观念中，士人之子必定是要继续为士的，对以诗礼传家的儒士来说，子必承父业，否则便有违先人之志，便是不肖。即便最终未能如愿，教育的投入却一点也不会少。这也是明清士人群体中一种甚为普遍的观念。

在明清时期，上至皇亲贵族，下至地方官绅，往往会尽自己所能，广开家塾，延请塾师教授子弟。由于官宦之家不但在当地的科举竞争中具有政治资本上的优势，而且在经济实力上较为雄厚，因而这些人的家庭甚至会同时延请塾师多人教授子弟。如清人梁章钜寓居浦城时，"次儿、三儿、五儿及长女、三女，悉比户而居，内外孙十余人，皆不过十岁上下，塾师延至四五人"[4]。洪亮吉为诸生时曾在其姊夫汪氏家中充塾师课徒，"汪氏居天井里，屋宇深邃，宅中所延经师则同里段布衣圣烈、李布衣瑞宽，与先生为三"[5]。这些财力雄厚的家庭，延师教子亦

[1] （明）黄润玉：《海涵万象录》卷三，《丛书集成续编》，上海：上海书店出版社1994年版，第87册，第938页上栏。

[2] （明）王世贞：《弇州续稿》卷一百十二《处士双溪严翁墓志铭》，《景印文渊阁四库全书》，第1283册，第585页下栏。

[3] （清）沈起元撰：《效白体寄儿子大抱一百韵代家信》，徐世昌编：《晚晴簃诗汇》卷六十一，民国十八年（1929）退耕堂刊本，第九页。

[4] （清）梁章钜撰：《归田琐记》卷六，于亦时点校，北京：中华书局1981年版，第115页。

[5] （清）吕培：《洪北江先生年谱》，《北图珍本年谱丛刊》，第116册，第371页。

多以角逐科场为目标。清代满族人煦蓍的父亲虽为武官出身，但对子弟业儒、获取功名寄以厚望。他在自家开辟书房数间，设立膏火，历年延师教读，然而子弟数年皆无进益，无一人进学。煦蓍曾在年谱中记述其父的失望之状：

> 先父心伤，尝自叹曰："无怪他人笑我武夫不知教子读书，汝等都是耗子皮，真无一根珍珠毛耶?"言毕又戏与余曰："先生说你可以成就，你给阿妈争口气，你能明年考仲秀才，我给你唱三天戏！"[1]

煦蓍二十八岁时，诸兄弟在功名上仍无所成，遂将父辈的期望寄托在自己的儿子身上。"长子程瑞，年甫五岁即命入塾认字，始望教子能成科名，庶副先人之志。"[2] 程瑞读书三十余年，虽"未尝一日不从师"，但依旧无成。无奈之下，煦蓍只好转而将希望寄托在长孙身上，长孙"按年延师读书，一废居诸，我即与伊父骂闹不休，不责备孙孩者，实系我爱怜之偏也。每日晚间散学，必要盘问功课，夜至三更，亦必等候散学，不肯间断一日"[3]。又如清代山东沂水人刘恒泰出身书香之家，家本殷实，七岁时开始在家塾中接受教育，三十四岁步入仕途，此后三十余年间，长期在任所及家中同时开辟塾馆，延师课读弟、子、孙辈，其家最多同时有 4 位塾师教读。笔者对刘恒泰一家在六十年间所受私塾教育作了如下统计：

---

[1]（清）煦蓍：《萃英堂老人自订年谱》，《北图珍本年谱丛刊》，第 149 册，第 466－467 页。按："仲"当为"中"之讹。

[2]（清）煦蓍：《萃英堂老人自订年谱》，《北图珍本年谱丛刊》，第 149 册，第 470－471 页。

[3]（清）煦蓍：《萃英堂老人自订年谱》，《北图珍本年谱丛刊》，第 149 册，第 476 页。

表 1　刘恒泰一家三代求学经历统计

时间	塾师	从学者	从学地点	备注
7 岁	高成详先生	刘恒泰	家塾	嘉庆十七年。
9 岁	朱像南先生	刘恒泰	家塾	
11 岁	刘璞（族叔）	刘恒泰	家塾	
12 岁	父亲	刘恒泰	家塾	
13 岁	仁敷五先生	刘恒泰	家塾	
15 岁	李湑亭先生	刘恒泰、堂叔宿一	家塾	
17 岁	系长先生（族叔）	刘恒泰、堂叔宿一、族叔凤亭、元贞、高元吉	家塾	
20 岁	王隆吉先生	刘恒泰、族叔元贞、李月松	家塾	刘恒泰入泮。
23 岁	袁治池先生	刘恒泰	袁家城	附馆。
24 岁	许赓堂先生	刘恒泰	日照松泉峪	附馆。
26 岁	费廷言先生	刘恒泰	日照东湖	附馆。
28 岁	雨亭先生（堂叔）	刘策勋（子辈）	家塾	
29 岁	马星垣先生	刘恒泰	莒州罗庄宋宅	附馆。
30 岁	汪永栋先生	二弟、三弟、子策先	家塾	
31 岁	汪永栋先生	策勋	家塾	刘恒泰拔贡。
	王松先生	二弟、三弟、策先	家塾	
32 岁	王松先生	策勋	家塾	
	王起元先生	二弟、三弟、策先	家塾	
34 岁	苏若梁先生	策勋	家塾	刘恒泰上年应朝考，以知县用。
35 岁	邹剑锷先生	策先、策勋	任所	
	李仙蔚先生	二弟、三弟	家塾	
37 岁	李仙蔚先生	策先	任所	刘策先入泮。
	吴其光先生	策勋		
	王先生	策庸		郡守王蓉坡所荐。
39 岁	曾望三先生	策勋、策庸	任所	
	王远年先生	二弟、三弟	家塾	
40 岁	曹述堂先生	策先、策勋	任所	三弟入泮。
	刘杰先生	策庸	任所	
41 岁	何梅溪先生	策勋、策庸	任所	
43 岁	安斐亭先生 陆籁亭先生	策勋	莒州庄宅	附馆。 是年入泮。
	苏鸿升先生	二弟、三弟	葛家集	附馆。
	盛文轩先生	策先	莒州庄宅	附馆。
44 岁	郑淇瞻先生	二弟、三弟	家塾	
45 岁	胡泮清先生	策庸	任所	
	李印芳先生	二弟、三弟、策先	家塾	
46 岁	胡元琛先生	策庸	任所	刘策先举孝廉。

续表

时间	塾师	从学者	从学地点	备注
47 岁	袁俊民先生	策庸	任所	
49 岁	曹圣辅先生	二弟、三弟、策勋、策庸	家塾	
50 岁	汪永栋先生	策銮（堂侄）	家塾	
51 岁	刘杰先生	策銮、族叔元赓、咏泰	家塾	刘策先授官。
52 岁	许荫南先生	二弟、三弟、策勋、策庸	家塾	
	张超先生	堂侄策銮、策莱	家塾	
53 岁	刘延泰先生	策銮、策莱、恩铭（孙辈）	家塾	刘策庸乡试中式。
54 岁	许荫南先生	策勋	日照丁家楼	附馆。
55 岁	胡泮清先生	策銮、策莱、恩铭	家塾	
	刘锡川先生	恩驻	家塾	
56 岁	王礿昌先生	策銮、策莱、恩铭	家塾	
57 岁	斌五先生（族祖）	策濂、恩田	家塾	
59 岁	王汝弼先生	策銮、策莱、族叔元赓、高凤池	家塾	
	许荫南先生	策勋	莒州渟沟	附馆。
60 岁	辛兰舟先生	策銮、策莱、族叔元赓、高凤池	家塾	
	廷泰先生（族弟）	策濂、恩田、恩陶	家塾	
61 岁	三弟	策銮、策莱、族叔元赓、高凤池	家塾	
	杜步鳌先生	策濂、恩田	任所	
	王彦邦先生	恩陶	任所	
	李�先生	策庸	日照	定期课文。
62 岁	元熙（族叔）	恩陶	家塾	
63 岁	王励堂先生	策濂、恩田	任所	
	三弟	元赓、宋清扬	家塾	
64 岁	陆建常先生	策觐、恩陶	家塾	
	策庸	宋清扬、贾秀峰	家塾	
65 岁	元赓（族叔）	策觐、策纶	家塾	
	崔厚菴先生	恩驻	家塾	
66 岁	钱爽斋先生	策濂、恩田、贾秀峰	家塾	刘策庸会试大挑，以教职用。
67 岁	苏庾园先生	策濂、恩田、贾秀峰	家塾	刘恒泰次年病卒。

文献来源：（清）刘策先：《诰封光禄大夫刘公象久年谱》，《北图珍本年谱丛刊》，第152册，第360－434页。

通过表1统计可以发现，刘恒泰一家三代在有文献记载的六十年间，受教育的经历未曾间断过，三代共14人先后从学于40多位塾师，刘恒泰、刘策先、刘策庸等先后进入仕途。像刘恒泰这样的仕宦家庭在明清时期十分常见，由于本身的经济实力雄厚，不但可以持续不断地为子、弟、孙辈进行教育投资，而且家塾内部还形成了比较完备的低、中、高的教育梯次，为了追求教学实效，每位塾师所教弟子基本控制在4人以内，很多时候为一对一教学。

财力雄厚的仕宦之家重视教育，经济相对贫乏的书香之家亦不例外。自明代中后期以来，知识分子中出现了一个日趋庞大的“贫士”群体。这是一个比仕宦家庭的队伍庞大得多的群体，他们既无雄厚的政治资本和科举竞争力，又无财力上的优势，虽以耕读传家，但多数止步于生员或童生，无力更进一步。或许正是因为这样的窘境，贫寒士子往往对功名有着更为强烈的渴求，自身无法实现的理想，往往寄托于后代身上。这样的家庭在明清时期不胜枚举，如无锡蓉湖柳荡刘氏自“越凡公”以下，五世业儒，十数人皆止步于县学生员，但仍寄望功名于后辈[1]。左宗棠先世七代业儒，皆止步于生员，先辈的理想经过反复传述，变成了沉重的精神负担，直到功成名就，左宗棠仍对此耿耿于怀，以祖辈业儒之艰辛教导其子云：“吾家积代寒素，先世苦况，百纸不能详。尔母归我时，我已举于乡，境遇较前稍异，然吾与尔母言及先世艰窘之状，未尝不泣下霑襟也。”[2]

与官宦富室和普通士绅阶层相比，农、工、商贾家庭在政治资源上处于明显的劣势，在科举中缺乏竞争力。但这并不意味着他们不热衷教育，相反，这些身处下层的普通民众对教育后代，对子弟通过读书角逐科场、改变命运有一种更为迫切的愿望。此类例子在明清各类文献记载中颇为常见，兹举一例。明代旌阳张氏，世以耕凿为务，至张秉谦时，

---

〔1〕参见（清）刘国生等修：《蓉湖柳荡刘氏宗谱》卷七，《中华族谱集成》（刘氏谱卷），成都：巴蜀书社1995年影印本，第三册，第130－146页。

〔2〕（清）左宗棠：《与孝威》，《左宗棠全集·家书》，林鸣凤、喻岳衡等整理，长沙：岳麓书社1987年版，第64页。

家渐饶裕，便开始考虑后代的教育问题：

> 聘西乡名宿谭某教其长子子诏，餐飨修脯极其诚敬。数年无成功。师以公厚意，难于言，岁暮归，携公手，令远送。过西岭，乃告之曰："郎君必无成，余不复至矣！"公闻痛哭，长跪不肯起。师不得已，乃曰："公次子虽少，吾见其姿貌，似可教者，试令入学，曲为成就之，可乎？"公乃欣然，再拜谢之。[1]

其实，张秉谦这样的家庭并不富裕，据传记资料所载，其后数年间，张秉谦因投资教育而重陷贫困。但即便如此，张氏仍将教育视为家庭的首要任务。其次子入泮后，即以充塾师糊口，一边教学，一边应举，生活颇为艰辛，直至崇祯元年方拔贡授官。潘光旦、费孝通曾以清代915份朱墨卷为依据，考察应试者的家庭背景。经统计，其中306人的父辈为农、工、商平民，占33.44%；父辈为底层士子的有289人，占31.58%[2]。这些样本和统计数据表明，中下层普通家庭的子弟在清代科场中所占比例已相当可观。事实上，随着明清社会经济的发展，参与科场角逐的普通农、工、商子弟越来越多，并逐渐成为科举应试群体的主要组成部分。

有国外研究者指出，清代大约有30%—45%的男性和2%—10%的女性具有不同程度的识字、读写能力[3]。当然，这只是一个大致的估算，但这一比例无疑从宏观上表明，清代的教育实践和普通大众对教育的需求具有相当程度的普遍性。事实上，从各种文献记载来看，民间向学之风在明清时期日臻浓厚，投资教育已成为一种高度平民化、大众化的行为。即便是那些"家不中赀"的农、工、商子弟，接受识字、读

---

〔1〕（清）张庆彬等修：《旌阳张氏通修宗谱》下卷卷之二《篆荫公传赞》，《中华族谱集成》（张氏谱卷），成都：巴蜀书社1995年影印本，第二册，第950页上栏。

〔2〕潘光旦、费孝通：《科举与社会流动》，《社会科学（北平）》1947年第4卷第1期，第1-21页。

〔3〕参见［美］Evelyn Sakakida Rawski，*Education and popular literacy in Ch'ing China*（Eastlansing：University of Michigan Press，1979），p5。

图3　明代画家李流芳《山村读书图》(局部)

写、书算、人伦等启蒙教育也十分普遍，这在沿海经济文化发达地区体现得尤为明显。如明初苏州风俗，“虽闾阎村僻之所，莫不置句读师以训童稚”[1]。明清时期宗族文化兴盛，教育问题往往被视为整个宗族的一件大事，敦诗书、重教育成为宗族内部的共识，角逐科场、显姓扬名、为宗族兴旺作出贡献固然是接受教育的重要动力，但接受基本的文化教育、为个人成立奠定基础无疑是更为普遍的初衷。如清代浙江余姚刘氏《族箴》云：

> 子孙虽愚，经书不可不读，非责人以书卒业也，子弟入塾一二年，晓得书中有君子、圣人之目，君臣、父子之伦，到后来心领神会，学一农、工、商贾，断不至穷饿终身。若自幼失教，任其嬉游，任其征逐，一旦饥寒交迫，廉耻道丧。乞丐盗贼之流，未始非骄奢淫逸之所致也，有子孙者可不教乎![2]

箴文中并未强调读书考取功名，而是重在通过教育，让族人子弟明人伦、知廉耻。严格说来，这是一种在宗族范围内推行的基础教育。在明清时期的家训、族谱中，此类规文十分常见。又如湖南白石刘氏族谱之《宗规》云：

> 族中各父兄须知子弟之当教……将正经书史严加训迪，务使变化气质，陶镕德性，他日若做秀才、做官，固为良士、为廉吏，就是为农为工为商，亦不失为循谨君子。[3]

《宗规》指出无论是习举业为士、为吏，还是最终为农、工、商贾，都

---

〔1〕（明）卢熊修：（洪武）《苏州府志》卷一六《风俗》，《中国方志丛书》（华中地方），第四三二号，台北：成文出版社1983年影钞本，第626页。

〔2〕（清）刘瀫廷等修：《余姚开原刘氏宗谱五编》卷首《族箴》，《中华族谱集成》（刘氏谱卷），第五册，第42页。

〔3〕（清）刘春池等纂：《白石刘氏四修族谱》卷一《宗规》，《中华族谱集成》（刘氏谱卷），第十三册，第26－27页。

有必要通过教育来变化气质、陶冶性情，以达到育人的目的。这些以宗族名义制定的规训，无疑会对本族家庭产生较普遍的约束力，为家族子弟接受教育起到宗法层面的制度保障，因而在众多的族谱人物传记中，谨守祖训、雅好诗书、重视子女教育的行为，被不厌其烦地作为一项重要的美德来加以叙述和渲染，足以看出当时民间向学风气之浓厚。当前的一些古代教育研究者可能对明清时期的基础教育在平民中的普及程度估算过于保守。诚如学者李伯重所言："我们若是为'近代至上'的偏见所蒙蔽，把古人看得愚不可及，那就无法真正了解过去。"[1]

二、普通民众投资教育的经济支撑

教育是需要经济投入的，以角逐科场为目标的教育更需要持续的经济投入。一般来说，在"四民"之中，士人群体不仅社会地位较高，而且在经济方面具有优于其他群体的教育投资能力，而绝大部分农、工、商家庭与之相比则要逊色得多。但同时也必须看到，由于农业、工商业在明代以来的进一步发展，明清时期的农、工、商贾家庭在经济上直接得到了更多实惠，这使得他们在一定程度上也具备了投资教育的能力。以农业为例，明代农业经济结构与前代相比，最大的变化是多种经营的出现。明中叶以后，大量劳动力从单纯的粮食生产中分离出来，转而从事商业性农业或市镇工商业活动，使得农业家庭的经济收入逐渐多元化，整体生活状况有了很大提高。这种现象在经济发达的地区尤为突出。顾炎武在《歙志风土论》中这样描述明代徽州经济："至于弘治，盖綦隆矣，于是家给人足，居则有室，佃则有田，薪则有山，艺则有圃。"[2] 江南地区则更为明显，"三吴之野，终岁勤动，为上农者不知其几千万人也"[3]。同时，商业型农业的发展也带动了家庭手工业的繁

〔1〕 李伯重：《控制增长，以保富裕：清代前中期江南的人口行为》，《新史学》1994年第3期，第25－71页。

〔2〕（清）顾炎武：《天下郡国利病书》第十一册《凤宁徽备录》，第七六页，《四部丛刊三编》（史部），第101册，上海：商务印书馆1936年影印本。

〔3〕（明）吴宽：《匏翁家藏集》卷三十六《心耕记》，第十页，《四部丛刊初编》，第1561册，上海：商务印书馆1922年影印本。

荣，以纺绩致富的家庭更是不胜枚举。万历年间的张瀚云："余尝总览市利，大都东南之利，莫大于罗绮绢纻，而三吴为最。即余先世，亦以机杼起，而今三吴之以机杼致富者尤众。"[1] 明清时期，传统的丝织业进入鼎盛时期，江南成为全国的丝织业中心，以此致富的普通民众难以数计。清代以来，农业经济结构的这种变化扩散到更广阔的地区，更多的普通农民、工商业者从这种变化中得到经济实惠。

经济上受益的农、工、商群体，在解决自身的温饱后，往往对子弟的教育报以极大的热情。力所能及者自办家塾，延师课子；力有不逮者，亦多让子弟附读于他塾。以业农之家为例，如浙江遂安慈峰李氏以白屋起家，经过四世经营，至明嘉靖时，田产、地产皆拓至数千亩。但李氏并不满足于"地主"的社会身份，"尤注意儒业，每岁置三馆，一成材，二未成材，三则童蒙，寓家塾"[2]。所谓"成材"，指已成为儒学生员的子弟，"未成材"指即将应县试的子弟。李氏的这种举措，显然已将子弟的教育置于宗族发展的重要地位。吴县进士陈霁为农家出身，其父勤力于耕稼，"久之，收入滋多，开辟浸广，腴田沃壤，弥跨湖堧。又积书延师教子"[3]，为其后代应科举、登科甲奠定了坚实的物质基础。长洲人吴行，其家世代隐居业农，家境贫寒，他"内负干力，奋自树植，徙居苏城，朝夕拮据，积二十余年始复故业，且寖加裕焉……教子专用儒业，及一鹏举进士，入翰林"[4]。清代南湖人何悰少时因家贫未能竟学，"一意撑持家计，或跌宕东阡西陌。……后渐饶裕，以己不克卒儒业，乃构斋心书塾于庐舍之旁，延龚抉云先生课其弟。后

---

[1] （明）张瀚撰：《松窗梦语》卷四《商贾纪》，盛冬铃点校，北京：中华书局1985年版，第85页。

[2] （清）李世隆：《处士泌相公偕源相公夫妇姜氏安人之墓志》，《慈峰李氏宗谱》卷十四，《中华族谱集成》（李氏谱卷），成都：巴蜀书社1995年影印本，第十四册，第951页上栏。

[3] （明）王鏊：《震泽集》卷二十六《陈封君墓表》，《景印文渊阁四库全书》，第1256册，第408页下栏。

[4] （明）李东阳撰：《李东阳集·文后稿》卷十六《翰林吴封君墓表》，周寅宾点校，长沙：岳麓书社1984年版，第227页。

又延金朴斋先生、童石斋先生课其子"[1]。这些都是文献记载的业农者致富以后投资教育比较普遍的情形。

明清时期的工商业极为发达，从业者众多，工商业者在致富以后投资子弟教育的情形在明清文献中亦颇多记载，而且明清时期许多著名学者亦出自工商业者家庭。如东林党领袖顾宪成、顾允成之父顾学"生于粗僻之乡，长于贾，老于布衣，其知之者不过饥寒困穷之人"[2]，是一个地道的小商人，顾学另有两子亦从其经商，因而顾宪成、顾允成得以专事儒业，并先后进士及第。徐光启先世本以农为业，其祖弃农为贾，家稍富裕，至其父时，拓产十倍，足以供其读书[3]。清河人张以谏少时家贫，以经商为生，辗转浙、苏、松、常等地，见后生能识礼义者辄嘉奖不已，稍有积蓄后，即"筑精舍以延文学之士，命诸孙读书其中，以相师友，公雅意殷殷不倦"[4]。同书又载张晙幼时善读书，因家计日繁，遂弃儒经商，"既而束装归里……立学田，择师训子"[5]。由此可见，在明清时期，那些以经商致富的家庭，同样将子弟的教育问题置于十分重要的位置，甚至可以说，从事工商业的主要目的之一便是为后代的教育打下坚实的物质基础。

当然，家境殷实或有致富门路的家庭可以不计资财地投资教育，而那些贫寒而且无致富门路的家庭又是另外一番景象了。明清时期，由于商业性农业的繁荣，以纺绩为主的家庭手工业亦随之兴盛，因而对于普通家庭来说，除了基本的粮食生产外，纺纱织布也成为最为基本的收入来源之一。从那些出身微寒的文人的文字中，读者经常可以看到他们对

---

[1] 佚名：《南湖何氏宗谱》卷四《岳父悰三五何人山公行略》，民国十七年（1928）木活字本。

[2] （明）顾宪成：《泾皋藏稿》卷二十一《先赠公南野府君行状》，《景印文渊阁四库全书》，第1292册，第228页下栏。

[3] （明）徐光启撰：《徐光启集》卷十二《先祖事略》，王重民辑校，北京：中华书局1963年版，下册，第524页。

[4] （清）景光撰：《乡宾廷信公传》，（清）张廷辉等修：《清河张氏宗谱》卷十四，《中华族谱集成》（张氏谱卷），第八册，第702页上栏。

[5] （清）孙宪烈撰：《星晙公传》，（清）张廷辉等修：《清河张氏宗谱》卷十四，《中华族谱集成》（张氏谱卷），第八册，第714页下栏。

幼时读书情景的追述，而这种追述的读书情景，又多与家庭纺绩联系在一起。明末清初学者张履祥这样描述其母亲在父亲去世、家境极其窘迫的情况下，仍然设法延师课读子辈的情形：

> 祥家先业素薄，比先君丧，益贫。母延师诲祥兄弟，束脩之费，皆纺绩所就。忆冬之夜，时余二更，忽忽念曰："明日先生何以供膳乎？"计所纺木棉未及十五两，遂复纺成一斤，鸡既鸣矣。其劳苦如此。[1]

与张履祥少时的读书境况类似，清代出身贫寒的汪辉祖在叙述自己童年接受启蒙教育的情形时亦如是说：

> 辉祖既孤，力不能从师，吾母请于嫡母曰："儿不学，汪氏必替，岁需修脯十指可给也。"故虽病不废织作。凡纺木棉花，必择最白者另为一机，洁而韧，市价逾常直。每获千钱，选留大钱三百，储为馆谷之用。[2]

张履祥和汪辉祖的这些记述，至少透露出了两方面的信息：其一，即便是十分贫寒的家庭，仍然有投资教育的愿望；其二，一个家庭主妇的纺绩劳动，尚能勉力负担一个或数个童蒙的教育费用。此类例子在明清时期的地方志人物传中甚为常见。不可否认，这种家庭手工业收入微薄，仅够糊口，但这种收入又相对稳定，与经商相比，避免了因经营风险导致的大起大落。因而对大多数贫寒家庭而言，手工纺绩是一项相对稳定和可靠的收入来源。在明清时期的文献中，除了此类文字记述外，尚有不少以母夜纺、子夜读为主题的教育图志，俨然成了明清绘画作品中的一个特殊类别。如明代程敏政文集中有《题夜绩教子图》，图为同邑塾

---

[1] （清）张履祥：《杨园先生全集》卷二十一《先世遗事》，中册，第632页。

[2] （清）汪辉祖撰：《双节堂庸训》卷一《述先》，王宗志等注释，天津：天津古籍出版社1995年版，第22页。

师齐永仁所绘，画上有《思母诗》，为齐永仁所作，其子所题，主要是展现齐永仁幼时常在夜间与母亲一读书、一纺织的情形。程敏政偶然见之，“诵其诗，味其意，犹使人黯然不能自已”[1]。清人钱陈群有《夜纺授经图》，记录自己幼年失怙后，母亲夜纺兼课读的情景，上有钱陈群题诗，清人陆以湉曾转录，并云“读罢不禁为之恻然”[2]。清末贵州进士陈夔龙亦曾绘《机声课读》图一幅（见图4），并配文云：

> 同治甲子六月，先光禄公捐馆侨舍，越明年乙丑十月，嫡母杨太夫人亦见背，龙兄弟三人迭丁不造，露立惸惸。先母姜太夫人辞甘茹苦，伤亡念存，特延师课读于家，虽饔飧不给，而馔食必丰。或劝使余兄弟弃学就贾，太夫人应曰：“一息尚存，不忍使廉吏之子沦于驵侩也。”时烽火四连，斗米千钱，太夫人以纺绩得赀，借供馆谷，往往机杼之声与余兄弟诵读之声彻于达旦，虽陶称截发、欧美画荻，曷以逾焉！念小子名位之忝，皆慈母鞠育之恩，莫报劬劳，徒悲罔极，非诗废蓼莪所能伸其哽噎也。[3]

清人罗文俊亦有《纺灯课读图》，钱泰吉题记曰：

> 先生九岁而赠公谢世，逾年更十余丧，家日落。张太夫人与两女纺绩以为活，夜辄篝灯共绩，先生读书其旁，太夫人教读之不少怠。会岁饥，母女日一粥，先生独得饭。盖先生未应举时，几不能自存，非太夫人忍寒饿以坚其志，则废学者屡矣。[4]

---

[1] （明）程敏政：《篁墩文集》卷三十八《题夜绩教子图》，《景印文渊阁四库全书》，第1252册，第676页下栏。

[2] （清）陆以湉撰：《冷庐杂识》卷六，崔凡芝点校，北京：中华书局1984年，第345页。

[3] （清）陈夔龙：《水流云在图记》上册，《北图珍本年谱丛刊》，第185册，第298页。

[4] （清）钱泰吉：《甘泉乡人稿》卷一五《纺灯课读图记》，《续修四库全书》，上海：上海古籍出版社2002年影印本，第1519册，第424页上栏。

图4　清人陈夔龙《机声课读》图（局部）

图5　清末张药林绘《周母陈太夫人篝灯纺读图》

此类画作多为幼年丧父且家境贫寒的读书人所创作。作品虽皆以显“孝”为宗旨，但读者从各种题记中亦可见出，当时的孤寒之家在家计极其艰难的境况下，仍然能够凭借家庭手工业等劳作手段，勉力让子弟完成教育并有所成就。出自嘉庆年间的《后红楼梦》中，荣国府、林府的女人们为元夕制作花灯时，贾珠之妻李纨便扎了一幅“美人纺绩课子图”[1]。可见此类绘画主题在当时已经颇为流行，而妇女“纺绩课子”作为一种社会现象，也正从侧面显示了明清时期的普通教育呈现出显而易见的平民化、大众化的整体趋势。

三、普通民众热衷教育的动因

一个家庭热衷教育并付诸实施，具备一定的经济承受力是必备的客观条件，但仅有这个条件是不够的，因为任何一项投资都必然有其内在动机，对于大多数财力不算雄厚的普通民众来说，这一点显得尤为重要。明清时期的各类文献记载中，大量尚未解决温饱的家庭仍然不惜以透支或举债的方式勉力让子弟接受教育，很大程度上是受到强烈的教育动机驱使，或在教育的某种信念支撑下进行的。

“学而优则仕”是中国社会中一个古老的传统。自儒家思想成为正统思想以来，这一观念不断得到强化，通过教育进入仕途，成为读书人普遍的人生追求，而科举制度的推行，无疑为底层民众通过教育向上层流动、进入仕途提供了更为宽广的道路。科举制在推行之初，对底层民众的开放程度尚显不足，例如唐代曾多次以国家名义申令“工商杂类，不得预于士伍”[2]。但到了宋代，原有的此类限令则有了较大改观，宋太宗于淳化三年下诏：“如工、商杂类人内有奇才异行、卓然不群者，亦许解送。”[3] 放宽了对工、商杂类群体参加科举考试的限制，这意味

---

〔1〕（清）逍遥子：《后红楼梦》第十八回，第十五页，《明清善本小说丛刊初编》（第十辑），台北：天一出版社 1985 年影印本。

〔2〕（五代）刘昫：《旧唐书》卷四十八《食货志上》，北京：中华书局 1975 年版，第六册，第 2089 页。

〔3〕（清）徐松：《宋会要辑稿》卷一万六百四十八《选举一四》，北京：中华书局 1957 年影印本，第五册，第 4490 页。

着工、商阶层向“士”阶层流动的通道已被打开。到明清时期，科举制的开放性进一步显现，洪武十七年，朝廷颁布科举成式，“国子生、府州县学生员之学成者、儒士之未仕者、官之未入流而无钱粮粘带者”皆可参加乡试、会试，仅“学官及罢闲官吏、倡优之家、隶卒之徒与居父母丧者”不许与试[1]。但从现存的相关文献记载来看，明代中期以后，科举对参加考试的人员在身份上的限制事实上并未得到严格的实施。明人伍袁萃曾云：

> 令甲娼优、隶卒之子不许入学，迩来法纪荡废，胶序之间，济济斌斌多奴隶子，而吴之苏、松、常，浙之杭、嘉、湖为最盛，甚至有登甲第、入翰苑、猎清华秩者。……予痛疾之久矣。及督学浙中，檄有司黜奴隶之子冒滥者二百余人，且疏请通行禁革，旨下而部寝不覆，士论恨之。[2]

又云：

> 高皇制卧碑，娼优、隶卒之子不许入学，故有司收考儒童，必取保结，首列比款。迩来法纪荡废，贿赂公行，视卧碑为顽石，蔑保结为虚文，而芹宫泮水之间，济济多丑类矣。[3]

可见当时的禁令已经处于一种废弛的状态，隶卒子弟可以在一种“民不告、官不究”的情形下参加科举考试。清代的情势也大略相同。因而可以说，明清时期的科举制已算得上是面向全社会男性的人才选拔制度，这使得大多数民众通过接受教育、角逐科场的途径走入仕途成为可能。

---

〔1〕（明）王圻：《续文献通考》卷四十五《选举考·举士三》，第二页，万历三十一年刻本。

〔2〕（明）伍袁萃：《林居漫录·前集》卷二，《四库全书存目丛书·子部》，济南：齐鲁书社1997年版，第242册，第439页上栏。

〔3〕（明）伍袁萃：《林居漫录·畸集》卷五，第565页上栏。按：“比款”，疑作“此款”。

(一)“救贫”与“保家”

在官本位思想极其浓厚的传统社会中，仕途与个人权力、社会地位、经济利益休戚相关，这是不言自明的，因而“仕途”无疑对当时社会中各个群体都有着极大的诱惑力。从汉代的“遗子黄金满籯，不如一经”(《汉书·韦贤传》)，到宋代的“男儿欲遂平生志，六经勤向窗前读”(宋赵恒《励学篇》)，无论是统治者还是普通士子，都直言不讳地将读书入仕与可以触摸的“利益”相关联。在大多数民众看来，通过教育摆脱低微的社会身份，进而参与科场角逐，最终走入仕途，是获得这种“利益”最正当、最可行的途径。

明初名臣杨士奇少时家贫，常利用劳作之暇勤奋读书，其母曾激励他：“人居世未必长贫贱，亦未必长富贵，但贫贱入富贵，非读书未易得也。”[1] 所谓“富”即指经济上的富裕，对于贫寒家庭而言，这是教育带给他们最为直观的回报。明清之际的张履祥云：“士为四民之首，从师受学，便有上达之路……所以人自爱其身，惟有读书；爱其子弟，惟有教之读书。”[2] 他认为，读书虽未必能致富贵，但富贵必由读书得来。清人郑燮在入仕后，曾劝勉族中子弟读书以救贫：

> 昔有人问沈近思侍郎，如何是救贫的良法？沈曰：读书。其人以为迂阔。其实不迂阔也。东投西窜，费时失业，徒丧其品，而卒归于无济，何如优游书史中，不求获而得力在眉睫间乎！信此言，则富贵，不信，则贫贱，亦在人之有识与有决并有忍耳。[3]

在郑燮的观念中，为救贫而“东投西窜”的行为是徒劳无益的，唯有

---

[1] (明)杨士奇：《东里续集》卷四十八《慈训录》，《景印文渊阁四库全书》，第1239册，第314页上栏。

[2] (清)张履祥：《杨园先生全集》卷四十七《训子语上》，下册，第1352页。

[3] (清)郑燮：《潍县寄舍弟墨第四书》，《郑板桥集·家书》，上海：中华书局上海编辑所1962年版，第23页。

通过读书入仕，方为长久之计，方为救贫之正途。明人蒋世卿幼年失怙，家极贫，进学后因家中变故，不得不放弃举子业，遂对三个儿子寄以厚望："……乃指架上编，谓之曰：'吾起孤童，不能治家人产以贻若曹，勉之，是中可家也！'"[1] 清代山西人康基田家虽极贫，却热衷于购书以教子弟，尝曰："吾不能治生产，而生产有时而尽，吾以坟籍贻子孙，其为田宅也多矣！"[2] 蒋世卿认为读书可以谋得家业。康基田认为靠劳力积累起来的家业很容易失去，而为后代提供良好的教育则能获得更多、更持久的物质回报，与郑燮的观点异曲同工。这种观念不仅对明清时期的读书人来说已是一种共识，而且在各地的土风民谣中表达得更为直白：

> 念下书，吃白面，鱼肉大米常常见。念不下书，糠菜咽，稀汤稀水也碰不见。[3]

> ……上学堂，把书念，学了能干好吃饭。不学能干光学懒，饿肚子，灯着眼。[4]

这样的土风民谣最能体现一时一地的大众心理。事实上，靠读书寻求出路，历来是古代乡土社会贫寒家庭对子弟最常见的劝勉。从这些诱导童蒙向学的歌谣中可以体味到，普通民众激励子弟读书入仕，最直接的出发点仅仅是脱贫致富，过上衣食无忧的生活，与儒家所追求的"治国平天下"本没有直接联系。有学者据此怀疑"中国社会是否真有真正的

---

[1] （明）王世贞：《弇州续稿》卷一百《明封文林郎长乐县知县慕节蒋翁墓志铭》，《景印文渊阁四库全书》，第1283册，第428页上栏。

[2] （清）康基田：《茂园自撰年谱》，《北图珍本年谱丛刊》，第105册，第555－556页。

[3] 转引自田涛：《百年记忆：民谣里的中国》，北京：人民出版社2011年版，第38页。

[4] 许宗海等纂：《夏津县志续编》卷五《歌谣》，《中国地方志集成》（山东府县志辑），南京：凤凰出版社2004年版，第19册，第420页下栏。

尊重知识的传统”[1]，笔者虽也认为儒家的精神追求和尊重知识的传统确实体现在了历代许多文人身上，但不可否认的是，这种精神追求和人生理想的实现，必然要建立在一定的物质基础之上，以及一定的社会身份前提下，而通过教育猎取功名，则正是获得这种物质基础和社会身份最重要的手段。

如果说贫寒家庭重视子弟教育多出于“救贫”心理驱使的话，那么富贵之家重视教育则更多地体现出“保家”的危机意识。明人许相卿曾这样感叹道：“谚有之曰：‘富贵怕见开花。’此语殊有意味，言已开则谢，适可喜、正可惧尔。”[2] 处于富贵之中的有识之士，常常忧虑富贵经不住时间的考验，无法延续至子孙辈。于孔兼在其自撰年谱中，详细记载了其祖父于湛在正德间致仕回乡后，一心督促于孔兼兄弟读书的情形：

> ……见予兄弟或有倦色，辄厉声曰：“吾老矣，恨不能一言唤醒尔辈，尚得泄泄乃尔耶！”予兄弟为神竦。每指所居第谓予曰：“祖父欲高大门闾以待子孙，不可不体念力学，吾身在，以缙绅居之，胥吏不敢登门，我一往而征国税者且及汝妻子卧闼矣！”[3]

从明清文人士大夫的这些言辞中，我们能明显感受到他们对于家道陵替、富贵无常的担忧。他们认为，要维持家道的兴旺，就必须重视子孙后代的教育。教育对于维持家道兴旺的作用有二，最直接的是让子弟通过接受教育、角逐科场并获取功名的途径进入绅士行列，或步入仕途，用社会身份来保护或壮大家业，从而达到“保富贵”的目的。事实上，在不少富贵之家的有识之士看来，教育的作用不仅仅在于博取功名或走

---

〔1〕田涛：《百年记忆：民谣里的中国》，第38页。

〔2〕（明）许相卿：《许云邨贻谋》，《丛书集成初编》，上海：商务印书馆1939年版，第975册，第8页。

〔3〕（明）于孔兼：《景素公自叙年谱》，《北图珍本年谱丛刊》，第52册，第307－308页。

入仕途，更隐性也更重要的是，教育对于人的品性与修为养成具有巨大的作用。因为只有让子弟远离“纨绔子弟”的行列，一个家庭才有可能真正立于不“败”之地，有无科举功名、是否入仕反倒不是教育最重要的追求。这种观念在明清时期的小说中表现得极为突出[1]。然而，品性与修为的养成、个人素质的提高单靠家训、族规是远远不够的，它必须通过系统学习儒家经典，在长时间的潜移默化中逐步实现，因而这些世家大族格外重视启蒙教育。明人周怡在其《示儿书》中以极大的篇幅论述家道盛衰的缘由，认为“人家盛衰，只看后来人如何，后来人行不肖，未必是天生定，亦在人学不学尔”[2]。而“学”之关键在于通过良好的启蒙教育，让子弟检束身心、存养德性，如此方能做到处富贵而长保富禄。晚明时期的姚舜牧对自己经过惨淡经营得来的富贵如履薄冰：

> 吾上世初无显达者，叨仕自吾始，此如大江大湖中，偶然生一小洲渚耳，唯十分培植，或可永延无坏，否则夜半一风潮，旋复江湖矣。可畏哉！可畏哉！[3]

他告诫子弟“第一品格是读书”，且尤其重视训蒙和德行的养成：“一部《大学》，只说得修身；一部《中庸》，只说得修道；一部《易经》，只说得善补。”[4] 不唯仕宦之家的“保家”意识强烈，那些以农、工、商贾起家的家庭同样如此。在他们的观念中，一个家族的崛起，往往需要数代人的奋斗与经营：

---

〔1〕 此类故事在明清时期的白话小说中十分常见，如清人李绿园的《歧路灯》就是一个典型代表。小说中的主人公谭绍闻本出自书香门第，家境优渥，但因其父谭忠弼早逝，在教育上缺乏引导与约束，所请塾师无行，加之谭绍闻结交纨绔子弟，家业迅致败落。后得益于其族兄谭绍衣的训诲与提携，重读圣贤书，家中才又逐渐恢复元气。

〔2〕（明）周怡：《示儿书》，包东波编：《中国历代名人家训精粹》，合肥：安徽文艺出版社2010年版，第215页。

〔3〕（明）姚舜牧：《药言》，《丛书集成初编》，上海：商务印书馆1939年版，第976册，第十页。

〔4〕（明）姚舜牧：《药言》，第十二页。

> ……其初也必有勤生俭施者以肇其基，而后有博谋宏略者以广其业，而后有好礼崇文者以大其声。[1]

因而以农起家的家庭，认定“百顷良田，不如教子之贤”[2]，而以商贾起家的家庭，则更希望通过子弟读书入仕来保其家业。清人沈尧曾感叹明清“天下之士多出于商”[3]，虽显得夸张，却也从侧面道出了明清商贾热衷教育，并期望通过社会身份的提升来保护、壮大家业的普遍心理。

（二）对声名与地位的追求

中国人追求“富贵”的传统似乎由来已久。如果说前文所论及的“富”属于有形的物质财富的话，那么“贵”则可视为一种无形的人生观念与价值取向，它主要通过人们对各自声名与地位的社会评价体现出来。在传统社会中，“士”作为“四民之首”的社会地位贯穿始终，即便在工商业空前壮大的明清时期，那种“士为贵，农次之，工商又次之”[4]的观念仍然深深根植于大众心底。士人的最初级功名，即“秀才”，必须通过读书“进学”来获得，因而“进学”毫无争议地被普通大众看作是成就尊贵地位的第一步。“万般皆下品，唯有读书高”（汪洙《神童诗》）的训诲很大程度上即可看作是对童蒙获取功名的一种激励。

在礼制传统和宗法文化的影响下，一个人的声名与地位所带来的影

---

[1]（明）余乾亨：《遂安慈峰春山李翁七旬序》，《慈峰李氏宗谱》卷十四，《中华族谱集成》（李氏谱卷），第十四册，第926页上栏。

[2]（明）柯潜：《竹岩集》卷下《封大理寺评事方公传》，《景印文渊阁四库全书》，第1246册，第500页上栏。

[3]（清）沈尧：《落帆楼文集》卷二十四《费席山先生七十双寿序》，《续修四库全书》，第1525册，第664页上栏。

[4]（明）庞尚鹏：《庞氏家训·端好尚》，《丛书集成新编》，台北：新文丰出版公司1986年影印本，第33册，第195页上栏。

响往往突破了个体的界限，延伸至整个家庭、家族甚至列祖列宗。对大众而言，子弟读书取得功名即是“大其家声”“光宗耀祖”之举。在阅读明清人的传记资料时，读者随处可见某人“诰赠”某官，某人“以子贵”“以孙贵”之类的记载，这便是个人功名的影响力延及整个家庭的表现。或许正是因为如此，明清时期，个人读书、猎取功名的行为普遍被当作践行“孝道”的方式之一。如明初江西永丰人刘宜正以明经起家，后受官司牵累致死，其妻曾氏则发誓以教子成名为家中首要任务，“尝取季道所遗书示诸子曰：‘是尔父所用起家者，奈何不勉！’诸子就外傅归，辄察其所诵习，稍不习，即怒曰：‘是将坠其先人者矣！’诸子惧，不敢怠”[1]。与父母的训诫相应的是，子弟在这种氛围中逐渐养成了博取功名以慰藉双亲的“自觉意识”。万历间的武进人赵继鼎，其父赵名臣困于童试二十余年，冒籍吴县，已录而又不得入学，抱憾终身。赵继鼎苦志力学，十七岁时其母去世，令他愧恨难当：“吾母一生课子，赍志以殁，临终之夕，犹以子不得荣显为恨，数手摩儿辈头角。继鼎此时心痛目枯，形惭志壮，思精制举业以报亡母而慰生父。”[2] 因此，报恩、显亲的自警伴随着赵继鼎此后近二十年的科场角逐生涯。这种将读书视为尽孝的观念在世代业儒而不达、具有“读书情结”的家庭中表现得尤为突出。如明末人堵胤锡的父亲一生困于乡试，堵胤锡曾在自撰年谱中详细记录了自己十一岁时关于父亲的一个细节：

> 大人以去岁乡闱不振，每中夜抚床而泣。锡请曰：“夫子何不豫之深也？”曰：“而大父母教育予者数十年，予亦锐志攻苦，今且就衰矣，白发在堂为有限，而两母复中道析，予潦倒如此，何以慰存没后先之志乎！心惊钟漏，百怆具来，是以悲耳。”锡亦泫然，

---

〔1〕（明）杨士奇：《东里续集》卷四十《刘母曾孺人墓志铭》，《景印文渊阁四库全书》，第1239册，第209页下栏。

〔2〕（明）赵继鼎：《止安自叙年谱》，《上海图书馆藏珍本年谱丛刊》，北京：国家图书馆出版社2015年影印本，第7册，第346页。（下文征引明清人年谱，凡出自该丛书者，简称《上图珍本年谱丛刊》）

泪数行下。[1]

堵胤锡父亲次年即抑郁而终，年仅十二岁的堵胤锡为了完成父亲遗愿，寄人篱下，历尽艰辛。二十五年后，堵胤锡进士及第，还乡墓祭，回想父亲平生憾恨，不由得徘徊于丘墓间，悲从中来，久久不忍离去。乾嘉时期著名考据学家崔述的父亲崔元森不得意于科举，以塾师为业，并着力培养崔述兄弟二人。崔述曾记述与父亲的一段故事，及父亲故后的感愧心理：

> 犹忆十余岁时，检架上吏治书请于先君，先君曰："吾少有志于世务，故好览此。五试于乡而不中，吾知已矣。故命尔名为述，欲尔之成我志尔。独不见夫崇圣祠诸先儒从祀者耶？是皆以其子故。尔若能然，则吾子也。"……呜呼，先君之所以望不孝者重且切如是，而不孝碌碌无以异人，非止不能显其亲，扬其名，并不能奉甘旨，承朝夕欢，以至于大故，长为宇宙罪人矣！苫块之中，每一念及，辄悲号欲绝。[2]

胡适曾据此满含讥讽地批评崔元森云："崔元森……生平很想在孔子庙里陪吃冷猪肉，后来五次乡试，不能中举人，遂把全副精神用在两个儿子身上，希望借儿子的成功，间接吃得冷猪肉。"[3] 姑且不论胡氏的批评是否允当，但他确实洞见了崔元森希望身后崇祀乡贤祠的夙愿。这种夙愿本质上仍是寄望于"以子贵"实现光耀门楣、大其家声的理想。

清人李士铨之父李枝模少时好读书，因家贫辍学，转而业贾，见李士铨聪颖异常，喜谓"读书种子在此矣"，并对其寄以厚望，但不及见

〔1〕（明）堵胤锡：《堵忠肃公年谱》，《北图珍本年谱丛刊》，第62册，第367页。

〔2〕（清）崔述：《无闻集》卷四《先府君行述》，《崔东壁遗书》，顾颉刚编订，上海：上海古籍出版社2013年版，第715－716页。

〔3〕胡适：《科学的古史家崔述》，欧阳哲生编：《胡适文集》，北京：北京大学出版社1998年版，第7册，第168页。

其进学即去世。李士铨后来在其《先考事略》中云：

> 先考于诸子最严，惟视不肖如掌珠，尝语人曰："儿必大吾门，一领青衿，其小焉者也，吾得见与否，则不可知。"迨甲戌岁试游泮，先考没四年矣！俗信神，捷报至家，先妣奠酒神主前，祝曰："儿入学，公知否？喜否？"筮卜之以三阳为信，再三渎问，历十余次，无一阴者。呜呼，区区一茂才，何足轻重，而在天之灵犹深喜而不已，况博巍科、跻显仕乎！[1]

李士铨入泮后，见证了其母祭告亡父的全过程，心灵受到极大震撼，不禁以"无一阴者"的心理暗示说服自己相信亡父在天之灵已得到慰藉，以达到精神上的自我纾解。总而言之，堵胤锡、崔述、李士铨皆出自数代业儒而无一显达的家庭，因而家中都有浓厚的"读书情结"，且代代相传。如果说父辈的经历算是一种人生遗憾的话，那么子弟由此感受到的却是一种因肩负着父辈期许而衍生出的巨大精神压力。成则可慰双亲，败则愧对先人。读书应举已远远超出纯粹的个人修为，而上升到慰亲行孝的高度，这种压力下，人对成功的渴望可以想见。

当然，由科举功名带来的声名和地位的改变，并不仅仅意味着精神上的获得感和优越感，它的价值还体现在一些更为实际的层面。以明清时期最初级的功名为例，业儒者一旦考入官学，成为儒学生员，取得"秀才"的身份，即可入"儒户"，成为绅士阶层中的一员，享有国家赋予的政治、经济、文化上的一系列特权。顾炎武在论及明清之际的读书人及其家庭成员热衷于追求"生员"身份的现象时说：

> 一得为此，则免于编氓之役，不受侵于里胥，齿于衣冠，得于礼见官长，而无笞捶之辱。故今之愿为生员者，非必其慕功名也，

---

[1] （清）李士铨撰：《先考事略》，（清）李承庆等修：《陇西李氏四修族谱》卷首，《中华族谱集成》（李氏谱卷），第一册，第87页。

> 保身家而已。以十分之七计，而保身家之生员，殆有三十五万人。[1]

根据明代的成例，官府将免除生员丁粮及家中二人差役，岁考中位列一等的生员还将被拔为廪生，由官府按月给予廪膳。这些优待对贫寒家庭来说，无疑可以减轻不少经济负担。此外，生员有事可直接面禀官长，出入官府并免跪礼，官府不可随意对生员用刑。在明清文学作品中，胥吏逼勒百姓、地主欺凌佃农的例子屡见不鲜，然而对于生员家庭，他们却往往较为收敛，这正是作为“四民之首”的“士”的身份所发挥的最直接的作用。清初溧阳人黄如瑾的父亲服里甲之役时，因岁歉未能如期向里人征完田粮，县衙责成黄如瑾一家负担所有欠租，其父也因而招致牢狱之灾，好在黄如瑾随后便考入县学，避免了一出家庭悲剧。黄如瑾在其自叙年谱中这样记载道：

> 是时余幸得一衿，庶吾父得免里甲之株连、胥役之逼勒，不至以非辜受箠楚、被羁絷。故虽当暑雨，两日中往返二百余里，亦不自知其足之疲也。[2]

黄如瑾以第四名的成绩进学后，其父随即得以自由，而所罚欠租竟也不了了之。三年后，黄如瑾靠借贷应乡试中式，四方亲友均前来称贺。同时，典卖出去的祖业也得以全部赎回。黄如瑾感叹：“由是奕叶箕裘，借以不坠，昔日之屡空者，一朝而充裕；昔日之徒步者，一朝而舆从，功名之际，盖可忽乎哉！”[3] 黄如瑾的这些感叹读起来虽有庸俗之嫌，但功名的获取对一个处于社会底层的小家庭走向兴旺的正面作用却是毋

---

〔1〕（清）顾炎武撰：《顾亭林诗文集·亭林文集》卷一《生员论上》，华忱之点校，北京：中华书局1983年版，第21页。

〔2〕（清）黄如瑾：《溧阳仙山黄劬云年谱》卷一，《北图珍本年谱丛刊》，第81册，第469页。

〔3〕（清）黄如瑾：《溧阳仙山黄劬云年谱》卷一，《北图珍本年谱丛刊》，第81册，第479页。

庸置疑的。朱德在其回忆录中，曾这样记述家中勉力送自己读书时的动机：

> 我是一个佃农家庭的子弟，本来是没有钱读书的。那时乡间豪绅地主的欺压，衙门差役的横蛮，逼得母亲和父亲决心节衣缩食，培养出一个读书人来“支撑门户”。[1]

从黄如瑾、朱德两个案例可以看出，读书人获取功名所带来的身份和地位变化，其“好处”实实在在地体现在他们的日常生活中。尤其是对于寒素之家而言，“士”的身份和地位具有极大的实用性，甚至关乎生存。清人张英曾云：“读书者不贱……夫虽至寒苦之人，但能读书为文，必使人钦敬，不敢忽视其人。”[2] 因而从某种意义上说，寒门子弟通过读书获取“士”的身份，亦未尝不可看作是其个人价值的部分实现。

（三）对知识的日常需求

明清时期的家庭对子弟教育的高度重视，其动因在于希望通过投资教育来实现“救贫保家”和对“声名与地位”的追求。但从实际效果来看，能够通过接受教育的方式最终走入仕途的读书人毕竟非常有限。对于相当多家庭的子弟而言，随着学业程度的提高和经济上的捉襟见肘，家庭的教育投入缺乏持续性，他们往往不得不中途改业，或从事塾师、讼师、胥吏等一些需要一定文化水平的职业，或转而从事农工商贾等行业。事实上，读书入仕虽然是普通大众的一种普遍期望，但鉴于科场角逐本身的激烈与残酷程度，相当一部分家庭并未将子弟入仕作为投资教育的最终目标，读书本身也是在为以后的治生获取一定的文化资本。清代汪辉祖就认为：

---

〔1〕朱德：《回忆我的母亲》，《朱德选集》，北京：人民出版社1983年版，第112页。

〔2〕（清）张英：《聪训斋语》卷一，《丛书集成初编》，上海：商务印书馆1939年版，第977册，第十四页。

> 命运亨通，能由科第入仕者固为美善，即命运否塞，藉翰墨糊口，其途尚广，其品尚重。故治儒业者，不特为从宦之阶，亦资治生之术。[1]

清代小说《儒林外史》中，范进的岳父胡屠夫最能代表普通大众对读书与谋生关系的认知。范进以案首进学后，当年便打算接着角逐乡试，在向胡屠夫借盘缠时，却被骂为“癞蛤蟆想吃天鹅肉”，胡屠夫劝范进“趁早收了这心，明年在我们行事里替你寻一个馆，每年寻几两银子，养活你那老不死的娘和你老婆是正经”[2]。胡屠夫的观念在底层民众中具有一定的典型性，在他们看来，中举人、进士与否是命中注定的，强求不来的，范进参加乡试不过是将银子打水漂罢了，而秀才的身份却是实实在在的谋生资本，因而范进最好的选择便是去教馆，赚钱养家糊口，这是读书带给范进最直接的实惠。

明清时期的官府吸纳了大量具备一定文化水平的胥吏，明人黄润玉曾如此感叹：“今也农、工、商之贪黠者皆奔竞仕途而谋胥吏出身，往往恣其贪黠，卒获仕途以终其身。”[3]“胥吏”为古代官府从民间聘辟的办事人员，他们需要具备一定的文化知识水平，但官与吏的界限分明，“吏”并不属于官僚系统，黄润玉将其视为“仕途”并不恰当。然而黄的记述无疑揭示了这样一个事实，即成为胥吏是相当一部分受过基本文化教育的读书人的职业选择，这些人所习得的文化知识也在他们的职业中得以发挥作用。

社会经济的繁荣使得明清时期的工商业从业者数量巨大，知识的重要性在这些行业的发展中也逐渐体现了出来。如经商本身就需要文化知识的支撑：首先，基本的书算能力是从商者所必须具备的；其次，经营能力的高低，事业发展的规模、可持续性等，通常都与经营者个人的知识储备、文化程度有较密切的关联。余英时认为：“商人是士以下教育

---

〔1〕（清）汪辉祖：《双节堂庸训》卷五《蕃后》，第167页。
〔2〕（清）吴敬梓：《儒林外史》第三回，上海：上海古籍出版社1991年版，第19页。
〔3〕（明）黄润玉：《海涵万象录》卷三，《丛书集成续编》，第87册，第944页上栏。

水平最高的一个社会阶层……商业本身必须要求一定程度的知识水平，商业经营的规模愈大，则知识水平的要求也愈高。”[1] 因而对大多数因家贫而被迫放弃科场角逐的读书人而言，他们虽无法在科举考试的道路上走得更远，但通过教育获得的基本知识，仍是他们借以谋生的文化资本。

另外值得注意的是，自东汉以来，中国古代佛教、道教一直较为兴盛，自幼在庙观成长的僧童、道童同样有接受基本文化知识教育的需求。从现存的敦煌文献中可以看出，唐五代时期，一些规模较大的寺院往往有自办的“寺学”，一些年长的僧徒在寺院内从事教学活动，传授基本文化知识。但是，大多数规模很小的庙观并不具备这样的条件，僧、道住持往往将僧童、道童送到民间普通私塾中接受童蒙教育。明清时期此类记载并不少见。如，明初名臣杨士奇幼年读书时即曾与僧童一起从塾师受学：“余从心吾先生读书僧寺间，与僧童之同学者至家，先夫人怒曰：‘寡妇之子，乃与僧同侣乎！’取杖将笞之，跽谢不敢复，乃免。”[2] 从杨士奇的记载可知，塾师“心吾先生”设馆于僧寺，而寺中僧童与寻常童蒙一道从其受学。又如，清代著名僧人、书画家达受八岁时剃度成为佛教弟子，此后即与乡间童蒙一起读村塾之书，十二岁开始就外傅，从塾师潘竹邨读四书，兼诵佛经[3]。再如《蕉轩随录》载，道光间人张善八岁失怙，流落他乡，又与其兄走散，行至滁州东厢庙，为一老僧收留并剃度出家，命名“荣发”。此后张善进入私塾接受教育：

逾年，僧挈其徒移住城中龙兴寺，命荣发从师读书识字，为日后讽诵经卷计。及入塾，颖悟胜侪辈，师喜教之，一如教群弟子，

[1] 余英时：《士与中国文化》，上海：上海人民出版社2003年版，第467页。

[2] （明）杨士奇：《东里续集》卷四十三《慈训录》，《景印文渊阁四库全书》，第1239册，第313页下栏。

[3] （清）达受：《宝素堂金石书画编年录》，《北图珍本年谱丛刊》，第144册，第292－293页。

> 不以其为僧异也。岁壬寅，张善年十三岁，时余奉檄至滁，假馆于龙兴寺之慧照堂，每夜辄闻僧舍读书声。异之，询知为寺中小沙弥，晚归自塾，而温习旧业者。亟召之来，试以对句，应声而对，语甚工，出题命作小讲，文理明顺。[1]

根据记载，张善在私塾中的课业并非识字记诵而已，连八股文写作也在学习之列，可见其接受的教育与普通童蒙是一样的。张善后因天资聪颖而被“振斋先生”收为义子。

从上面所举数例可以见出，在明清时期，普通寺庙、道观的僧童、道童与民间普通子弟一样，同样有着教育的需求，而僧童、道童所接受的蒙学教育，与普通童蒙也是大同小异的，只不过他们在成童以后不参加科举考试，而是转而诵习佛道典籍。因此，在明清时期，僧童、道童受教育的需求也为塾师群体的职业活动提供了一定的空间。

第二节　塾师队伍的壮大及其构成

与唐宋时期相比，明清科举制进一步成熟，并出现了一些新的变化。首先，考试科目仅存进士一科；其次，科举考试中的多级考试制度进一步完善；再次，科举考生必出于学校一途，学校教育被完全纳入科举轨道，科举与学校呈现出高度一体化的趋势。读书人若要获得参加乡试、会试等科举考试的资格，必先通过考试进入地方官学，成为儒学生员。明清时期，由于进士、举人以及地方儒学生员名额的限制，科举场域聚集了规模惊人的科举人口，为限制这个群体规模的过度膨胀，地方儒学也不得不将大量童生拒之门外，这就导致了明清时期人才流通渠道的滞塞。这一现状不仅使得读书人求取功名的时间跨度被大幅拉伸，而

---

[1] （清）方浚师撰：《蕉轩随录》卷二《僧尼匹偶记》，盛冬铃点校，中华书局1995年版，第47页。

且给读书人的生存带来了极大考验，大量家境不富裕的读书人不得不在“屡败屡战”的同时，为个人及家庭的生计寻求出路。明清时期的学校教育高度从属于科举制度，书院的官方背景和科举色彩日渐浓厚，而与此同时，民间学者通过私人教授传播学术的传统亦从未断绝。因此，对于这些置身于科举场域的读书人而言，在所有与文人相关的职业中，塾师不但因为作育人才、传播文化而在总体上受人尊敬，而且能做到兼顾“济读”与“资生”，因而对多数读书人来说，在功成名就之前充塾师是一个一举多得的职业选择。

一、应试士子的大量积压

科举制度的开放性、明清社会经济的不断繁荣、功名及仕途诱惑力的增加等因素共同推动了明清向学之风的日渐浓厚。但不幸的是，读书人入仕的动机既受到科举制度本身的激发，又在追求功名的过程中受到了来自科举制度内在机制的极大制约。

（一）仕途多由科举，科举必由学校

明清时期的士子进入仕途大约有三种途径，即学校、荐举、科目（科举考试）。但从教育史的实际情形来看，通过学校和荐举两种途径直接入仕，多存在于明初科举制度尚未恢复之时。自科举制在明代走入正轨后，荐举渐少，学校的主要职能也发生了变化，转而以培养科举应试人才为主。正如《明史》所言：“明制，科目为盛，卿相皆由此出，学校则储才以应科目者也。”[1] 在科举制逐步恢复并进一步完善的背景下，由学校直接入仕的士子亦大大减少，王圻《续文献通考》云：

> 自制科既重，太学生成材者与天下贤士尽入搜罗，于是内外要重之司皆归进士，而举贡所称监生者则有遗贤，铨人高等不过授以

〔1〕（清）张廷玉等：《明史》卷六十九《选举志一》，北京：中华书局1974年版，第六册，第1675页。

省府幕僚、郡佐州正，而台谏藩臬，则必待其历官有誉而后得之，然亦千百而什一耳。往年江陵张相当国，尝力主三途并用之议，仅一行焉而辄不能继，岂太学之英能尽录于甲科耶？[1]

这里所谓“制科”即指进士科。从王圻的叙述可看出，自明代科举走入正轨后，国子监生中之秀异者多向科举一途转移。同时，由监生直接选拔为官的士子不仅官位低，而且很难升迁，由这一途径入仕的吸引力也必然不断降低。这就造成了“仕途多由科举”的局面。明代最后一次会试在崇祯十六年（1643）。清代于顺治元年（1644）便恢复了科举，顺治二年即颁布《科场条例》，基本沿用明代的科举制度和考试程序。此后三年间，参加乡试、会试的士子众多，出乎清朝统治者的意料。及时恢复科举考试、沿用明朝考试制度、士子踊跃应试等因素，使得清初科举考试以极快的速度走入正轨，与明末具有相当的延续性，因而清初士子入仕的途径亦迅速进入了以进士科为核心的轨道。

明代以前，参加科举考试的士子主要有两个来源，一是官学的生徒，二是未入官学的读书人，他们可自行投考，经州县考核合格后即可参加会试。明清时期，应试士子必须从官学生员中选拔，即“科举必由学校”，读书人若要角逐科场并最终进入仕途，必先通过童试进入地方官学，成为儒学生员。不唯如此，自明代开始，科举考试实行多级考试制度，其中岁科两试、乡试、会试均为淘汰性考试，皆有限额。岁科两试是由提学官（明代称“提学官”，清代称“学政”）对所属府、州、县学生员进行的等级考核和乡试资格选拔考试。“提学官在任三岁，两试诸生。先以六等试诸生优劣，谓之岁考。……继取一二等为科举生员，俾应乡试，谓之科考。”[2] 在明代岁科两试中，多数生员被置于第三等，而第三等没有参加乡试的资格，这就使得大量生员被积压在地方儒学中。清代照搬了明代的这种岁、科试制度，但适度扩大了乡试资格

---

〔1〕（明）王圻：《续文献通考》卷五十五《学校考》，第三十页，万历三十一年刻本。
〔2〕（清）张廷玉等：《明史》卷六十九《选举志一》，第六册，第1687页。

的范围，除科试一、二等外，小省的三等前五名、大省的三等前十名中的廪、增、附生，也准予参加乡试。明清时期，不仅参加乡试需要进行资格选拔，而且乡试录取名额亦有明确限制，具体录取名额由朝廷根据各省的政治经济条件、儒学教育水平等因素进行分别配额，即解额。乡试中榜的举人可以直接参加第二年在京城举行的会试，但会试中式名额亦有严格限制，明清两代，会试中式人数保持了相对稳定。明代前期，进士录取额每科多在300名以下，中期以后约在300至400名之间；清代进士录取额大体在每科200至400人之间，并在整体上呈减少趋势。

（二）科举人口激增与明清人才流通渠道的壅滞

科举考试在明清时期的普通民众中具有极大的影响力和吸引力，随着社会经济的发展，加入应试队伍的读书人不断积累，如若没有合理的疏导机制，势必会造成人才流通渠道的壅滞。

1. 科举多级考试制度与仕途通道的壅滞

当代学者郭培贵的研究表明，明中叶以后，全国的科试录取率在10%左右；乡试录取率明初为10%左右，成、弘间降至5.9%，嘉靖末年又降为3.3%；会试录取率在洪武至万历间平均为8.6%[1]。笔者从郭氏计算的录取率可以得出两个基本结论：一是明代科举中的淘汰性考试本身录取率低，且从明初到明末，乡试、会试录取率在整体上呈持续走低的态势；二是科举考试的高淘汰率直接导致士子被积压在“生员”这一群体内。这种低录取率对科举人口的影响，可以用下面一组数据来体现。以明代后期为例，每1万儒学生员中，具有参加乡试资格的约为1000人，其余9000人左右均困于儒学生员这一层级之中；参加乡试中式者约有45—50人，而进士及第者仅为3—4人。

---

〔1〕郭培贵：《明代科举各级考试的规模及其录取率》，《史学月刊》2006年第12期，第24－31页。该文的相关数据主要来源于明代官方文献，事实上，民间也有相关数据的记载。如明代中后期康海的《送邵铨序》中记载：“夫以文字试礼部者凡几四千人，四千人者，皆又于其乡亦数千人摘而举也，而但以三百五十人入其举。”这一记载所揭示的乡、会试录取率，与郭培贵的统计大体相符。参见（明）康海：《对山文集》卷三。

与明代的状况相比，清代的问题更加严峻。仅就乡、会试来看，顺治、康熙间的进士录取名额总体上呈下降趋势，这直接导致了应试举人的不断堆积；雍正至乾隆前期，朝廷采用增加会试录取名额的办法来缓解应试人数持续累积带来的压力，但这并不能解决根本问题。乾隆中期，“举人选用知县，需次动至三十余年，其壮岁获售者，既不得及锋而用，而晚遇者年力益复就衰”[1]。这意味着由举人直接进入仕途的时间跨度极大，不能成为疏通人才雍滞的有效手段。

自乾隆以来，清代进士录取人数被再次压缩，并且由于及第后等待授官的进士数量的累积，进士授官时间整体上亦被迫延迟，有的甚至被延至十余年以后。章学诚的父亲章镳于乾隆五年进士及第，直至乾隆十五年后方选官，在这十年间，章镳以居家授徒为业[2]；山东诸城人王萦绪四十五岁（乾隆二十二年）时进士及第，同年即回乡充塾师，设教于百鸟园，直到五十三岁时方得以进京候选[3]；清代张佑四十岁（嘉庆八年）时会试中试，钦点以知县用，但直到四十九岁时方得补官，其在自订年谱中记曰：“时吏部铨法壅滞，前科进士即用知县者尚得官无期，皆不能守候。”[4] 进士授职尚且需要接近十年的等待，举人、贡生授职的壅滞现象就更严重了。清代安徽《黟县志》中就载有多位候补官员因延迟授官，不得不以授徒终其身的例子。如岁贡生胡绍琪为候选训导，然一直未能授职，年逾八十犹以授徒为事[5]；塾师舒显宗亦以岁贡生为候选训导，课徒勤苦，待选授官职时，已去世数年[6]。

---

〔1〕《高宗纯皇帝实录》卷七百四十五，乾隆三十年“九月庚子”，《清实录》，北京：中华书局1986年影印本，第一八册，第202页上栏。

〔2〕胡适：《章实斋先生年谱》，《胡适文集》，第7册，33页。

〔3〕参见（清）王萦绪撰，（清）王凤文补辑：《成祉府君自著年谱》，《北图珍本年谱丛刊》，第98册，第502－509页。

〔4〕（清）张佑：《春洋子自订年谱》，《北图珍本年谱丛刊》，第127册，第547页。

〔5〕吕子钰修，詹锡龄纂：道光《黟县续志》卷六《人物》，《中国地方志集成》（安徽府县志辑），南京：江苏古籍出版社1998年影印本，第56册，第201页下栏。

〔6〕吴克俊纂：民国《黟县四志》卷六《人物》，《中国地方志集成》（安徽府县志辑），第58册，南京：江苏古籍出版社1998年影印本，第57页上栏。

由此可见，科举人口的持续壮大和录取额数的相对稳定、候选人数的不断累积和授职人数的相对稳定是明清科举考试和人才流通中的两对突出矛盾。造成这些矛盾的原因，从表面上看是科举录取名额增长过缓和选授官职的时间延迟所导致的，但从根本上来看，却是传统社会官僚体制和官本位思想引发的。在官本位思想浓厚的传统社会中，读书人角逐科场的主要目标和参加科举考试的宗旨多以“入仕”为最终指向，然而在明清时期的社会结构条件下，国家所能提供的官职数量却是相对稳定的。有学者统计，宋代至清代之间的政府职位维持在20000个左右[1]。因此，朝廷若要大幅增加录取人数，势必要增加同样数量的官位，这必然会加剧“冗官”的问题。如果把生员、举人、进士看作科举人才选拔通道必经的三个层次，那么由于官职数量的相对稳定，无论压缩哪一层次的科举人口数量，都会导致下一个层次人数的快速膨胀和积压。因而在明清时期，除非社会结构和人们的价值观念发生根本变革，否则这种人才供求严重失衡的矛盾不可能得到根本性的解决。

2. 童试—生员通道的壅滞

童试即取得儒学生员资格的考试，分县试、府试、院试三级，三级考试皆通过方能入泮成为儒学生员，即民间通常所说的“秀才”。在明清时期，府、州、县学三年两试，每次录取生员皆有限额，但考官会根据具各府、州、县的具体情形进行小幅度调整。据学者估计，明代成化至嘉靖间，全国在籍生员大约有25万—35万人；隆庆以后，大约有35万—50万人[2]。清代生员数量则远多于明代。王跃生认为，清代“在一个县份中，同一时期约生活着500名左右的生员”[3]。按此推算，清代同一时期的在籍生员应在75万—80万人之间。但王的估算明显过于保守。清代府、州、县学学额随着时间的推移，有不断广额的情况，因而实际在籍生员应远多于此数。明清时期生员基数的庞大和不断增长，

---

〔1〕［美］John King Fairbank&Merle Goldman, *China*: *A New History* (Boston: Belknap Press of Harvard University Press, 1998), p106.

〔2〕参见郭培贵：《明代科举各级考试的规模及其录取率》，第24－31页。

〔3〕王跃生：《清代科举人口研究》，《人口研究》1989年第3期，第42－47页。

一方面是生员录取额数本身的增长所导致的，但更主要是由于乡试的高淘汰率积累起来的。

当然，生员录取额数的增长并不能从根本上改变童试应试队伍的日趋庞大这一现实。由于童生所受基础教育不属于官学范畴，官方对童生没有确切的数量记载，所以笔者很难对明清时期的童生数量作出准确的估计。但从明清时期文人的一些零星记载中，读者仍可约略见出当时应考童生的规模和童试竞争的激烈程度。以明代的南直隶常州府为例，晚明常州人庄恒在其年谱中载："是岁（万历三十六年）杜太尊季考儒童合四千余，拔取四十人，予得列名第三。"[1] 宜兴人堵胤锡于天启二年应府试，其时"与试者二千人，录三十四人"[2]。堵胤锡所载为府试应考人数，若考虑县试时被淘汰的童生，应童试者当不少于四千人，这就与庄恒所载考录情形比较接近。由二人的记载可知，明末常州府的童试考、录比在100:1左右，录取率极低。当然，这种状况可能与经济发达地区文风兴盛、竞争更为激烈有关（经济欠发达的边远之地，其应考数量、竞争程度要相对低一些），同时也可能与明代后期削减生员名额有关。由于明代后期生员总量的持续积累，地方儒学不堪重负，据史载，"嘉靖十年尝下沙汰生员之令，御史杨宜争之而止。万历时，张居正当国，遂核减天下生员"[3]。沙汰生员的做法会在一定程度上减轻地方儒学的压力，但同时却会增加童生的体量。由堵、庄二人的记述可以想见，下辖14府、4直隶州的南直隶，其童试应考者的数量必是相当庞

---

[1]（明）庄恒：《声鹤公年谱》，《北图珍本年谱丛刊》，第66册，第194页。

[2]（明）堵胤锡：《堵忠肃公年谱》，《北图珍本年谱丛刊》，第62册，第386页。

[3]（清）张廷玉等：《明史》卷六十九《选举志一》，第六册，第1687页。按：沙汰生员的政策在读书人中引起了极大反响，朝臣中反对者亦甚多，因而在短时间内即被否定。明人赵南星《笑赞》载：有一甲科大尹，原是儒士中的，每遇阖学生员入见，甚是厌烦，常语人曰："世间这一行人是多了的。"赵南星赞曰：近来一二贵人每欲沙汰生员，殊为不近人情，恐激成蓝袍大王之变。此位大尹欲尽去之，却甚容易，只将天下生员都改名儒士可也。赵语满含讥讽，充分表明民间对"沙汰生员"的抵制。

大的。清代康熙、雍正、乾隆三朝皆有在全国范围内增广学额的情况[1]，此外，各地方亦不时主动上书要求增广学额。学额的增加能在一定程度上改变童试的录取率，但这种广额除了增加生员本身的累积量外，并不能彻底改变应考人数过多的现状。清代江西万载人辛从益于乾隆三十六年应县试，其时“赴考童生千余，幼童亦二三十人”[2]。据县志载，万载县在清代属小县，乾隆时的学额为12名[3]，可知辛从益赴考时，万载县童试考、录比约为100∶1。据《福建教育志》载，清代福建府、州、县学“录取率大致在百分之一左右”[4]，与前所述明末常州府的情形相近。另据清初宜兴人孙亢宗的记述，其在顺治六年应童试时，“预考者有三千余人”，并感叹“入泮一途，难若登天”[5]。而据宜兴地方志记载，清初宜兴县学附学生员学额为13名[6]。其考录比居然达到惊人的230∶1，难怪孙亢宗有“难若登天”这样的感叹，并心存冒籍云南之想。

明清时期童试极低的录取率，不时会引发一些生童讦讼或聚众闹学的事件。如明万历间，黄州府因童试录取名额过少，引发应考童生不满，既而激起了一场影响颇大的“哗学”事件，时任礼部尚书的李廷机对此有所记述：

> 丙午四月，余在礼部，黄州童生鼓噪督学，董公疏其事，兼称病引去。得旨责童生，吏部有书抵余，欲调督学，余谓童生鼓噪，

---

〔1〕据《清实录》所载，康熙二十八年六月丁丑，广江南、浙江生员入学额数，府学、大学各五名，中学、小学各四名；雍正二年三月，令督抚会同学臣，查明实在人文最盛之州县，提请小学改为中学，中学改为大学，大学照府学额数录取；雍正十三年九月己亥，乾隆即位，诏各省入学额数，大学加七名，中学加五名，小学加三名。

〔2〕（清）辛从益撰，辛桂云补辑：《辛筠谷年谱》，《北图珍本年谱丛刊》，第122册，第18页。

〔3〕龙赓言等修：民国《万载县志》卷六之一《学校》，民国二十九年（1930）刊本，第三十七页。

〔4〕《福建省志·教育志》，北京：方志出版社1998年版，第20页。

〔5〕（清）孙亢宗：《悔迟自叙年谱》，《上图珍本年谱丛刊》，第9册，第51、58页。

〔6〕（清）阮升基纂修：《重刊宜兴县志》卷二《学校志》，光绪八年（1882）刻本，第十七页。

以进学人少，要多取而督学不听也，乃调督学，如纪纲何，况科举甚近乎……[1]

可见对于童生哗学事件，连朝廷亦无可奈何。又如上文论及的明末人堵胤锡更是通过组织童生“哗学”争取学额入学的：

府试既黜，计无复之，乃徒步至江上，纠同志哗于学使之门，为阍所踣，怒殴阍者而呼，同志皆呼，学使心动，命何府尊于正考之外，特加收考。……是役也，徒步三百里，忘寝食者十五，昼夜哗于院门者六。阍人之椎中背，发胂伛曲月许，至不能咽嘻。惫矣，一衿困人至此，极哉！[2]

同样，清代亦有普通民众为争学额而导致讦讼不断的情形，前文所言江西万载县在清代便有因争学额而兴讼的典型案例。嘉庆年间，万载县学于学额内连续取入棚民子弟，遂引发土民不满，“自此告讦之案，殆无虚岁”[3]。棚民即在山上搭棚居住的流民。在清代，流民子弟具有在暂住地参加童试的权利，这本是十分人性化的措施，但这种政策往往又导致土民学额的减少。因而为了缓和社会矛盾，县府不得不申请增加学额，土民与棚民分别录取。这些事件反映出的正是明清时期科举童生大量积压所带来的社会不稳定因素，而背后的深层次原因，乃是明清科举考试的开放性与读书人出路单一之间不可调和的矛盾。

---

〔1〕（明）李廷机：《李文节集·仕迹》，《四库禁毁书丛刊·史部》，北京：北京图书馆1997年影印本，第44册，第700页下栏。

〔2〕（明）堵胤锡：《堵忠肃公年谱》，《北图珍本年谱丛刊》，第62册，第385－386页。

〔3〕《仁宗睿皇帝实录》卷一百九十三，嘉庆十三年“三月戊申”，《清实录》，第三〇册，第551页。

二、读书人的生存困境与治生观念

（一）明清读书人的生存困境

科举各级考试的层层筛选和低录取率，使得明清时期的读书人从开始应考到最终得以入仕的时间跨度被明显拉大，他们中的大部分不得不面临长期、反复应考的现实。通过翻阅明清时期（尤其是明中叶以来）的士大夫履历可以发现，他们大多在二十岁左右入学，而即便考试顺利，入仕的时间也多在四十甚至五十岁以后，其间要经历20年以上的反复应试。例如，明代常熟人陆一凤弱冠即入泮，“然七试而七不利，最后有司异其文而录之，举第四人，自是益有名公车间。又八试而八不利……乃谒吏部选”[1]。由进学至入仕，他经历30余年。又如清代蒲松龄十九岁入泮，直至七十一岁方成岁贡，前后历50余年。同样，在童生中间，屡困童试的也大有人在，《儒林外史》中的范进，在进学前参加了20余次童试，这并非文学夸张，而是在现实中大量存在的真实状况。事实上，在明清时期，能够顺利通过科举考试并最终走入仕途的士子毕竟只属于少数，绝大多数读书人都在重复的应考行为中耗尽青春，逐渐丧失斗志，绝意进取。这就导致了一个十分现实的问题，即何以为生的问题。

笔者在本章第一节中曾论及，随着社会经济的不断发展，明清时期普通家庭甚至贫寒家庭的子弟越来越多地加入科场角逐的队伍。从另一个层面看，读书人的家庭出身整体下移的趋势明显，并且出身寒微的读书人所占比重越来越大。他们的家庭有相当一部分是抱着“救贫”的心理投资教育的，然而对于这些家庭而言，投资教育并让子弟角逐科场，本身就是一项风险极高的投资，类同赌博，因为他们的财力并不足以进行持续的教育投入，往往导致子弟角逐科场的雄心半途夭折。同时，读书人因将精力集中于应试，往往不问家人生产，一个家庭一旦出

[1]（明）王世贞：《弇州续稿》卷九十《奉政大夫同知泉州府事三泉陆公暨配陈宜人墓志铭》，《景印文渊阁四库全书》，第1283册，第300页下栏。

现子弟长期应试、多次被黜的情形，则很容易陷入经济困境。明清时期甚至不乏一些富农、绅士家庭因子弟反复应试而导致“家道中落”的例子。明人曾如此调侃：“从来道，人生世上，一读了这两句书，便有穷鬼跟着，再也遣他不去。”[1] 表面上是在说读书导致贫困，实际上指向的是科场角逐对家庭经济的拖累与消耗。明代中叶以后，读书人贫困化的现象愈加突出，“贫士”越来越成为一个特殊的社会群体。当时的画家任薰在描摹一位落魄文人时甚至感叹：“使子当年不读书、不识字，未必困穷至此地。”[2]（见图6）这种感叹与上文的调侃之语亦庄亦谐，其对读书应举的矛盾心态却是相同的。笔者以为，应试导致读书人贫困这一现象的出现，除了因为有大量普通家庭投资教育、参与科场角逐外，科举制有限的承载力将士子求取功名的时间跨度拉大也是一个重要原因。这些受困于科举的读书人所要面临的，除开应考以外，首要便是治生的问题。

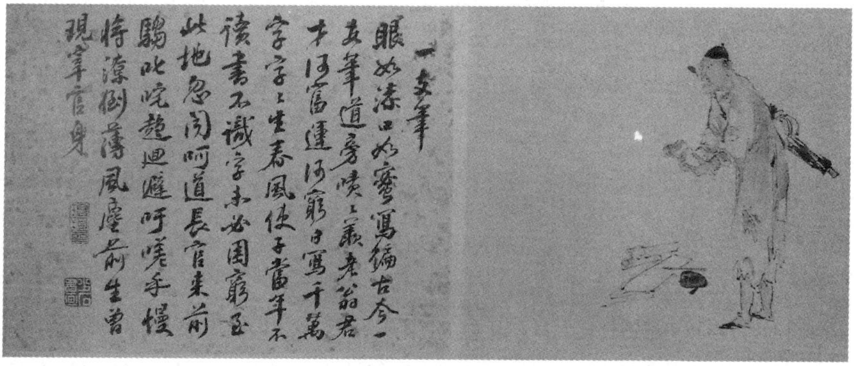

图6　明代画家任薰《江湖流民图》系列中的落魄文人

---

〔1〕（明）周清原撰：《西湖二集》（第三卷），周楞伽整理，北京：人民文学出版社1989年版，第46页。

〔2〕（明）任薰：《江湖流民图》，中国古代书画鉴定组编：《中国古代书画图目》，北京：文物出版社1983年版，第十二册，第14页。

(二) 充塾师：文人本业治生的“三全”之选

所谓治生，即谋生。文人治生的问题并非新鲜话题，在先秦时期，文人治生的观念就已经形成，但文人“何以治生”成为一个被不断讨论的社会热点，则是在科举兴盛以后才出现的。

1. 文人治生的主要方式

唐宋以来，随着越来越多的平民向“士”阶层流动，文人如何谋生的问题越来越受到关注。即便是对儒家传统义利观推崇备至的朱熹，也曾这样教导自己的得意门生许顺之：“既有室家，不免略营生理……此固不得不尔也，粗有衣食之资，便免俯仰于人，败人意思，此亦养气之一助也。”[1] 明末小说《醒世姻缘传》的作者更是对儒家“安贫乐道”的传统观念进行了一番辨证：

> 圣贤千言万语叫那读书人乐道安贫……我想说这样话的圣贤，毕竟自己处的地位也还挨的过得日子，所以安得贫、乐得道。但多有连那一亩之宫、环堵之室、负郭之田半亩也没有的，这连稀粥汤也没得一口呷在肚里，那讨疏食箪瓢？这也只好挨到井边一瓢饮罢了，那里还有乐处？……倒还是后来的人说得平易，道是“学必先于治生”。[2]

可见随着读书人贫困化的现象愈加突出，文人已逐渐突破儒家谨守的“安贫乐道”的传统观念，对治生问题越来越重视。总体而言，文人治生可分为本业治生和异业治生两类。所谓本业治生，即文人利用自身所习得的文化知识，以文谋生，如倚幕为宾、教授生徒、占卜行医、佣书卖文等；异业治生包括业农、经商等。由于“士”为“四民之首”，在

---

[1] (南宋) 朱熹撰：《朱熹集》卷三十九《答许顺之》，郭齐、尹波点校，成都：四川教育出版社1996年版，第四册，第1788页。

[2] (明) 西周生撰：《醒世姻缘传》第三十三回，黄肃秋校注，上海：上海古籍出版社1981年版，上册，第478页。

传统社会中，“尊士而贱农、工、商贾”[1] 的心理在士人中表现得甚为普遍，从事农业一直是被士人所排斥的，加之儒家“耻于言利”的义利观，文人以货殖渔利更是为许多人难以接受。如明代后期的常熟人蒋以化曾载其友周某的治生经历云：

> ……隐君先后与台试者二，皆不售，退而好为师，又退而学为贾，余唾而让之曰：“宁师乎，毋贾也，贾则流为垄断矣！”隐君遂弃贾业儒。[2]

在蒋以化的观念中，经商是利用垄断以牟利的职业，与儒家义利观背道而驰。总之，明清时期的文人由于对治生的重视以及治生观念本身的变化，读书人业农、经商的现象虽渐多，但总体而言，本业治生仍是文人最能接受的治生方式。

2. 充塾师为读书人的“三全”之选

宋人袁采曾特别强调子弟应以业儒谋生：“其才质之美，能习进士业者，上可以取科第致富贵，次可以开门教授，以受束脩之奉；其不能习进士业者，上可以事书札，代笺简之役，次可以习点读，为童蒙之师。”[3] 袁采所提及的三种治生手段中，两种属于塾师的范畴，可见在袁采眼中，文人所有的本业治生方式中，授徒乃是首要的选择。在明清时期，文人（尤其是未入仕的读书人）以授徒自给是相当普遍的现象，授徒被视为读书人之本分，如明初的杨士奇便十分重视读书人授徒一事，尝责其侄曰：“……近年来汝不馆授，不知别有何生理，但馆授原是吾儒家生理，不可弃也，汝勉之，勉之！”[4] 明人李廷机也认为：

---

〔1〕（清）张履祥：《杨园先生全集》卷二十三《书里上事》，中册，第659页。

〔2〕（明）蒋以化：《西台漫记》卷三《纪周隐君》，《四库全书存目丛书·子部》，济南：齐鲁书社1995年影印本，第242册，第110页上栏。

〔3〕（南宋）袁采：《袁氏世范》卷中，“子弟当习儒业”，《丛书集成初编》，上海：商务印书馆1939年版，第974册，第40页。

〔4〕（明）杨士奇：《东里续集》卷五十一《示鹓侄书》，《景印文渊阁四库全书》，第1239册，第359页下栏。

"儒家生计，不离教馆。"[1] 清代汪辉祖亦云："业儒者，以授徒为第一事。"[2] 清人陈芳生更是将读书人的出路与农、工、商贾截然区分开来："儒者不为农、工、商贾，惟出仕与训蒙而已，出仕不可必得，训蒙乃分内事。……己亦藉此代耕，诚兼善之本务也。"[3] 若不能出仕为官，便以训蒙为业。可以说，充塾师授徒在明清时期之所以被视为读书人的分所当为之事，主要就在于这一职业较好地维持了谋生与坚持儒家传统义利观之间的平衡。

读书人充塾师授徒这一职业选择被普遍看重，除了上述的这种平衡外，还在于古代文人的择业面本来就较为狭窄，对于尚未入仕的多数人而言，授徒是最可靠的谋生手段。《醒世姻缘传》的作者曾在小说中以较大的篇幅分析秀才谋生的问题，作者列举了开书铺、拾大粪、开棺材铺、结交官府等行当，经过一番比较后得出结论："所以千回万转，总然只是一个教书，这便是秀才治生之本。"[4] 作者认为，做买卖虽然是个不错的选择，但需要本钱投入和经营之道，而这些条件往往正是普通读书人所欠缺的，举债经营很容易导致倾家荡产；而与农人为伍、结交官府又均被视为有失读书人的身份，不可轻易涉足。此番议论虽显得有些夸张，但作者对于读书人教书的好处却揣摩得甚为明白：

> ……以笔为犁，以舌作耒，自耕自凿的过度。雨少不怕旱干，雨多不怕水溢，不特饱了八口之家，自己且还要心广体胖、手舞足蹈的快活。且更度脱多少凡人成仙作佛，次者亦见性明心。使那有利没害的钱，据那由己不由人的势，处那有荣无辱的尊。[5]

---

〔1〕（明）李廷机：《李文节集》卷十二《与林廸采妹夫》，台北：文海出版社 1970 年影印本，第三册，第 1179 页。

〔2〕（清）汪辉祖：《双节堂庸训》卷五《蕃后》，第 173 页。

〔3〕（清）陈芳生撰：《训蒙条例》，（清）王晫、张潮辑：《檀几丛书·二集》，上海：上海古籍出版社 1992 年版，第 275 页。

〔4〕（明）西周生：《醒世姻缘传》第三十三回，上册，第 482 页。

〔5〕（明）西周生：《醒世姻缘传》第三十三回，上册，第 482 页。

与经商等行当相比，读书人以“舌耕”为业，首先可算是一种低投入和零风险的职业，不仅可养家糊口，而且能提升自身的精神境界。其次，在明清人眼中，塾师虽谈不上尊贵，但总算是不失体面的行当。如明代小说《西湖二集》中的甄龙友夫妇为生计发愁，其妻葛氏劝甄龙友开馆授徒以补家用，甄龙友则认为靠做乡先生过日子不是男人的理想归宿，葛氏这样劝道：“目今贫穷，不过暂救一时之急……况做乡先生，虽不甚尊，还是斯文体面，不曾损了恁的！”[1] 可见塾师虽在知识阶层中的地位不高，但总体来说是符合身份又不失体面的职业。明代小说集《型世言》中亦曾对秀才教馆有过议论：

> 若为穷所使，便处一小馆，一来可以藉他些束脩，资家中菽水，二来可以益加进修。盖人做了一个先生，每日毕竟要讲书，也须先理会一番，然后可讲与学生；就是学生庸下，他来问，也须忖量与他开发；至于作文，也须意见、格局、词华胜似学生，方无愧于心，故此也是一件好事。[2]

在作者看来，教馆对塾师的好处体现在两方面：一是获得束脩，可贴补家用；二是塾师教馆可以随时温习功课，督促自己不断学习，有助于自身学业的进益。作者在这里没有触及学业进益对塾师自身的意义，需要略加引申。由于塾师教学的多数内容本来就与科举考试直接相关，因而后一种益处对那些因贫困所迫选择以授徒谋生，而又打算继续角逐科场的读书人来说尤为重要。

此外，明清时期贫寒士子多因经济拮据，家中藏书少，而那些有能力延师课子的富室又多有藏书，应聘授徒的塾师在教学之余便可较自由地阅览，这是读书人丰富知识、广博学问极好的途径。明清时期，授徒于书香、富庶家庭的贫困士子，因广览东家书籍而臻于博洽的塾师大有

---

〔1〕（明）周清原：《西湖二集》第三卷，周楞伽整理，第46页。

〔2〕（明）陆人龙撰：《型世言》十九回，崔恩烈、田禾校点，济南：齐鲁书社1995年版，第163页。

人在。明初杨士奇便是个典型例子。杨士奇家极贫，基本没有藏书，一本《史略释文》尚靠卖掉家中母鸡换取。他在十五岁以授徒为业时，不过是个普通的小塾师而已。但此后的二十年间，杨士奇先后坐馆于多个书香、官宦之家，这些家庭往往富于藏书，他便在授徒之余读书、抄书。二十年的塾师经历，让他成了饱学之士，并最终被翰林修撰王原采举荐[1]。清代学者钱大昕十八岁时授徒于邬城顾氏家中，"其家颇藏书，案头有《资治通鉴》及不全'二十一史'，晨夕披览，始有尚论千古之志"[2]。正是这种授徒的经历，让钱大昕有机缘接触大量史籍，从而激发了他的学术兴趣和志向。又如天津人王守恂为诸生时，曾在史氏、娄氏家塾坐馆，两家皆富藏书，因而王守恂在授徒之余，得以肆力读书[3]，这对其参与乡试、会试的角逐，以及后来的学术成就都大有帮助。因此可以说，充塾师授徒对读书人（尤其是正在参加科举考试的读书人）而言，既坚持了儒家传统的义利观，守住了道德底线，又解决了生存问题，同时还可以温习功课，增进学识，可谓"一举三得"。

三、塾师群体的构成

在传统社会中，"塾师"仅仅是一个职业群体，并非一个社会阶层。无论是私塾聘请塾师，还是塾师自行开馆授徒，都具有完全的自主性，官方也从未对塾师的从业设置统一或硬性的准入资格限定[4]，因而塾师实际上是一个出入自由、社会身份颇为复杂的群体，这种复杂性在明清时期体现得尤为明显。从现有的文献记载来看，明清时期的塾师从社会身份上区分，大致包括了退闲官僚、已入仕途的士大夫、有功名

---

〔1〕 参见（明）杨思尧：《太师杨文贞公年谱》，《北图珍本年谱丛刊》，第37册，第469－477页。

〔2〕 （清）钱大昕撰，钱庆曾校注：《钱辛楣先生年谱》，《北图珍本年谱丛刊》，第105册，第467页。

〔3〕 （清）王守恂：《阮南自述》，《北图珍本年谱丛刊》，第187册，第690－691页。

〔4〕 纵观明清两朝，社学这一官方色彩较浓的学塾对应聘塾师往往有科举功名上的要求，更多的家馆则将塾师的社会评价作为聘请时的衡量因素，自行设馆的塾师在学塾的开设上更是没有任何外在的资格限定。

而未入仕的士子、未入学的普通读书人，以及粗通文字的农、工、商贾等。

（一）退闲官僚

退闲官僚指因致仕、罢黜、辞官、丁忧等原因退出官僚系统的士大夫。退闲官僚授徒在中国古代有十分久远的传统。两汉时期，不少士大夫在辞官或被罢免后，即以隐居授徒为业，这一传统一直延续至明清时期。

一般来讲，退闲官僚在家乡具有很高的社会声望，而且与未入仕的一般读书人相比，他们多具有更高的学养和更广博的知识，因而他们"开门授徒"往往在当地极受欢迎和尊重。明初杨晦初以举荐入仕，为京仓副使，致仕归乡后，即以授徒为业。"……仪矩修正，望之俨然，即之而雍容，学者多乐从之，经其教者，率底于成。"[1] 明代李中馥的曾祖李昌寿因不满官场风气，"以疾乞休，上游力挽不能留，时年仅四旬耳。囊橐萧萧，乃于家塾讲学，一时从游者甚众，即旁郡英髦相率及门。家园狭不能容，则假奉圣寺聚讲，远近称为'晋源先生'，门弟子成名者相踵"[2]。明末时，因社会动荡，仕途充满各种不确定性，一些官员往往主动辞归，观望时局，如徽州人王泰征"崇祯十七年以卓异擢礼部主事，会愍帝之变，竟不赴官，归隐歙之檀山，杜门教授为业。……由是徽之学者悉嬴粮笥书往从先生游，岁亡虑数百人，一经指授，其高第显名者，后先亦不啻数十人"[3]。清代学者、官员姚鼐在刘统勋去世后，"即请假归里，以教课为生。居乡循古礼，日讲政书于塾

〔1〕（明）杨士奇：《东里续集》卷四十二《杨府君墓碣铭》，《景印文渊阁四库全书》，第1239册，第233页－234页。

〔2〕（明）李中馥撰：《原李耳载》卷上，凌毅点校，北京：中华书局1987年版，第130页。

〔3〕（清）汪琬：《尧峰文钞》卷三十五《前礼部主事王先生小传》，《景印文渊阁四库全书》，第1315册，第572页上栏。

中。有贾人子以重币聘公，力却之，曰：‘鲰生虽贫，不能受无义之财也’”[1]。又如清代东莞人罗亨信，“以给事中丁艰归，设塾授徒，凡宗人朋旧子弟皆就学，不受束脩。凡三年，乃起复还朝”[2]。由于这些退闲官僚本身具有较优越的物质条件，他们之所以开馆授徒，多是应宗亲邻里的请求，或是出于激励后学的社会责任感，以传播知识、学问和积德行善为主要目的。当然，为生计所迫而开门授徒的退闲官僚亦不乏其例，如明人周晖《金陵琐事》“官贫受徒”一目记载：

> 南坦刘公，罢嘉兴太守，发蒙以自给；远庵李公，罢江西副使，殊无活计，教授生徒于高淳、溧阳之间。夫官至太守矣，副使矣，位亦尊矣，尚一贫如此哉？人品可知也。[3]

周晖主要是用退闲官僚“授徒自给”说明他们为官之清廉。通过查阅这些退闲后授徒自给的士大夫的身世可以发现，他们多出身寒素之家，入仕前就过着比较清贫的生活。在入仕后，或由于谨守节操，或由于职位关系，在官期间俸禄微薄，因而他们一旦脱离仕途，便很可能重新返贫，授徒亦是他们谋生的重要手段之一。如乾隆间的福建举人陈登龙，“官蜀中，以清惠慈爱闻。叙劳擢官，得江西建昌司马。闲曹冷署，清操愈厉。以故终身不得名一钱。既遭忧，解组归，衣青布袍，从一奚，彳亍涂巷间。所居不三椽，曰‘云凹水曲山房’。家贫无后，授徒自给，间或厨烟不时，风度洒然”[4]。退闲官僚靠授徒自给的案例，明清各个时期均有，而明清换代之际较为突出。在多数情况下，退闲官僚所授之徒为负笈从游的经生，因而他们的教学除科举应试的内容外，亦多带有较浓厚的学术色彩。

---

〔1〕（清）昭梿撰：《啸亭杂录》卷九《姚姬传之正》，何英芳点校，北京：中华书局1980年版，第298页。

〔2〕（清）屈大均：《广东新语》卷十《学语》，北京：中华书局1985年版，第313页。

〔3〕（明）周晖：《金陵琐事》卷三，台北：成文出版社1983年影印本，第428页。

〔4〕郭白阳：《竹间续话》卷四，福州：海风出版社2001年版，第75页。

（二）在职官僚

按常理来说，士子一旦进入仕途，其生活场域与求学时相比，将发生重大改变。一个读书人即便在入仕前有过授徒的经历，入仕也多意味着其塾师职业生涯的终结。但明清时期的情况似乎比较特殊，明清正史、方志中极少有在职官僚兼任塾师的记载，但明清文人的年谱和文集中却屡见其例，而年谱中尤为常见，或可补史书之阙。江西泰和人吴存渊在元末兵乱时与其母避走山谷，明定鼎后，“笃志自励，闻永丰唐棐先生以诗书典教万安县学，从受业焉，泰和典教者遂举充弟子员”[1]。杨继盛二十九岁时会试下第，重回国子监肄业，“祭酒徐少湖公也，初课予以文，遂大奇之曰：‘真奇才也，但少欠指引耳。’予遂备束脩授业”[2]。此后三年间，杨继盛皆在肄业国子监的同时从徐祭酒学，终得以进士及第。又如明人蒋一葵文集载：

> 徐有贞年十二三已能古文词，始从吴公讷游，讷奇其材，祭酒胡俨有人伦鉴，讷进之俨所，请授进士业。适俨病卧，见之，令为诗，公援笔立就。……俨见诗，不觉跃起，绕床曰：“此鼎铉器也。”遂以其业授之。[3]

清人张謇十八岁入泮后，从海门训导赵泉菊先生学为文章，“先生以清道光己酉举人教授其县，门下称盛，知名之士率从问业。晚就训导职，来海门，海门士亦多从之游。先君欲余往从，丐友为请，先生令先呈所业，得许可，正月下旬往训导署”[4]。又清人罗惇衍之父罗家政于道光

---

〔1〕（明）杨士奇：《东里续集》卷三十六《吴教谕墓志铭》，《景印文渊阁四库全书》，第1239册，第144页下栏。

〔2〕（明）杨继盛：《椒山先生自著年谱》，《北图珍本年谱丛刊》，第49册，第464页。

〔3〕（明）蒋一葵：《尧山堂外纪》卷八十三《徐有贞》，《续修四库全书》，第1195册，第49页下栏。

〔4〕（清）张謇：《啬翁自订年谱》，《北图珍本年谱丛刊》，第183册，第20－21页。

十年选授高要县教谕，次年乃“在任所设帐，从游者三十余人”[1]。可见，在职官员兼充塾师授徒的情形，在明清时期并非个例。

从以上这些记载大致可以总结出一些在职官僚充塾师的规律：一是充塾师者多为祭酒、学正、教谕等官学系统的学官；二是官员多因“爱才”而私收生徒，学生均有较高的才学。事实上，官学教师充任塾师、私收生徒的现象并不难理解。官学系统的官员由于日常工作与科举、儒学直接相关，他们在工作之隙以授徒为事，可谓两相促进。至于“爱才”，这在中国古代文人中似乎是一个普遍现象，为官师者更是以“得天下英才而教育之”为人生三大乐事之一，又不失为一种善举。明清时期，地方学官多从举人和贡生中选拔，其中相当一部分人有较高的才学和抱负，而在科举道路上并未能完全得到展示。当时的学校更多的是承担管理的职能而非教学，学官的地位颇为尴尬，“百无一事可言教，十有九分不像官”便是学官自嘲式的自我写照。因而，官师私授生徒，以作育人才来获得成就感，未尝不可看作是学官寻求自我价值实现的途径之一。当然，学官本身被文人们视为“冷官”，薪俸亦不丰厚，因而官师授徒不排除有增加收入的动机。

除开这些，官员授徒或许还有其他方面的意图。以明初的杨士奇为例，杨士奇在入仕前曾有过二十年的塾师经历，而在入仕后，对官员授徒的行为亦是鼓励有加，他在给侄孙的书信中说：

> 蒙启来得汝书，知在教学，甚喜。此是大人长者与进汝，汝须加意，不可怠忽。大抵教学之法须小心导诱，不可急躁，切记切记。虽在教学，然不可荒废职事，更不接纳乡邑小人以坏名节。[2]

其文集又载：

---

〔1〕（清）罗惇衍：《椒生府君年谱》，《北图珍本年谱丛刊》，第160册，第522页。

〔2〕（明）杨士奇：《东里续集》卷五十二《示侄孙挺书·其四》，《景印文渊阁四库全书》，第1239册，第373页上栏。

吾泰和杨颙希淳，永乐辛丑进士，授太常寺博士。……希淳会试礼部时，余其座主也。其为博士也，公务甚简，余邀置邻居，而辟馆延之授徒，凡再岁。[1]

杨士奇一直视授徒为“儒家生理”，但主要是就未入仕的业儒者而言。他对已入仕的读书人授徒行为的鼓励，似乎更多地是从授徒可以保证读书人自身“不废儒业”这个角度来考虑的。清人汪琬曾感叹：

嗟乎，书岂易言读哉！士之少也，困于科举之业，则书之凡无益于经生者，悉废而不暇以读矣。及壮而宦游四方，又困于簿书文牒之猥琐……凡无益于吏治者悉废而不暇以读矣。[2]

一般而言，士子在应举时所学，皆以应试为目的，对于真正有益之书却无暇钻研，入仕后，由于公务的牵绊，往往容易废弃学业。官员利用政事之暇授徒，除可实现自身在教育层面的价值外，同时又能达到进德修业、教学相长的目的。

（三）有功名而未入仕的士子

“功名”本指功业和名声。此处所谓功名，专就科举而言，指读书人从进学到会试中式所获得的各种科举身份，包括秀才（生员）、贡生、监生、举人、进士等。明清时期，自人才选拔制度走入正轨以后，秀才并无入仕资格，监生通过肄业后方有被选为低级官员的机会，但选拔比例极低。举人与进士皆有直接入仕的资格，然而随着举人、进士数量的不断累积，官僚系统已远远不能及时消化这两个庞大的群体。如在乾隆年间，十年之内新增举人五千余人，而通过铨选授官者不到五百

[1]（明）杨士奇：《东里续集》卷二十九《太常博士杨希淳墓表》，《景印文渊阁四库全书》，第1239册，第48页下栏。

[2]（清）汪琬：《尧峰文钞》卷二十二《读书斋记》，《景印文渊阁四库全书》，第1315册，第423页上栏。

人，若加上会试中式的进士额数，尚有四千人左右未进入仕途[1]。不仅如此，进士也时常出现迟迟未能授官的情况，清代中期常有进士延迟十年才得官履任。在科举制的这种人才供求矛盾下，这些未入仕的士子大多面临应考和生计两个问题，而民间日益增长的私塾教育需求，为他们进入塾师行业提供了较广阔的空间。

有功名而未入仕的士人群体中，生员、监生充塾师的情形最为普遍，这在明清时期的文人文集及年谱中有较为密集的记载。如明初杨士奇的文集中，此类记载即有数十例，明后期王世贞的《弇州四部稿》《弇州续稿》所载不下百例，明清文人年谱中亦可谓俯拾皆是。明初罗仲深“未弱冠丧父，家贫，出教里中童蒙，取束脩以佐其兄养母，而益刻苦学问。……永乐乙酉，以邑学弟子员中江西乡试，明年会试礼部，中高等”[2]。昆山人瞿景淳“久困诸生间，减父产，教授里中自给，意豁如也”[3]。吴兴人徐益孙幼年丧父，其母陆氏上供太夫人，下诲其读书，“益孙固敏……折节砥砺经术，十七试诸生异等。……以例游太学，又工古文辞，今许少傅、张宗伯为祭酒、司业，大赏异之。益孙所教授弟子束脩及贽文有余润，悉以供肥毳，而间不给，则藜藿参焉”[4]。这些生员、监生虽在充塾师的同时亦多自课以应考，但对他们中的大多数人而言，考取更高的功名并入仕是一件万难之事，只有少数人得以进入仕途并脱离塾师行业。因而，授徒这种最初仅作为谋生手段的短期行为，逐渐成为了多数塾师的终身职业。

文集、方志中对于塾师的职业经历的记载比较简略，往往只叙述其执业的大致时间，相比而言，年谱的记载更为详尽。从年谱中所反映的

---

〔1〕《高宗纯皇帝实录》卷七百四十五，乾隆三十年“九月庚子”，《清实录》，第一八册，第202页上栏。

〔2〕（明）杨士奇：《东里续集》卷三十八《罗仲深墓志铭》，《景印文渊阁四库全书》，第1239册，第166页下栏。

〔3〕（明）王世贞：《弇州四部稿》卷八十二《瞿文懿公传》，《景印文渊阁四库全书》，第1280册，355页下栏。

〔4〕（明）王世贞：《弇州续稿》卷一百二十《太学生五斋徐公配陆孺人合葬志铭》，《景印文渊阁四库全书》，第1283册，第680页下栏。

情形来看，多数读书人在进学以后、进士及第之前都有充塾师的经历，而且这种经历带有一定的连续性。如清初常熟人翁叔元少时因战乱和贫困，学、废不定，十六岁时因家贫不能延师，遂自学。十八岁补博士弟子，第二年便开始坐馆授徒以养亲。在三十六岁之前，翁叔元多数时间在家乡各地应聘处馆，屡应乡试亦不售。三十六岁时，翁叔元欲冒籍大兴县应试而不得，遂滞留京师，以授徒为业。三十七岁，再冒永平籍参加考试，拔第二。学政察觉其冒籍后，翁叔元据实以告，学政出于同情，并未黜落翁叔元。此后直至四十四岁会试中式，翁叔元均以授徒为业[1]。苏州元和人朱骏声九岁习完“十三经”，十五岁拔入府学，十七岁时便在家开馆授徒。自三十一岁乡试中式后的十八年间，朱骏声六应会试不售，先后辗转于京师、扬州、山东金乡等地，以课徒为业。朱骏声曾于三十九岁时大挑二等候选，但十年内一直未曾授官，直到四十八岁时再次应大挑，方选为黟县训导[2]。歙县人程焜于十七岁（嘉庆十六年）进学，十九岁乡试不利，二十岁即以训蒙为业，此后二十次应乡试不售，授徒四十五年，直至无人来学，老病赋闲，窘迫而终[3]。又如宁波人方华钦二十一岁入泮，二十三岁娶妻徐氏，此年父母相继离世，为维持家计，方华钦遂于第二年开始坐馆授徒。此后十五年间，屡应乡试不售，先后在会头、北乡等五处坐馆。三十九岁时，方华钦应恩科乡试中式，次年会试下第，考景山教习。此后十年间，六应会试而六不利，在三年的教习生涯及以后的时间里，仍坐馆授徒，直到四十九岁时，方由吏部分发陕西试用，才算是结束了二十五年的塾师生涯[4]。

此外，一些进士及第的士人亦同样有以塾师为业的，他们或是在授

〔1〕 参见（清）翁叔元：《翁铁庵年谱》，《北图珍本年谱丛刊》，第82册，第69－107页。

〔2〕 参见（清）朱骏声：《石隐山人自订年谱》，《北图珍本年谱丛刊》，第143册，第1－6页。

〔3〕 参见（清）汪宗沂：《程可山先生年谱》，《清代徽人年谱合刊》，合肥：黄山书社2006年版，下册，第664－689页。

〔4〕 参见（清）方华钦：《竹南居士年谱》，《北图珍本年谱丛刊》，第126册，第562－569页。

官前充塾师过渡，或无意宦途，归乡授徒以终其身。如桐城人姚莹二十四岁进士及第，但清代人才流通渠道的壅滞导致当时的新科进士无官可授。由于选官之期甚远，姚莹应邀入百龄幕，两年后，辗转于程鹤樵、王蓬壶官署中授徒，直到三十二岁时，方得谒选福建和平知县[1]。吴县人徐华狱，“嘉庆辛酉进士，选庶吉士，改知县，不受选，隐居教授，以著述自娱”[2]。潍县人王延年中进士后不赴选，家居授徒，“邑中科第隆起，半属及门，负笈者自远而至，辛巳解元亦其门下士也”[3]。东昌人叶亦园因足跛，进士及第后不出仕，居乡以授徒为业，“列屋栉比，门生兼六七省人。……善揣摩闱墨，每秋闱后，即选刻各省魁卷流布，及门多掇巍科”[4]。当然，在以入仕为主流价值取向的科举文化氛围中，进士及第后仍以授徒为终身职业的情形在明清时期仅属极少数，文献中虽有一些记载，但不多见。

（四）未进学的读书人

笔者在本节开篇曾论及，塾师行业并无任何官方准入限制，因而明清时期塾师群体的构成显得颇为复杂。这种复杂性集中体现在未进学的读书人身上。随着明清时期文化知识的普及率不断提高，读书人的总量不断增长，在各个不同的社会群体中，越来越多的人进入读书人的行列。大体来说，未进学的读书人可以分为四类：有较高学养而隐居的儒者、困于童试或准备应试的科举童生、书香家庭的知识女性以及粗通文墨的农、工、商从业者。有学养的儒者开门授徒一直是中国古代私学的传统，明清时期亦不例外；而后三类人在明清时期则越来越多地进入塾师群体中。

---

〔1〕参见（清）姚浚昌：《姚石甫先生年谱》，《北图珍本年谱丛刊》，第138册，第529－532页。

〔2〕曹允源等纂：民国《吴县志》卷六十六下《列传四》，《中国地方志集成》（江苏府县志辑），南京：江苏古籍出版社1991年版，第12册，第112页下栏。

〔3〕（清）王培荀撰：《乡园忆旧录》卷八，蒲泽校点，济南：齐鲁书社1993年版，第425页。

〔4〕（清）王培荀：《乡园忆旧录》卷八，第426页。

隐而未仕的儒者较集中地出现在明初及明清之际。由于社会动荡，这些儒者有比较复杂的心态。有的因时势未定，暂不出仕，待时而动。如元明之际的江西泰和人尹务厚，未冠即遭元季兵乱，历经艰辛，“及皇明大定天下，则既壮矣，生产悉废，一时所交游往来皆出仕有禄位，翁独栖迟田里，以教授为业。或劝之仕，翁曰：‘吾岂不乐进，顾吾进宜有渐也’”〔1〕。又如生于元明鼎革之际的杨士奇，十五岁便出为里塾师，此后在泰和、武昌等地授徒长达二十余年，直到三十六岁时为翰林修撰王原采举荐，方脱离塾师行业〔2〕。此外亦有以前朝遗民自居、不事新朝者。如明监军张春为皇太极所擒，因不屈于清而几被杀，后“独处萧寺中，聚徒课读，一时开创名臣如范忠贞、宁文成辈，皆曾执经受业者也”〔3〕。再如吴县人张尔温本为明末生员，“国变后，与叔父懋祥抚膺大恸，矢志全发……授徒自给”〔4〕。

除开这些因观望时局或不事新朝而以授徒终其身的儒者外，明清时期亦有无心入仕、醉心学术的学者。他们多不事科举，居家精研学术，授徒既是他们谋生的手段，也是他们传播学术的方式。明代江西人吴与弼十八岁始习举业，二十岁时见《伊洛渊源录》一书，慨然有志于道，于是放弃科举，潜心钻研儒家义理，两年不出门。此后即开始以授徒为业，胡九韶、娄谅、陈献章等人先后师事之〔5〕。清代江西人江永在其父的熏陶下，自幼接触“十三经”注疏，并以著书立说为己任，自二十一岁进学成为生员后，便无心举业，长期醉心学术研究。江永自二十七岁开始坐馆授徒，充塾师长达半个世纪，此间郑牧、戴震、汪肇龙、

〔1〕（明）杨士奇：《东里续集》卷四十三《蔗境翁传》，《景印文渊阁四库全书》，第1239册，第251页上栏。

〔2〕参见（明）杨思尧：《太师杨文贞公年谱》，《北图珍本年谱丛刊》，第37册，第469－477页。

〔3〕（清）昭梿撰：《啸亭续录》卷二《张夫子》，何英芳点校，北京：中华书局1980年版，第413－414页。

〔4〕曹允源等纂：民国《吴县志》卷六十六上《列传三》，《中国地方志集成》（江苏府县志辑），第12册，第101页上栏。

〔5〕参见（清）杨希闵：《吴聘君年谱》，《北图珍本年谱丛刊》，第38册，第504－513页。

程瑶田等人皆曾执弟子礼[1]。当然，在科举氛围浓厚的明清时期，像吴与弼、江永这样因热爱学术而无意科举，以授徒为业的学者，并非塾师中的主流。

科举童生或接受过初级教育的读书人充塾师的情形在明代已较为常见，至清代则更为普遍[2]。随着越来越多的平民家庭具备了一定的投资教育的能力，明中期以后，接受初级教育并有意参与科场角逐的人数在不断增加，这个群体中的相当一部分人亦加入了塾师行列。明初江西泰和人刘觚，"博通群书，为文思若决河，敻然出侪辈，再以书经进于有司，不偶，则叹曰：'亲老，乃汲汲于此邪!'遂不复出，乡之大族争请君为师"[3]。清代江都人徐复为农家子，少时兄命其放牧，而徐复酷爱读书，"乃弃牛而逃，至郡西僧寺中为僧，供洒扫之役以糊口，暇则诵读，恒达旦不寝。一日，焦孝廉循憩寺中，见其所诵之五经及所作制义，大奇之，为之延誉，于是为乡塾童子师。未几，补诸生，遂从事于经史之学"[4]。再如曾国藩之父曾麟书，"萃然儒者，屡应童子试未售，积学不怠，名其塾曰'利见斋'，课徒十余人，训诱专勤"[5]。曾麟书先后十七次应童子试，至四十三岁时方进学为儒学生员，以童生身份充塾师二十余年。这些充塾师的科举童生中，一部分人最后取得了科举功名，最终走入仕途，脱离了塾师行业，但绝大多数屡困童试的读书人与屡困乡试的生员一样，最后都成了终身塾师。

在明清塾师中，有一部分人甚至连科举童生也算不上，他们仅粗通文墨，因各种原因而弃其本业，为了谋生，也成为训蒙的塾师。如明代龚詧十四岁入伍，后因主将降敌，遂"变姓名为王氏，窜伏江阴海虞之

---

〔1〕 参见（清）江锦波：《江慎修先生年谱》，《北图珍本年谱丛刊》，第92册，第1－8页。

〔2〕 在明清时期，童生是对应童试的读书人的专称，与那些未尝应试的文士是有区别的，一些学者将未进学的读书人统称为童生，严格说来是不确当的。

〔3〕（明）王直：《抑庵文集》卷八《刘君墓表》，《景印文渊阁四库全书》，第1241册，第163页。

〔4〕（清）江藩撰：《国朝汉学师承记》卷七《徐复》，钟哲整理，北京：中华书局1983年版，第117页。

〔5〕（清）李瀚章：《曾文正公年谱》，《北图珍本年谱丛刊》，第157册，第6页。

间”，每到一处，便以教授生徒为业，直到五十五岁归乡[1]。清代江都孤童凌曙，“十岁就塾，年余，读四子书未毕，即去香作，杂佣保。……年二十，乃弃旧业，集童子为塾师”[2]。晚清山西晋祠人刘大鹏曾言：“本处训蒙之人多不早起，亦不能早起，系由膏粱子弟出身，及长穷困，乃藉舌耕度日，究其学业不过初识几字，而于学之根柢未能知之。”[3] 在大多数时候，明清时期的科举童生以及仅受过初等教育的农、工、商贾只能充作蒙师。他们之所以在塾师行业中能占据一席之地，笔者以为主要原因有二：一是他们所教授之童蒙多为刚开蒙的童子，所学不过《三》《百》《千》及杂字书等初级读物，而且童蒙教学以记诵为主，并不需要多高的学养；二是明清时期的偏远乡间本就十分缺乏学识较高的读书人，相当一部分贫家子弟亦并不作角逐科场之想，而仅以识字、略知书算为目标，因而对于塾师的要求并不高。需要指出的是，此类塾师多不具备教学的基本能力，明清时期的小说、笑话、笔记等文学作品中屡屡以蒙师读白字、识见浅陋为笑料，与此类塾师的鱼目混珠且成为蒙学教育的一大问题不无关系[4]。

值得注意的是，中国古代尚有一个颇为特殊的女性群体，她们大多出身书香门第，受过一定教育，有较高文化素养，因各种契机而进入塾师行业，被称为“女塾师”或“女先生”。如唐代李亢《独异志》载：

---

〔1〕 参见（明）龚绂：《龚安节先生年谱》，《北图珍本年谱丛刊》，第38册，第306－318页。

〔2〕（清）陈康祺撰：《郎潜纪闻二笔》卷十《凌晓娄贫而好学》，晋石点校，北京：中华书局1984年版，第509－510页。

〔3〕 刘大鹏遗著，乔志强标注：《退想斋日记》，太原：山西人民出版社1990年版，第142页。

〔4〕 仅以明代笑话集《广笑府》为例，书中以塾师为题材的笑话有20余则，而嘲讽塾师不识字、不会作诗文或识见浅陋等学识低下现象的就占了一半左右，足以说明问题。明人谢肇淛曾云：“今天下读书不识字者固多，而目前寻常文字，误读者几多。……所以然者，童蒙之时，授书塾师皆村学究，以讹传讹，及长则一成而不可变。”（《五杂组》卷十三《事部一》，北京：中华书局1959年版，下册，第386页。）近现代人在回忆童年接受私塾教育时，亦每每提及塾师不识字的现象，如吴县人沈畴春曾云：“由于塾师的资历漫无限制，程度高下不等……在山区农村，有些人也来滥竽充数，骗取束脩（学费）以糊口，以致鲁鱼亥豕层见迭出，误人子弟者也不在少数。”（《私塾教育述略》，《文史资料存稿选编·教育》，第723页）

“后汉韦逞母宋氏，博究经典，置生徒一百二十人，隔纱窗授业。”[1]这恐怕是最早关于女性以塾师为职业的记载了。明清时期，女塾师的队伍不断扩大，屡见于文献记载。美籍学者高彦颐曾在《闺塾师——明末清初江南的才女文化》一书中从女性主义视角对明清之际江南的“闺塾师”作过研究，其所言“闺塾师”为女塾师中之一类，特指古代对闺中女子实施教育的女师。如《文章辨体汇选·小青传》中的小青，“幼随母学，母本闺塾师，所游多名闺，故得博览图书，妙解声律，兼精诸技”[2]。可见闺塾师所教授和交游的对象主要为女子。笔者所言“女塾师”，不仅包含闺塾师，而且包括以男弟子为教授对象的女师，她们的教授内容与普通男性塾师无异。在明清时期，随着越来越多的女子热衷于读经、习文，这样的女塾师并不少见，如毛奇龄文集载王声远死后，其妻汪氏即延女塾师课读子弟：“当教子时，以嫠妇延师，中外不接，乃饰书币，请山阴之闺秀素以文字相往来者曰金先生，出子女事之，相与授《孝经》《论语》，一时讲读之盛逾外塾焉。”[3]又如清代湖南桑植土家族才女彭碧筠（又名彭春芝）从小受到良好的私塾教育，成婚十一年后，其夫陈广汉病逝，为维持家计，彭碧筠遂开门设馆授徒，“家集童蒙，躬课读焉。皋比巍坐，日上下其议论。里下人闻见者，皆啧啧相与称之”[4]。彭碧筠被慈利名士吴恭亨誉为“不栉进士”。清人王韬的笔记中亦载清代女子龚绣鸾充塾师为业，且课读男弟子：

……聪慧绝伦，喜读诗词，尤工帖括。父以此非女子所宜，令束诸高阁。无何，父遘疾猝逝，家贫母老，无以为生，遂设绛帐为

〔1〕（唐）李冗撰：《独异志》卷下，张永钦、侯志明点校，北京：中华书局1983年版，第71页。

〔2〕（明）支如增撰：《小青传》，（明）贺复征编：《文章辨体汇选》卷五百四十一，《景印文渊阁四库全书》，第1408册，第592页下栏。

〔3〕（清）毛奇龄：《西河集》卷一百三《孝子声远暨节妇汪孺人合葬墓志铭》，《景印文渊阁四库全书》，第1321册，第158页上栏。

〔4〕（清）吴恭亨：《彭太夫人墓表》，《桑植文史》（第3辑），1992年（内部刊物），第45页。

蒙师。邻有丁生者，习举子业，颇自刻苦。其弟从女学。……因投以己所作文，求其删润。女亦不辞，抉疵摘谬，胜于严师。生不以为忤，时呈课文就正，并馈以束脩。……年余，生应县府两试，俱列前茅。及游泮宫，裒然居首。女以此文名噪一时，童子军中，多奉女为师，女居然高拥皋比而执牛耳矣。[1]

龚绣鸾为清代老明经之女，不仅收授男弟子，从事蒙师工作，而且还工帖括、指导制艺写作，应该说已经达到了时人所谓“经师”的层次。同时也可见出，清代女塾师教授男弟子是为时人所接受的。再如江苏南通人郑文轩以塾师为业，其妻洪素通经典、工诗文，郑去世后，其生徒便以洪素为师。洪素“朝授读，夜事针黹，暇辄吟讽以自适”[2]。与彭碧筠、龚秀鸾、洪素等人相似，清代福州女子谢浣湘亦以塾师为业。谢浣湘为诗人谢声鹤之女，自幼饱读经书，因婚姻不幸，回娘家生活，三十九岁时开始授徒，直到去世前，仍诲人不倦，充塾师达三十年。经其教授的生徒，不少成为生员、举人，为书院山长、塾师者亦复不少。谢浣湘舅祖曾赠联曰：“学礼学诗男弟子，教忠教孝女先生。”[3] 可谓古代女子充塾师的一段佳话。此外，清代较著名的女塾师还有丹徒人周素贞、句容人骆绮兰、昆山人余希婴、南汇人姚其慎等。

在多数情况下，女子充塾师授徒亦以“治生”为直接动因和主要目的。以上所举女塾师，要么是因为父亲去世，家贫母老，无以为生，要么是因为离婚、孀居，生活困顿，总之都是因为家中失去了最重要的经济支柱，需要自己维持家计，以实现生活自立，遂以设帐授徒为业。女子在传统社会中没有政治出路，但塾师这一职业并无入行门槛，最为重要的是，塾师可在家自行开馆，且教授对象又多为童蒙，免去了传统

[1]（清）王韬撰：《淞隐漫录》卷三《龚绣鸾》，王思宇校点，北京：人民文学出版社1983年版，第103页。

[2]（清）梁悦馨等修：光绪《通州直隶州志》卷十五，《中国地方志集成》（江苏府县志辑），南京：江苏古籍出版社1991年影印本，第52册，第771页上栏。

[3] 漳州市地方志编纂委员会编：《漳州市志》卷五十《人物》，北京：中国社会科学出版社1999年版，第3052页。

社会因性别差异导致的诸多非议，因而对于那些具备一定文化知识而又家境贫寒、生活困顿的女子来说，充塾师、开门授徒无疑是极其便利的谋生手段。

笔者从社会身份的角度对明清塾师的构成作了粗略的归类和分析。从社会构成来看，明清时期的塾师是一个十分复杂的群体，由于塾师这一行业没有官方的准入限制，只要有人愿意延聘，或者有人愿意来学，师生的教－学关系便可以建立。从理论上讲，任何具备一定文化知识水平的读书人皆有成为塾师的资格。除此之外，明清塾师群体还具有一些较为突出的特点，笔者简略归纳如下：

其一，未曾入仕的读书人构成了明清塾师的主体，而且随着时间的推移，科举童生在塾师中所占比例越来越大。刘晓东曾对明嘉泰《吴县志》所收录的四十位塾师的身份构成进行分析，并得出了一系列结论。他认为，随着时间的推移，在明代塾师队伍中，生员人数遽升，童生人数逐步增加[1]。当然，方志的人物选录标准较高、收录数量有限以及传文过简等特点导致方志文献所提供的信息本身具有较大的局限性，以方志为蓝本的统计结果很难反映当时塾师构成的真实状况。但刘的这一结论无疑与明代生员人数膨胀、应试队伍不断壮大这一事实吻合，当属可信。事实上，刘的“童生人数逐步增加”这一结论可能还显得过于保守。万历末年来到中国的葡萄牙传教士曾德昭（Alvaro Semedo）在南京一带生活了二十余年，他曾将明代的生员、举人、进士分别类比为西方的学士、硕士、博士，并这样描述当时的中国塾师：“普通教师数量极多，因为许多人想考学位，但只有少数人能考上，大部分人不得不当教师。……巨室大户一般不找这类教师，而是聘请已取得学士学位、并为获得更高学位继续学习的人当教师。”[2] 从曾德昭的叙述中可知，他所说的“数量极多”的“普通教师”即指以童生身份授徒的塾师。从

〔1〕 参见刘晓东：《明代的塾师与基层社会》，第91页。

〔2〕［葡］曾德昭（Alvaro Semedo）：《大中国志》，何高济译，上海：上海古籍出版社1998年版，第46页。

他的描述来看，明末时童生充塾师训蒙的情形已十分普遍了，在塾师队伍中占有相当大的比例。

到了清代，科举童生等未有任何功名的读书人在塾师队伍中的比重进一步加大，如安徽灵璧县曾在宣统年间对该县塾师进行过一次统计，在已采集到信息的191位塾师中，举人4人，贡生6人，儒学生员58人，其他儒生123人[1]，此处所谓“其他儒生”，指童生等未有任何功名的读书人，他们已然成为该县塾师最主要的构成部分。近人刘禺生在论及清代私塾时这样说道：“蒙学所授，不过识字，能写能读，便于工商应用而已……而蒙馆教师则多屡考不得秀才之人也。”[2] 此类描述，以及灵璧县通过实际调查统计得到的数据，应当能反映清末塾师队伍构成的真实面貌。

其二，明清时期的大多数塾师皆来自经济窘迫的中下层家庭，“治生”虽不是他们充塾师的唯一目的，但却是促使他们进入塾师这一行业的直接动因。

其三，从年龄构成来看，塾师群体的年龄跨度相当大，幼者尚未成童，老者已为耄耋。明清时期，终身授徒的老童生、老秀才颇多，在文学、绘画等艺术作品中，“老塾师”甚至成了塾师的典型形象。但明清时期的“小塾师”亦不在少数。如明初杨士奇十五岁便授徒里中[3]，万历间蒋一葵“年十五即携一经糊口四方”[4]。清代“小塾师”更多，年龄更小，如江苏阳湖人赵翼、嘉兴人冯登府、无锡人余治等，皆在十五岁时开始以训蒙为业；京师人震钧之高祖农部公四岁时遭家变，寄养在亲戚家读书，十二岁学成，十四岁开始坐馆授徒[5]；江苏阳湖人左

---

〔1〕安徽省地方志编纂委员会编：《安徽省志·教育志》，北京：方志出版社1997年版，第18页。

〔2〕刘禺生撰：《世载堂杂忆》，“清代之科举”，钱实甫点校，北京：中华书局1960年版，第2页。

〔3〕（明）杨思尧：《太师杨文贞公年谱》，《北图珍本年谱丛刊》，第37册，第469页。

〔4〕（明）蒋一葵：《尧山堂外纪》卷首《尧山堂外纪颠末》，《续修四库全书》，第1194册，第1页下栏。

〔5〕参见（清）震钧：《天咫偶闻》卷五，北京：北京古籍出版社1982年版，第121页。

辅十三岁便自设私塾，课徒于里中[1]；而清初苏州人沈德潜更是在十一岁时便在家课徒以佐饔飧[2]。从这些“小塾师”的年谱记载来看，他们皆来自贫寒家庭，如此早地进入塾师行业，实因家计所迫，不得已而为之。

第三节　明清学塾的鼎盛

对于民间私塾而言，教学活动的开展主要受三个因素的制约：生源、师资和教学实施平台。笔者在前面两节中重点分析了生源和师资两个因素，本节中，笔者将探讨明清私塾的教学实施平台——塾馆。在两千余年的传统社会中，明清时期私塾发展处于鼎盛期，学塾类型最为丰富，既有官宦富室开办的家塾、塾师自开的散馆、民众集资合办的村塾，也有民间富人出资开设的义学和官方主导的社学。同时，由于这些学塾的规模普遍都很小，硬件设施大多趋于简易，因而开设的难度并不大。要之，明清时期学塾组织形式的多样化和易开办的特点既推广了普通教育，也为大多数塾师的就业降低了成本。

一、明清学塾组织形式的多样化

明清时期的学塾名称繁多，分类繁杂，但若以组织形式来分，大体可分为家塾、散馆、村塾、义学和社学几类。

（一）家塾与散馆

一般而言，古代的家塾是指经济条件较好的家庭为培养自家子弟而开办的学塾，多延请塾师到家中坐馆教授。开办家塾的传统可追溯到汉代。在宋代以前，有能力开办家塾的家庭多为官宦之家和书香门第，而

---

〔1〕（清）左辅：《杏庄府君自叙年谱》，《北图珍本年谱丛刊》，第118册，第377页。
〔2〕（清）沈德潜：《沈归愚自订年谱》，《北图珍本年谱丛刊》，第91册，第135页。

明清时期的官宦、书香家庭，开办家塾、延请塾师则极为普遍，有条件的家庭甚至同时延请数位塾师教读。更为引人注目的是，随着社会经济的发展，越来越多的普通农、工、商贾家庭也有能力并热衷于开办家塾。此类例子在明清文献中十分常见，如明代嘉禾人沈武延塾师于家中教子："时吴孺人以俭勤佐赠公，为束修费尚不给，稍稍鬻庐产以供客，谓姑废塾，赠公曰：'吾急塾甚于息庐产！'"[1] 王世贞的文集中有大量商人传记，其中多载商贾富而好文、设家塾延师课子孙的例子。明末学者顾宪成十五岁之前，因家贫不能延师，其父命顾宪成、顾允成兄弟至邻塾读书。顾宪成的父亲以经商为业，一旦有余力，便开设家塾以教子弟。因而顾宪成十八岁时，"始能置家塾，馆谷之外，馈遗供具，富家相诧，以为不及"[2]。

在明清学塾的所有组织形式中，大众对家塾最为热衷，究其原因，在于家塾本身具有独特的优势。首先，家塾开设在自己家中，子弟的日常学习可以全部知晓，生活皆能随时照应，且坐馆塾师食宿均由馆东承担，塾师与东家时时交往，对馆东子弟的课读更为尽心，要求更严。其次，家塾为自家所开设，以教育自家子弟为目的，虽然家塾亦常有亲戚、邻里子弟附学，但馆东对附学生的选择有决定权。明清时期，家长尤其重子弟的交友之道，在他们看来，交友影响着人生的成败，交友不慎往往会导致子弟趋于下流，轻则无成，重则败家，而家塾则可以让子弟免受品行败坏之人的影响。清人汪辉祖认为，若非不得已，不宜令子弟附学："独学无耦，则孤陋寡闻，敬业之所以乐群也。然附学他处，同门人众，品诣必有参差……故冀子弟不染习气，以家塾延师为尚。"[3] 此种观点虽未必完全正确，但无疑能体现当时的大众对开设家塾的偏爱。在学塾的所有组织形式中，家塾的"私人"特征最明显，因而明清时，家塾又被称为"专馆"或"私馆"，甚至直接被呼为"私塾"。

---

〔1〕（清）王世贞：《弇州续稿》卷七十九《沈赠公传》，《景印文渊阁四库全书》，第1283册，第162页下栏。

〔2〕（明）顾与沐：《顾端文公年谱》，《北图珍本年谱丛刊》，第53册，第221页。

〔3〕（清）汪辉祖：《双节堂庸训》卷五《蕃后》，第172页。

散馆为塾师自行开设的塾馆。明清时期，读书人自行设馆授徒的情形亦相当普遍。正德间吴惟贞入泮后即开馆授徒，“学者多从公受经，公颜其书斋曰‘贞固’，联云：‘如其礼乐愿不去于斯须；非其道义誓不苟于一介’”[1]。文学家归有光于嘉靖二十年会试下第后，在家设馆授徒，“四方来学者多至数十百人”[2]。清代曾国藩之父曾麟书以老童生开散馆授徒数十年，名其馆曰“利见斋”；鲁迅笔下的“三味书屋”亦是清末绍兴的著名散馆，秀才寿镜吾在馆中授徒六十余年。散馆与家塾相比，自有不同之处。家塾的组织者为学生家长，而散馆的组织者为塾师。但家塾与散馆本是相对的概念，并无绝对界限，对塾师所开设的散馆而言，倘有自家子弟在馆中受学，则散馆亦未尝不可称为家塾。

（二）村塾

村塾是指乡间村民为让子弟接受教育而合办的学塾。在明清时期的乡下村野之地，有能力开设家塾或散馆的人相对较少，而年幼童蒙的就学之地也不宜太远，在这种情形下，村民往往会通过集资的方式合办村塾，延请塾师前来教授子弟。如《儒林外史》中的薛家集所开设的村塾即为村民集资合办：

> ……申祥甫又说：“孩子大了，今年要请一个先生。就在这观音庵里做个学堂。”众人道：“俺们也有好几家孩子要上学。只这申老爷的令郎，就是夏老爷的令婿，夏老爹时刻有县主老爷的牌票，也要人认得字。只是这个先生，须是要到城里去请才好。”[3]

经过众人的商议，最后由夏总甲出面作中，请来了周进，一年束脩十二两银子，每日二分银子，由观音庵中的和尚代管塾师饮食。明清时期，这种村塾又被称为“公延馆”，是乡间极为常见的一种学塾组织形式。

---

〔1〕（明）吴鹏：《吴太宰公年谱》，《北图珍本年谱丛刊》，第46册，第246页。
〔2〕（明）孙岱：《归震川先生年谱》，《北图珍本年谱丛刊》，第49册，第57页。
〔3〕（清）吴敬梓：《儒林外史》第二回，第10页。

在明清时期的众多偏远地区，村塾数量远远超过家塾与散馆，如广西资源县在清末民初统计本县学塾时发现，村塾占全县学塾的百分之九十[1]。据《福建教育志》载，明清时建阳县村塾众多，一般由一村或邻近几个村的村民联合商议开设，公推一位有声望的家长做学东，负责牵头择定馆址、聘请塾师，并与塾师议定束脩，各家按入学子弟的人数及学习程度分摊不同的费用[2]。这种由村民出资合办的村塾，不但解决了普通村民子弟的上学问题，而且组织形式甚为灵活，能根据农村劳作的忙闲作出相应的教学调整，如大多数村塾在春耕及秋收时都有较长的假期。此外，村塾还常有冬学、夜学、雨学之分。冬学专门在农家冬闲时开办。汉代的《四民月令》中，正月、八月、十月、十一月均涉及童子入学的安排，充分展现了村塾的灵活性及其对乡村生活模式的适应性。夜学是供日间必须协助家长劳作的学童在夜间读书的村塾，而雨学则仅在雨天开课，不误农事。这类村塾的塾师多半来自本村或邻近村庄，他们的学识普遍较低，有的仅读过三五年私塾，初知文墨而已，因而这种村塾的教学质量远低于家塾和散馆，但其教学安排的灵活性与适应性却是许多家塾、散馆所不具备的。

（三）义学与社学

义学亦称义塾，是地方官员、士绅、富人以个人或宗族的名义筹款开办的学塾。“义学”之名虽在汉代已有之[3]，但真正被当作一种广受认可的办学方式进行普遍推广是在宋元时期，当时热衷兴办义学的多是一些官宦、士绅。大约在明中叶以后，随着社会经济的发展，向学风气日益浓厚，民间义学亦愈加兴盛，许多富裕的农、工、商贾纷纷加入创办义学的行列。如明代常州农人张文理，其初有田数十亩，因勤劳且善

---

〔1〕 蒙荫昭、梁全进：《广西教育史》，南宁：广西人民出版社 1999 年版，第 219 页。

〔2〕 福建省地方志编纂委员会编：《福建省志·教育志》，第 52 页。

〔3〕 据《后汉书》卷七九下载，阆中人杨仁为什邡令时，“宽惠为政，劝课掾史弟子，悉令就学。其有通明经术者，显之右署，或贡之朝，由是义学大兴”。按此处所谓“义学”，其运作方式尚无考，但主要教育对象为地方低级官吏子弟当无疑义，与后世针对平民中的孤寒子弟、具有慈善色彩的“义学”尚有区别。

治生，家道兴旺，到晚年时，家中产业扩充了十倍，“乃推所盈余，以恤其乡人之不足者，修桥梁，创义塾，乡人称之”[1]。明代歙县人许和，因业儒不成，转而经商，“凡贾四十年而后成，其产大饶，积逾于旧十倍。……推其邸舍六……治义塾邸之右，待不能束脩者”[2]。明代休宁人吴继良经商致富后，致力于当地的文教事业，“营宗祠，构义屋数百楹，贾义田百亩，建明善书院，设义塾，赡郡邑学田八十七亩，输还古书院奖金四百”[3]。又如清代黟县人叶自耀以经商起家，乐善好施，其子亦业商，承其父志，并投资宗族教育事业，“重兴溪南义塾，购书俾族人肄业，择师以诲”[4]。在明清时期的方志、谱牒、文集中，因尚文好义而兴办义学，惠及宗族、乡里的人物甚为常见，而商人则是其中的主要力量，如上所举数例均为明清徽商。在清代，义学分为官方兴办和民间自办两类，官方的支持和主动介入更进一步推动了义学的繁荣，使义学成为除家塾、散馆、村塾以外最常见的私塾组织形式。

需要指出的是，在明清时期，“义学”与“族塾”“家塾”甚至“书院”并不是有严格界限的概念，在很多时候，“义学”常与后三者混称，均可用来指宗族兴办的公益性学堂。例如，《红楼梦》中贾宝玉与秦钟有这样一段对话：

> 宝玉不待说完，便答道：“正是呢！我们却有个家塾，合族中有不能延师的，便可入塾读书，子弟们中亦有亲戚在内可以附读。我因上年业师回家去了，也现荒废着。家父之意，亦欲暂送我去温习着旧书，待明年业师上来，再各自在家里读。家祖母因说：一则

---

〔1〕（明）袁袠：《衡藩重刻胥台先生集》卷十六《张文理墓表》，《四库全书存目丛书·集部》，济南：齐鲁书社1997年影印本，第86册，第617页下栏。

〔2〕（明）王世贞：《弇州续稿》卷七十三《许本中传》，《景印文渊阁四库全书》，第1283册，第80页下栏。

〔3〕（清）何应松修，（清）方崇鼎纂：道光《休宁县志》卷十五《人物》，《中国地方志集成》（安徽府县志辑），南京：江苏古籍出版社1998年影印，第52册，第358页下栏。

〔4〕民国《黟县四志》卷七《人物》，《中国地方志集成》（安徽府县志辑），第58册，第85页下栏。

家学里之子弟太多，恐怕大家淘气，反不好；二则也因我病了几天，遂暂且耽搁着。……”秦钟笑道：“家父前日在家提起延师一事，也曾提起这里的义学倒好……”[1]

秦钟所说的“义学”、贾宝玉口中提到的“家塾”、贾母所说的“家学”，其实都是指贾府开办的族塾。在中国古代，私塾本身是私人开办的学塾，具体称呼在民间具有相当大的随意性，概念之间的区分并没有严格的逻辑性，因而名称混用也是十分正常的现象。

在明清时期，义学之所以长兴不衰，并受到官方的重视与推广，主要原因在于义学本身具有强烈的公益性和慈善色彩。从这一时期关于义学的诸多文献记载可知，义学创办的主要目的是为贫不能学的童蒙提供免费接受教育的机会，不少义学甚至为入学童蒙按月发放膏火。民间兴办的义学，最早本是个人或宗族为本族子弟专门设立的，不收他姓子弟读书，因而这类义学又被称为族塾、宗塾。后来，义学逐渐突破了宗族的限制，面向范围更广。《红楼梦补》中林黛玉与李纨、凤姐、探春三人议定家事时说：“……再造义学一所，延请名师课读，凡已开笔，有志向上，无论是否亲族，许来附学，每年资助笔、纸银二十两，经费统归于租息内支销。”[2] 宗族义学如此，清代有官方介入的义学更是为面向当地所有孤寒子弟而兴办，边远地区尤其如此。

此外，义学虽城乡皆有，但从分布特点来看，明清各省乡村义学的数量往往远多于城镇。如清代湖北省共有义学 546 所，其中有 364 所设在乡村[3]；甘肃共建义学 485 所，设立在城市中的仅 120 所[4]，这种

---

〔1〕（清）曹雪芹、高鹗撰：《红楼梦》第七回，中国艺术研究院、红楼梦研究所校注，北京：人民文学出版社 2005 年版，第 112 页。

〔2〕（清）归锄子：《红楼梦补》二十八回，第二页，《明清善本小说丛刊初编》（第十辑），台北：天一出版社 1985 年影印本。

〔3〕冯明：《清代湖北义学空间分布差异分析》，《法制与社会》2007 年第 10 期，第 760 页。

〔4〕管世献：《清代甘肃义学时空分布及运营研究》，兰州大学 2012 年硕士学位论文，第 39 页。

分布特点除了与义学本身的公益性质有关外，还与官方的参与度紧密相关。清代有官方介入的义学将主要精力集中在东北、西南、西北等边远之地或少数民族聚居的地区，如云南、贵州、四川三省在清代设立的义学有2000所左右，其中带有官办色彩的占据了主导地位。义学的经费来源驳杂繁多，除个人捐助、宗族公产外，各类社会组织亦成为义学办学资金的来源。如清代四川金堂县有近20种社会组织和基金成为了当地义学经费的主要来源，包括庙会、神会、会馆、学田、行捐、庙产、花市、猪市、棉市、稻行、猪行、斗行花生斗租、米粮斗捐、余庆会、义学会、廉会、渡船会、团资、团练留金、书院提款等[1]。

社学初创于元代。元制，五十家为一社，每社设学校一所，令社中子弟入学，择师以引教化、以劝农桑，因而被称为社学。明洪武年间沿用元代社学制度："令有司更置社学，延师儒以教民间子弟，庶可导民善俗也。"[2] 社学的这种功能，颇似集管、教于一体的周代里塾，明代许多士大夫也将兴办社学视为"复古之小学"。明代社学的设置，可谓大起大落，兴废无常。洪武八年以后，地方纷纷建立社学，但这一政策却带来了严重的弊端，朱元璋曾愤懑地指责道：

> 府、州、县官不才，酷吏害民无厌，社学一设，官吏以为营生。有愿读书者，无钱不许入学；有三丁、四丁不愿读书者，受财卖放，纵其愚顽，不令读书……天灾人祸若不灾于此官此吏，载在祀典之神无凭可敬！[3]

朱元璋对兴建社学之弊的描述可以总结为两个方面。其一，地方官吏为了迎合朝廷，遂强令平民子弟入学，以凑学生之数。洪武间的礼部侍郎

---

[1] 四川省地方志编纂委员会编：《四川省志·教育志》，北京：方志出版社2000年版，上册，第80页。

[2] 《明太祖实录》卷九十六，洪武八年"正月丁亥"，"中央研究院"历史语言研究所1962年校印本，第二册，第1655页。

[3] （明）朱元璋：《御制大诰》第四十四《社学》，明洪武内府刻本，第二十三页。

刘崧亦曾对社学的此种弊端有所议论："……三尺童子，卒然起草野间，耳目眩愕，曾东西之莫辨，而有司急于奉承，不择可否，一概驱而纳之，防范彀率之中，又从而束缚之。驰骤之民，乃有抑子弟、焚笔砚，易业为工技、为商贾，遑遑然望学舍畏而去之者矣。"[1] 其二，社学成为官吏榨取百姓钱财的手段，即无钱而又想让子弟进社学、有钱而不欲让子弟进社学的家庭，皆须以钱财贿赂官吏。朱元璋认为，在这种状况下，社学已成官吏扰民、害民的工具，因而下令罢停社学。洪武十六年，朱元璋改变了策略，"复诏民间自立社学，延师儒以教子弟，有司不得干预"[2]。将兴办社学的权力下放到民间，无疑会解决此前设立社学时存在的弊端，但这又导致了新问题的出现。由于创办社学的主要目的在于通过"社会教化"（如明代社学生须读《御制大诰》及本朝律令，清代社学生徒须读《圣谕广训》等）的手段来控制基层社会，而不以科举为目标，因而官方一旦退出社学的兴办，则有条件读书的子弟宁愿选择更有适用性和灵活性的家塾、散馆等。同时，社学属于收费性质的学校，改为民间自办后，那些没有条件读书的子弟，或弃学谋生，或选择免费的义学。再者，官方放弃对社学的介入，使得社学的兴办与地方官的政绩脱钩，地方官吏对社学漠不关心，社学建设也因此缺乏官方的支撑。这些因素的共同作用，导致洪武以后的社学之设徒有其名。正统及嘉靖、万历年间，朝廷不止一次下令复兴社学，官方再度介入社学的兴办，各地方也曾掀起短暂的运动式兴学热潮，但总是很快又趋于废弛。清初，统治者一度下令恢复明代以来的社学，但随着更有优势的义学日益兴盛，社学彻底被边缘化，不断衰落，官方转而介入到义学的兴办上来。因而，清代具有官方色彩的义学，某种程度上可以看作是明代官方兴办社学的思想在清代的延续。

在明代，社学与义学的性质有明显区别，但二者的界限在清代却逐渐模糊化，清代《钦定学政全书》等官方文献将社学与义学诏令归为

---

〔1〕（明）刘崧：《武山义塾记》，雍正《江西通志》卷一百二十九，《景印文渊阁四库全书》，第517册，第539页上栏。

〔2〕《明太祖实录》卷一五七，洪武十六年"十月癸巳"，第三册，第2436页。

一类，地方文献常常将二者混同，如民国《绵阳县志》载："左绵旧有义学，即社学也。"[1] 笔者以为，造成二者界限模糊的主要原因在于，清代官府对义学的介入，从方式上看，几同于明清官府对社学的介入，但具有官办色彩的义学又保持了原有的定位，即以孤寒子弟为对象进行免费教育，这就造成了清代社学与义学在概念上的趋同倾向。

尽管明代社学、清代义学有较强烈的官方色彩，但官方的介入是有限的，二者始终未被正式纳入官学系统，明人陈献章云："国朝开设学校，自胄监至于府、州、县，备矣，惟乡之社学不列于官，待有司而后兴。"[2] 此可以作为明代社学非官学的佐证。明清官方对社学、义学的介入主要表现在两个层面：一是官方通过筹款，为社学、义学注入资金，并引导和敦促民间兴学；二是组织或监督社学、义学教师的选聘与考核。明清时期，社学、义学的教师并不由官员担任。一般而言，由官方主导的社学和义学的教师多由官方从现有生员中选拔，或由官方出面聘请有名望的儒士；而民间自办的社学和义学，其教师则由地方推举学行兼备之士充任。清代四川义学的教师即有两个来源：

> 官办义学师资由县署任命，大略是每到冬季，知县考录县学诸生，成绩优良的廪、增生由官聘为师，出示榜文。经馆则常以举人、贡生充任教师。民办义学则由当地士绅推举有学问和有威望的人作学东，负责延请教师，然后备文报县入学署备案。[3]

明清时期的社学与清代的义学，所聘教师必须得到官方的审核许可，师生的个人信息亦须造册立档，报送官府以备查考。此外，官方会对教师进行考核、赏罚，包括个人德行、教学水平等，不合格的将遭到革退。

---

〔1〕 蒲殿钦等修：民国《绵阳县志》卷五《文学》，《中国地方志集成》（四川府县志辑），成都：巴蜀书社1992年影印本，第17册，第187页下栏。

〔2〕（明）陈献章撰：《陈献章集》卷一《程乡县社学记》，孙通海点校，北京：中华书局1987年版，上册，第30页。

〔3〕 四川省地方志编纂委员会编：《四川省志·教育志》，上册，第81页。

至于学校的日常管理，诸如学产的经营、经费的收支、生徒的约束等，则由地方推举专门的管理人员来实施。刘晓东在《明代的塾师与基层社会》中用较多笔墨对明代社学的性质进行了探讨，认为“明代的社学作为私学之一种，因受到政府的关注与支持，而多少表现出了一定的官学特性，但就其本质而言，还是属于‘私学’范畴之内的”[1]。笔者十分认同这一结论。就明清文献记载来看，官方对社学、义学虽有一定程度的介入，但社学、义学与地方儒学并未建立明确、稳定的联系，而是更多地体现出了私学的属性，社学、义学教师仍由非官方人员充任，属于“塾师”而非官师的范畴。

二、塾舍：私塾的教学平台

无论是官学还是私学，教学活动的开展必定要依赖于一定的空间，如地点、建筑及配套设施等。明清时期，地方儒学在地方志等文献中有较多、较详细的记载，但私塾作为塾师的教学活动场所，无论在官方或民间文献中皆鲜有翔实的记载，笔者仅能从明清文献的零星描述中窥见古代私塾的大致面貌。就明清时期的私塾而言，由于组织形式的多样性，教学空间也表现出多样化的特点。在所有的私塾组织形式中，家塾与散馆更具有私人性的色彩，因而在塾舍的建设上也颇有私人化的特征。在明清民间刊刻的很多通俗书籍中，颇能见到关于民间私塾教学场景的插页，从中能大致见出当时塾馆内的一些基本情形。

一般来说，官宦或财力雄厚的家庭，多由个人开辟专门的塾馆，即家塾，也称为私馆或专馆，延聘塾师课读子弟于其中（见图7）。例如在清末民初的湖北黄陂人王楷元的记忆中，他在开蒙时，家中便特地在其家宅院旁边新修建了一个塾馆：

为了设置私塾，家里特别兴建了一所小楼房，坐北朝南，桌椅用具从汉口定制，照顾到我们身材矮小，还特别做了搁脚的小踏

〔1〕 刘晓东：《明代的塾师与基层社会》，第42－43页。

凳。楼上有大房二间，一为讲堂，一为休息间（设有大炕、太师椅、躺椅等）。楼下较小的房九间，东二为师生寝室和藏书室，西二为饭厅、客厅，楼梯居中，朝南还有宽敞的走廊。[1]

这种专门的家塾往往紧挨着宅院而建，而又有其独立性，塾师既在此教学，又可在此生活，虽然在规模上不一定大，但功能都是比较齐全的。清初著名诗人尤侗曾绘制一幅《书斋教子图》，画中的书斋便是一幢独立的楼房，画中，一塾师正在教读其两子，一成年，一未成年，尤侗本人则前来视课。书斋门外，一僮仆正在执爨（见图8）。图下方有尤侗题诗云："……我有两儿珍与瑞，大者长于小六岁。学堂共事一先生，老夫间来把诗背。五经十史旧家藏，制科惟在工文章。……"[2] 这是明清时期官宦之家典型的家塾。由于单独建造一幢楼房非普通家庭所能承受，因而大多数稍有能力延师的家庭仍然是在家中清静角落辟一间书房，以此作为塾师馆地。同样，一些家境稍好的塾师在家设帐授徒，其塾舍亦多为自家书房。鲁迅在《从百草园到三味书屋》中对塾师寿镜吾所开散馆有大致描述：

从一扇漆黑的竹门进去，第三间是书房。中间挂着一块扁道：三味书屋；扁下面是一幅画，画着一只很肥大的梅花鹿伏在古树下。没有孔子牌位，我们便对着那匾和鹿行礼。第一次算是拜孔子，第二次算是拜先生。[3]

---

[1] 王楷元：《五十年前湖北黄陂私塾生活片段》，马玉田、舒乙编：《文史资料存稿选编·教育》，北京：中国文史出版社2006年版，第710页。

[2] （清）尤侗：《悔菴年谱·图诗》，《北图珍本年谱丛刊》，第73册，第649页。

[3] 鲁迅：《从百草园到三味书屋》，《鲁迅全集》第二卷《朝花夕拾》，北京：人民文学出版社2005年版，第289页。

图7　清末富室开设的家塾

图8　清初官员尤侗所绘《书斋教子图》

图9　张仃所绘寿镜吾“三味书屋”

根据鲁迅的描述，寿镜吾的散馆便是设在家中的书房里（见图9）。晚清吴县人包天笑既曾在家塾受学，也曾附学于塾师家中；既曾在自家开馆授徒、又曾应聘至别人家塾课读。根据他的描述，这些以书房为活动中心的家塾大同小异，一间教室便是最主要的组成部分。包天笑幼时曾附读于塾师姚和卿家，对其家塾就有较详细的描述：

> 正月开学，学塾就设在第二进的大厅上。这大厅已是很古旧了，窗棂都朽坏，地砖也裂了缝，但从前造的房子，身骨都极坚实，故家巨宅，要给子孙数百年住下的计划。大厅是三开间，和卿先生只用西面的一间，他教木匠去做了四只大书橱，把这西面的一间夹开来。留出一扇门的空隙，挂了一个门帘，这便把大厅分开来了。但书橱没有加漆，只是白木的，倒也清洁。这等号称书橱，其实等于书架，也不过堆砌一些学生们的书籍而已。其时都是大本线装书，没有洋装的，所以每一学生，都是破破烂烂的一大堆。里面一张方桌，一把圈椅，是先生坐的。桌子上一方墨砚，一方朱砚，以及墨笔、朱笔，为圈点批评之用。此外还有一把戒尺，就是古名“夏楚”者，倘然有顽劣不率教的学生，那是要打手心的（从前有些乡村学堂，还有要打屁股的）。学生们则散坐在周围，有的是方桌，一张方桌可坐三人，半方桌则坐一人，较为舒适。椅子是方型，或长方型，如果先生家里没有这许多椅子，可能教学生们自己带椅子来上学。[1]

这种由书房改造而成的家塾，与鲁迅笔下的“三味书屋”略无二致。当然，如若家庭条件较差的塾师要选择自行开馆授徒，仍然只有借助于庙观、祠堂等公共场所。同时，由于小规模的书房式家塾有其局限性，所容纳的学生有限，而那些较有名气的经师，有大量负笈从游的经生，就必须寻找相对宽绰的场所，庙观则是不错的选择。如清代遵义东乡人

---

〔1〕 包天笑：《钏影楼回忆录》，香港：大华出版社1971年版，第36－37页。

黎安理十三岁时，其父黎正训以充塾师授徒为业，“馆萧家庙，入馆后于庙侧两山壁各构茅屋一间，左为诸生厨灶所。……其年同学者多至七十人，宿馆者四十，早间至馆者三十”〔1〕。又如广东花县人骆秉章在进学前所从学的9位塾师中，有4位经师皆以庙观、祠堂为馆地〔2〕，为的便是方便经生食宿。至于塾舍以外的用具，如桌椅、日常生活用品等，塾师若有条件会预先配备，若无条件，则需学生自行置办。清初重庆安居县人王恕十五岁时从其外舅周瓒友受经，“外舅学徒甚众，皆自筑室以居，余亦构草屋一间，亲执爨其中，担柴汲水，无不自力”〔3〕。

社学和义学由于本身的公共色彩较浓厚，且有官方的介入，因而与家塾、散馆相比规模较大，建筑形制也相对完备。如明代福建漳州社学修建于城北芝山之山麓，“……学之规制，前后二堂，堂皆五间，东西号舍十有六间，外为大门，缭以周垣，井庖湢溷，莫不备具”〔4〕。苏州府社学不仅规模较大，而且还“相其左建祠以祀先师朱子，而以乡先生应从祀者配焉”〔5〕。有官方色彩的义学的规模、形制与社学类似，如清代四川南充的南海义学概貌如下：

> 义学门前左右铺舍两间，收其庸为将来补葺栋宇之费，余则留为先生灯油之助。头门内阶墀上为讲堂三间，中为绛席，谈经论道，与诸生朝夕质疑问难外，时或会文，月省程课；后堂三间，左一房，先生燕息于斯；中一堂，右一房并后廊十五间，与后堂之左三间。旁有隙地，分搭偏厦二间为厨房。新旧增置共成二十九间，

---

〔1〕（清）黎安理：《长山公自书年谱》，《北图珍本年谱丛刊》，第118册，第317－320页。

〔2〕（清）骆秉章：《骆文忠公自订年谱》，《北图珍本年谱丛刊》，第147册，第7－9页。

〔3〕（清）王恕：《楼山省身录》，《北图珍本年谱丛刊》，第92册，第102页。

〔4〕（明）郑纪：《东园文集》卷五《漳州府社学记》，《景印文渊阁四库全书》，第1249册，第768页上栏。

〔5〕（明）徐有贞：《苏州府社学记》，（明）钱谷编：《吴都文粹续集》卷七，《景印文渊阁四库全书》，第1385册，第183页下栏。

俱待来学者处。[1]

应该说，此类社学、义学已形成比较完备的自足式系统，师生的日常教学和生活均可以在这个系统内完成，其规模与形制十分接近明清时期的书院。但这样的社学、义学显然需要地方官员足够的重视以及大量的资金投入，并非所有的社学、义学都能如此可观。在边远、贫困之地，社学、义学的规模和形制皆远远逊色于经济发达、文风鼎盛的区域，如清代辽宁的广宁县义学，“舍三楹，苫以庐，垣以甓，西依县治，东面龙山，弁其门曰‘义学’”[2]。与上述南海义学相比，可用“寒碜”来形容。至于私人捐助的义学，则各视其资金之多寡而建造，规制不一。从现有文献记载来看，明清时期的社学、义学，新修者少，通过改造旧宅或废弃庙观而成者居多。如明弘治间昆山县的社学便是县令在奉命毁淫祠的基础上建立起来的：“遍籍治内无额寺观、庵院，得一百有十……不易植，不改垣，因其宇而变其制，中貌夫子像，旁建社学，选幼民之俊秀，立行艺师而教之，朝夕谨肄其中。”[3] 晚清河南各州县共有义学828 所，“这些学校一般设置在乡里庙观、祠堂或绝产户遗宅”[4]。

明清时期，遍布乡间的村塾，也大多设置在庙观、祠堂或一些闲置的公共场所内，尤以庙观为常见。以福建为例，“福建自唐、五代以来，寺庙兴盛，多被利用为自学或办学场所。泉州府文庙两庑、尊经阁、先贤祠及附郭山寺，皆老生宿儒授徒之所”[5]。在明清文人年谱的记载中，以庙观、祠堂为授徒场所的塾师极多，而文学作品中亦常见到此类情形。如《儒林外史》中的周进课徒于薛家集之观音庵，《聊斋志异》

---

〔1〕（清）宋玮：《义学记》，（清）黄廷桂等修纂：雍正《四川通志》卷四十七，《景印文渊阁四库全书》，第561 册，第653 页下栏。

〔2〕（清）项蕙：《广宁县义学记》，（清）阿桂等撰：《钦定盛京通志》卷一百二十七，《景印文渊阁四库全书》，第503 册，第588 页下栏。

〔3〕（明）王鉴之：《昆山县虞浦社学记》，（明）钱谷编：《吴都文粹续集》卷七，《景印文渊阁四库全书》，第1385 册，第186 页上栏。

〔4〕河南省地方史志编纂委员会编：《河南省志·教育志》，郑州：河南人民出版社1993 年版，第25 页。

〔5〕福建省地方志编纂委员会编：《福建省志·教育志》，第49 页。

中的褚生从塾师读于僧寺，《歧路灯》中的侯冠玉以三官庙为馆课地等，正是对乡村塾师常见教学场所的如实描述。私塾以庙观、祠堂等地为教学场所，大约有两个原因：一是村塾多是经济拮据的乡农为教育子弟而办，无力新修塾舍，故而因陋就简；二是庙观、祠堂等本较为僻静，有利于教学活动的开展。

图10　清末贵阳乡村私塾室外课读场景

明清私塾的塾舍，虽不乏一些条件较好、规模较大、设施较齐全的社学、义学和家塾。但从总体上看，多数私塾的条件是较为艰苦的，那些广布于乡间的村塾、散馆更是因陋就简、勉强凑合。然而，明清时的人们似乎极少关注私塾的教学设施，那些极其简陋的塾舍是否会对教育产生不良的影响，更是罕有讨论。首先对古代私塾的办学条件提出批评的，是晚清时期来华的西方传教士和外交官。英国传教士麦高温（John Macgowan）这样评价他所见到的中国乡间村塾：“学校只有一间孤零零的、毫不起眼的房子，没有丝毫美感可言。屋内的地面脏乱不堪，而且凹凸不平……墙上没有地图、字画，四处污渍斑斑……这确实是一个条件很差、看上去令人失望的校舍。”[1] 美国人何天爵（Chester Holcombe）更是以“相当原始和简陋”[2] 来评价他所见到的中国乡村私塾的陈设。晚清时的西方正处于教育现代化的发轫期，对基础教育尤为重视，这些西方人在对中国的教育产生浓厚兴趣的同时，也更多地从西方现代教育的视角对中国的私塾教育进行了一番审视和评价，指出这些私塾在校舍和设施上的落后。清末民初，新学在中国开始兴盛，新旧学斗争激烈，批判传统私塾在校舍和配套设施上的不足常常成为新式知识分子制造舆论、打击私塾和塾师、借机推广新式学堂的重要手段。

---

〔1〕［英］麦高温（John Macgowan）著：《中国人生活的明与暗》，朱涛、倪静译，北京：中华书局2006年版，第62－63页。

〔2〕［美］何天爵（Chester Holcombe）著：《真正的中国佬》，鞠芳安译，北京：中华书局2006年版，第198页。

第三章　明清塾师之从业与日常馆课

明清两代，民间学塾的组织形式多种多样，但塾师从业的途径归纳起来无外“来学”与“往教”两种：一是由塾师自行开馆，招收生徒前来读书；二是应家塾、村塾、义学、社学等各类学塾的延聘，前去坐馆授徒。在塾师从业的过程中，传统社会的“乡土”特性展露无遗。对于塾师而言，无论采用何种从业方式，都必须依靠传统乡土社会的乡缘、亲缘、友朋等“熟人圈子”来实现，“熟人”既可为塾师提供直接的就业机会，也可以成为塾师实现就业的“中介”。同时，中国传统社会保持了“隆师”传统，父兄无论是延师课读，还是送子弟到他塾附学，在塾师与子弟正式建立“教－学”的师生关系前，都会履行一系列繁琐而又显得庄重的礼仪程序，这是传统私塾教育中独有的文化现象。

明清时期的塾师馆课通常分为两个主要的方面。一是塾师的课徒活动。中国古代自汉代以来一直以儒家思想为正统思想，明清时的科举考试更是将“四书五经”以及以此衍生出的八股文作为测试的主要内容，因而明清塾师课徒的内容保持了相当的延续性和稳定性。塾师在教学上适应了私塾的组织特点，同时又受制于科举制度，其教学特点主要表现为教、管一体，个别教授，重视记诵、属对，浓厚的应试色彩等。二是塾师的自课活动。明清时期的相当一部分塾师在教学的同时还必须为应试自修学业，另外，一些绝意进取的塾师还往往在教学之余从事学术研究和文学创作活动。从总体上讲，这一部分塾师的馆塾生活是十分艰苦的。

第一节　塾师之从业

塾师从业虽不外乎通过“来学”与“往教”两种方式实现，但这两个简单的词语并不足以概括塾师从业背后所展现出来的所有文化传统和社会心理。明清塾师的就业是在传统乡土社会中完成的，也是以“乡土”的方式得以实现的。中国传统乡土社会的最大特征莫过于“熟人圈子”。在明清时期，生徒可以负笈从游，但塾师却罕有“毛遂自荐”者。无论对延师者而言，还是对觅馆的塾师而言，往往都要通过双方熟悉的“中人”介绍，与对方建立一种基于“熟人圈子”的社会关系，然后才能进行下一步的延聘与应聘，履行一系列礼仪程序。在一些重视诗礼传统的家庭中，延师是一件严肃而隆重的事件，为了显示东家的诚意，礼仪程序往往繁琐而周密。当然，在乡间僻处等缺乏诗礼传统的地方，因陋就简、便宜行事就不可避免了。

一、熟人社会与塾师从业

费孝通在《乡土中国》一书中认为，以农耕文明为基础的中国传统社会“是一个‘熟悉’的社会，没有陌生人的社会”[1]。学界将这种社会类型称为“熟人社会”。熟人社会中的人们按照亲缘、地缘、乡缘等形式构成不同的“小圈子”，圈子内的个体以及不同圈子的个体结成错综复杂的社会关系网络。“小圈子”在本质上是一种利益共同体，个体往往依托于这些圈子来组织和展开各自的活动，并在活动中形成互助关系。一般来说，熟人社会中的“小圈子”具有相对独立性和封闭性，圈子内部的个体间具有天然的信赖感，而对圈子外的“陌生人”则具有天然的排斥感和不信任感。但由于任何个体都有可能同时置身于多个不同的“小圈子”中，因而一旦有必要，不同圈子的个体又可以以某

---

〔1〕 费孝通：《乡土中国》，北京：生活·读书·新知三联书店1985年版，第5页。

些特殊的个体为“媒介”，突破圈子的限制，建立新的社会关系。

塾师是依托“熟人社会”来实现职业活动的典型群体，他们中的绝大多数都是通过自身所处的“小圈子”，利用一些特殊人物的“媒介”作用，建立新的社会关系，从而实现就业和扩充生源。通过阅读与塾师相关的各类文献可以发现，明清时期各种类型的熟人圈子几乎都可能成为塾师实现就业的关系网络，包括亲缘（父党、母党、姻党）、乡缘（邻里、乡党）、同学友朋、师徒等等。如清代学者李富孙幼时先后跟随其湛园从叔与王秋坪表叔读书，二十四岁时自己又受宗叔延聘，教授其子弟辈[1]。洪亮吉青年时代在充塾师授徒时，首先是在外祖家的团飘书屋课读表弟峋、从表弟荣、衡章等人，后来又在其仲姊家中授徒[2]。这些居乡授徒的塾师，尤其是以启蒙为主的蒙师，对“亲缘”圈子颇为倚重。明清时期的读书人在初入塾师行业时，大多是从教读“三党”圈子的子弟开始的。当然，对于那些出类拔萃的读书人而言，除了亲缘之外，旧有的师徒关系也常常成为他们充任塾师的重要资源。明人黄仲昭这样叙述其家与徐文津家几代人的师生渊源：“曩予先大父尝授徒于君家，君之世父菊逸、穷独二先生皆从游。既而先大父出仕翰林，二先生相继为学者师，家君子复从而受业焉。及予与君同仕南京，君又命其子奇朴从予质所疑难。两家四世，互为师生。”[3] 又如清末苍南人陈天锡读书时，家中先后延请的潘光珏、寿鹏、王意澄等塾师，皆为其父亲的拜门门生或荐卷门生[4]。

当然，在这些熟人圈子内部，塾师的从业都显得比较直接，若要突破个人圈子，就必须通过“中间人”的牵线搭桥来实现。清末吴县人

---

〔1〕 参见（清）李富孙：《校经叟自订年谱》，《北图珍本年谱丛刊》，第128册，第407－414页。

〔2〕 参见（清）吕培：《洪北江先生年谱》，《北图珍本年谱丛刊》，第116册，第368－373页。

〔3〕（明）黄仲昭：《未轩文集》卷六《明中顺大夫广信府知府徐君墓志铭》，《景印文渊阁四库全书》，第1254册，第480－481页。

〔4〕 参见（清）陈天锡：《迟庄回忆录》，沈云龙主编：《近代中国史料丛刊续编》（第3辑），台北：文海出版社1974年影印本，第24册，第11－12页。

包天笑在回忆幼时家中延师的旧事时说：

> 我的上学动机，和赖家有关系。……他们女眷中有一位三太太，和我祖母、母亲极为客气，以邻居关系，常常互相馈赠食物。……因为三太太有个儿子约摸十三四岁，要请一位西席先生。他们都能说苏州话，又感于苏州文风之盛，要请一位苏州先生。商之于我祖母，我祖母本来预备我要上学，也要请一位开学先生，那就来得正好，便商量两家合请一位先生。祖母就托了她的第一女婿，就是我的姑丈尤巽甫先生。巽甫姑丈又托了他的堂兄鼎孚先生，也是我的表姑丈，介绍了一位陈少甫先生（名恩梓），这算是我家与赖家合请的。[1]

作为延聘方的赖家与这位陈姓塾师能成为主宾关系，经过了邻里、姻党、宗族、朋友等熟人的牵线搭桥，而这位陈先生得以坐馆赖家，实乃人上托人、层层推荐的结果。与居乡授徒的塾师相比，客居异乡的塾师失去了亲缘、乡缘的依托，其处馆多赖同乡、师生等熟人圈子促成。那些因应试、候选以及肄业太学而客居京师的士子，或由座主推荐，或由京官中的同乡作成，往往到其同僚家塾中处馆。对一般的私塾开办者而言，他们更倾向于寻找熟识的人，或通过熟人“牵线”的方式寻找塾师，而不会延请一位素不相识而又无熟人推荐的人。例如，明代小说《鼓掌绝尘》中流寓袁州的金陵秀才王瑞，委托在县衙当差的同乡张秀荐馆，而张秀碰巧与新任府判陈珍的父亲为旧交，陈珍要请一位先生教子读书，于是张秀便推荐了王瑞，因是同乡的缘故，陈珍欣然应允。而同样是流落袁州的江南秀才李八八，两年间一直想要觅馆授徒，终因无人推荐而未能如愿，听闻府判陈珍要延师课子，遂伪造荐书，投刺府衙，不料为陈珍识破，败兴而归[2]。又如晚清太仓人唐文治应会试不

---

〔1〕 包天笑：《钏影楼回忆录》，第4页。

〔2〕（明）金木散人撰：《鼓掌绝尘》第三十七回，刘蕨校点，南京：江苏古籍出版社1990年版，第439－444页。

售，想在京师处馆以待来年恩科，但却苦于无人推荐，其在年谱中记曰："觅京馆颇难得，同乡友人顾君公名思义（乙酉举人）言于其尊人廷一先生，延余教读。"[1] 这些个案充分说明了乡土社会中的熟人圈子对塾师就业的重要作用。

当然，塾师从业和私塾延师都要通过中间人来实现，这一现象并不仅仅在于遵循熟人社会中行事的普遍原则，似乎还与中国古代固有的"师道"传统相关联。首先，教师在中国古代是一个较受尊崇的职业，而民间私塾对于延师一事往往十分慎重，若东家与塾师直接接触后，因各种原因未能达成协议，则对双方而言皆会"有损颜面"，如若通过一位双方都熟悉的"中人"来居间传话、协调，即使失败，亦能避免这种尴尬。其次，从塾师的角度而言，虽然随着明清时期整个职业队伍的不断壮大，塾师谋馆愈发艰难，多需借助熟人的推荐来实现，但是，传统的"师道尊严"观念仍然产生着影响。在传统的"师道"观念中，求学者（而非施教者）为有求于施教者的一方，若塾师直接向东家谋馆，无疑会被视为自降身份，丢弃了师道尊严的底线。基于这些因素考量，双方在心理上更能接受通过第三方，即"中人"的介入来延师或谋馆。

二、设帐与坐馆

（一）开门设帐

东汉经学家马融辞官后，居家以教授为业，"常坐高堂，施绛纱帐，前授生徒，后列女乐"（《后汉书·马融传》）。后世遂以"设帐"为读书人开馆授徒的代称。一般而言，史书所载"设帐"授徒的多为有较高学养和文名的读书人，但到了明清时期，越来越多的普通读书人亦采用此种方式进入塾师行业。塾师开门设帐授徒需要两个基本条件，即塾舍和生源。关于塾舍，笔者在第二章中已有论列，塾师或以自家书房为

---

[1] （清）唐文治：《茹经先生自订年谱正续篇》，《近代中国史料丛刊三编》（第 9 辑），台北：文海出版社 1986 年影印本，第 90 册，第 15 页。

依托，或以庙观、祠堂等公共建筑为馆地。对那些精研学术、声名远播的学者或有较高科举功名的士子而言，生源并不是问题，他们不缺拥趸，甚至有远道而来的负笈从游者。如明代学者、官员顾宪成四十五岁时因“忤旨”被削籍为民，四方求学者闻风而至，“连岁弟子云集，邻居、梵宇僦寓都遍，至无所容。公商之仲季，各就溪旁近舍构书室数十楹以居之……昼则书声琅琅如也，夜则膏火辉辉如也。过者停舟叹羡，即行旅皆欲出其途”[1]。清代汉州人张邦伸为举人时，弟子盈门，最多时有80余人，以至于无力一一亲自教授，不得不强行削减生徒[2]。但是，更多的读书人并不具有这种吸引力，那些脱离了熟人圈子授徒的塾师，或以训蒙为主的生员、童生，或粗通文墨的普通读书人，必须通过多种方式宣传自己，提高知名度和影响力，以期招徕更多生徒。

在明清时期，塾师参与文人间的结社集会，以学问相切磋，以诗文相唱和，是提高自身知名度的重要方式之一。清初著名理学家谢文洊在正式充塾师前，连续数年会友论学，每朔望大会，论争激烈，得到众多青年学子认可，愿从游者众[3]。此后的十五年间，谢文洊的学生越来越多，其中不乏已知名者。谢文洊摒弃时文而以理学授徒，但若以科场角逐为教授目标，除了塾师自身的主动宣传外，生徒若能在科举考试中名列前茅，则对塾师影响力的扩大有直接的助推作用。如清代歙县人程焜以商籍在扬州入泮和授徒，自道光十二年始，程焜回歙县老家开馆授徒，但并无声名，因而需要通过一定的方式提升知名度。程焜选择了参加当地文会，并以诗文相唱和，这次聚会直接导致了程焜在当地知名度的提升，随即招揽了两名高资质生徒。其中一位叫程鸾于的生徒四个月后即以第一名的成绩拔入府学，让作为塾师的程焜名声大噪。此后，程焜多次参与或组织当地文会，并适时推广自己的教育主张，吸引了更多聪慧颖悟者从学。此后每逢学使案临，程焜弟子均有入泮者，因而其生

---

〔1〕（明）顾与沐：《顾端文公年谱》，《北图珍本年谱丛刊》，第53册，第272－273页。

〔2〕（清）张邦伸：《云谷年谱》，《北图珍本年谱丛刊》，第108册，第535－536页。

〔3〕参见（清）谢鸣谦：《程山谢明学先生年谱》，《清初名儒年谱》，北京：北京图书馆出版社2006年版，第6册，第351－356页。

源也越来越广[1]。组织、参与文会、诗社相互唱和，在明清时期的小说中，虽然往往被描述成不学无术之徒附庸风雅甚至坑蒙拐骗的手段，但对于作为底层文人的塾师来说，的确是快速提高知名度和影响力，进而从中获得更多生存机会的重要途径。当然，若无诗文之才，则只能通过张贴告示的形式进行宣传。如《西湖二集》中的甄龙友家中贫困，其妻葛氏劝其开馆授徒，甄龙友"遂依葛氏之言，写了一张红纸，贴于门首道：'某日开学，经蒙俱授。'过了数日，果然招集得一群村学童，纷纷而来"[2]。晚清包天笑在回忆自己儿时的塾师姚和卿在家设帐授徒时说："姚先生招收学生（名曰'设帐授徒'，俗语说来，就是开了一爿'子曰店'）……当时贴了张红纸条在大门外，上写'内设经书学塾'，这便是开学店的招牌了，于是附近人家都来从学。"[3] 可见那些不太知名的塾师设帐犹如开店铺，若想招徕"生意"，也是要广而告之的。

此外，明清时期的乡村塾师还常常通过"约学"（或称"团馆"）的方式招揽生徒。清末民初的湖北人朱国南曾对江汉平原一带的"约学"传统有过描述：

> 蒙馆和私塾早先都有"约学"的规习。所谓约学就是每年到了农历九月下旬田事完毕，蒙馆的老师便开始请人约学。例如我的外祖父邹善楚，他靠舌耕糊口，每年九月下旬都要请人约学一次。约学时每个学生出香钱十文，购买香纸蜡烛和爆竹等，傍晚到塾内的"大成至圣先师孔子"神位前举行跪拜礼，并在神位前给先生（即老师）叩首。此仪式之后，学生就算上了学。……有一年我失学在家想教蒙馆，但村里没有人帮忙约学，私塾包馆也无人来问

〔1〕参见（清）汪宗沂：《程可山先生年谱》，《清代徽人年谱合刊》，下册，第667－670页。

〔2〕（明）周清原：《西湖二集》第三卷，第46页。

〔3〕包天笑：《钏影楼回忆录》，第37页。

津，“有朋自远方来”更是痴人说梦。[1]

朱国南并未对“约学”进行明确解释，但从其对具体仪式的描述看，所谓“约学”，是指塾师与生徒（家长）达成“教-学”关系的一种意向性约定。即在一学期开始前，乡村塾师请当地有地位和声望的人物出面，代为邀约学生来跟从自己受业，并通过拜师等仪式将这种“教-学”关系确定下来。朱国南所描述的“约学”在九月农事忙完之后进行，这种私塾当为“冬学”。在明清时的一些地区，负责“约学”的人被称为“邀东”，民国时期的廖泰初在论及“邀东”时说：

这种人物正等于招生课或是各学校的招生委员会，这些多是地方的“老土地”……学生们的家境状况都在他的脑子里，那种调查都没有他清楚；这些人物，能言善语，把孔圣人的一篇大道理，说得你心痒神会……只要你家里有个像样的孩子，还剩下几个钱，没有不叫他说得口应心服，把孩子赶紧送到私塾的。[2]

廖泰初是新学的倡导者，其对“邀东”的描述略显夸张，但这些“邀东”无疑为乡村塾师招揽学生起到了很大的作用。由于他们熟悉当地每个家庭的情况，针对那些家境稍好而又有适龄儿童的家庭进行游说，邀东的这种影响力往往比塾师以个人名义发出的“招生广告”更为有效。

（二）应聘坐馆

塾师的从业方式中，与自行开门设帐、招徕学生相对应的便是应聘坐馆。基于熟人社会的行事原则和尊师的礼仪传统，明清时期的塾师延聘看似是一个简单的事件，却往往会经历一套较为繁琐的礼仪程序。

---

〔1〕朱国南：《江汉平原的蒙馆和私塾》，马玉田、舒乙编：《文史资料存稿选编·教育》，第715页。

〔2〕廖泰初：《动变中的中国农村教育——山东省汶上县教育研究》，第25页。

1. 荐托

明清时期私塾在民间的广泛设立，使得“应聘坐馆”成为塾师从业的常见方式。前已论及，无论是延聘方还是塾师自身，都更多地倾向于通过第三方的参与来进行沟通，塾师更是鲜有通过“毛遂自荐”的方式来实现就业的，因而聘方与应聘方皆存在“荐托”的情形。明代日用类书中就有一种托人代为介绍塾师的文书活套，姑摘录一则如下：

> 某启：茅塞心胸，无由超拔，面墙而立，进步莫能，几欲打开面前墙，冲开头上路，无计可施，徒旦夕愧惧而已。兹欲延一名师，为传道解惑计，庶涤其旧染，进于高明，终不为愚人而已。幸甚幸甚。某辱执事厚爱，故愿以择师为我谋之，幸乞介怀，精思博访，必得才优德厚而善化道者为佳。某翘望不尽，万望勿拒。[1]

从行文来看，此种请托文书，大约是为那些欲延师而又无书香传统的农、工、商贾家庭而准备的样本。通常来讲，这些家庭在士人阶层中的社会关系相对较少，难于请到学行兼备的优秀塾师，加之“择师”本身亦需相当的经验，因而请人居中作合，代为寻求塾师，不失为较好的办法。

从另一角度来看，塾师为觅馆而请托于人的现象在明清时期更为普遍。如明代小说《欢喜冤家》中，乡绅江五常的儿子正当读书年纪，“遂将要请先生一事对亲友说知，那荐书雪片一般来了”[2]。《型世言》在论及塾师觅馆之难时说：“豪宦人家，他先主一个意要寻好先生……这些秀才见他豪宦可扰，也人上央人去谋，或是亲家，或是好友，甚是出荐馆钱与他陪堂，要他帮衬，如何轮得到平常人?”[3] 荐书大抵相当于推荐信，向延聘方传达该塾师文行兼备、堪为师表之类的信息，当然

〔1〕《鼎锲龙头一览学海不求人》卷十六《启书》，明刻本，第三十五页。

〔2〕（明）西湖渔隐主人撰：《欢喜冤家》第十七回，于天池、李书点校，北京：北京师范大学出版社1992年版，第274页。

〔3〕（明）陆人龙：《型世言》第十九回，第163页。

也包含“中人”作为第三方的信用担保成分在内，与明清童试中的“廪生保结”有相似之处。

事实上，随着塾师队伍整体素质的下降，明清塾师的真实水平与大多数荐书的夸赞相比，越来越名不副实。但既是替人作中说合，又不得不夸大其词，在一些文人士大夫看来，这对于延聘方和中间人而言，多少算是一种“损德”的行为。如明代孝廉许世卿居家时，作《幽居十戒》书于家中墙壁，其中一戒便是“妄荐馆宾”：“出入恒指而自问曰：‘若得无食言否？’或以私尝之，辄指其壁，谓之曰：‘此吾之息壤也，可奈何？’”[1] 但即便如此，更多的人仍然乐于替人作中荐馆，这些居中说合的“中人”多为双方都熟识的人，因而他们的行为具有互助性质。张履祥在论及替塾师荐馆时说：“或曰：……‘然则有以荐馆属子，而子不辞，何也？’曰：‘不忍也。予贫且贱，无以厚吾故人，彼将需此以为俯仰之藉，不得已而告予，且其人才皆过予，亦有子弟者所宜急也，而何辞焉？’”[2] 在张履祥看来，荐馆既是为故人济困的方式，也是为有子弟之家培养人才提供方便的行为，虽不免有“口惠而实不至”、令人不满意的时候，但仍然不失为急人所难的行善之举。

2. 敦请

一旦私塾的开办者通过中间人的作用，对塾师有了初步的选择意向，便会同中间人一同前往“敦请”，通过当面邀请的方式以获塾师首肯。以清初小说《歧路灯》为例，谭忠弼有意延请好友娄昭到家中课其子谭绍闻读书，但谭在自家的朋友聚会上，只对娄说有事相求而不明言何事。次日，谭忠弼邀好友孔耘轩“从旁赞助一二”，一起到娄府面请娄昭：

孔耘轩道：“说话要开门见山，谭兄之意，欲以世兄读书之事，

[1] （明）顾宪成：《泾皋藏稿》卷十六《明故孝廉静余许君墓志铭》，《景印文渊阁四库全书》，第1292册，第182页下栏。

[2] （清）张履祥：《杨园先生全集》卷十八《处馆说》，中册，第548页。

烦潜老照管哩。”潜斋道：“如何照管之处，亦乞明说。”孝移道：“我一发造次说了。小儿交新春八岁了，尚未上学，欲恳长兄在舍下设帐。前日若骤然说明，显得弟敦请之意不恭，今日造府一禀，倘蒙不弃，弟亦领教甚便。[1]

在谭忠弼敦请娄昭这一环节中，孔耘轩事实上充当了居中说合的角色。从礼仪上讲，登门敦请出于馆东对塾师的尊敬，同时也用以表达“隆师”之诚意。家塾如此，社学、义学亦不例外，且在程序上更为周密，在敦请的同时往往还附有正式的“请师书”。如明初陶安的文集中即有《袁氏义学请师书》；《泰泉乡礼》在涉及社学教师延聘时亦强调要有正式的文书，“择子弟能供事者赍赴其家，再拜敬请。教读固辞，复再拜以请。俟诺，乃复命”[2]。“请师书”的内容比较模式化，大多先赞塾师文行德业，再称塾师明教之志、育材之心，后表东家敦请之意，行文较繁。当然，对家塾、村塾等私塾而言，登门“敦请”除了履行必要的礼仪环节外，往往还包括塾师束脩、食宿安排等细节的沟通和商定。

3. 关聘

双方通过中间人沟通达成一致后，延聘方便向塾师递送聘书，以此将双方的约定正式确立下来，即所谓“关聘”。“关聘”一词充分体现了塾师延聘通过熟人圈子来实现的特点。《史记·佞幸列传序》评籍孺、闳孺云：“此两人非有材能，徒以婉佞贵幸，与上卧起，公卿皆因关说。”司马贞索引：“关训通也。谓公卿因之而通其词说。”[3] 即公卿必须通过此二人向皇帝传话。因此，“关聘”可以理解为“通过中人引荐说合的方式进行延聘”。“关聘”对双方而言都是所有程序中最重要的一环。关聘时，延聘方向塾师递送的聘书，一般称为“关书”或

---

〔1〕（清）李绿园撰：《歧路灯》第二回，栾星校注，郑州：中州书画社1980年版，上册，第15页。

〔2〕（明）黄佐：《泰泉乡礼》卷三《乡校》，《景印文渊阁四库全书》，第142册，第615页下栏。

〔3〕（西汉）司马迁：《史记》卷一百二十五《佞幸列传》，第十册，第3191页。

“关帖”。明清之际的塾师张履祥认为，“关书等于券契之类也”[1]。《清稗类钞》亦云：“延订宾师之书，曰‘关书’，亦曰‘关聘’，上载所任之事及报酬之数，其实亦契约也。”[2] 可见“关书”即书面契约，具有现代社会中合同书的效力。塾师一旦认可并收下了关书，双方便不可轻易更改其中的约定。

明清时期的关书颇为讲究，不同类型的私塾在关书的行文、语气、内容上皆有区别。笔者未亲见明代延师关书的实物或文字活套，清人张鉴瀛在《宦乡要则》中根据私塾组织形式的不同，将延师关书大约分为三种格式：公请塾师关帖、家塾特请塾师关帖和门生拜课关帖。张氏对这三种关书分别进行了说明：公请塾师的关书应用全帖，以门生的语气书写，面写“关帖”二字；家塾特请塾师则应由东家出名，外加拜帖一张，用套封装，中间粘一红签写称呼，若另有聘金，则于封套签上写聘金，与关帖同送。家塾延师关书的文字套式如下（见图11）：

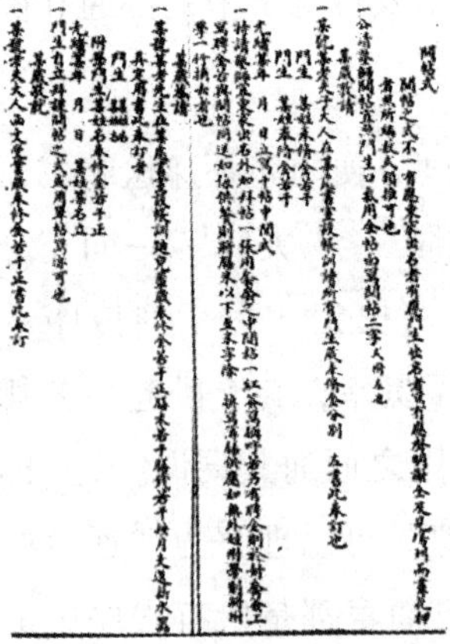

图11 《宦乡要则》所录关书套式

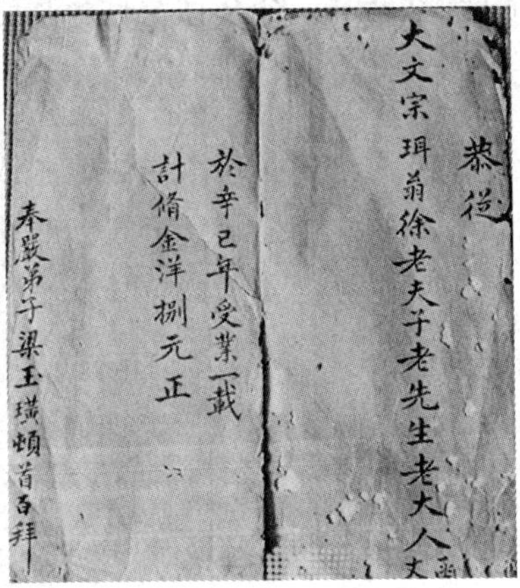

图12 清末生员梁玉璜的拜课关书

[1]（清）张履祥：《杨园先生全集》卷十八《处馆说》，中册，第545页。

[2]（清）徐珂：《清稗类钞·师友类》，北京：中华书局1986年版，第八册，第3580页。

某岁恭请

某号某老先生在某处书室设帐训迪儿辈，岁奉脩金若干，正膳米若干，膳钱若干，按月支送，薪水、器具足用。书此奉定者：

门生某（姓名）

附学门生某（姓名），脩金若干正。

光绪某年　月　日某（姓名）立[1]

门生拜课，即生徒负笈从游或定期前往塾师开设的塾馆中会课，关书文字套式如下：

某岁恭就

某号老夫大人函丈受业，岁奉脩金若干正，书此奉订。

门生某肃具[2]

公请塾师与家塾特请塾师的关书，笔者未见实物，但笔者曾见光绪七年浙江象山生员梁玉璜跟从一徐姓塾师受业时的门生拜课关书一份，其格式与上所引拜课关书活套大体一致，仅有个别遣词等细节上的不同（见图12）。总体而言，三类关书虽在行文上有区别，但内容大体相似。首先，以“某岁”表明聘期。明清塾师的关聘时间大约在上一年的年底，聘期通常为一年，一年之内若无特殊情形，则中途不可单方面解约。因为这既牵涉双方的信用与口碑，又关涉生徒的课业与塾师的再就业等现实问题。如《歧路灯》中谭忠弼在国子监肄业归家后，对其妻王氏所延塾师侯冠玉之无行极其不满，但又顾忌自己是书香之家，如若下了逐客之令，便坏了一城风气：“开封府师道之不立，自我先之矣，

〔1〕（清）张鉴瀛：《宦乡要则》卷四《关贴式》，台北：老古文化事业公司1982年影抄本，第九页。

〔2〕（清）张鉴瀛：《宦乡要则》卷四《关贴式》，第九页。

大伤文风，大伤雅道。”[1] 因而只得挨到年终再作打算。明末清初上海人姚廷麟在崇祯年间先跟从一赵姓塾师开蒙，后又改请一黄姓塾师，该塾师性情暴戾，“形伟貌严，声洪性暴，教读生书四遍，稍不如法，即便扑责。前从赵先生，坐必案右，书必训熟，凡有点心，食必分惠，遇寒暑必体谅之。余心不甘，白之父亲，仍从赵先生，竟奉束脩而已”[2]。姚廷麟的父亲虽不再让黄姓塾师教读，但束脩还得照付，年终解馆以后方能辞退。又如清人周良士延沈七于家塾课读，因沈七一句戏言而毁约将其辞退，县衙遂以“有辱斯文、违反教规”而判罚周良士学田一百亩，并勒令将堂谕刊碑，树于道旁以示惩戒，以励学风[3]。清代汪辉祖云：“凡人相处，不合则离，惟师席则必终一年之局。”[4] 这主要是从塾师对生徒课业负责的角度而言的。若主、宾相处融洽，双方满意，则以新的关书确定下一年的契约。当然，明清时期的京师较为特殊，京城为文人荟萃之地，进京应试者、候选者、游学者常以充塾师为生活之资，但这类士人的流动性太大，因而他们的聘期常以月计，一月完后，任其去留。其次，关书须写明塾师在束脩、食宿等方面的待遇，如饮食或为东家供馔，或为塾师自行解决。这些皆为繁琐而又现实的细节。最后，关书要写明生徒姓名及人数。一般而言，家塾的生徒数量较少，塾师课读的工作量不会太大，束脩亦是固定的。但许多馆东会在开学之时临时安插亲朋子弟入塾附读，塾师平添生徒却不增加束脩，因而，写明附读生徒姓名、数量也是保障塾师利益的一种方式。

4. 迎请与拜师

民间学塾的开学时间多在正月灯节之后，开学之时，社学、义学管理者或塾东须派专人迎请塾师就馆。在多数时候，由于社学与义学有官方色彩，因而在迎请塾师的礼仪上更为庄重。根据《泰泉乡礼》的叙

---

〔1〕（清）李绿园：《歧路灯》第十一回，上册，第122页。

〔2〕（清）姚廷麟：《上浦经历笔记》上节，《北图珍本年谱丛刊》，第79册，第106页。

〔3〕朱国南：《江汉平原的蒙馆和私塾》，马玉田、舒乙编：《文史资料存稿选编·教育》，第714页。

〔4〕（清）汪辉祖：《双节堂庸训》卷五《蕃后》，第173页。

述，社学开学之期，“约正会各父兄躬诣其家，再拜迎之”[1]。生徒则穿着盛服迎塾师于塾馆外，然后举行隆重的拜师仪式，塾师延聘的程序至此方算最终完成。在文风兴盛的地区，“尊师”的氛围浓厚，家塾亦十分重视迎请和拜师的礼仪，但在仪式上要相对简单一些。塾师一般由塾东或塾东家人以车、轿迎请，然后在塾馆内进行简化了的拜师仪式，大概由塾师拜孔子、学生拜孔子、家长拜塾师、学生拜塾师几个环节组成。

图 13　明代类书《文林汇锦万宝全书》中的童蒙入学场景

图 14　明人戴进《太平乐事》中的童蒙入学场景

由于地域文化上的差异，各个地方私塾入学仪式的繁简程度不一，且儿童开蒙常常掺杂着当地的民俗和信仰。如清代安徽旌德人吕凤岐年谱载皖南教育风俗，童子逢闰年不开蒙。六岁时，“拟令凤岐七岁入村塾，缘明年遇闰，俗不启蒙，腊月预送塾师向春族伯（名荣，邑庠生）处”[2]。又如浙江、江西不少地方都有请新进秀才或举人为童子开蒙的风俗。江阴人殷葆诚曾云：“余四岁启蒙师为南昌曾葆初先生，本居停

〔1〕（明）黄佐：《泰泉乡礼》卷三《乡校》，第 616 页上栏。

〔2〕（清）吕凤岐：《石柱山人行年录》，《北图珍本年谱丛刊》，第 173 册，第 365 页。

主人之子，新撷芹香者也。赣之习俗，例取发秀，故蒙童第一日识字，必柬请新茂才，衣冠而教之。”[1] 绍兴人马夷初的开蒙就是其父亲请的一位新进举人来完成的：

> 我五岁（实际不足四岁）那年的春天，有一天，我的父亲在内客堂中间摆了一张四方桌子，靠外一边缚上红呢桌帷，桌子上摆了一副香炉烛台，为着给我破蒙，要拜孔夫子。给我破蒙的老师是头年（前清光绪十四年）浙江乡试第一名举人，俗称解元的山阴王会澧先生，这就可以晓得父亲对我的期望了。
>
> 王先生到了，簇新的礼服，映出他那风神昳丽的仪貌，更从他的谈笑里，显着他的得意。因为他正要上北京去会试，似乎指顾间连中三元可以操券而得。
>
> 我的父亲自然也穿着礼服，先请先生拜孔夫子，随后自己也拜，随后便叫我拜。我拜得真神气，王先生称赞了一番，父亲便向王先生行托付礼，彼此互拜了一回，随后父亲叫我拜老师。
>
> 破蒙开始了，撤了香炉烛台，摆上朱笔砚台，一本罗泽南做的《小学韵语》……王先生当然衣冠端正，俨然人师地坐在上首，我就坐在左边。王先生指着《小学韵语》开首四句：“小学之道，诲尔童蒙。蒙以养正，是曰圣功。”叫我随他的声音念。教不到三遍，我就自己会念了。我的父亲自然笑开了脸，王先生也向父亲叫恭喜。[2]

据包天笑的回忆录记载，吴县童蒙的入学仪式，多由外家置办所有学习用品，另有定胜糕、粽子等食物，谐“高中”之音，由舅父、叔伯或其他长辈送童蒙入学，父兄则不参与其中。包天笑这样描述母舅送他入学的仪式：

---

〔1〕（清）殷葆诚：《追忆录》，《北图珍本年谱丛刊》，第186册，第540页。

〔2〕马夷初：《我在六十岁以前》，《近代中国史料丛刊续编》（第96辑），第953册，第1-3页。

> 母舅一来，送入书房，便要行拜师礼了。佣人们在书房正中，点上红烛，母舅拈了香，然后教我朝上拜了四拜，这是先拜至圣先师的孔子。然后在正中摆上一张椅子，然后地上铺下红毡单，请先生坐在椅子上，受学生拜师之礼。但我们的陈先生，却不肯坐，只站在上首，而且在我跪下去的时候，他便双手把我扶了起来，这便算是师礼成了。……一面家里又送上“和气汤”，这也是苏州的风俗，希望师生们、同学们，和和气气，喝一杯和气汤。……母舅给先生作了一个揖，说了“拜托拜托”两句，他的任务完成，便即去了。[1]

其实，无论是“逢闰不启蒙”，还是请新进秀才、举人开蒙，抑或是以糕粽谐音“高中”的风俗，都是父兄希望子弟在开蒙之初便讨个吉利或彩头，望其此后学业进益，并在科场角逐中有一番作为。

在多数地区，塾师在入学仪式上还会收到类似于红包的“贽敬”，不包含在束脩之内。近代湖北人王楷元在回忆清末民初黄陂私塾的入学仪式时说：“硬木戒尺下面，放着用红纸袋封固的‘贺仪’，上写‘贽敬××元’字样。”[2] 塾师所受到的这些礼遇，多出现在社学、义学或书香、官宦家庭所开设的家塾中。乡间底层民众虽对塾师普遍尊重，但由于经济条件所限，村塾在拜师的很多环节上不得不因陋就简。当然，明清时期一些家塾也有非但不见降师之礼，反有将塾师视同普通佣工的例子。这些记载主要出现在明清时期的小说、戏曲中。清代小说《姑妄言》中的武官李太托广教官物色一位塾师至其家塾课孙读书，广教官推荐了秀才干行，并嘱咐李太差人拿帖去请，李太回道：“雇他教书，又

〔1〕 包天笑：《钏影楼回忆录》，第5－6页。
〔2〕 王楷元：《五十年前的湖北黄陂私塾生活片段》，马玉田、舒乙编：《文史资料存稿选编·教育》，第711页。

不是请他吃酒，用甚么帖？叫人口说罢。”[1] 此类小说家言虽不免夸张，但从明清文学作品中的记载来看，普通蒙师受人轻慢的现象并不少见，其在现实生活中亦必有所本。此外，在一些管理比较严格的社学或义学中，塾师入塾执教前还须到当地文昌庙中宣誓，以表谨守师德、尽心教学之决心[2]，这也是民间学塾对塾师进行约束的一种方式。

（三）教－学关系的不稳定性

明清时期，塾师的聘期通常为一年，一年即将结束时，双方根据自己的意愿决定是否维持下一年的教－学关系。因此，明清塾师与生徒在教－学上呈现出明显的不稳定性。这种不稳定性在明清正史、方志、谱牒中罕有记载，但在文人年谱中却得到了极为翔实的记录和呈现。

表2 清代贵州塾师黎安理授徒活动历年统计

时间	授徒地点	变更原因	备注
18岁	枣子窝陈姓	东家延请	束脩数金。
19岁	白果庙	东家延请	十六七金。
20岁	枣子窝陈姓	东家强请	
21岁	川北射洪	随父游川	食宿外，束脩二十四金。
22岁	九龙场	东家延请	
23岁	枣子窝陈姓	东家延请	未及二十金。
24岁	白果庙	东家延请	束脩未及二十，兼业医获十余金。
25岁	春台夏姓	东家延请	馆事稍丰……颇足家用。
26岁	净石寺	自行开馆	不及二十金，业医十数金。
27岁	桐枝堰	东家延请	生徒颇众，馆事渐丰。
28岁	桶井坝（二姓合请）	东家延请	所入颇给终岁。
29岁	车水杨姓	东家延请	束脩可得五十金，业医入四五十金。
30岁	未就馆		中举。
31岁	禹门寺振宗楼	自行开馆	

[1] （清）曹去晶撰：《姑妄言》第九卷，许辛点校，北京：中国文联出版公司1999年版，中册，第471页。

[2] 如（清）余治所辑《得一录》卷十收录《简便义塾说》一文，其中有《各塾师文昌会立愿书式》，为各义学塾师入塾课读前的立誓文书套式，中多以善恶果报之说对塾师教学进行约束。台北：华文书局1969年影印本，第743－744页。

续表

时间	授徒地点	变更原因	备注
32 岁	同上	自行开馆	来学者日众，获谢金三十两。
33 岁	未开馆	赴川迁葬	
34 岁	未开馆	赴京会试	拮据支绌，不可言状。
35 岁	振宗楼	自行开馆	
36 岁	同上	自行开馆	
37 岁	未开馆	北上游学	
38 岁	洪水坝张姓	东家延请	生徒渐集，馆事颇丰。
39 岁	洪水坝	东家延请	
40 岁	同上	东家延请	从游者众，馆中几不能容。
41 岁	振宗楼	就近开馆	从游者自远而至。
42 岁	同上	服阕在家，兼理家事	往年从学者俱至。
43 岁	同上		岁可足食。
44 岁	王生青莲家	东家延请	生徒十余人。
45 岁	振宗楼	王生避家难，遂自行设馆	
46 岁	王生青莲家	东家延请	生徒颇众。
47 岁	振宗楼	自行开馆	是岁荒歉，余得馆金并田谷所入之余，食指无歉，兼清先慈送终时贷欠。
48 岁	同上	自行开馆	往岁生徒俱至，绥邑闻风而来者将二十人，馆舍几不能容。
49 岁	同上	自行开馆	谋构新宅。
50 岁	同上	自行开馆	修造嫁妆二事合杂用计三百余金。
51 岁	家居授徒	自行开馆	计此年费用亦三百余金。
52 岁	同上	心力不济	限授徒数人。是岁仍费三百余金。
53 岁	同上	自行开馆	从学仅数人，所入不偿所出。
54 岁	同上	自行设馆	从者数人，生计萧条，出多入少，渐不能支。长子赴秋闱，次子完婚，计年费近三百金。
55 岁	不详	不详	是岁家人与乡人兴讼。
56 岁	家居授徒	自行开馆	别构屋二间。
57 岁	未开馆	赴选	已负债数百金，又向亲友处借贷千余金，携长子北上。

文献来源：（清）黎安理：《长山公自书年谱》，《北图珍本年谱丛刊》，第 118 册，第 324－365 页。

黎安理为贵州遵义东乡人，自十八岁开始以授徒为业，直至五十七岁赴选，充塾师四十年。其中从进学到中举前的十二年间，每年换一次馆地，而且都为应聘处馆；从中举到赴选的二十七年间，以自行开馆授徒为主，但其间有多年并未授徒。因此，从总体上看，黎安理在充塾师授徒期间，其教学活动、教学对象和馆地都是极不稳定的。在明清时期的文人年谱中，像黎安理这样在授徒期间经常变更馆地和教学对象、教学活动不具有连续性的现象非常普遍。

造成塾师教学活动不稳定的原因很复杂。从塾师自身来说，如果教学无方，学生在一定时间内没有进益，抑或宾主在教学、日常生活中相处不融洽，塾师很可能主动辞馆，或馆东在年终解馆后不再续聘，塾师转而另觅他馆。一般而言，主动辞馆的多为学识较高、有职业操守的塾师。但也有初入行的塾师因"熟人圈子"的关系远近不同而舍此就彼的情形。如清初宜兴塾师孙亢宗十八岁（顺治十一年）开始应聘处馆，"及放重阳节时，诸东议送明年关书，余辞以归，商之老母。及归而命别受潘克斐暨二叔父之关盟焉"[1]。作为初任塾师的孙亢宗，对就业机会倍加珍惜，其母亦十分重视。母命改应他聘，后者显然属于关系更密切的熟人圈子。同时，充塾师的读书人在授徒时往往还要经营家计，并自修应考，无法长期将精力倾注于教学，因而他们往往在家有急务时或应试前暂停授徒。如黎安理在应试、游学、迁葬的时候就暂停授徒。从生徒的角度来看，求学者频繁地更换塾师也是十分常见的事。如清代嘉定书画家瞿中溶五岁入塾，二十五岁进入娄东书院肄业，二十年间，除开自己的祖父有两次亲授外，先后从游于12位塾师[2]。清代歙县人胡宝瑔，其家以理学闻名，从祀文庙的先人就有数人，因此家中十分重视子弟的教育。胡宝瑔七岁就傅开蒙，至二十八岁入泮，在二十年左右的求学生涯里，共接受了15位塾师的教诲，平均约一年半换一次塾师[3]。贫寒家庭的子弟往往学、废不定，官宦家庭的子弟又往往随任读书，随

---

〔1〕（清）孙亢宗：《悔迟自叙年谱》，《上图珍本年谱丛刊》，第9册，第54页。

〔2〕参见（清）瞿中溶：《瞿木夫先生自订年谱》，《北图珍本年谱丛刊》，第131册，第218－226页。

〔3〕参见（清）王永祺：《泰舒胡先生年谱》，《北图珍本年谱丛刊》，第95册，第313－320页。

父兄任职地点的变化而从不同的塾师学习。再者，一些以角逐科场为目的的学生，学习程度越高，对塾师的水平要求越高，当一位塾师的能力不足以胜任教学内容时，生徒往往会另从他师。

一年一聘的塾师关聘成例应该说具有十足的灵活性，用现代人的眼光来看，这种灵活性具有强烈的“市场化”色彩，为塾师和生徒的双向选择提供了足够的空间。但从另一方面看，“流水的学生、流水的先生”直接导致的是师生间不断地相互适应，很大程度上降低了教学的效率。更为重要的是，“教－学”关系的不稳定性以及塾师出入塾师行业的完全自由也为明清时期塾师群体的“职业性”和“职业精神”的形成制造了某种障碍。这一点在本书第六章中会有论述，此不赘言。

第二节　塾师的授徒活动

塾师作为私塾中的教师，教学活动是其职业活动的根本。中国古代将教育大致分为小学之教和大学之教两个层次。汉代的民间私学继承了这一传统，小学之教由闾里书师承担，大学之教则由经师承担。汉以后的私学教育中，小学、大学的分层一直得以延续。明清时期的私塾整体上分为蒙学教育和经学教育两个层次，与传统的小学、大学之分大体相当，分别由蒙师和经师承担。蒙师与经师的教学，若以今天的标准来衡量，事实上涵盖了从幼儿到成人各个阶段的教育。

由于受儒家正统思想和科举考试内容的制约，明清时期的塾师以儒家典籍及其基本学说作为其教学活动的核心内容。塾师的教学既涉及识字书算、儒家典籍的记诵，又包括儒家核心价值观和道德行为规范的养正之教、基本社会文化知识的教授，以及儒家经典的讲解和诗文创作方法的传授。在传统的教学活动中，私塾是一个集“教”与“管”于一体的场所，塾师既是“教”的直接实施者，又是学生全方位的直接管理者。同时，由于从事私塾教学的塾师多为在科举道路上尚未取得成功的读书人，他们的馆塾生活，除了教授生徒以外，还包括塾师自身的学习活动。因而从总体上来说，塾师是一个工作繁杂、生活十分艰辛的职业群体。

一、塾师的教学内容

（一）蒙师的蒙养之教

蒙养教育，顾名思义，指针对孩童的启蒙、养成教育。从内容上看，明清时期的蒙养教育主要着眼于基本文化知识的传授、童蒙的行为养成之教以及儒家基本伦理道德的灌输，可大致归纳为启蒙与养正两个方面。

1. 基本文化知识的启蒙

识字教学是古代启蒙教育的起点，它既是文化传播的前提，也是猎取功名的基石，历来受到格外的重视。明清时期的蒙师实施童蒙识字教育，主要以宋以来流行的《三字经》《百家姓》和南朝梁周兴嗣所编《千字文》为读本，称为“小书”。明清时期亦有不少塾师或士大夫编纂新的识字读本，并在一定范围内得到推行，但《三》《百》《千》作为经典蒙学教材的地位始终未有改变。当然，由于童蒙就学的具体目的存在差异，蒙师所实施的启蒙教育也会因对象的不同而各有侧重。一般而言，以接受识字、书算教育为主要目的的农、工、商贾子弟，多以《三》《百》《千》为必读书，在此基础上增加一些杂字书和文化知识读本，以便日常应用。《清稗类钞》中收录的《嘲私塾诗》云：“一阵乌鸦噪晚风，诸生齐放好喉咙。赵钱孙李周吴郑，天地玄黄宇宙洪。《三字经》完翻《鉴略》，《千家诗》毕念《神童》。其中有个聪明者，一日三行读《大》《中》。”[1] 该诗本意在嘲讽村学塾师教学能力和村童资质的低下，但却也真实地体现了乡村私塾以识字和基本文化知识为教育之主要需求的事实。

---

〔1〕（清）徐珂编：《清稗类钞·讥讽类》，北京：中华书局2003年版，第四册，第1620页。

明清时期的蒙学杂字书很多，据张志公统计，中国古代自隋唐以来用于童蒙识字教学的杂字书有 31 种，其中明清时期编定刊行的就有 15 种之多[1]。这些读本中的杂字多涉及农、工、商贾的日常应用，如蒲松龄所编《日用俗字》共分三十一章，全为日常生活中的常用俗字；山东人马益著所编《庄农日用杂字》则专收与农事相关的常用字，其开篇云："人生天地间，庄农最为先。要记日用帐，先把杂字观。"[2]这些杂字读本在明清时期的启蒙教育中使用十分普遍。与此不同的是，以读书应举为目的的童蒙，则多不读《百家姓》，诵读《三字经》《千字文》之后，或加读《十三经不二字》《十三经集字》等字书，或直接进入诵习"四书""五经"的阶段。"四书""五经"的记诵是以应考为目的的童子在蒙学阶段的主要学习任务。

中国古代极其重视书法，日常生活中如此，应考尤其如此，因而童蒙在识字的同时，还必须接受较严格的书写训练。书写训练自"描红"开始，如流传千余年的《上大人》便是童蒙"描红"的入门帖；描红熟练之后，继之以影写和临帖，临帖所用法帖，以颜体最为常见。由于书法本身的重要性，明清时期甚至有不少专以书法为教学内容的塾师。乾嘉时期吴中的张辰、陆绍景便是以传授书法为主的塾师，其中陆绍景为著名书画家李福的入室弟子，从陆绍景学习书法的弟子多至四百余人[3]。

书法之外，蒙师亦教算术，多以《九章算术》等为教材，但私学对算术的重视多出现在社学、义学中，而家塾、散馆中则相对少见。除识字和书算外，明清时期的蒙师还会传授生徒一些生活技能和日常应用文的写作，这在乡村私塾中颇为常见。如清代四川的乡村塾师，"初教

〔1〕参见张志公：《传统语文教育初探》，上海：上海教育出版社 1962 年版，第 160－161 页。

〔2〕（清）马益著编：《庄农日用杂字》，中国人民政治协商会议山东省临朐县委员会编：《文史资料选辑》（第二辑），1982 年（内部资料），第 143 页。

〔3〕曹允源等纂：民国《吴县志》卷七十五上《艺术一》，《中国地方志集成》（江苏府县志辑），第 12 册，第 515 页上栏。

生徒写婚、丧、贺、请帖以及祭文和契约之类的应用文”[1]。又如清末江汉平原的塾师要教学生算八字、择喜期吉日、写春联、请帖等应酬东西[2]。这些实用技能的传授使得乡村中的童蒙将识字习文与生活中的实际应用更紧密地结合了起来。

除了识字和书算等基本技能外，童蒙教育中还包括基本人文知识的传授，使用的教材包括《幼学须知》（清代又称《幼学琼林》）、《增广贤文》《龙文鞭影》等。一般来说，这些读本是《三》《百》《千》和“四书”等初级读本以外的补充性读物。

2. 行为养成与基本伦理道德的灌输

《易》云：“蒙以养正，圣功也。”（《周易·蒙》）中国历代的有识之士一直以“养正”来凸显启蒙教育对于“树人”的重要性，在他们眼中，基本文化知识的传授固然是童蒙教育的重要内容，但真正的核心部分却是“养正”。这种“养正”之教大约包括行为规范和伦理道德两个方面。随着宋明理学的发展，理学家及教育家普遍认为童稚之心灵“先入者为之主”，因而他们对于童蒙的“养正”之教尤为看重。明清时期的教育思想也在一定程度上受到理学的影响，在一些诗礼之家，启蒙教育除开基本文化知识的传授外，还包括童蒙日常行为的养成和基本伦理道德观念的灌输。

明清时期的童蒙教育，关于“养正”之教的教材众多，较通行的读本有《孝经》、朱熹所编《小学》及《童蒙须知》、吕本中所编《童蒙训》、吕得胜《小儿语》、吕坤《续小儿语》、方孝孺《幼仪杂箴》、陈宏谋《养正遗规》、罗泽南《小学韵语》等，其中《孝经》与《小学》是受明清理学家和教育家认可程度最高的读本。总体说来，这些蒙学教材的内容多与儒家的礼仪规范和道德价值观念密切相关，其目的在于让童蒙在开蒙之初便受到熏陶，在潜移默化中完成对儒家思想的体认

---

[1] 四川省地方志编纂委员会编：《四川省志·教育志》，上册，第82－83页。

[2] 朱国南：《江汉平原的蒙馆和私塾》，马玉田、舒乙编：《文史资料存稿选编·教育》，第720页。

和吸收。值得一提的是，出自道家的《太上感应篇》与《文昌帝君阴骘文》在明清时期也通常被用作童蒙道德教育的读本，二者以道教的天人感应说与佛教的因果论为依据，宣扬“行善必降之福，为恶必降之祸”的善恶果报观念，劝导世人广行阴骘，止恶修善。

自宋代以来，理学家与教育家一直强调童蒙的“养正”之教，但必须承认的是，在明清时期民间私塾教育的实际操作中，“养正”之教并没有很好地得到推行，学者们所推崇的相关蒙学读本在实际教学中也普遍受到轻视。以《孝经》和《小学》为例，《小学》一书虽在理学家和教育家眼中备受称道，一些社学和义学也用作启蒙教材，但自明中叶以后，私塾教育对《小学》的重视程度大大降低。明人黄润玉言及《小学》时说：“《小学》一书，朱子吃紧为人之要典也……何今之为父兄者莫之教，为弟子者莫之读，而书坊亦视之为长物而莫之刊焉？”[1]嘉靖、万历之际的葛昕亦对此种现象予以批评：

> 余为诸生时，犹及见蒙少必读《小学》，而《孝经》一书即穷乡塾师亦知令其徒童而习之，今《小学》在里师处不多见，而《孝经》至市坊无售本，如之何望民兴行以成善俗？宜乎悖德忘本者接踵也。[2]

有清一代，这一现象未有改观。明清之际的学者张履祥曾云：“予年二十余，《小学》尚未见，崇祯八年颁此书于学宫，坊间刊行，始得读之。”[3] 由于长期以来形成的积习，非但鲜有塾师以二书为训蒙读本，便是应试士子，亦大都以为《小学》妨害科举。清初名儒李柏在青年时代求学时，经历过这样一件事，“偶阅《小学》，见古人嘉言善行，即取案头时文，焚烧一空。塾师大怒，扑抶六七十，令从今人章句。诸

〔1〕（明）黄润玉：《海涵万象录》卷三，《丛书集成续编》，第87册，第939页上栏。

〔2〕（明）葛昕：《集玉山房稿》卷六《刻〈孝经〉引》，《景印文渊阁四库全书》，第1296册，第459页下栏。

〔3〕（清）姚夏：《张杨园先生年谱》卷一，《北图珍本年谱丛刊》，第70册，第18页。

生习帖括取科第，但答以愿学古人，虽死不悔。一时同人闻之，以为病狂丧心"[1]。此事值得关注者有二：一是塾师非但不教《小学》，反而对生徒喜《小学》、厌时文大加责罚；二是同学诸生以为李柏的行为丧心病狂，不可理喻。可见无论是塾师还是生徒，绝大多数都对《小学》之类"养正"之书极为排斥。除此之外，家长往往也因功利的考量而反对学塾教授此类于科举"无用"之书。清代一些义学在有意识地推广《小学》等"养正"读本时，也常常会遇到各种阻力。"非特物议滋多，即其父母亦不愿，故开蒙即训《学》《庸》，稍欲改易旧章，即群相讶怪。"[2]"养正"读本之受冷落与排斥，与明清科举考试的工具化和私学教育的功利化大有关联。明清科举以"四书"和本经为考试的核心内容[3]，而明清人以猎取功名为目的的学习动机，使得以"养正"为目的而又未被纳入考试范畴的"小学工夫"成为了无益于功名的课业。当然，这种现象不是绝对的，明清时期的一些世家大族和书香门第仍然延续了重视"养正"之教的传统，这从当时的一些家训、族训中可以窥见一二，只不过这种传统在功利至上的教育氛围中，显得十分微弱罢了。

（二）经师的经书讲解与写作教授

明清时期的私塾虽有经、蒙之分，但严格地说，蒙学与经学教育并非可以截然分开，只能根据教学重点的差异而做出大致的划分。在大多数时候，蒙师教授的重点在基本文化知识和基本行为规范方面，督促童蒙记诵，而经学教师主要侧重对儒家典籍的系统讲解和诗文写作方法的传授，比蒙师的教学更单纯，也更具系统性。

对于以猎取科举功名为目的的学生而言，他们在启蒙教育与经学教

---

〔1〕（清）吴怀清：《雪木先生年谱》，《北图珍本年谱丛刊》，第80册，第467页。

〔2〕（清）余治：《得一录》卷十《简便义塾说·附余论》，第735页。

〔3〕士子投考时，可从"五经"中任选一经，作为"经义"部分的考试内容，该经即为应试者的本经。考"经义"时，仅试本经，对其余四经则不作要求，继而分经阅卷。这一制度始于明初，至清乾隆五十二年，朝廷认为士子仅治本经而罔顾其他，并非敦崇实学之道，令士子须通"五经"，从而废除了"本经"的制度。

育阶段都会接触“四书”及本经（甚至“五经”“十三经”），但蒙师与经师具有不同的教学重点。在启蒙阶段，蒙师的主要任务是促使童蒙记诵书、经，有时也进行简单的讲解；而到了经学教育阶段，经师需要对“四书”和学生所选本经进行细致、全面的讲解，力求让生徒达到对书、经的思想和体系的系统掌握和融会贯通。明清时期的科举考试试题直接来自“四书”和本经，因而经师能否明白、透彻地讲书、讲经，对于生徒下一步的作文和应试至关重要。明清时期的经师讲解“四书”“五经”，主要依据的是前人的注疏，尤其是程、朱的阐释，一些经学修为较高的塾师，还会根据自己的理解，编订经学讲义，对经文及注疏加以阐发。

经师在生徒掌握书、经内容的同时，也会逐步推进写作教育。明清时期的经师大致先教作诗，后教作文。试帖诗和八股文是明清童试中的重要考试内容，两者虽形式不同，但在原理上却有诸多共通之处，因而试帖诗的教学又可看作是文章教学的基础。塾师的诗歌教学，实际上从蒙师实施启蒙教育时的“习对”就已经开始了，经师的任务是要让生徒根据命题，完成一首结构完整的六韵或八韵试帖诗的写作。一般来说，生徒能够顺利完成试帖诗的写作后，塾师便开始教授八股文的写作。八股文又称制艺（义）、时文、四书文，多摘取“四书”中的原文进行命题，应试者以原文和注疏为基础进行进一步阐发。八股文的写作有固定程式，由破题、承题开始，至束股完篇，一篇完整的八股文才算最终完成。清末人包天笑在回忆自己学作八股文的经历时说：

> 这种学作制艺，是由渐而进的。最初叫“破承题”，破题只有两句，承题可以有三四句，也有一个规范。破承题的意思，便是把一个题目的大意先立了，然后再做“起讲”（有的地方叫“开讲”），起讲便把那题目再申说一下，有时还要用一点词藻，也有一定的范围。起讲做好了，然后做起股、中股、后股，有的还有束

股，那就叫做八股。[1]

由于只能以“四书”原文及注疏为依据写作八股文，不许应试者随意发挥，生徒对典籍的熟悉程度直接影响着文章的规范程度和水平的高低，因而经师除了教授作文外，还必须帮助那些不熟悉典籍的经生反复温书、理书。八股文写作学习完后，生徒便在程序上完成了应试前的课程教育，可以出应童试了。但这并不意味着经学教育的结束。事实上，生员、举人若想更进一步，仍然要不断深入学习经书，锤炼八股文的写作技巧。

明清时期的八股文教材极多，多为私人或官方选录的八股文范文，如清末百明千清斋即藏有明清时期的八股文读本180余种[2]。清代后期针对童生、生员的《小题正鹄》，“所列皆童考、应科岁考合程序之各种格局完篇与未完篇者”[3]；针对参加乡、会试者的参考教材，则有由明清官方刊刻的各科乡、会试闱墨（明代称“小录”），即乡试、会试中式的八股文。此外，明清时期还盛行私家选文，一些对八股文有一定造诣的文士，从时人或前代人的八股文中选录优秀的文章进行点评，集结成书，由书商刊刻出售。明清科举考试直接导致了选文之风的盛行和时文选家队伍的壮大，如《儒林外史》中的马二先生便是一个职业的时文选家。选家及其选文深度地介入科举考试制度，从而对明清时期的私塾教育产生了极大的影响。

二、塾师教学的主要特点

（一）教、管一体与个别教授

高度的自主性是中国古代私学教育的突出特点，私学教师之从业，无

---

〔1〕 包天笑：《钏影楼回忆录》，第84页。

〔2〕 参见龚笃清：《明代八股文史探》，长沙：湖南人民出版社2006年版，第686－693页。

〔3〕 刘禺生：《世载堂杂忆》，第3页。

论是应聘坐馆还是自设书塾，都具有充分的自由度。同时，塾师教学还带有明显的“个体化”色彩，即一人独任一塾之教。多个塾师联合设塾的情形在明清虽间或有之，但并不常见，因而私塾的教学、管理在多数时候并不存在分工，一位塾师要兼授不同的课目，且集课读与日常管理于一身。

塾师的教学虽然从整体上可以分为蒙学与经学两个层次，但在具体的实施中却被切分为比较琐碎的课目和复杂的过程。蒙师以天为单位分配课目，而经师则多以月为单位安排教学。明代一些关于社学的文献较详细地记载了社师日课的内容，如黄佐的《泰泉乡礼》将社学日课分为早学、午学、晚学三个部分，除教以洒扫、应对、进退之节外，早学以诵书、正句读为主，午学歌诗、习书数，晚学温书、习礼仪。此外，每逢乡约会日，社师还要率诸生讲书、歌诗、演乐、习礼以宣风化，并解答约众及父兄的各种疑问[1]。与有官方色彩的社学相比，“养正”教育在明清时期族塾、家塾、散馆的教学中被淡化甚至边缘化了，但塾师或塾东为适应应试教育而分配的课目、安排的教学内容并不见少。如清代湖南龙船港李氏在其家塾的《塾课章程》中，对蒙师、经师的日课作了较为详尽的安排：

表3　蒙师常课

时间	课　　目
早课	早起，背十日书，点书三授。 饭后，温书十页，皆要熟背。 日中，习字，讲书，作题一个。
午课	午后，讲书三授，温书十页，温诗十首，点诗一首，皆要熟背。
晚课	黄昏，作诗、习对。 点灯后，温书，诵三日书百遍，熟后寝。

〔1〕　参见黄佐：《泰泉乡礼》卷三《乡校》，第617－620页。

表4　经师常课

类别	时间	课　目
日课	早课	早起，温文三篇。 饭后，点经书或古文一括，温书四十页。
	午课	午后，温书四十页，皆要熟背。 日中，临法帖一通，或抄文赋。
月课	晚课	每月三、八日，作四书文一篇、试帖诗一首。
		每月二、七夜，点时文一篇、赋一篇、诗三首。
		每月一、六日，讲四书、经书各一授，皆要掩卷覆讲。
		每月十日作赋一篇，解经一道、古今体诗一首，或作策一道、论一篇亦可。
		余夜温文、赋各二篇，诗十首。
特课		每月朔、望日，塾师或学长率生童谒祠拜祖。

文献来源：（清）李秉人修：《龙船港李氏五修族谱》卷三《家塾》，《中华族谱集成》（李氏谱卷），第十七册，第168－171页。

李氏家塾实际上是由宗族成员以个人名义捐建的宗族义学，按子弟学习程度分为蒙、经两塾，分别教学。塾馆课目的安排由早至晚，详细而紧凑，从中也可以见出塾师日常教学活动的密集和辛劳。清人唐彪在描述蒙师的教学时说："四书与本经，宜熟也；余经与后场，宜带读也；书法与执笔，宜讲明也；切音与平仄，宜调习也；经书之注，删读宜有法也。"[1] 这种包干式的教学常常使得塾师的工作量趋于饱和，不免有督责之劳，"耳无停听、目无停视、唇焦舌敝"[2] 乃是一位称职的蒙师"应有"的教学状态。

当然，塾师除了保证日常馆课的正常运行外，还必须担负起塾馆的日常管理之责。明清时期书香之家的家塾以及世家大族所立义学，多有由私塾创办者订立的塾馆章程或条例，以方便塾师对学生照章实施管理，而一些水平较高、设馆授徒的塾师也自立章程，以申明奖惩。明末清初的学者、教育家颜元在充塾师时，就制定了详明的塾馆教条，包括

〔1〕（清）唐彪撰，赵伯英、万恒德选注：《家塾教学法·父师善诱法》卷上，上海：华东师范大学出版社1992年版，第4页。

〔2〕（清）唐彪撰：《家塾教学法·父师善诱法》卷上，第4页。

孝父母、敬尊长、禁邪僻、慎威仪、肃衣冠、重诗书、敬字纸、行学仪、轮班当直、尚和睦、贵责善等二十余条，每一条皆申明生徒应遵守的学行规范和奖惩标准，每逢节令及有新从游者来学时必读讲一次[1]。塾师对塾馆的管理，目的无非在于让学生束身敛性、去恶向善、潜心课业，内容主要集中在对生徒行为和常课的奖惩上，对于循规蹈矩而又学业优异的生徒，塾师多根据一定的标准，奖以笔墨、纸扇等物品，而对那些顽劣童蒙则多通过各种体罚予以惩戒。这种体罚式的管理饱受今人的批评，但在古代却受到相当程度的认可。在明清时期，一些乡间的私塾开馆仪式上，往往有馆东赠塾师戒尺以助威严的环节。塾师在教学过程中对“不率教”的生童施以夏楚，被许多家长认为是塾师负责任、敢于管教的表现，还要用一定的方式予以“鼓励”。在清代湖北某些地区的民俗中，孩子在塾中被老师体罚，家长还要请老师吃饭，以示感谢[2]。与普通乡民相比，诗礼之家尤其看中敢于体罚的严师。明代湖北学者耿定向十岁时从塾师闵燧学于其伯世父家，次年，“先大夫新筑馆于朱庄，延闵为傅，以其严也。余日受夏楚，先大夫不少姑息”[3]。又如江苏金坛人于孔兼十一岁时，其祖父于湛致仕家居，以课孙为务：

> 句曲有孝廉赵董斋先生者奇严，中丞公向往之，延入家塾，教读予四兄弟。每讲读至夜分，私行核工课，寒暑不少假借。盛暑中，日疲于立听，夜倦于构文，间隐几昏睡，辄以荆挞背至头，荆屡断，不能堪，中丞公弗问也。[4]

又如清人章学诚文集中载，贡生张本植之妻孀居，立志延师课子成名：

〔1〕参见（清）李塨、王源：《颜习斋先生年谱》，《北图珍本年谱丛刊》，第83册，第103－107页。

〔2〕参见李惠芳主编：《中国民俗大系·湖北民俗》，兰州：甘肃人民出版社2003年版，第163页。

〔3〕（明）耿定向：《观生记》，《北图珍本年谱丛刊》，第50册，第14页。

〔4〕（明）于孔兼：《景素公自叙年谱》，《北图珍本年谱丛刊》，第52册，第307页。

> 诸子或不率教，辄召入，亲执其手，使出受师朴，已而泫然曰："我岂不怜儿，恐其姑息误儿，无以报儿父于地下！"诸子由是益矜奋，竟成令名。[1]

这种体罚式的管理不但为生童家长所容忍，一些童蒙的父兄甚至将是否敢于体罚学生作为衡量塾师是否合格的标准之一。清末人包天笑十八岁时在张氏家塾处馆，其中一个生童资质较钝，也较顽劣，其母便送戒尺到塾中，要包天笑施以体罚。但包天笑因仁厚而终未能体罚这位学生，这反而引起东家的不满："他们也有些嫌我对学生太宽容，先生脚头散，他们对人总说：'我们这位先生，到底年纪太轻了。'"[2] 包天笑后来便以学力不够为由辞馆。

图15　清代乡村私塾中受罚的生童

体罚在中国古代教育史上可谓源远流长，以今人的眼光看来，这种管理方式不免过于粗暴，是一种错误的教育管理方式，也是中国传统私塾教育被现代教育批判的几大焦点问题之一。但是在古人的教育观念中，体罚不仅是塾师在生徒中树立教师威信、保障教学和管理实效的手段，还是塾师责任心的重要表现形式之一。可以说，塾师通过体罚的方式管理生徒，已经成为传统教育文化的一部分。笔者并不认同这种体罚式管理，也无意在此为其正名，而是从塾师与当时社会观念互动的角度，说明这种现象在明清私塾管理中之所以普遍存在，是因为其具有文化观念上的基础。以

〔1〕（清）章学诚：《章氏遗书》卷十六《为毕制府撰张太恭人墓表》，民国十一年吴兴刘氏嘉业堂刻本，第七十五页。

〔2〕包天笑：《钏影楼回忆录》，第130页。

历史的眼光看，塾师的体罚式管理与那个时代的文化环境与群体观念是相契合的，具有历史的合理性。正因为明清时期的整个社会普遍认可和鼓励这种管理方式，这就使得塾师不仅要承担学生全部课业的教授，还必须监督和管理生徒日常行为，成为集教、管于一身的权力拥有者。

传统私塾虽不乏经、蒙分馆教学的情形，但这种分馆教学只是将经生与蒙童笼统地分为两个不同的群体，并不意味着塾师可以在一个蒙馆或经馆内进行进度统一的授课。相反，生徒之间在同一时段所学内容多不相同，造成这种特点的原因很多。首先，私塾虽有经、蒙馆之别，但由于各种条件的限制，无法像现代学校一样按年龄分班进行教学，因而塾师所教生童年龄不同，学习程度各异。其次，由于童蒙资质和接受力具有个体差异，即便是同时开蒙的学童，其学习进度也会产生快慢之别。明清时期的塾师教学十分重视这种差异，会根据学童各自的资质和接受力安排适合学生的学习进度。再次，不同家境状况的弟子学习目的不同，父兄对塾师教授子弟的内容要求也不尽相同。如以举业为目标的弟子和以工商应用为目的的弟子，在学习内容上都有各自的侧重点，塾师必须据此安排不同的教学内容，以满足不同的需求。这些原因使得明清时期的塾师对学生必须实行个别教授。若用现代教育的观念来看，小班化与个别教授都是非常先进的教育理念，小班化让每位学生都受到教师更多的关注，而个别教授则充分尊重了他们不同的个体特点（不同的学习习惯、不同的学习能力及不同的学习需求等），是真正符合教育规律的、人性化的教学方式。但对作为执教者的塾师来说，这种教学却很难说是人性化的，因为这常常导致塾师处于超负荷的工作状态。如清初黄如瑾在二十一岁时充塾师，如此描述自己在塾中的日常课徒状态：

相从者蒙童十数人，有读《千字文》《百家姓》者，有读四子书者，间有读经者，每日训生书、背熟书、讲书、模字、描朱、作

> 课，旦昼间无一刻之暇。迨日暮，命诸童子揖而出。[1]

这种一对一的个别教授意味着塾师在单位时间内必须付出更多的精力来进行低效率的教学活动。以“训生书”这一环节为例，黄如瑾馆内有生童十余人，则他在一天内必须为这十余人教读内容各不相同的生书，但在一年中却又会出现多次重复劳动，这就造成了他“无一刻之暇”，且工作效率低下的结果。

（二）重视记诵与属对

1. 塾师重记诵的文化解释

明清塾师的教学课目和内容虽显得较为庞杂，但从生徒的学习状况来看，其重心乃在于督促记诵。私塾常课中被纳入生徒主要学习活动的诵读、温书、理书、背书，虽然各有侧重，但本质上都属于巩固知识的记诵。明清之际的学者张履祥认为塾师分为两种：“一曰经学，则治科举之业者也；一曰训蒙，则教蒙童记诵者也。”[2] 直接将蒙师的主要职责归结为“教童蒙记诵”。事实上，重视记诵的现象在蒙学、经学阶段都存在，从前文中表4所列的“经师常课”中可知，经生的日课也包含温书、温文和背诵的课目，只不过蒙学阶段对记诵的重视程度更高，在常课中所占比重更大。在明清文献中，关于塾师重视童蒙记诵的案例极多。如明代名臣齐之鸾六岁时出就外傅。“目数行下，日兼十余人诵，师大异曰：‘三年吾蓝矣！’”[3] 又清初海康人陈瑸十二岁时师从塾师吴马期受学，因善于记诵而受到特别赏识，塾师常对众经生弟子称叹：“是能背诵《说文》不差一字者，尔勿轻若少也！”[4] 从这些例子足以见出明清塾师对于生童记诵能力的看重，记诵能力在某种程度上已成为

---

[1] （清）黄如瑾：《溧阳仙山黄劬云年谱》卷一，《北图珍本年谱丛刊》，第81册，第453页。

[2] （清）张履祥：《杨园先生全集》卷十八《处馆说》，中册，第545页。

[3] （明）齐祖名：《蓉川公年谱》，《北图珍本年谱丛刊》，第45册，第13-14页。

[4] （清）丁宗洛：《海康陈清端公年谱》，《北图珍本年谱丛刊》，第87册，第107页。

塾师判断童蒙是否聪慧以及能否学有所成的重要衡量依据之一。但从根本上讲，塾师对童蒙记诵能力的看重并不完全来自塾师作为施教者的经验判断，它更多地受到一种根深蒂固的文化观念的影响。翻阅明清时期的人物传记资料可以发现，多数传记在涉及传主童年的学习经历时，无论其最终成就如何，都会有“少时颖异，过目成诵”之类的个人史叙述，这一现象折射出的是整个社会对于记诵能力与童蒙智力内在关联的经验认知和价值判断。在这种文化观念的驱使下，人们倾向于将童蒙的记诵能力与其最终成就关联起来，一个善于记诵的童蒙，人们往往以大器期之。清代四川人王恕四岁开始识字：

> 先王父……手削竹简写《三字经》，口授一二遍即能背诵。先王父见余聪颖，爱之甚，日抱置膝，语先君子曰：“儿早慧，必为伟器，宜名曰恕儿，其勉之。”〔1〕

这里王恕本人将“能背诵”直接等同于“聪颖”，于是又用“必为伟器”将记诵能力与日后的成就直接关联。又如黄如瑾幼时也善于记诵，每日诵书三十余章，东里赵理之先生来访，以最难读的《考工记》测之，二十页内容仅需默诵三四遍即能背完。赵理之愕然，断定黄如瑾必成大器。“诘朝，先生执家君手，语曰：‘郎善读书，吾爱之敬之，有小女方四岁，请约为婚姻。’”〔2〕 明清时期的文化观念中的这种将记忆能力与智力、成就相联系的社会心理，使得父兄极为看重子弟的记忆能力。明人何出图的父亲即认为：“博士家三长，曰记性、悟性、作性，稚儿幼诵读迟钝，吾将谓弃才也。”〔3〕 将记诵能力看作一个童蒙最终成材的三种必备能力之一。元代人郑太和在其家训《郑氏规范》中更是通过各种方式督促子弟记诵：

---

〔1〕（清）王恕：《楼山省身录》，《北国珍本年谱丛刊》，第92册，第96－97页。

〔2〕（清）黄如瑾：《溧阳仙山黄劬云年谱》卷一，《北图珍本年谱丛刊》，第81册，第427－428页。

〔3〕（明）何出图：《何伯子自注年谱》，《北图珍本年谱丛刊》，第52册，第348页。

> 子弟年十六以上，许行冠礼，须能暗记“四书”、一经正文……否则直至二十一岁。弟若先能，则先冠以愧之。子弟已冠而习学者，每月十日一轮，挑背已记之书……初次不通，去巾一日；再次不通，则倍之；三次不通，则分袷如未冠时，通则复之。[1]

在这种文化观念和价值判断的影响下，父兄往往视记诵为童蒙的主要课业，能否敦促子弟记诵、能否开发子弟的记诵能力，则成为他们判断塾师是否称职的重要而直观的评价指标之一。

崇尚记诵的文化观念得到大众的普遍认可并在长时间内得以传承，足以证明其必有自身的合理性。古人认为，童蒙由于未涉世事，杂念较少，其记忆能力处于黄金时期，“先入者为之主”，幼年时的牢固记忆，往往能保持一生，从而为日后的学习和运用打下坚实的基础；而成年之后，杂念渐多，人的记忆能力也随之下降，所诵之文则易于遗忘。这一观念在《颜氏家训》中已有较集中的体现，颜之推以自己的经验教导子辈记诵的重要性：

> 人生小幼，精神专利，长成已后，思虑散逸，固须早教，勿失机也。吾七岁时，诵《灵光殿赋》，至于今日，十年一理，犹不遗忘；二十之外，所诵经书，一月废置，便至荒芜矣。[2]

明清之际理学家陆世仪认为：“凡人有记性，有悟性。自十五以前，物欲未染，知识未开，多记性，少悟性；十五后，知识既开，物欲渐染，则多悟性，少记性。故凡所当读书，皆当自十五前使之熟读。”[3] 同

---

〔1〕（明）郑太和：《郑氏规范》，《丛书集成初编》，上海：商务印书馆1939年版，第975册，第9页。

〔2〕（北齐）颜之推撰，王利器集解：《颜氏家训集解》卷三《勉学》，北京：中华书局1993年版，第172－173页。

〔3〕（清）陆世仪：《陆桴亭思辨录辑要》卷一，《丛书集成初编》，上海：商务印书馆1937年版，第668册，第二页。

样，清人张英也十分强调童蒙阶段的记诵：

> 凡读书，二十岁以前所读之书与二十岁以后所读之书迥异。幼年知识未开，天真纯固，所读者虽久不温习，偶尔提起，尚可数行成诵；若壮年所读，经月则忘，必不能持久。故六经、秦汉之文，词语古奥，必须幼年读，长壮后，虽倍蓰其功，终属影响。[1]

陆世仪与张英所说的“读”实指记诵，认为童蒙阶段的记诵比成人的记诵要牢固得多，这种观念在明清时期的文人中得到了相当普遍的认同。清人蒋元益幼时曾从塾师金梧亭（即金凤翔）先生读书，前后长达九年，金先生对记诵的重视让蒋元益受益匪浅：“经传、古文、性理诸书至老尚能记忆，先生力也。……惟《尔雅》《仪礼》以学作时艺，未及诵习，后虽节诵，终易遗忘也。”[2] 如果张英只能算是从宏观上泛论的话，那么蒋元益则用自己的学习经历证明了童蒙记诵的重要性。

但是，以上这些案例并未揭示记诵能力与学业成就是如何关联的。事实上，无论是古人还是今人，对此都有相关的研究。清代学者、塾师崔元森在教学实践中，无论对生徒还是子弟，必先让其通过无数遍的背诵，烂熟经文，随着理解力的增加，在不断熟悉中揣摩探求作者之意，大致理解后，方能读传注或加以讲解。胡适认为，这个方法源自朱熹，同时也是崔元森之子崔述取得学术成就最得力的方法，因为这种先记诵、后揣摩，“以我为主”的方法可以最大限度地激发学习者思想上的自主，不但避免了盲从和墨守成说，而且对创造能力是一种极好的养成方式（传注和讲解都是别人的，而记诵、揣摩、理解是自己的）[3]。今人陆胤认为，清末以来的部分学人对记诵传统的批判，更多的是源于未能透彻理解记诵本身的内在机理，以及推广新学的现实需要。记诵是中

---

〔1〕（清）张英：《聪训斋语》卷二，《丛书集成初编》，第977册，第二十一页。

〔2〕（清）蒋元益：《时庵自撰年谱》，《北图珍本年谱丛刊》，第98册，第358－360页。

〔3〕参见胡适：《科学的古史家崔述》，《胡适文集》，第7册，148－149页。

西古典教育中普遍重视的方法。中国古代倡导的记诵，除了具有涵养人格的作用外，还在于蕴含了童蒙的学习机制，从而为古代塾师所强调。“从不理解的记诵，到自然而然的理解，有可能是反而比较符合晚近语言认知科学的办法。”[1] 因而，“记诵”实在是古代教育中一个值得深究的问题，不应不加深究便否定。

当然，明清时期的塾师及普通大众重视童蒙的记诵能力还有一个非常现实的目的，那便是应付科举考试，这或许可以视为在那个时代，记诵能力与学业关联的一个侧面。明清时期的科举考试（尤其是童试）十分重视对记诵能力的考察，这从时人的各类记述中可以看到。如包天笑开蒙时，其父亲与塾师商量教学方法，要求塾师顾九皋多讲解，顾先生说：

> 讲解是要紧的，熟读也是必须的。那些圣经贤传，非从小读不可，年纪一大，就读不熟了。……将来你令郎要应科举考试吗？主试的出一个题目，你却不知道在那一本书上？上下文是什么？你怎样做文章呢？如果读熟了的，一看题目，就知道这题目的出处，上下文是什么，才思敏捷的，便可以一挥而就了。[2]

清末湖北人朱峙三在幼年求学时，其师王某也重记诵，所有课本必须全本背诵。朱峙三不解，归问其父记诵有何益处，其父云：

> 将来过小考，学宪在场中出题，每有仅写四书或经文题首一二句，下即云默全章，或曰默至第几章某处止，甚至题目有长至二百字者，倘不记得原文，写题目不全，文虽佳即做犯规不阅矣，故各省教读者均如此待学生，书读完即包本。[3]

---

〔1〕陆胤：《中国文学传统中的“记诵”》，《文学遗产》2017年第5期，第11－14页。

〔2〕包天笑：《钏影楼回忆录》，第61页。

〔3〕朱峙三：《朱峙三日记》（连载之一），《辛亥革命史丛刊》（第10辑），武汉：湖北人民出版社1999年版，第258页。

包天笑和朱峙三的塾师所强调的记诵的重要性，都是科举考试对应试者最基本的要求。由于明清时期的科举考试只能“代圣人立言”，不允许考生随意发挥，因而熟练记诵经传、注疏就显得尤为重要，而且生童在考试中出现一些由于记诵不熟而导致的严重错误甚至可能招致学官的处罚。在明清时期的童试中，记诵能力出众的生童往往被地方官学直接录取入学，如《歧路灯》中就有这样的情节，由于新学政的重视，开封府一次性录取了十四名全文背诵“五经”的生童入学[1]。此类事例在现实中亦屡屡有之，清代张佩芳、段玉裁、汪淇、高觐昌等人皆以背诵经书入学。段玉裁十三岁“应试时能背诵《小学》、四子书、《诗》《书》《易》《周礼》《礼记》《春秋左氏传》及“胡传”，江苏学使者博野尹元孚谓曰：‘孺子可教。’赐饭，宠异之而许入泮”[2]。清代著名学者、塾师栗尔宽之子栗元于乾隆十七年更是因能默诵“十三经”，被学使者“拔置冠首”[3]。

需要指出的是，明清时期的官方和民间对童蒙记诵的重视固然有其自身的合理性和现实需要，但过度地重视又必然会滋生一些弊端。如强调记诵会导致蒙师忽视讲解，多数底层民众的子弟在塾师未曾开始讲解时便辍学为农、为工商，对所诵之书一知半解。另外，一些学识低下的人也因蒙师专督童蒙记诵而得以轻易混入塾师队伍，从而使得塾师群体中的蒙师鱼龙混杂、良莠不齐。

2. 塾师重属对的现实考量

在明清时期的蒙学教育中，与记诵能力一同受到塾师重视的还有属对。一般而言，蒙师在童蒙完成《三》《百》《千》的学习后，便开始教读声律、对偶方面的知识，童蒙除了完成音韵知识的记诵外，在常课中还要“习对”。蒙师的“习对”教学从一字对开始，由塾师出上联，童蒙对下联，随着程度的加深，逐渐增至二字、三字、五字、七字，最

---

〔1〕 参见（清）李绿园：《歧路灯》第七回，上册，第81页。

〔2〕 刘盼遂：《段玉裁先生年谱》，《北图珍本年谱丛刊》，第108册，第343页。

〔3〕 参见（清）章学诚：《章氏遗书》卷十六《例赠文林郎广平县学廪膳生员栗君墓志铭》，民国十一年吴兴刘氏嘉业堂刻本，第六十页。

终完成一联诗的创作[1]。对童蒙而言，属对意味着学习生涯中创造性活动的发端。属对既是塾师开发蒙童创造力的开始，也是家长衡量子弟才思敏捷程度的重要指标，其重要性甚至超过记诵能力。因此，在明清人物传记和笔记中，读者常常可以看到当时的人们对善于属对的童蒙的叹赏与津津乐道。杨继盛、王士禛皆曾记述自己幼时善对的趣事：

> 春、秋从塾师学，对句辄善。一日客至无酒，沽于馆，乃出对云："无酒是穷主。"吾即对曰："有儿为名臣。"客叹赏不止，父由此钟爱之，而庶母意亦稍稍敬矣。一日师出，予与诸生作布阵相战之戏，师偶来，众皆藏匿。师呼跪，出对云："藏形匿影。"对成者先起。予随云："显姓扬名。"师云："此绝对也！"自此相爱之甚。[2]

> 方伯公……亲教诸孙，颇及声律之学。尝邀从弟洞庭（象咸）饮，洞庭工草圣，有张颠之风。酒阑，诸孙竞进乞书，方伯公把酒，命对句曰："醉爱羲之迹。"山人在旁，应声曰："狂吟白也诗。"二公皆大喜，赏以名人书画，谓匡庐公曰："此子必早成。"[3]

从这些记载中可以见出当时的私塾教育对童蒙习对的重视，以及时人将属对与童蒙的学业成就预期直接关联的心态。

属对为诗文创作的启蒙阶段，而诗文创作又是科举考试的必考内容，因而重视童蒙习对与重视记诵一样，也包含了应试的实际需要。在

---

〔1〕朱峙三在其日记中详细记录了私塾教育中，从一字对开始到七字对的完整习对过程。

〔2〕（明）杨继盛：《椒山先生自著年谱》，《北图珍本年谱丛刊》，第49册，第455－457页。

〔3〕（清）王士禛：《渔洋山人自撰年谱》，《北图珍本年谱丛刊》，第82册，第179－180页。按："方伯公"为王士禛祖父。

科举考试内容中，与属对关系至为密切的是试帖诗的创作[1]，试帖诗多为律诗，故试帖诗在清代又被称为试律。八股文在结构上与试帖诗有着极大的共性，尤其是八股文在整体上讲究对偶[2]，这种技巧的掌握，可以通过律诗的创作习得，因而习八股文则必须通晓试帖诗写作的基本方法。换言之，对应试者而言，无论是试帖诗的创作，还是八股文写作技巧的习得，"属对"都是一项最基本的能力。正是因为如此，王士禛在幼年时展现出"属对"的潜力时，长辈即认定其"必早成"。

从文化生活的角度来看，传统中国具有典型的"诗性文化"特征，诗歌在文学诸样式中不仅具有崇高的艺术地位，而且在现实中已成为读书人文化生活的重要组成部分。首先，文人以吟咏寄托情志，以唱和实现社交，诗歌写作已经成为明清读书人的一种重要生活方式，他们甚至将诗歌写作视为"个人史"书写的重要手段。明代中期以后，文人别集数量大增，有清一代，仅流传下来的诗集就多达数万种，且不论这一时期的诗歌创作水平如何，仅从结集的数量上，就已充分说明文人在诗歌创作上极高的参与度。其次，明清时期的民间有着浓厚的"对联文化"。对联的创作不仅是文人服务乡民、彰显社会地位的方式之一，而且还往往成为文人兼业以获取经济收入的重要手段。因此，明清社会对童蒙习对的热衷和津津乐道，除了科举应试的需要外，更可以看作是人们对童蒙在即将参与的文化生活中一种基本能力的认同与期许。

（三）浓厚的应试色彩

明清时期的塾师所实施的私塾教育，虽不乏以日常应用或学术研究为目的的案例，但总体来讲仍是以应试为中心的教育。这从前文所讨论的明清大众热衷教育的功利心态、私塾教学内容以及重记诵与属对的教

---

〔1〕试帖诗兴起于唐，宋、明及清初科举考试无试帖。乾隆二十二年以后，童试考五言六韵，生员岁科两试、乡试、会试均考五言八韵。参见商衍鎏：《清代科举考试述录》第七章，北京：故宫出版社 2014 年版，第 277－278 页。

〔2〕"股对"是八股文结构的主体，"起二比""中二比""后二比""末二比"，每二比两两相对，形成对偶的格局，即为"八比"，又称"八股""股对"。参见邝健行：《律赋与八股文》，《文史哲》1991 年第 5 期，第 68－73 页。

学特点已可见出端倪。明清时期的官方虽然并不直接掌控基础教育，但以科举考试为中心的国家人才选拔制度始终左右着私塾教育的各个方面。清人陈宏度曾感叹："功令设科目以取士，士非科目，虽经学如贾、董，理学如程、朱，亦不能有进身之路。则科目重矣。"[1] 要之，在人才选拔制度和功利性教育的双重影响下，明清私塾教育始终主要围绕着科举考试来运行，从而带有浓厚的应试色彩。

根据文献记述，古代童蒙一般八岁入小学，十五入大学。明清时期的蒙学、经学之分，虽然大致相当于古代小学和大学的界定，但童蒙在开蒙、经书学习与应试等方面皆呈现出明显的低龄化趋势，清代尤为突出。

表5 清人年谱所见童蒙学习进程举例

人物	籍贯	开蒙	习八股	应童试
孙亢宗（1637－1717）	江苏宜兴	5岁	10岁	13岁
洪亮吉（1746－1809）	江苏阳湖	4岁	14岁	16岁
王锡康（1746－1827）	江苏镇洋	5岁	13岁	15岁
黎安理（1751－1819）	贵州遵义	5岁	9岁	14岁
杨芳灿（1754－1816）	江苏金匮	6岁	12岁	13岁
陈奂（1786－1863）	江苏长洲	4岁	14岁	15岁
朱骏声（1788－1858）	江苏吴县	3岁	9岁	14岁
陆模（1789－1850）	江苏太仓	6岁	12岁	15岁
陆我嵩（1789－1838）	江苏上海	5岁	11岁	15岁
徐宗干（1796－1866）	江苏通州	6岁	10岁	15岁
程庭鹭（1796－1855）	浙江嘉定	5岁	11岁	15岁
曾国藩（1811－1872）	湖南湘乡	5岁	9岁	14岁
左宗棠（1821－1885）	湖南湘阴	5岁	9岁	15岁
张之洞（1837－1909）	直隶南皮	5岁	11岁	14岁
杨守敬（1839－1915）	湖北宜都	6岁	9岁	14岁

---

[1]（清）陈宏度：《南街支廿三世祖首仑公传》，（清）王钟等修：《王氏三沙统谱》卷首，《中华族谱集成》（王氏谱卷），第九册，第269页上栏。

续表

人物	籍贯	开蒙	习八股	应童试
陈衍（1856－1937）	福建侯官	3岁	13岁	14岁
高觐昌（1856－1924）	江苏丹徒	4岁	11岁	14岁
袁毓麟（1873－1934）	浙江钱塘	6岁	12岁	15岁

文献来源：（清）孙亢宗：《悔迟自叙年谱》；（清）吕培：《洪北江先生年谱》；（清）王钜：《悔庵先生年谱》；（清）黎安理：《长山公自书年谱》；（清）杨芳灿撰，余一鳌补：《杨蓉裳先生年谱》；（清）管庆祺：《征君陈先生年谱》；（清）朱骏声：《石隐山人自订年谱》；（清）陆模：《朝议公自订年谱》；（清）陆我嵩：《无成录》；（清）徐宗干：《斯未信斋主人自订年谱》；（清）程庭鹭：《梦盦居士自编年谱》；（清）黎庶昌：《曾文正公年谱》；（清）罗正钧：《左文襄公年谱》；许同梓：《张文襄公年谱》；（清）杨守敬：《邻苏老人年谱》；陈声暨、王真：《侯官陈石遗先生年谱》；（清）高觐昌：《葵园遁叟自订年谱》；（清）袁毓麟：《文薮自撰年谱》。

由于童蒙数量极其庞大，以上举例不可能反映清代私塾教育的全貌，但从中却可以见出当时以科举考试为目的的教育对童蒙学习进程的大致规划：童蒙多在五六岁时开蒙读书，大约在九岁以后即进入时文写作阶段（大致相当于古之“大学”），十四岁以后便开始应童试。这种规划有一个突出的特点，即整个学习进程在各个节点上都呈现出低龄化的趋势，与宋明理学家所推崇的“八岁入小学、十五入大学”的传统有较大出入。此外，据明末清初人陆世仪的记载，明初童子须满二十岁后方有资格应试入学[1]，但到明中期以后，地方官学已经放宽了这一限制，并设立童子科，低龄童蒙应试的现象已不足为奇。如明末时毛奇龄十岁开始应童试，其友昌其在九岁即赴县试[2]，清代童蒙在十四岁左右应童试的现象已经十分常见，因而二十岁以内进学的学童大有人在。

一般而言，童蒙在记诵累积到一定程度后，须通过塾师的讲解，对记诵内容进行系统消化并融会贯通。这一“内化”过程不仅使记诵本

〔1〕参见（清）陆世仪：《陆桴亭思辨录辑要》卷一，《丛书集成初编》，第668册，第三页。

〔2〕参见（清）毛奇龄：《西河集》卷四十八《雪园集序》，《景印文渊阁四库全书》，第1321册，第411页下栏。

身变得有意义，而且会为下一阶段的写作训练奠定基础，否则极易出现俗话所说的“鬼扯腿”现象，即经书学习与文章写作相互“扯后腿”，而不是相互促进。明清私塾中，塾师对应试童蒙的学习规划最大的问题正在于压缩了记诵与写作训练之间的衔接时间，塾师在督促童蒙完成记诵任务后，仅以童蒙记诵时的粗浅理解为基础，便开始实施写作教育。清代王筠如此批评当时的塾师：

> 今之教者，弟子入学，视为废才，到十三四岁则又视为天才，何也？书不取其多，不取其熟，不取其解，但念藏经而已；忽然十余岁，便使之作文，岂有生而知作文者乎？是天才也。然其教以文也，仍以废才教之，曰：“读二十艺、三十艺。”然以一字不讲之胸，即读俗不可耐之文，庸能解乎？[1]

王筠批评的重点，正是私塾教育中经书的系统讲解与融会这一环节的普遍缺失。陆世仪亦对当时的私塾教育不满，并对读书人接受教育的进程做过这样的规划：“自五岁至十五为一节，十年诵读；自十五至二十五为一节，十年讲贯；自二十五至三十五为一节，十年涉猎。”[2] 笔者在第二章中论及，明清时期科举人口的不断膨胀以及各级考试的低录取率使得读书人面临着激烈的竞争，由于人才流通渠道的壅滞，读书人从出考到最终入仕的时间跨度被明显拉大。或许正是因为这样的困境，那些具有强烈意愿而又有实力角逐科场的家庭往往倾向于更早地让子弟接受教育，尽早习时文、出考，通过前移节点和压缩进程的方式，减少应试时间跨度增大带来的不利影响，从而尽早实现猎取功名的既定目标。清人戴钧衡曾这样感叹：“自科举之法行，人期速效，十五而不应试，父

---

〔1〕（清）王筠：《教童子法》，《丛书集成初编》，上海：商务印书馆1937年版，第986册，第三页。

〔2〕（清）陆世仪：《陆桴亭思辨录辑要》卷四，《丛书集成初编》，上海：商务印书馆1936年版，第668册，第四十五页。

兄以为不才；二十而不与胶庠，乡里得而贱之。”[1] 此说虽有些绝对，但无疑反映出当时的人们对于教育的一种急功近利的普遍心态。因此，在求取功名心切的普通大众心目中，陆世仪这种具有理想化色彩的学习规划必然难以实现，仅有少数世家巨族和书香门第能根据教育本身的规律来规划子弟的学习进程。然而，那种功利化的教学进程设计却能得到塾师的实施和家长更多的认同。

童蒙在进入经学阶段的学习后，塾师常课的内容主要包括经义的系统讲解和诗文创作方法的传授。由于明清时期的经学教育主要以应试为目标，因而更多地被称作“习举业”，诗文创作被限定在八股文和试帖诗上，经书讲解及拓展阅读（即陆世仪所说的“涉猎”）则被边缘化。明代袁宗道尝记述自己青年求学时因学写诗（非试帖）而遭塾师训斥的生动事例，并由此论及当时读书人排斥举业以外其他学问的普遍现象：

> 一日，偶感兴赋小诗题斋壁，塾师大骂：“尔欲学成七洲耶？”吾邑独此人能诗，人争嫉之，因特举为诫。故通邑学者，号诗文为“外作”，外之也者，恶其妨正业也。至于佛、《老》诸经，则共目为妖书，而间有一二求通其说者，则诟之甚于盗贼。此等陋俗，盖余廿年前所亲见。[2]

这里所说的“诗文”，不包括试帖诗和八股文，而是清代人所云“诗古文辞”。塾师在经学教育阶段排斥除试帖、时文以外的文学创作的现象，在明中期以后就变得十分明显。这一文化现象屡屡见之于明清读书人的笔下，其根本原因乃在于科举考试对民间私塾教育的有效掌控。《儒林外史》中的学台周进在主持县试时，一位刚考完的童生请求面试自己的

〔1〕（清）戴钧衡：《味经山馆文钞》卷一《桐乡书院四议》，《续修四库全书》，第1545册，第581页下栏。

〔2〕（明）袁宗道撰，孟祥荣笺校：《袁宗道集笺校》卷十《送夹山母舅之任太原序》，武汉：湖北人民出版社2003年版，第165－166页。

诗词歌赋，周进便训斥他："当今天子重文章，足下何须讲汉唐？像你做童生的人，只该用心做文章，那些杂览，学他做甚么？"[1] 周进所说的"文章"即是指八股文，在周进看来，除了八股文之外，其他的都是务名不务实的学问。官方对于八股文的强调和对"杂览"的排斥，无疑会影响民间塾师所教和生徒所学。《歧路灯》中讲述阎楷送了谭绍闻几部书，引得几个新秀才前来围观："掀汉史的看见东方朔，说这是一个偷桃的神仙，却成了臣；掀唐史的看见李靖，说托塔天王，竟封了公。"[2] 小说家言虽难免夸张，但其所讽刺的应试士子由于专攻应试文体，导致历史知识浅陋的现象却是普遍存在的。袁宗道曾这样描述明代读书人学问的贫乏："士自蒙学，以至白首，箧书中惟蓄经书一部，烟熏《指南》《浅说》数帙而已。其能诵十科策几段，及程墨后场几篇，则已高视阔步，自夸曰奥博。而乡里小儿惮之，亦不翅扬子云。"[3] 总之，在浓厚的科举氛围笼罩下，读书人的知识结构往往为科举所限，似乎除了诵得几篇八股文外，已别无学问可言，出现"读书人不读书"的怪象。更为重要的是，塾师所教的童蒙正是塾师群体的直接来源，是未来塾师的后备力量，他们今日所学，多为明日所教，其蹈袭因循所导致的恶性循环不难想见。

但是，明清时期的塾师对举业课程的格外重视，是受科举考试制度裹挟的结果。应试教育背景下，教学的直接目标便是让学生顺利通过考试。从这个意义上讲，将塾师对教授内容的限定归咎于塾师，似乎有失公允。相对而言，清代学者中不乏认识更为客观者。如章学诚对举业课程和其举业师柯绍庚的认知在成年前后便有着巨大反差：

> 学诚不肯为应举文，好为诗赋……自命史才，大言不逊，然于文字承用、转辞助语犹未尝一得当也。先生慨然诲曰：文无今古，

---

〔1〕（清）吴敬梓：《儒林外史》第三回，第18页。

〔2〕（清）李绿园：《歧路灯》第九十六回，下册，第909页。

〔3〕（明）袁宗道撰，孟祥荣笺校：《袁宗道集笺校》卷十《送夹山母舅之任太原序》，第165页。

期于通也，时文不通，诗古文辞又安能通耶？学诚迷不悟，先生甚以为恨。……已而先君子罢县，贫不能归，因期学诚进取，学诚亦渐长，稍知人世艰难，反顾其业，未有可以应世用者，乃思先生之言，悔其晚矣！……惟童子塾中不知进学之益，则往往以师教为苦，为之师者亦不能以期望之殷使之谅也。迨至长有知识，能喻师教之意，然后知当日聚处，盖有足乐，惜其当境不及知尔。[1]

和袁宗道一样，章学诚在青年时期亦好诗赋、子史而排斥时艺，对塾师的教导置若罔闻。但是，章学诚在初尝人世艰辛后，很快认识到举业对自己的极端重要性，并为自己当初的“不率教”而惭愧。章学诚进士及第后，感恩于柯绍庚当年的谆谆教诲，四处寻找其下落，得知柯绍庚早已下世，章学诚追悔莫及。从章学诚对自己的反思来看，塾师对生徒举业课程的督促，何尝不是对学生的人生负责任的体现。即便是对举业师始终颇有微词的袁宗道，也不得不通过时艺获取科举功名，才得以走入仕途，可见“顺时而为”的塾师并没有袁宗道叙述的那般鄙陋不堪。

明清私塾教育以应试为主要目标，发展到极端必然导致投机风气的盛行，不但有家长暗中推动，不少塾师亦参与其中。明清塾师所参与的科场投机，大约可以分为三种。一是根据学政的个人喜好确定教授内容。如清代张澍少时从当时著名的塾师刘作垣受学：

会学使张桐门先生将按临，先生谓澍曰：“子熟《文选》，亦读律赋乎？”澍对曰：“未。”先生曰：“子急取律赋读之，学使至可考古也。”澍乃取家所有《新赋涌云》全部读之，六日而熟，请先生命题作之。……已而学使至凉，澍以幼童与试，名列第二。[2]

---

〔1〕（清）章学诚：《章氏遗书》卷十七《柯先生传》，第三六至三七页。

〔2〕（清）张澍：《养素堂文集》卷二十四《刘星五先生传》，《续修四库全书》，第1507册，第19－20页。

明清时期的童试及岁科两试中，学政对试卷具有最终裁定权，迎合他们的个人偏好往往是成功的捷径。一些经验老到、信息灵通的塾师常以此调整教学内容，让弟子从中受益。二是代生徒拟题押题。此种现象主要出现在明清时期的富有之家。顾炎武曾感叹："今日科场之病，莫甚乎拟题。……富家巨族延请名师馆于家塾，将此数十题各撰一篇，计篇酬价，令其子弟及僮奴之俊慧者记诵熟习。入场命题，十符八九，即以所记之文抄誊上卷……"[1] 此类现象于叶梦珠《阅世编》中也有记载。袁枚充江南同考官时，"县试童子周某，疑其文，侦之乃其师吕文光作也"[2]。由于"四书"和本经可出的题目有限，加之一些塾师精于揣摩，因而这种通过塾师押题并拟定范文的投机手法在清代并不少见。三是塾师枪替。枪替即代考，伴随科举考试而生。唐代以来关于枪替的记载很多，温庭筠便以枪替擅名，但塾师直接代替生徒考试，却是明清时期才兴起的现象。乾隆二十三年、五十七年出现了震动朝廷的塾师替考案。前者为塾师胡君治在东家的策划下，为其学生庭瑞（正黄旗童生）替考，学生入场后向场外传卷，由塾师代作，然后托人传进场内[3]；后者为江西兴国县塾师黄超扬为其学生刘昌新进场替考，为防年龄不符被查出，黄还特意剃须伪装[4]。此两次枪替案因攸关"端师范而正人心"，涉案者皆被按律重处，其中黄超扬被发配黑龙江，给披甲人为奴。塾师为帮助生徒猎取功名而进行投机式的教育甚至直接参与科场舞弊，无外乎为名为利之驱使，是明清师道沦丧的一个缩影，同样也是科举考试工具化和应试教育功利化背景下的特有现象。

---

〔1〕（清）顾炎武撰：《日知录》卷十六《拟题》，黄汝成集释，栾保群、吕宗力校点，上海：上海古籍出版社 2006 年版，中册，第 945 页。

〔2〕（清）方浚师：《随园先生年谱》，《北图珍本年谱丛刊》，第 98 册，第 956－957 页。

〔3〕《高宗纯皇帝实录》卷五百五十七，乾隆二十三年"二月庚辰"，《清实录》，第一六册，第 54 页下栏。

〔4〕《高宗纯皇帝实录》卷一千四百十七，乾隆五十七年"十一月辛酉"，《清实录》，第二六册，第 1066－1067 页。

第三节　塾师的自课与馆塾生活

塾师作为私塾教育的实施者，以课徒为本职工作，但课徒并非塾师馆塾活动的全部。明清时期虽不乏在科场上心灰意冷、得过且过、以教读糊口的“庸碌”塾师，但在“教馆本来是下流”的职业观念驱动下，仍有大量塾师不甘眼前的课徒生涯。翻阅明清文人年谱和日记可以发现，许多塾师在课徒之余多有“自课”行为，或复习备考，以待角逐科场；或从事学术、教育研究，著书立说；或吟诗作文，言志抒情。探讨明清塾师的馆塾生活，除日常课徒活动外，塾师课外的“自课”活动也应成为关注的重点之一。

一、塾师自课

明清塾师的自课活动大约可分三类：一是那些尚有激情、期望角逐科场的塾师，多在课余研经习文，以备科举；二是一些对功名较为淡漠或功名无望、以塾师为终身职业的塾师，多醉心学术，他们常在课余从事学术研究，阐发经义，或编撰蒙学、经学读本以惠后学；三是富于创作热情的塾师，多在课余进行文学创作，或借以言志抒情，或表达匡时济世的人生理想。

（一）塾师的举业自课

笔者在第二章中已论及，明清时期的塾师群体在身份构成变化上有一个明显的趋势，即随着时间的推移，生员、童生所占比重越来越大。大约在明中叶以后，生员与童生成为塾师的主要组成部分，而到清末时，童生等未进学的文士在塾师中所占的比例甚至超过了生员。在明清时期，生员与童生是科举考试中最庞大、最活跃的群体，他们有相当一部分来自中下层家庭，除非家境富裕，否则他们多会在应童试不中后甚至入泮后即加入塾师队伍中。这一群体多出于“救贫”和改变个人、家庭命运的目的而角逐科场，因此在充塾师以后，他们尚要经历一段较长的应试历程，研习举业成为他们日常教读之外的重要活动。

明清塾师的举业自课方式较多，最常见的方式是利用课徒之余自修。明清时期的童生、生员充塾师的动机，除了谋求生活之资以外，还有期望教学相长、借课徒之便以自修学业的考量。但从本章上一节的论述中可知，塾师的日常课读任务是颇为繁重的，若仅课徒三五人，塾师自由支配的时间虽稍显宽裕，但束脩必然微薄；若同时课读童蒙十人以上，日间已少有闲暇，须在课读之余利用休息时间进行自修。明末嘉定人黄淳耀十七岁（天启元年）成生员，十九岁开始授徒，二十六岁时坐馆云间，并拟定教学之余的自修课程以应考。“早起看《周易》一卦，看《史》《汉》及唐宋国朝诸大家文竟，再看古人语录廿则，坐香一柱。余工或作文，或写字，课有未竟，遂达旦不辍。”[1] 明清之际的黄如瑾因世乱辍学，十九岁以后边充塾师边自学以应科举，每日课读童蒙十余人，无一刻的闲暇，唯有待塾生放学后，才开始对案苦读，自学备考：

> ……偶于主人敝簏中检得《文定》《文待》借阅之，日间惟应蒙求，稍暇则苦志钻研……昼而睹记，夕而寻绎，奉为指南，始略晓门径焉。[2]

但即便如此辛劳，这些塾师仍然十分珍视繁杂课程后的片刻清净，专心备考。如沈阳张之汉家本业商，后家道中落，家产折债，张之汉二十岁时出为馆师，授徒洪庄。其在年谱中自述道：“既无力从师，又不甘坐废，乃浼老友王仲三觅得洪庄一馆……得以重温旧业，亦赖有此一席地也。”[3] 在多数情况下，这种全凭自修应考的塾师，多为家境贫寒的子弟。由于馆谷微薄，他们根本无力从师受学，单纯的自修应考，难以快

〔1〕（清）程树德：《黄忠节公年谱》，《上图珍本年谱丛刊》，第7册，第272页。

〔2〕（清）黄如瑾：《溧阳仙山黄劬云年谱》卷一，《北图珍本年谱丛刊》，第81册，第460页。

〔3〕（清）张之汉：《石琴卢主年谱》，《北图珍本年谱丛刊》，第188册，第690页。

速找到作文的门径，效率自然低下。那些经济稍宽裕的塾师，则多在授徒之余，走从或遥从高水平的经师学文，以期速成。“走从”一般为生徒每月定期前往塾馆接受经师的作文指导，称“会课”或“会文”。如经师课程定为每月二、八日作文，则走从的生徒只须二、八日到馆会文，并向塾师请教此一段时间内积累的问题，其余时间则以自学为主。例如，清代塾师陈作梅于二十岁（雍正十三年）入泮，次年即充塾师，并在教学之暇跟随其叔父学文。二十二岁会试不售，遂跟从当时的知名塾师刘方蔼学习《礼记》。二十三岁时，坐馆桐乡朱氏，同时自学试帖赋及五七言诗，计得百篇[1]。“遥从”多为双方通过书函往来实施教学，即所谓“邮呈”，生徒向名师请教，后者以“函授”的方式对学生进行指导。如晚清海盐人朱彭寿在童试入泮后、中举前的近十年间，先后以“邮呈”的方式跟从吴敦、徐士骈、钱明训、郑德璇等名师阅文[2]。这些通过书函等方式教授生徒的塾师，多是文名较盛的举人、进士，有的已经入仕为官。

明清时期的读书人热衷于参与和组织各种诗社、文会，有的是以文人唱和为主，有的则是为读书人应试而设。其时，习举业的塾师，除了闭门自修与从师阅文以外，加入以应试为目的的诗社、文会，定期会文也是重要的自课途径之一。这类诗社、文会常局限于小范围内的熟人圈子，成员定期聚会作文，并邀请有文名的长者主持和指正。如清代学者徐栋为诸生时，坐馆于京都张南冈家塾，即与诸同好组织文会，“会文者每次三四十人不等，得纵观诸名士文艺，并得诸名公指正焉”[3]。婺源人余龙光为诸生、充塾师时，为了研习举业，即重修湖山文社，“村中自前明已立文社……课日黎明，集诸生，肃衣冠，祀文昌、关帝及诸先达，然后扃门堂课。其平日有以文艺就正者，必立为点定，即席指陈

---

〔1〕参见（清）陈作梅：《第七泉居士年谱》，《上图珍本年谱丛刊》，第11册，第78－86页。

〔2〕参见（清）朱彭寿撰：《安乐康平室随笔》卷五，何双生点校，北京：中华书局1982年版，第255－256页。

〔3〕（清）徐栋：《致初自谱》，《北图珍本年谱丛刊》，第146册，第507页。

是非，尤以植根柢、认理法为诲”[1]。此外，随着明清时期的书院逐步官学化，清代大多数书院皆为官方主导，书院由纯粹的讲学场所演化为讲学、习举业兼备的教育场所，生员及童生之秀异者，均可考入肄业，因而肄业书院在清代也成为一些塾师修习举业的重要途径之一。如江苏武进人洪亮吉二十九岁时，于坐馆授徒的同时，还在扬州安定书院肄业[2]。太仓州王宝仁三十一岁时授徒于吴门朱氏，同时又在课徒之余肄业于紫阳书院，数年后，最终得以乡试中式[3]。再如徐世昌二十四岁坐馆授徒于项氏家塾，同时肄业大梁、游梁两书院[4]。此类例证在清代尤多，实难一一列举。

（二）塾师的学术研究与文学创作

明清时期的塾师，大约以课徒和自课应举为其教读生涯的主要活动，少数塾师以从事学术研究为主，授徒则在其次。他们在教与学的过程中，或在教学经验上有相当的积累，或有感于现有教材的不足，或对经学、理学有独到的见解，得之于心，行诸文字，便成为著述。

塾师在课余钻研学术、从事著述的情形在明清时期十分普遍，即便是那些以习举业、求功名为目的的塾师，也往往热衷于将个人的教学心得诉诸文字，形成带有较强学术色彩的成果，因而从事著述成为许多塾师文化生活的一部分。明清时的塾师在日常教学中接触最频繁的莫过于“四书”“五经”等儒家经典了，加之他们中的相当一部分人仍需长时间角逐科场，因而在教读的过程中形成的个人心得体会，往往构成他们的著述的重要内容，这些著作一般都带有一定的学术色彩。例如，晚清四川酉阳土家族学者冯世瀛在入仕前，曾长时间充塾师，并在授徒之余，他将教学心得转化为《耕余琐录》《雪樵经解》两部著述，洋洋数

---

〔1〕（清）余香祖：《黼山府君年谱》，《北图珍本年谱丛刊》，第151册，第393页。

〔2〕参见（清）吕培等：《洪北江先生年谱》，《北图珍本年谱丛刊》，第116册，378页。

〔3〕（清）王宝仁：《王宝仁自述行年纪略》，《北图珍本年谱丛刊》，第143册，318－319页。

〔4〕贺培新：《水竹邨人年谱》，《北图珍本年谱丛刊》，184册，第81－82页。

百万字，出版后受到当时主流学界的广泛认同。同时，一些塾师在教学中有感于现行教材的不足，因而专注于蒙学和时文读本的整理，或进行校注，或进行增订，有的甚至自编教材加以应用和推广。明清时期数量庞大的各类蒙学读本和八股文教材，多数是塾师在教学之余完成的。如明末清初安徽桐城人杨臣诤在明末时屡应童试不售，明亡后即弃举子业，以教读著书为事。杨臣诤认为明人萧良有所编蒙学读本《蒙养故事》太简，便在教学之余加以增补，改名《龙文鞭影》，成为清代的经典童蒙教材。清初山东潍县秀才李毓秀长期以创私塾、充塾师为业，在课徒之余，仿照《三字经》的模式，编定蒙学教材《弟子规》，成为清代中期以后蒙学必备教材之一。当然，明清时也有少数塾师不尚举业、醉心学术，他们的著述则体现出更为深厚的学养和更浓厚的学术色彩，如明代江西抚州人吴与弼、清代后期江苏长洲人陈奂即是其中的代表。笔者试以清代塾师李学侗、罗泽南、江永为例，简要比较其人生境遇和著述特点的差异。

表6　李学侗充塾师期间著述一览

年龄	馆地	著述
29岁	三官楼张大受家	《读史简编》
45岁	同巷宋卓午家	《读诗论略》
49岁	同里宋维屏家	《春秋集解》
54岁	北辛武村冀达堂馆	《课暇杂著》
55岁	北辛武村冀达堂馆	《易经汇说》《孟子略说》

文献来源：（清）李慎修：《家父年谱》，《北图珍本年谱丛刊》，第158册，第456－458页。

表7　罗泽南充塾师期间著述一览

年龄	馆地	著述
31岁	流南塘陈氏宅	《常言》，后改名《人极衍义》
32岁	流南塘陈氏宅	《悔过铭》
38岁	善化贺修龄宅	《姚江学辨》
39岁	善化贺修龄宅	《孟子解》

续表

年龄	馆地	著述
42 岁	左晖春斋	《小学韵语》
43 岁	左晖春斋	《西铭讲义》

文献来源：（清）佚名：《罗忠节公年谱》，《北图珍本年谱丛刊》，第 155 册，第 485－496 页。

表 8　江永充塾师期间著述一览

年龄	馆地	著述
41 岁	婺城汪勛西郊宜园	《礼书纲目》
60 岁	休宁程恂家	《金水二星发微》《七政衍》《权度》《恒气注历辨》《岁时消长辨》《历学补论》《中西合法拟草》
62 岁	休宁程恂家	《近思录集注》
73 岁	歙县西溪	《圣祖仁皇帝推步法解》
76 岁	馆于词源	《乡党图考》
77 岁	歙灵山方矩家	《律吕阐微》
78 岁	洪钟坦家	《古韵标准》《河洛精蕴》《四声切韵表》

文献来源：（清）江锦波：《江慎修先生年谱》，《北图珍本年谱丛刊》，第 92 册，第 2－8 页。

山西介休人李学侗、湖南双峰人罗泽南、安徽婺源人江永皆是清代长期以授徒为业的代表性文人，其中李学侗、江永甚至以塾师为终身职业。他们三人大抵代表了清代塾师几种主要的人生模式。李学侗一生角逐科场，渴望在科举考试上有一番作为，并进入仕途。令人遗憾的是，李学侗虽然有志于宦途，二十六岁入泮后，无奈科场蹭蹬，八应乡试而不售，以诸生终老，充塾师近四十年，六十三岁殁于处馆授徒之时。江永则与李学侗的志向相反，自入泮后即绝意进取，对仕途也没有任何兴趣，而是潜心学术研究。罗泽南与二人的人生大有不同。罗泽南十九岁时即开始授徒，三十三岁始入泮，四十一岁补廪，虽科场不顺，但其两度入主贵州巡抚贺长龄家塾，为其建立了通往仕途的社会关系网络。咸丰二年，太平天国运动蔓延至湖南，授徒于贺长龄家塾的罗泽南组织当地乡勇，守城有功，为时任湖南巡抚的张亮基奏保以训导归部铨选，次年即协助曾国藩编练湘军，由此脱离了塾师行业。正是由于人生定位或人生际遇的不同，导致他们在个人著述上呈现出了不同的特点。李学侗以科举为目标，又终身以授徒为业，因而其著述与教学中的“讲书”关系颇为密切，多集中于书、经的通释，是李学侗在充塾师授徒期间的教学经验总结，这种著作更像是钻研举业和授徒的“副产品”。而江永由于没有举业的牵绊，其学术研究则更多地以个人兴趣为出发点，他的学术著作更为精专深奥，具有更强的纯学术色彩。与两者相比，罗泽南的著述则更多地倾向于理学，且注重格物致知与学以致用，或许正因为如此，他才可能抓住镇压太平天国运动所带来的人生机遇，在两年内完成了从塾师到军事领袖两个看似毫不相干的角色之间的转换。

塾师于授徒之余从事文学创作，在明清时期是一种极为普遍的现象。科举考试发展到明清时期，事实上已对绝大多数普通男性民众开放，这种开放性带来的是参与科场角逐的士子的爆发式增长，这是造就明清时期庞大文人群体的教育文化基础。在这一时期，文人群体或多或少地都会进行文学创作活动，包括明清文人口中的“诗古文词”以及小说、戏曲等。普通文人进行文学创作，在清代尤甚。

在古代诸多文学样式中，诗、文等“雅文学”具有古老的传统和极为独特的地位，因而明清文人对诗文创作的参与热情最高。对于诗歌的功能，早在先秦时期就有“兴观群怨”说，明清文人对诗歌在抒情言志、书史纪事、匡济讽谏、人际交往等方面的作用有更深层次的认识。明清时期，大多数以教读为业的塾师都是终身未能踏入仕途或中途脱离官场的文人，他们无论是在情感抒发、个人史的叙述，还是在寻求文化身份认同上，都有较强烈的需求，而诗文创作是一种很好的方式。例如，清代的许多塾师都倾向于“以文会友”，组织文会，建立诗社，在精神上寻求群体的认同。同时，他们多将个人的诗集当作记录人生轨迹和心灵旅程的基础文本，以期流传后世，期望自己不至因“功名不就”而湮没于历史的烟尘中。此外，明清时期是小说、戏曲等文学样式全面兴起的时期，不少塾师也参与到这些文学样式的创作中。例如明代后期的江西人邓志谟，长期坐馆于福建建阳余氏，并在教学之余创作了前无古人的《七种争奇》，以及通俗小说《铁树记》《飞剑记》《咒枣记》，传奇《五局》等。又如蒲松龄，在充塾师教学之余，广泛搜集民间鬼怪故事，通过自己的加工润色和编辑，汇成一部洋洋大观的《聊斋志异》。

明清时期究竟有多大比例的塾师参与了文学创作，实已无法精确统计，但我们仍可在一定范围内进行不完全统计和粗略的观察。以柯愈春所编《清人诗文集总目提要》为例，笔者据叙录的介绍初步统计，主要职业身份为塾师的作者有500人左右。事实上，据笔者观察，《提要》所列诗文集作者中，具有塾师经历的人要远远多于此数，只不过该书为别集提要目录，作者生平介绍并非主要内容，而作者职业身份更非其介绍的必有内容。这些塾师别集的主要内容与其他文人相比，并无明显的区别，但其中有大量表现其馆塾生活的诗歌，却是一个较为突出的特点。

二、塾师的馆塾苦状

明清时期的塾师，不仅肩负着教授生徒的责任，而且多还要利用课余自修应考。事务的繁杂，直接导致身体的过度消耗；科场的失意，带来一系列的精神上的负担。对于处馆塾师而言，无比清苦的馆塾生活，让他们切实地感受到寄食于人的卑下感。从整体上看，塾师群体的心境是孤寂而黯淡的，他们的作品往往浸染着灰色的基调。

（一）身心之煎熬

1. 身体消耗

从上文关于塾师课徒与自课活动的相关论述来看，明清时期塾师的日常教学安排通常从清晨持续到夜间，一对一的个别教授使得塾师不得不进行高强度、低效率的劳动。塾师的课徒任务已显得繁重，若生徒较多，则必然会进一步压缩塾师的休息时间。如清初张履祥充塾师授徒时，十余年未曾安枕睡觉："壮岁馆甑山钱氏，徒亦众，每夜必更三四番轮侍，而某则未尝寝也。将晓或倦，则隐几片时，或作文一首，率以为常。”[1] 同时，塾师或有意角逐科场，或沉潜于学术，在教学之余尚须耗费相当的时间与精力用于自课。从总体上看，明清塾师是一个十分辛劳的职业群体。

表 9　关蔚煌入泮前的课徒与自课经历

年龄	馆地	自课活动
21 岁	鳌洲李家	从梁晋瑛师附课；肄业羊城、粤秀两书院；应童试不售
22 岁	龙尾导梁家	与同人结诗社
23 岁	同上	从梁黼臣师附课；应童试不售
24 岁	同上	与同人十余人结青钱社课文
25 岁	同上	从冯湘师附课；课文于青钱社
26 岁	同上	从冯湘师附课；课文于青钱社；应童试不售
27 岁	同上	从冯湘师附课；课文于青钱社；著《易经集解》《论语集解》
28 岁	未开馆	与同好二十余人结励修社课文；肄业西湖、三湖、羊城、粤秀、菊坡等书院；应童试不售
29 岁	龙溪	入南海县学

文献来源：（清）关蔚煌：《慎独斋七十年谱》，《北图珍本年谱丛刊》，第 181 册，第 360－363 页。

上表展示了清代番禺童生关蔚煌在充塾师后、入泮前九年间的课徒与自课活动，他在课徒之余，几乎尝试了应试者所有的自修方式。关蔚煌是一个对功名颇为执着的读书人，平生六应童试方入学，八应会试而不售，在课徒与自课应考中终其一生。事实上也正是这种对功名的执着，使得他的课业显得十分繁重。关蔚煌的教读与应试生涯在明清时期的读书人中具有相当的代表性，可以看作是塾师典型人生模式的缩影。

由于多数塾师本身的课徒任务繁重，他们在日间并无较多的闲暇时间用于自课，这就使得他们必须挤压和利用更多的课余时间，而这种课余时间多半为夜间放学后、早间开课前。如清人王懿德为诸生时，以舌耕糊口，生徒二十余人，除了繁重的课徒任务外，还要苦读应考：“口讲指画，日无暇晷。黎明起于诸生未来之先，为诗、文各一首，夜课毕

[1] （清）姚夏：《张杨园先生年谱》卷一，《北图珍本年谱丛刊》，第 70 册，第 18 页。

于诸生既去之后，读经史、古文、时艺，夜分不辍，膏火不足，爇香代之。”[1] 安徽六安人涂宗瀛一家三代皆以塾师为业，其祖父六十岁时尚应童试，终不获一衿。其父为童生时，日间以训蒙为事，夜间则抓紧时间自课：“夏夜蚊盛，坐帐中，隔帐燃一灯读书；冬夜恶睡，折纸握掌中，爇其尾，火及指痛而醒，则复读。”[2] 江苏阜宁人裴荫森为诸生时，长期困于乡试，其为塾师，“日课生徒，夜自下帷诵读，倦即伏几假寐，恒不寝于榻，偶一就枕，絮衾结处已蛛网尘封矣”[3]。与前文所述张履祥十年未安枕的情形类似。山东掖城人吕海寰十七岁即充塾师，其在年谱中自述为童生时昼夜攻苦的情形云：

> 应县试第十七名，甚为吾父所责，愧悔之至，遂肆力于制艺、试帖，昼夜不敢少懈，冀以博高堂之欢心。每日早晨作文一篇、诗一首，自三月起至六月，无一日间断。东家每日只灯一盏，满贮油，然仅到半夜即告竭矣，余遂晚间十钟以前不点灯，默诵制艺四十篇，然后点灯，读文看书，恒至鸡鸣为限。黎明以前即起作文一篇，天始亮，学生亦即到齐，整理学生功课，故自己用工全在夜间也。[4]

生员和童生是明清塾师群体的主要组成部分，他们同时又是科举场域中最为活跃的群体。塾师除课徒外，尽可能多地挤压课余时间（尤其是压缩夜间睡眠时间）用以自修已成为他们的教读生涯中不得已的选择，日间课徒、夜间篝灯自课似乎可以看作是明清塾师的一种十分常见的生活方式。有学者曾专文讨论过明代士人的睡眠时间，认为明代的学术官僚、普遍士人、理学家、文人皆有夜读的传统。明初士人夜读时间一般

---

〔1〕（清）王家勤：《王靖毅公年谱》卷一，《北图珍本年谱丛刊》，第149册，第586页。

〔2〕（清）涂宗瀛：《涂大司马年谱》，《北图珍本年谱丛刊》，第160册，第150页。

〔3〕（清）裴士骐：《裴光禄年谱》，《北图珍本年谱丛刊》，第165册，第512页。

〔4〕（清）吕海寰：《吕镜宇自叙年谱》，《北图珍本年谱丛刊》，第180册，第49－50页。

以二更为限，而随着科考竞争越来越激烈，明中期以后的士人面临沉重的压力和内心的焦虑，因而夜读多至三更，以先起后眠相标榜[1]。可见挑灯“夜课”自明代以来确已成为应试士子一种普遍的生活方式，而塾师群体中的相当一部分由于既要课徒，又要自课应考，这使得他们成为明清时期以牺牲睡眠的方式来苦读应试的士人中最突出的一个群体。

深夜课读本身是一种有悖生理常规的行为，它潜藏着危害健康的诸多可能性，这一点古人已有清醒的认识。如晚明学者谢肇淛曾云：

> 夜读书不可过子时，盖人当是时，诸血归心，一不得睡，则血耗而生病矣。余尝见人勤读，有彻夜至呕血者。余尝笑之。古人之读书，明义理也；中古之读书，资学问也；今人之读书，不过以取科第也，而以身殉之，不亦惑哉？[2]

在谢肇淛看来，因科举考试而夜读伤身，实在是一件不值得的事。这一观点从大的方面说，无疑是非常有见地的，但是，对期望以科举改变命运的普通读书人而言，无疑又是缺乏说服力的。普通应试举子尚且需要彻夜苦读，明清塾师由于日间需要课徒，夜间自课呈现出的超负荷状态就不难想见。事实上，也正因为如此，在明清人的记载中，塾师最常见的“职业病”如病目、失血症、怔忡等，都与他们超负荷的教学活动和深夜苦读的过劳的生活方式紧密相关。目疾是古代读书人最常见的健康威胁，明清文献中对此的记载俯拾皆是，而塾师则因昼夜攻苦，受目疾之害尤为严重。如清人夏之蓉为诸生时充塾师，为应乡试，“纵观古人之书，积勤至疾，鼻血涌出，左目不见物，调息月余乃愈”[3]。阳湖

---

〔1〕 参见张艺曦：《明代士人的睡眠时间与睡眠观念——关于睡眠史的初步研究》，《明代研究通讯》第五期，第35－55页。

〔2〕（明）谢肇淛：《五杂组》卷十三《事部一》，北京：中华书局1959年版，下册，第373页。

〔3〕（清）夏味堂：《检讨公年谱》，《北图珍本年谱丛刊》，第96册，第465页。

人李兆洛为诸生时授徒于家塾，由于生徒众多，堂室常常满座，加之夜间自课过于刻苦，“披吟更深，两眼昏涩，则以冷水沃面复读，时时害目，用医者说，饮猪胆汁则愈，其物至寒苦，亦不避”[1]。又如清代江苏学者余萧客处馆吴门时，因昼课徒、夜览群书，以致目力亏损，不见一物，后因眼疾加剧，回乡课徒，与乡中另外一位有目疾的塾师（孝廉江筠）同时被称为“盲先生”[2]。这种半怜半谑式的称呼，对塾师而言，实在令人心酸。一般来说，这种目疾是用眼过度或不健康的用眼习惯所导致的，而塾师常昼教夜读，加之夜晚光线不足，长时间的阅读必然对眼睛造成损害。除眼疾之外，失血、怔忡也是明清塾师常患的职业病。清代蓉湖柳荡塾师刘钟璜为诸生时，对自身角逐科场的期望很大，因而在教学之外，常日夜攻苦，自修应考：

> 先生之教弟子勤恳善诱，口讲指画，终日亹亹，又以其暇自温理所业。闻鸡鸣，披衣坐榻上，默诵“五经”及当意文艺，待群弟子兴，日以为常。……既屡荐不售，益发愤，志必得。值壬子大比，虽占毕猥烦，犹自课如少年时，心力不给，素有咯血，疾发遂剧。已迫试期，度不能赴，叹惋泣下，比易箦时，口中喃喃作场屋中语焉。[3]

咯血是古代读书人极易罹患的病症，多因苦读所致。据刘钟璜墓志铭所载，刘钟璜困于乡试时，“日夜纂述经传及诸子、小学书，欲自为一家言”[4]。可见其在充塾师时，在教学之余除自课应举外，耗费了不少精力在个人著述上，他的咯血之疾，也正是这种长期的积劳所致。清代学者叶葆曾述其父弢甫先生为塾师时，屡应童子试不售，“父体素弱，

[1] （清）蒋彤：《武进李先生年谱》卷一，《北图珍本年谱丛刊》，第131册，第14页。

[2] 参见（清）江藩：《汉学师承记》卷二《余古农先生》，第31页。

[3] （清）李兆洛：《柳溪先生时文序》，《蓉湖柳荡刘氏宗谱》卷八，《中华族谱集成》（刘氏谱卷），第三册，第200页下栏。

[4] （清）左辅：《柳溪刘君墓志铭》，《蓉湖柳荡刘氏宗谱》卷七，《中华族谱集成》（刘氏谱卷），第三册，164页。

又以教读积劳，成怔忡，证发辄通宵不寐”[1]。其父数年后即病逝。清山阴人周钺以诸生充塾师，“素患失血，怔忡间发，撞胸如杵臼。少差，犹为诸生娓娓讲说，曰：‘吾不敢食焉而怠其事也’”[2]。怔忡是一种阵发性心脏剧烈跳动的病症，发则心动悸跃，不能自主。前文论及的吕海寰以童生充塾师，因夜以继日地课徒与自课，“不料用太猛，往往见太阳即觉昏晕，心内发烧，盖心血不足之故”[3]。清人叶文照为诸生时家贫，以授徒为业，“昼督馆课，夜乃自课，恒达旦不寐。每应试被放，辄哭泣数日，目为之肿，常云：‘若得登科录中题名，虽死何憾！’竟以力学得疾，卒年未及三旬。其友徐瘦生茂才照挽之云：‘一生只为名心死，六极惟将恶字除。’”[4] 此处所谓“六极”特指中医所谓血极、筋极、肉极、气极、骨极、精极六种劳伤虚损的病症。从传统医学的角度来看，失血、怔忡等症皆由气血不足导致的脏腑功能衰退所引发。现代医学认为，心脏活力的降低会引发“心力衰竭”，血液输出无法满足肌体的需要，导致肺循环瘀血、体循环瘀血。上述失血、怔忡等塾师常患病，正是“心力衰竭”的典型症状，而这种症状又多是过度的脑力劳动及缺乏休息直接引发的。

2. 精神煎熬

当然，塾师繁重的课业和超负荷的学习活动所带来的不仅是身体的消耗，还有更为严重的精神焦虑。明清时期以生员和童生为主体的塾师虽以课徒为谋生手段，但同时又必须为自身的科举之路积蓄能量。不幸的是，在竞争日趋激烈的考场中，他们中的大多数不得不面对屡困棘闱的现实，家境稍好者或可宽心度日，而那些家境贫寒、必须以功名改变家庭和个人命运的塾师，不得不在屡次的科场失意中承受巨大的心理压

---

[1] （清）叶葆：《跛奚年谱》，《北图珍本年谱丛刊》，第122册，第280－281页。

[2] （清）杭世骏：《道古堂文集》卷四十四《文学周汝盘墓志铭》，《续修四库全书》，第1426册，第629页上栏。

[3] （清）吕海寰：《吕镜宇自叙年谱》，《北图珍本年谱丛刊》第180册，第50页。

[4] （清）陆以湉：《冷庐杂识》卷四《叶杏楼》，崔凡芝点校，北京：中华书局1984年版，第217－218页。

力和精神煎熬。

明末嘉定塾师黄淳耀于十年内数应乡试不售，倍感压力，其在自述中不无伤感地说：

> 吾父虽不业农，然一家之事萃焉，其劳甚于为农。吾读书本为荣亲，今反贻亲以忧，是尚得为人子乎？……求田问舍，烈士所讥，而学者治生，先儒不鄙，未能济世，岂可累亲？……来岁一年亦燃眉之时矣，癸酉一科，不蜚不鸣，何以慰父母，何以谢亲戚？功名虽身外物，学道人看之甚轻，我今看之甚重，其势然也。[1]

黄淳耀的压力来自两个方面：一是科场失意，非但不能显亲扬名，而且还让父母无比辛劳，自己无力分担，于心难安；二是读书人寄人篱下，以教读糊口，为人所鄙薄，于气难平。但是黄淳耀清醒地认识到，解决问题的关键还在于博取科举功名，他直言对科名的看重，并在以后的时间里为之拼搏，直至进士及第。明末人堵胤锡的父亲堵维常一生困于乡试，以授徒为业。据堵胤锡年谱记载，堵维常每每深夜不寐，抚床而泣。一次，堵胤锡夜半醒来，怪而问之。堵维常曰："而大父母教育予者数十年，予亦锐志攻苦，今且就衰矣，白发在堂为有限，而两母复中道析，予潦倒如此，何以慰存没后先之志乎！心惊钟漏，百怆具来，是以悲耳。"[2] 将获取功名看作光耀门楣和践行孝道的重要方式和表现，是传统社会中一种根深蒂固的观念，而明清时期随着农、工、商贾阶层子弟全面参与科场角逐，这种观念在当时的整个社会中有着更广泛的影响。堵维常之"悲"，与其说是对自身蹭蹬困顿的难以释怀，毋宁说是对自己即将成为一个"不肖子孙"的愧疚与自责。堵胤锡自幼受到父亲的触动和熏染，对"功名"格外渴望，甚至不惜铤而走险，以聚众"哗学"的极端方式获取童试入泮的资格。堵胤锡十一岁丧父，

---

〔1〕（清）陈树德：《黄忠节公年谱》，《上图珍本年谱丛刊》，第7册，第274－276页。
〔2〕（明）堵胤锡：《堵忠肃公年谱》，《北图珍本年谱丛刊》，第62册，第367页。

入泮后即充塾师，以教读糊口。其在二十七岁、三十岁时，因科试录遗不取，两次失去乡试资格后，愤懑不已：

> 予既被遗，无赖宋氏北翔复蹶于童子试，相挈至浦君襄家，放浪湖山为乐。每遇酒酣兴发，辄裸裼狂叫，或辩难蜂起，或危坐促膝，耳语喁喁，不可解者久之，遂相抱大恸，恸已复叫。如是半月，意尽言归。归复病疟，逾月强起，则北翔去世已十余日矣，予不知也。[1]

堵胤锡之陷于癫狂状态，足见其在科举考试中承受多么大的精神压力。直到七年后进士及第，方得以一泄数十年的抑郁难平之气。

长期的精神压力，有可能给塾师带来更为严重的精神疾病。清末四川酉阳土家族文人陈宸，未成童即受到四川学政杨秉璋的激赏，拔入府学，年十五食饩，二十余岁时，又得王闿运青睐，被拔入尊经书院肄业。此后近三十年，大都寓居成都，以处馆授徒为业，其间十一次应乡试落榜。光绪二十一年，陈宸因馆事不顺，加之乡试不利，抑郁寡欢，遂患癔症。“竟于某某居停席间忽发狂易……当病剧时，谓凡风声水声鸟语声，率皆詈我骂我嘲笑我。必不得已，惟杯中物略可解嘲，故虽穷日夜饮，不醉也。然以是伤目，五十以后，几类盲人。”[2] 从其弟陈宽的记述来看，陈宸之患病，是由多方面的原因造成的：受到激赏与功名不遂，必然使其产生巨大的心理落差；馆谷谋生时受人白眼或嘲讽，进一步刺激其敏感的内心，最终造成了严重的精神疾病。但是，造成这种后果的主要原因，无疑是长期的科场失意。清代士人童以谦以塾师终其身，其子童世亮、童世京亦以课徒为业，兼自课应考，后来童世亮、童世京先后皆因课业过重、压力过大而致精神失常。“亮儿之病，由勤读致之。时文则宗天、崇、国初，朝夕捧读；又购《皇清经解》《十三

[1]（明）堵胤锡：《堵忠肃公年谱》，《北图珍本年谱丛刊》，第62册，第392页。
[2] 陈宽：《埙篪集》卷首《伯兄子骏家传》，成都：福民公司民国二十四年（1935）铅印本，第七页。

经注疏》、前后《汉书》《经籍纂诂》及各种经史，悉心研究，以为功名可唾手得，诸友皆目之为书痴。"[1] 劳累过度，加之精神压力过大，童世亮在参加乡试后，未及考试结果揭晓即病情恶化，"飞砖掷瓦，登屋狂呼，逢人敲击，不问尊卑"[2]。十年以后，其弟弟童世京长期困于童试，牢骚忧虑，遂致成疾，与童世亮的病症如出一辙。又如清末李庆辰《醉茶志怪》中讲述了一个科场失意、家道中落的山东陶姓生员，客居天津以开私塾教读为业，因学生顽皮难教，便以虐待学生的方式进行发泄。小说以"邪魔上身"概括该塾师的反常行为，并以这一情节解释其父辈"贪婪吝啬"引发的善恶果报[3]。但若剔除其"志怪"的成分，仅就陶氏塾师个人经历进行分析，这是典型的古人所谓"以书斋为报仇地"，实质上是因科场失意导致的在教学活动中的心理扭曲和精神异常。

上述堵胤锡父子及童以谦一家作为数代以塾师为业的家庭，其角逐科场的经历虽显得有些异于常人，但明清塾师在课徒与自课的繁重课业下，长期面临身心消耗和"青天万里在何处，十年空对槐花黄"[4] 的失落感却是不争的事实。清代流传着一则关于塾师的笑谈，塾师与五位弟子一同应试，五位弟子先得到中式消息，俱喜出望外，哗然一堂，被塾师训斥："功名亦分内事耳。年少得意，意气遂尔骄矜，何无涵养至此！"[5] 次日捷报至，塾师以第一名的成绩中式，师虽故作从容，仍在忙乱中出糗，错穿鞋袜，为弟子所笑。这则笑谈意在表现塾师面对功名时的惊喜欲狂甚于弟子，从中透露出的正是此塾师长期的精神压力被瞬间释放后的失控状态，与《儒林外史》中范进因中举而发疯何其相似！

---

〔1〕（清）童以谦：《拗卢氏自编年谱》，《北图珍本年谱丛刊》，第179册，第33－34页。

〔2〕（清）童以谦：《拗卢氏自编年谱》，《北图珍本年谱丛刊》，第179册，第34页。

〔3〕参见（清）李庆辰撰：《醉茶志怪》卷三《钱龙》，高洪钧、王淑艳点校，石家庄：河北人民出版社1988年版，第163－164页。

〔4〕（明）启蒙子：《屈屈赋》，（明）李贽辑《开卷一笑》卷一，第十一页，《明清善本小说丛刊初编》第六辑。

〔5〕（清）青城子撰：《亦复如是》卷二《师弟同应试》，于志斌标点，重庆：重庆出版社1999年，第38页。

（二）生活之清苦

明清时期的塾师主要有开门设帐与应聘坐馆两种从业方式，但开门设帐不但要求塾师有足够响亮的声名以吸引生源，而且还须具备一定的物质条件。对多数塾师而言，应家塾、义学、村塾之聘，坐馆授徒显得更为经济和便利。再者，多数家境宽裕的家庭并不愿意让低龄童蒙附学他处，他们更倾向于自辟家塾，延师课子。因而从整体上看，明清时期的塾师应聘坐馆授徒的情形更为普遍，而坐馆授徒的塾师除了课徒与自修课业外，往往要面临全新的馆塾生活。

坐馆塾师首先要面临的是食宿等生活问题。明清时期的坐馆塾师多宿于馆内，而饮食有两种解决方式：一是由馆东供馔，合请的塾师则由家长轮流供馔；二是由馆东或家长凑集薪水、粮食，塾师自爨。一般来说，馆东供馔或家长轮流供馔的情形更为普遍。明清时期，民间虽普遍有尊师的传统，但师之“尊”多是体现在礼仪上的，至于束脩之多寡，供馔之丰俭，则有较大的个体差异。一些书香或富足之家不但对塾师礼遇有加，而且在衣食住行等日常生活方面也格外关照。如张履祥曾坐馆菱湖丁友声家，“友声饶于赀……供膳过丰，先生对案不食，命减馔，因劝友声赈恤乡里”[1]。清末包天笑初为塾师时，馆于缙绅张检香家，张家对塾师十分优待，不仅卧具精洁，而且供馔极丰，以至于家中厨师每餐必来询问，报出菜单让包天笑点菜，而且会根据包天笑的用膳好恶调整膳食结构[2]。

然而这样既富有又厚遇塾师的家庭毕竟不占多数，明代《笑府》《广笑府》、清代《笑林广记》等笑话集中有关于塾师的笑话数十则，其中相当一部分是描述东家吝啬、塾师馆餐粗劣的。蒲松龄为清代著名的塾师，其在《闹馆》中如此描写东家为塾师提供的食宿条件：

---

〔1〕（清）姚夏：《张杨园先生年谱》卷一，《北图珍本年谱丛刊》，第70册，第24页。
〔2〕参见包天笑：《钏影楼回忆录》，第127－128页。

春来苜蓿牙尖饼白饭……夏来马踏菜自来就酸……秋来蔓菁菜煮的稀烂……冬来萝卜片亦可入盘。……小村庄无有许多铺盖，况我是贫寒家甚是作难，有一床破被子又窄又短，土炕上无有席半截破毡，也无有压脚被衣服几件，要枕头自己找一块破砖。[1]

此种描述看似夸张，但在明清众多的乡野村塾中，这恐怕算是坐馆塾师比较普遍的食宿待遇了。清代另有一则关于塾师的笑谈云：

有馆师《咏薄粥诗》云："撮米烧成粥一瓯，北风吹去浪悠悠。手持好似菱花镜，照见楼台在上头。"方自吟哦，一丐者闻之，进曰："诗则佳矣，然撮米一瓯，不为薄矣，宜改'撮米'作'粒米'；食粥时，未必适遇北风，宜改'北风'为'鼻风'；食薄粥处未必有楼台，宜改末句作'照见须眉在里头'。"师大惊，问曰："汝有此才，何不去作馆师，而乃行乞耶？吾当荐汝。"丐者蹙额谢曰："慎勿！慎勿！吾惟不愿吃薄粥，故宁丐耳！"[2]

对馆塾生活清苦的描述不仅多见于通俗文学，在诗歌等严肃的"雅文学"中亦十分常见。如清代塾师高一麟《立雪嘲》云：

游杨立雪时，伊川瞑目坐。非是瞑目坐，体肤冻且饿。馆谷无半粒，风掀鹑衣破。偏值严冬天，雪片如许大。皋比冷似冰，股僵难升座。禁口经不谈，岂曰师之过？[3]

《四益堂示从学诸子》亦云：

---

[1] （清）蒲松龄撰：《蒲松龄集·戏三出·闹馆》，路大黄整理，上海：上海古籍出版社1986年，上册，第814－815页。按：尖饼，疑作"煎饼"；马踏菜，疑作"马蹄菜"。

[2] （清）徐时栋：《烟屿楼笔记》卷七，《续修四库全书》，第1162册，第646－647页。

[3] （清）高一麟：《矩庵诗质》卷二《立雪嘲》，乾隆高氏刻本，第五页。

> 三冬磨冷砚，砚冷层冰结。朔风破纸窗，手纹冻且裂。欲试屠龙技，匣中无尺铁。虎茵日以穿，膏火日以竭。可笑杨龟山，城门犹立雪。[1]

这两首诗中，高一麟将自己比作程颐，前一首诗对“程门立雪”的典故加以发挥，认为程颐瞑目而坐是因为冻饿所致，既不能升座，更无法讲经。后一首诗则更为直白地描述寒冬教学的艰苦。揣摩作品的言外之意，应当是高一麟以调笑的口吻要求改善塾舍教学条件，这正好从中透露出了塾师教学条件之艰苦。

文学作品难免夸大其词，但明清时期的各类文献中关于塾师的记载大量地出现坐馆塾师饮食、住宿条件艰苦甚至恶劣的内容，想必不是毫无根据，而是对塾师带有一定普遍性的馆塾生活现状的反映。当然，这些笑话所涉及的塾师多为乡村蒙师，东家或为普通乡民，或为以“俭”持家而致富的中小地主。在明清人的传记资料中，传主凡有延师的经历，似乎无不以饮食“必丰且洁”之类的词来彰显其对塾师的尊崇。但在现实生活中，由于物质条件的限制，多数普通乡民事实上难以做到这一点；而那些以“俭”积财致富的馆东，其固有的持家观念，在对待塾师的日常生活上也必然有所体现。

（三）心境之孤寂黯淡

坐馆塾师馆塾生活的清苦，除了塾馆食宿条件的艰苦外，还体现为远离亲友的孤独寂寥和身世沉沦的凄凉之感。明代浙江人徐渭充塾师时，曾向友人寄诗抒发自己馆塾生活的寂寥之苦：“能得几回春，匆匆滞此身。一江书易寄，连月性难驯。买药独行市，敲门暂访人。几时束书卷，来伴钓鱼纶。”[2] 清人殷葆诚如此描述自己为童生时充塾师的

---

[1]（清）高一麟：《矩庵诗质》卷二《四益堂示从学诸子》，第九页。

[2]（明）徐渭：《徐渭集》卷六《授经馆中怀江东诸同志》，北京：中华书局1983年版，第一册，第204页。

"青毡况味"："最无聊者，学生归后，未寝之前耳，余幸有附徒一人，相与作伴……然又无可与谈，空屋三楹，阒如古寺，师徒相对，直如苦行头陀。"[1] 明清时期的乡间私塾多有以庙宇、祠堂为塾馆者，这些本属人迹寥寥的清冷之地，"白日三餐饭，黄昏一盏灯"的馆塾生活，在为生计而客居他乡的塾师眼中，不免平添了一层孤苦、冷寂的色彩。

这一点在明清之际的诗人、塾师刘命清身上显得尤为突出。江西临川人刘命清为明末诸生，鼎革之际，南明曾征辟其入史馆，辞而不就，回曰："吾以诸生丁闯难，一隐足报君父耳。"他在入清后不事科举，辗转于江西、安徽、湖北等地，以充塾师教读为生，曾较长时间处馆于施闰章家塾中，教其子侄辈。作为典型的明代遗民，刘命清在教读之余，面对时光流逝时，一种百端交集、难以释怀的孤苦心境时常流露于作品之中。刘命清《独馆》四首、《暮馆》《夜馆》《秋馆》二首、《由丁馆迁郭馆》《萧江馆夜雨》二首、《十灯诗》《广十灯诗》《灯花》《斥镊》二首等诗歌，均为其在教读之余叙写馆塾生活的作品，诗中大量出现镜、灯、雁、雨等意象，传达出其对孤寂心境的深刻体验。如其《独馆》（其一）云："草上露光珠冷，山边月色烟浮。孤况何方最甚，寂寥人畔深秋。"[2] 该诗主要叙写教读散馆后，深秋夜阑时，他人皆得归家，自己却一人独处，无比孤独的凄清之境。他的文集中此类诗作甚多。除孤独寂寥之外，在作者笔下，处馆授徒还有对时光流逝、韶华不再的感伤。如《斥镊》（其一）云：

> 无心朝引镜，素髭烂若银。陈根宜急拔，逗晚滑于鮸。未曾经点染，便尔欲逡巡。区区徒有此，敢傲少年人？[3]

作者于诗后补有自述，大意为：自己刚成年即以授徒糊口，彼时常担心

---

〔1〕（清）殷葆诚：《追忆录》，《北图珍本年谱丛刊》，第186册，第579页。

〔2〕（清）刘命清：《虎溪渔叟集》卷二《独馆》（其一），康熙三十八年刻本，第二十四页。

〔3〕（清）刘命清：《虎溪渔叟集》卷一《斥镊》（其一），第二十六页。

须发未白，没有“老师”的威仪，如今须发苍白，反嫌而欲拔，奈何总也拔不掉。这种对白须华发由“望”到“嫌”的心态转变，折射出的是对青春流逝的无比感慨。当然，对韶华不再的感慨，是许多诗作中共有的情感，但对作为前朝遗民的刘命清而言，背后却隐藏着更深层的人生焦虑。试看他的《灯花》一诗：

细雨下亭幽，衾寒梦不留。檠烧蜡泪满，焰吐锦花稠。望喜知非分，排愁或有由。客窗相对此，心绪转惙惙。[1]

该诗直把自己比作“灯花”，“蜡泪满”“锦花稠”喻辛勤教学以作成生徒之意，“望喜知非分”意为希望学生在科场角逐中取得好成绩，但又生发出功名非自己所有的矛盾心境。这种心境，本质上仍是“为他人作嫁衣裳”的不甘与伤怀。联系刘命清在鼎革之际拒绝南明的征辟可以想见，他在入清以后不应科举，并非因为对新朝不满，而是在履行自己拒绝任职南明时，作为交换条件而做出的隐居以报君恩的“承诺”。履行这个承诺的代价便是，自己的才华和抱负在岁月的流逝中消磨殆尽，一事无成，而授徒所带给他的，却是生徒应试的捷报对他一次次的“刺激”。这正是刘命清在充塾师教授生徒时，充满矛盾心理的根源所在。

与刘命清之类的前朝遗民相比，生长于清代、对功名充满热望的塾师在心态上则显得更为复杂。除了处馆授徒的孤独寂寥之外，他们还面临生活困顿、青春流逝、功名不就等多重困境，这往往让他们的陷入人生“失败者”的焦虑之中，给他们的教读生涯笼上了一层极为黯淡的色彩。以清初河南登封塾师高一麟为例。高一麟一生困于科举，以塾师终其身，教读长达五十余年，对馆塾生活的艰辛困顿，屡屡形之于诗，上文在论及“馆塾生活之清苦”时已有涉及。除此之外，高一麟更多的是将馆塾生活的困顿与家计维艰、光阴虚掷、科场失意、亲老不待重重煎熬联系起来。他在六十岁时，写下《乙亥元日偶成》：“生我之年

〔1〕（清）刘命清：《虎溪渔叟集》卷三《灯花》，第三页。

逢此岁，怅怀往事亦何言。才穷五技甘埋首，齿过六旬未抱孙。只为米盐关计虑，常将童冠伴朝昏。春来春去人如旧，愧把桃符另换门。”[1]在他看来，自己一生困于科举，为了承担家庭经济支柱的重任，不得不常年以授徒为事，进而耽误了儿女的婚事，导致自己年届花甲也没有含饴弄孙之乐，家中毫无欣欣向荣的气象。概言之，家庭的不如意皆因自己在科举上的困顿造成的。对于自己在科举上的不如意，高一麟的诗歌中常含着一股难以抑制的愤激不平之气。例如，其在《七夕》中云：

……有客结伴自外来，共道今日七月七。天孙河鼓架鹊桥，绸缪邂逅情何密。相邀同乞人间巧，文通之花散彩笔。我闻此语心转伤，巧中凄楚最难当。忆昔误走巧中路，徒供他人理嫁裳。三齐曾看趵突水，八闽曾渡乌龙江。年来壮志消磨尽，博得盈盈两鬓霜。君不见东邻女儿不梳头，十五合卺翡翠楼。又不见西邻女儿纤纤手，老大嫁作商人妇。拙者反巧巧者拙，七孔金针吾何有。吁嗟乎，七孔金针吾何有。[2]

诗中后悔自己当年“误走”读书应举的道路，到头来只能辗转四方、授徒糊口，这是第一层愤激不平。以教读为生，成就了别人，却耗尽了自己的青春，这是第二层愤激不平。他人未经磨炼，却少年得志，终有归宿，而自己下帷攻苦，却老大无成，这是第三层愤激不平。对于自己在科举上的失意，诗人直到暮年仍难以释怀。七十一岁时，诗人写下了组诗《秋兴八首》，其六云：“未能操缦强安弦，苦坐皋比五十年。……回首何堪伤往事，秋风秋雨总凄然。”[3] 将秋意的凄清萧瑟与自己年已老大、功名不遂、枯坐皋比的沉沦之感高度融合，夹杂着对读书应举的懊悔、对塾师清苦的感喟、对师道陵夷的愤慨，复杂的人生体验流于笔端，读之让人伤情。

---

[1] （清）高一麟：《矩庵诗质》卷六《乙亥元日偶成》，第十一页至十二页。

[2] （清）高一麟：《矩庵诗质》卷三《七夕》，第三页。

[3] （清）高一麟：《矩庵诗质》卷七《秋兴八首》其六，第十二页。

在传统社会中，读书应举并获得进身之阶，不仅是儒生个人实现理想抱负的重要途径，也是光大门楣、养亲尽孝的基本前提。明清时期，屡试不售、充塾师糊口的读书人多来自家境本就不宽裕的家庭，这些家庭往往希望子弟通过科场角逐来改变家庭命运，所以，在科场上获得成功，往往被视为光宗耀祖、彰显孝道的标志。明末清初人周亮工于天启、崇祯间科举未第时，长期充塾师授徒，坐馆于汴梁孝廉张林宗家八年。周亮工后来曾对儿子周在浚如此描述自己在授徒之余的心境：

> 每当夜阑人静，孤灯独照，布衾如铁。念两亲在白下，身已老大，无所成立，不觉掷书长痛，展转无可奈何，已复拭泪诵读，日复如是。"[1]

这种心理负担，对作为科场“失败者”的塾师而言是相通的。周亮工充塾师授徒时，其双亲尚在世，这种精神焦虑已经非常严重了。而对那些父母已故去，但自己却不得不在期冀与属望中苦苦挣扎的塾师而言，这种焦虑远非一般人能承受。上文论及的高一麟也渴望通过科场角逐赢得进身之阶，慰亲尽孝，但事与愿违，父亲在他未成年时即已去世，母亲含辛茹苦将其养大，助其读书，而自己却在科场竞争中一再受挫，“挟策凡九上，卞璞非自炫。年年被放回，终负北堂愿”[2]。高一麟在应举与授徒谋食的奔波中无所作为，母亲病逝前，一再嘱咐高一麟不要放弃：“母曰嗟予季，努力事笔砚。禄虽不逮养，勿以中道倦。以泪沾我裳，以手摩我面。”[3] 对诗人而言，失去双亲固然悲痛，但不能以功名慰藉双亲于地下的惶愧，恐怕才是伴随其塾师生涯中最为沉重的心理负担。

---

[1] （清）周在浚：《周栎园先生年谱》，《北图珍本年谱丛刊》，第71册，第6页。
[2] （清）高一麟：《矩庵诗质》卷二《春社哀哭先慈》，第二页。
[3] （清）高一麟：《矩庵诗质》卷二《春社哀哭先慈》，第二页。

第四章　明清塾师与乡土社会

塾师作为古代私塾中的教师，固然是以课徒为基本职能立足于民间教育场域，但在中国传统社会中，塾师的存在并不单纯地停留在师徒授受的教学层面上。作为社会人的塾师又往往因为自身在知识、文化上的优势，突破教育场域的限定，通过各种渠道的联结进入社会生活场域，在多个层面上扮演着相应的社会角色，从而深深扎根于传统乡土社会中。

明清时期的塾师与乡土社会的联结主要体现为如下两种方式：一是以处馆为契机，构建一个以宾主、师徒为中心的熟人圈子和社会关系网络；二是以乡村文事、乡村公共事务及乡村礼治为平台，与乡民形成一种互动的关系网络。而这两种联结方式，都是以塾师作为知识、文化的拥有者和教化的实施者这一身份来实现的。

第一节　塾师与馆东

在传统的私塾中，塾师与学童的师生关系为教育场域中最密切的关系，其核心地位主要通过师徒授受的行为活动来体现，这一点已在第三章中论及。但是，在这一教育场域中，还有一种具有二元属性的特殊关系，即塾师与馆东的关系。这种关系的特殊性在于，在塾馆的教育场域中，馆东从属于塾师与学童的师徒关系，一旦跳出教育场域，塾师则又与馆东构成宾与主的关系。通过馆东的联结作用，塾师事实上进入了馆东的社会关系网络，从而在教学的基础上构建和扩大了新的社交网络。通过这种网络，塾师不仅可以深度地介入社会生活，而且还能为谋求职业发展或改变人生创造重要的平台。笔者在本节中所涉及的塾师，主要是指应馆东之聘请处馆的塾师，因为家塾中的塾师与馆东的社会关联更为紧密，塾师有可能联结到馆东社会关系网络的各个层面，所以更能透视宾主交往的整体面貌。

一、“主敬”：宾主良性互动的基石

明清时期塾师的从业主要分为应聘坐馆和开门授徒两种方式，其中应聘坐馆的方式在明清时期最为普遍。塾师一旦受聘于馆东，便在事实上形成两种关系：塾师与受教者形成师徒关系；与馆东则形成宾主关系。师徒关系存在于“授”与“受”的教育层面，属于教育场域，而宾主关系则侧重于社会交往的层面，属社会生活场域。对应聘处馆的塾师而言，“主敬”主要在于“敬其事”。清初著名学者张履祥认为：“教课诵习……时切检点，不敢慢忽，即是主敬。长其所善，救其过失，与之迁改，总己分内事也。”[1] 简言之，塾师尽师道，以立德树人、传道授业为己任便是主敬。主敬是塾师从业的本分，同时也是进入馆东社会关系网络的钥匙。

中国古代有着久远的尊师传统。荀子曰：“故礼上事天，下事地，尊先祖而隆君师，是礼之三本也。”[2] 东汉的《太平经》中已经出现了“天地君父师”的概念。今天所习见的“天地君亲师”的牌位在明代已广泛流行，并成为民间祭祀的对象。自清雍正时追赠孔子五世先人为王，强调天、地、君、亲之义“赖师教以明”，师之地位得到前所未有

[1] （清）苏惇元：《张杨园先生年谱》卷一，《北图珍本年谱丛刊》，第70册，第253－254页。

[2] （清）王先谦集解：《荀子集解》卷十三《礼论篇》，沈啸寰、王星贤点校，北京：中华书局1988年版，第349页。

的尊崇。除官学隆师以外，民间也热衷“以天地君亲师合祀，比户皆然”[1]。这种尊师的传统和统治者对这种传统的强化，使得以“敬”事师成为馆东与塾师交往的基本准则。处馆塾师的特殊性在于，除教读活动以外，他们在日常生活中还必须频繁地与馆东及其家人接触，并在一定程度上融入馆东的家族生活，因而馆东对塾师之“敬”体现在主、宾交接的整个过程中，主要包含两个方面：一曰“隆师礼”，即从礼仪形式上体现对“师”的尊崇，贯穿于从聘师到解馆的整个过程中；二曰“好其人”，即对塾师本业活动的尊重和日常生活的善待，如对塾师课读之法的认可、对塾师管理子弟权力的维护，以及对塾师日常起居、饮食、交游的照应等。就整体而言，凡严于管教子弟的官宦、书香家庭，或对子弟成就功名抱以期望的馆东，多能注重礼敬塾师。笔者在上一章曾论及明清时期的馆东延聘塾师的一系列约定俗成的程序，这些礼仪程序属于主宾交往的起点，但它们更多地体现为一种外在的礼节。对于塾师而言，最重要也最被看重的则是处馆期间主、宾具有持续性的社会交往，馆东对塾师之“敬”往往可以从日常生活细节中更加明显地体现出来。

（一）生徒“率教”与师权的确立

对馆东与塾师的社会交往产生影响的，首先是塾师对子弟的管理。明清时期的世家大族往往重视子弟的教育，并多立有家范、族规，对如何教育子弟成材有宏观的规划和具体的规条，而教育的实施，除了父兄以外，最重要的便是塾师了。同时，那些渴望子弟光耀门楣、改变社会地位的家庭，他们对子弟的教育，皆寄望于塾师，因而，这些家庭不仅在塾师的选择标准上较为严苛，而且也较注重通过与塾师的良性互动来达到共同教育子弟的目的。一般而言，督课严格的塾师多能与这样的馆东在教育观念上达成一致，从而得到馆东的认可。如明代著名学者陈子

〔1〕（清）周寿昌撰：《思益堂日札》卷九《天地君亲师》，许逸民点校，北京：中华书局2007年第2版，第187页。

龙，出身进士家庭，其家塾所聘何姓、沈姓等塾师皆以严厉著称。“先生宿儒也，教授严密如章程焉，章句之学颇赖以明。予幼虽不好弄，而意志流逸，多妄言，好稗官鄙野之书。时师严，先王父持家凛凛，每受诃谴，不敢违也。”[1] 塾师既严，而祖父、父亲治家又素来严格，主宾一气，相处融洽，合力管教陈子龙。对于陈子龙而言，唯有检束心性，抛却闲书，攻苦力学。明代司礼监秦太监聘举人余洙为子弟师，“及就塾，秦子弟皆袭锦衣职位者，而余状貌鄙琐，颇亵易之。既而有惰者辄加跪责，多不服。余怒求去，子弟辈大惧，跪留乃止。秦闻之，叹曰：‘我家子弟不是这个先生，如何教得？’益加敬礼”[2]。又如清人徐时栋父母望子成龙心切，专聘严师以课子弟，并在子弟面前维护塾师的管理权：

> 府君严督课诸子，岁聘必严师，诸子不帅教，扑责盈百。太夫人闻扑声，或泪下，及见儿曹，未始有一语姑息。每午夜危坐，持刀尺，儿曹自塾中就寝，必问今日所读书得无遗忘乎？或踌躇不敢对，则移灯教之读，曰：“我尚未可眠，汝读，吾伴汝，若来日受先生扑责，放学后吾必重挞汝！”[3]

在明清时期的相关文献记载中，凡家风严正的家庭，多倾向于鼓励塾师对子弟的严格督教甚至体罚。笔者此处并非要探讨塾师或家长体罚行为本身的对错，而是关注这种行为背后所呈现的主、宾间的良性互动。馆东对子弟的严厉可以看作是对塾师管理方式的一种认可，这种认可，无疑为子弟灌输和强化了必须服从师教的观念，也在一定程度上树立了塾师的威信，而这种威信的树立，正是塾师的教学活动得以顺利开展的基

---

〔1〕（明）陈子龙：《陈忠裕公自著年谱》，《北图珍本年谱丛刊》，第 63 册，第 511－512 页。

〔2〕（清）陈鼒：《百可漫志》，沈节甫编：《纪录汇编》卷一百九十四，全国图书馆文献缩微复制中心，1994 年，第 2110 页上栏。

〔3〕（清）徐时栋：《烟屿楼文集》卷十四《先妣陈太宜人行状》，《续修四库全书》，第 1542 册，第 351 页上栏。

础。明清之际的张履祥曾言："父兄在子弟前说师长不是……极足长子弟之恶，虽日督以正道不受也。"[1] 他认为，要使童蒙率教并有所成就，第一紧要处在于引导童蒙尊信师长，因而在子弟面前非议塾师，绝非贤父兄所当为。当然，有的父兄为了体现其与塾师的良性互动，甚至还直接参与子弟的管教。如清人张大镛出身官宦家庭，七岁时入塾读书，在一次嬉戏中误将一红柬堕入厕中，后被塾师查出，传闻于其父。"先公怒其污弃字纸也，立刻到书房中对先生将余重责二十板，以示警戒。"[2] 张大镛的父亲当着塾师之面惩戒儿子的行为，既体现了其严于教子，又向塾师展示了自己"卫道"的风范。主与宾在管教子弟这一事件上达成了一致，子弟亦因此更加敬重塾师、重视学业，可谓馆东与塾师良性互动的典型。张大镛因而感叹："如先公之教子弟，询可法矣。"[3]

在塾师、馆东与生徒这种关系结构中，生徒往往也是塾师与馆东实现沟通或触发矛盾的媒介。生徒对塾师的信服与尊崇，往往让其父兄更加敬重塾师，塾师也因此更加专注于训诲生徒。如章学诚在十四岁时，与其表兄杜秉和同受业于塾师王浩，见证了王浩与杜秉和、杜秉和父亲杜鉴湄的互动：

> 先生勤学古处，迂阔不习世事，学徒七八人，事师忠且爱者莫如君。先生遇君独不稍假颜色，课业不如法，夏楚严厉如风雨骤至。余间语先生："彼于先生何如者，而先生独责之过?"先生喟曰："余授徒数十年，所遇生徒多矣，居心无若此子厚者。其爱我深矣，我督励之，欲其自爱过于爱我，此我所以报也。"……先生馆杜氏日久，鉴湄先生服其学行而惮其管君之过也，屡欲留之，屡

---

〔1〕（清）张履祥：《杨园先生全集》卷三十九《备忘一》，下册，第1067页。

〔2〕（清）张大镛：《鹿樵自叙年谱稿》卷上，《北图珍本年谱丛刊》，第132册，第5－6页。

〔3〕（清）张大镛：《鹿樵自叙年谱稿》卷上，《北图珍本年谱丛刊》，第132册，第6册。

欲易之。俄决计易矣，具书币，属先君子为更延师。君时年甫十四，密请先君子反书币，而叩头固争于父，愿仍旧师。[1]

杜鉴湄时为馆东，其他生徒均为附学者，塾师王浩对杜秉和尤其严格。从章学诚的记述可知，王浩之所以如此对待杜秉和，正是因为杜秉和对王浩最为敬爱，王浩希望他学有所成，故督责甚严。对于王浩的体罚行为，杜鉴湄十分矛盾，既佩服，又担忧儿子无法承受。当父亲意欲辞退塾师时，杜秉和却极力阻止，不惜“叩头固争”，杜鉴湄由是更加礼敬塾师王浩。在明清时期的史料中，像杜秉和这样在蒙学阶段即如此回护严厉的塾师，因而使得父兄更加尊重塾师的案例并不多，但它却真实地反映出生徒敬爱处馆塾师对塑造和谐的主宾关系的重要作用。

明清时期，馆东与塾师因教育子弟的观念冲突，从而导致师权不立、主宾不合的例子多见于文献记载和小说家笔端。如《姑妄言》中的都督李太因想博一个“文武双全”的家声，延秀才干行课读其孙辈数人，但李太的儿子们并不想让自己的儿子读书，又因家中女人们护短，看不得儿子常因顽劣受罚，“巴不得撵了先生去，让他儿子好快活”。于是儿子五人在李太面前故意曲解干行所作的一首词，使其误认为该词是咒骂自己。李太本不识字，信以为真，便到学舍怒骂干行，气得干行当场辞馆，遂了李太儿子、儿媳们的心愿[2]。清人齐学裘曾在笔记中载周浦一孔姓富翁老来得子，爱如珍宝，虽设家塾延师课读，但塾师半年间竟难得见生徒一面，因而深觉愧疚，对学童偶尔实施管教，不料却引发主宾之间的冲突：

一日，孔某不在家，师在馆中无聊，偶向户外散步，适生徒在外顽耍，师遂拉至馆中，薄加懊责。因娇养已惯，不受约束，号响至内，向伊母言：“先生打我，我要打还，不然有死而已！”其母

〔1〕（清）章学诚：《章氏遗书》卷十七《杜燮均家传》，第四二至四三页。

〔2〕参见（清）曹去晶：《姑妄言》第九卷，中册，第477－478页。

> 怜而允之，将谓搪塞一时。孰知其父回家，得悉其故，不待其子之请，即往馆中与师斟酌，师勃然怒，遂欲解馆而归。师之契友怜师贫困，曲居间，赂以数十金，竟听其打还焉。[1]

在中国的传统观念中，能否严于管教生徒并使之率教向学，是社会判断一位塾师是否合格、应否受到尊重的重要标准，塾师也往往以“严师”相标榜。但是，随着明代中叶以来整个社会经济的发展，基础教育的受众扩大到农、工、商贾各个阶层，塾师的生存空间进一步扩大，生存方式也有了更多的选择余地。然而，家长对于子弟的教育观念也日趋多元化，相当一部分人可能并不需要“严师”，而仅仅需要一位“保姆”式的塾师。在这种社会观念的冲击下，无论是应聘处馆，还是开门授徒，塾师往往处于两难境地：若迎合父兄，则有违师道，且师权不立，有损自身师名；若恪守师道，严于督课，则主、宾之间又易生嫌隙，有失馆之忧。

（二）日常生活中的礼遇与“师道尊严”的维护

除了“主敬”以外，馆东在日常生活方面对塾师的态度也是影响双方关系的重要因素。由于处馆塾师的教学场所在馆东家中，其衣食住行、友朋往来都不可避免地要与东家产生关联，因而东家对塾师日常生活中的这些活动所持的态度，往往影响着主、宾间关系的发展。

明清时期，处馆塾师的饮食大多由东家负担，有能力开办家塾、聘请塾师的家庭自不必说，那些宗族开办的义塾、乡民集资合办的村塾也多由学童家长轮流供膳。条件较好的馆东可能设有相对独立的塾馆，但更多的家庭直接以家中书房为塾师的教学场所。从某种意义上说，塾师在生活上已经成为这个家庭中的一员。为了体现对塾师的礼遇，塾东多会尽自己的能力，为塾师提供相对优厚的食宿待遇。“师虽非以营富，

---

〔1〕（清）齐学裘：《见闻随笔》卷十五《打师》，《续修四库全书》，第1181册，第266－267页。

延师者则有继粟继肉之道，惟师无内顾之忧，而后吾之子弟得有专心致志之益也。”[1] 在一般人的观念中，只有馆东做好了塾师的“后勤”工作，塾师才可能集中精力训诲子弟，因此，为塾师消除温饱等生活方面的顾虑，既是馆东基于“尊师”的应尽之道，又是塾师得以安心从事教学的前提条件。翻阅明清人的传记资料可以发现，凡涉及传主延师的片段，多有为塾师供膳“必丰且洁”之类的语句，从这一点也可反映出当时“尊师必厚于供馔”的社会观念。与饮食上的待遇相关的是，明清时期的塾师往往成为馆东在家中组织宴会时的座上宾，即便馆东是官员也不例外：“从前督抚司道以下……有宴会必设二席，则教读坐东一席，刑名坐西一席，一学一政也。”[2] 有的甚至将塾师推为首席以示对师道的尊崇。

当然，饮食只是一个方面，馆东对塾师生活上的照应，还体现在一些更为琐碎、细微的方面。如张履祥应聘处馆于颜士凤家期间，颜氏家仆对其生活颇为照应，直到晚年，张履祥仍对此感念不已：

> 凡予在馆舍，喜怒必具知，衣带绝即纫缝，绽裂补缀。暑月汗渍，或油墨有汗，即加浣涤。细至蝇鼠点染，靡不洗拭，每缝缀濯涤，必私令僮子取出，毕则复还故处。予或不知，几忘身之为旅也。[3]

这种生活上的周全照应，让张履祥如在自家生活，全无寄人篱下、仰给于人的感受，或许这也是张履祥与颜氏相处融洽，并在其家教馆多年的原因之一。清代婺源塾师齐彦槐嘉庆元年馆于其从叔家，其从叔对他礼敬有加：“特在坞口泉石胜处起建书室以居先生，又常在其间莳花竹、

[1] （清）陈芳生：《训蒙条例》，第277页。
[2] 刘禺生：《世载堂杂忆》，第48页。
[3] （清）张履祥：《杨园先生全集》卷三十三《言行见闻录四》，中册，第951－952页。按：“油墨有汗”，疑作“油墨有污”。

养鱼以娱先生。相见亦必称‘先生’，不以长辈自居。”[1] 齐彦槐为感谢从叔的厚意，对其子的教导极为尽心，直至自己备考乡试，才辞馆归家。《醒世姻缘传》中的塾师邢皋门在晁氏家中坐馆时，晁夫人对其照应也十分周详：“一日三餐的饮食，一年四季的衣裳，大事小节，无不件件周全……刑皋门感激那晁老不过二分，感激那夫人倒有八分；所以凡百的事，真真是尽忠竭力，再没有个不尽的心肠。”[2] 在诸多案例中，处馆塾师对馆东所提供的衣食住行很少有明确的要求，但他们对于自己在课读之余的日常生活中受到的待遇是否始终如一却十分敏感。明代长洲人赵泽民富而好贤，延王行为塾师，奉养周至，每餐菜品皆由王行自己选择。“行雅喜啖蛙，虽隆冬，非蛙不食。泽民以蛰物不忍，命数日一进，行曰：‘醴酒不设，可以去矣！’遂行。”[3] 清代王懋官少时，家中以重资延请孙小云教读，其父中宪公偶因军务繁忙，未能常至书斋中陪同，“庖人知主人不入座，刻减膳馐，薄其滋味。师一日艴然而去，遍寻三日始迎回，先中宪拜谢之，然后课读如前”[4]。更有甚者，如清人徐时栋曾记述其不具名的友人坐馆某处，招待来访友人时，“馆人不恭，愆于酒食，先生盛怒，撤其皋比。一人而蔽火光，待客之饭不等……投袂而兴，褰裳遽去。父兄恐惧，弟子哀号，肉袒负荆，竟闭门而不纳；声罪至讨，将鸣鼓以相攻”[5]。这种反应虽显得过于极端，但在多数塾师的观念中，馆东中途降低生活上的待遇，或单独为塾师设立相对低的生活标准，是一种明显的怠慢行为，是对师道尊严的破坏，因而他们往往会以辞馆来表达不满。

二、“帮闲”与“帮忙”：塾师的另一重角色

所谓“帮闲”，古代本指寄食于豪门富室、陪同主人消遣娱乐的一

[1] 秦翰才：《齐彦槐年谱稿》，《上图珍本年谱丛刊》，第14册，第306页。

[2] （明）西周生：《醒世姻缘传》第十六回，上册，第235－236页。

[3] （明）王锜：《寓圃杂记》卷五《王止仲》，北京：中华书局1984年版，第35页。

[4] （清）王懋官：《养云主人自编年谱》，《北图珍本年谱丛刊》，第181册，第26页。

[5] （清）徐时栋：《烟屿楼文集》卷四十《与友人书》，《续修四库全书》，第1542册，第521页。

类人。帮闲文人普遍存在于古代社会中，在明清时期的小说中出现的频率也相当高，“讲古论今、吟诗和曲、围棋抚琴、投壶打马、撇竹写兰”[1]，都是他们赖以为生的活计。“帮忙”即协助做事，替主人解决实际困难。处馆塾师虽以教授馆东子弟为其职业的主要活动，但他们在教学之余，很大程度上已融入了馆东的家庭，进入了馆东的社会关系网络，其日常生活亦难免与馆东的社会交往活动有所牵连，因而他们在课读之余，也不时充当着“帮闲”与“帮忙”的角色。

（一）附风弄雅与代作文字

明清时期，一些有根柢的书香门第、无根柢的商贾富室，或崇尚诗礼、好文慕道，或附风弄雅、吟诗和曲，在这些门庭之中，常组织各类文人聚会，开展一些休闲、娱乐活动。这些聚会中往往能见到塾师的身影，因为这些馆东延聘塾师也并非仅作教读之用，塾师在课读之余，往往还要应东翁的邀请，与各色人等应酬攀谈，甚至唱和诗文。

明代锡山人华佐以业农起家，后富而好文，“延名师于塾以教其子侄，暇则与谈理道”[2]。清代湖北知名塾师万斛泉曾入主官员陈履亨家塾，履亨一向倾慕万斛泉之德范，“暇则相与讨论，有同志之乐”[3]。清代塾师孙蔚记述自己馆于半浦郑三云家时，“花晨月夕，主人三云设宴赋诗酬倡。予自设教以来，主人风雅无逾三云者”[4]。再如以塾师为业的文人张笃庆晚年教馆于毕津剑家：

> 其家富于法书、名画，皆唐宋以来珍赏，每更番陈设，索予题跋。既题则又更之，循环如翻水，令余应接不暇，然亦乐此不疲也。终岁之间，所作长歌短咏及论赞、跋语、杂文，几于盈寸。[5]

---

[1]（南宋）吴自牧：《梦粱录》卷十九，第181页。

[2]（明）倪谦：《倪文僖集》卷二十七《义官梅轩华公墓碣铭》，《景印文渊阁四库全书》，第1245册，第524页下栏。

[3]（清）张鼎元：《万清轩先生年谱》，《北图珍本年谱丛刊》，第156册，第236页。

[4]（清）孙蔚：《逸云居士自订年谱》，《北图珍本年谱丛刊》，第111册，第125页。

[5]（清）张笃庆：《厚斋自著年谱》，《北图珍本年谱丛刊》，第86册，第47页。

主、宾间类似的以文人风雅活动为媒介的交际方式在明清时期颇为常见。馆东组织的这些活动有时虽不无标榜之嫌，但对于塾师而言，无疑是教学之外与馆东增进交流的最佳渠道，也是塾师乐于接受的休闲、娱乐方式。万斛泉在陈履亨家处馆十年之久，孙蔚对郑三云的叹赏，张笃庆的乐此不疲，或许正是因为主、宾的这种交流方式增进了双方的感情，同时也纾解了塾师长期课徒和自课的枯燥寂寞之感，为自己的业余生活增添了不少乐趣。这些好谈风雅的馆东，除了与塾师谈诗论文外，还经常组织文社，召集文人墨客，开办宴席，交游唱和，这些场合往往少不了塾师的身影。清代杨怿曾自述曾授徒于淮南正阳赵孔润家："余到馆三日后，即约余往拜各家塾师，并邀各东为主文会。每逢三、八日会文，晚间东家备酒馔，宾主畅聚，相得甚欢。"[1] 对于这种活动，乐此不疲的塾师大有人在，因为无论是基于塾师自课以应科举的现实考量，还是从拓展社会关系网络、传播个人文名，从而增加潜在就业机会的角度来看，此类宴集会文对塾师而言都是利大于弊的。但一些人也有不同看法，如张履祥在应承徐忠可家塾的聘请时，即与其约法三章："'祥向以三事自持，能悉如所愿乎？'忠可问目，曰：'不拜客，不与燕席，不赴朔望之会。今以糊口之故，不得已教子弟一二人，若其外更增一事，非废人所堪，不敢闻命。'"[2] 张履祥以个人精力不济为由，拒绝拜客、燕席、朔望之会等与宴饮应酬相关的活动，但最主要的原因可能并不如此。张履祥为清初理学名家，在青年时曾一度热衷于参与各种文人聚会，但他很快便意识到这些场合中有真学问之人少，虚浮无德之士多，因而不再涉足此类聚会。不仅如此，张履祥以及与之交好的理学家们对明末以来士风人心浮薄的现状屡屡表露出批判的态度，因而其对拜客、燕席、朔望之会的抵触，更可能是基于对当时士风倾颓的不满。

除上述附风弄雅之类的谈诗论文、燕集酬唱等活动外，塾师应馆东

---

〔1〕（清）杨怿曾：《杨介坪先生自叙年谱》，《北图珍本年谱丛刊》，第127册，第303页。

〔2〕（清）张履祥：《杨园先生全集》卷三十三《言行见闻录三》，中册，第948页。

之邀请代作文字也是十分常见的现象。明清时期的塾师为馆东代作文字大约可分为两种情形。首先是代理笔札。在日常生活中，笔札的概念十分广泛，类型多样，如书信、契约、记传文字等。仅以传记类文字为例，明清时期的文集、宗谱、方志中收录了大量的家传、行状、墓志铭等人物传记资料，从文章的行文中可知，其中有相当一部分家传、行状是传主家中或家族中的塾师所作，而墓志铭则多由名家根据塾师整理的传记资料提炼而成。此类事例在明清文集、宗谱中习见，此处仅略举两例予以说明。如清代《蓉湖柳荡刘氏宗谱》中所收录的《秉均公增美公合传》《云裳公传》等皆为塾师胡锟在两家处馆时，应馆东之请而作[1]。又如明人程敏政的文集中所收之《孙母汪氏孺人墓志铭》，是根据汪氏家中塾师程逸民所作行状精炼而成的；《泽富王处士墓志铭》以王氏家中所请塾师王宗植所作行状为依据写成；《沙溪处士汪君墓志铭》为程敏政本人所作，而程敏政即为汪氏子汪祚的授业师，此墓志铭实质上是作为塾师的程敏政为东家代笔[2]。

此外，一些学术水平较高的塾师处馆于官宦之家时，或兼掌书记，或为馆东处理一些与学术相关的事务。清人赵昀在应会试时，曾较长时间教读于刑部尚书振祜家塾。“余居此数年，主、宾气谊投洽，教读外，笺奏书函，一切笔墨悉以相属……”[3] 振祜将私人笔墨等相关事宜交付给赵昀处理，俨然将塾师当作了自己的幕僚。清代著名学者江藩游历京师时，曾应大学士、文端公王杰的聘请，到其家塾中教授子弟。恰逢王杰充任石经馆总裁，其时，洪亮吉为石经收掌详覆官，手订条例，受到王杰肯定，却被副总裁、文勤公彭元瑞否决。“后文勤自作凡例，文端命先生勘定，驳其秕漏者数十条。文勤大怒，谓先生与稚存互相标榜。”[4] 又如浙江人许嘉猷入京应考教习落榜，受太史钱开仕的聘请，

---

〔1〕 参见（清）刘国生等修：《蓉湖柳荡刘氏宗谱》卷七，《中华族谱集成》（刘氏谱卷），第三册，第116页，第122－123页。

〔2〕 参见（明）程敏政：《篁墩文集》卷四十四、四十六，《景印文渊阁四库全书》，第1253册，第75页下栏、第77页上栏、第111页下栏。

〔3〕（清）赵昀：《遂翁自订年谱》，《北图珍本年谱丛刊》，第155册，第610页。

〔4〕（清）闵尔昌：《江子屏先生年谱》，《北图珍本年谱丛刊》，第122册，第601页。

教读其子。两年间，许嘉猷在课徒之余先后为钱开仕校阅《九章算法》、《平定金川方略》三十卷、《九章算术》、《建炎以来朝野杂记》五卷，并勘定《四库全书简明目录》三卷、《钦定宗室王公功绩表传》二卷、《盛京通志》二卷[1]。这些代作文字或代理学术事务的活动，让塾师深度介入馆东的个人事务和社会关系网络，在替馆东分忧的同时，也为塾师个人拓展了社交网络，对塾师的职业生涯或个人前途产生了正面影响。

（二）应对斡旋与家计谋划

如若塾师与馆东主、宾相处融洽，并有较深入的交往，那么塾师在很大程度上会被东家视为家庭之一员。此时塾师与馆东的交往就不仅仅停留在礼节性的清谈、唱和等普通文化事务的参与上，而是进一步融入馆东的家庭生活中，成为东家交际应酬和家计经营的重要协助者。

清代安徽举人方某会试下第后，曾处馆于扬州一汪姓盐商家，馆东汪某凡参加燕集，都会携塾师方某同往，以助政觞等事。在一次同行举办的宴会上，塾师方某即利用自己的才学，替馆东解围并挽回了颜面：

> 一日纲总家大宴会，汪亦在坐。凡诸商宴集时，必各携一门客往，有觞政等事，可使之代也。是日主人行飞字令，以诗中有红字者饮。至汪，汪曰："柳絮飞来一片红。"众大笑曰："此杜撰也，柳絮焉得红？"举罚觞以进。方曰："诸公毋然，此明人诗也。吾居停不忆上句，故不与君等辨，非杜撰也，上句乃'夕阳返照长堤外'也。"众默然而罢。汪归谢以千金，谓非君解此围，则我为众辱矣。由是尊为上宾焉。[2]

---

〔1〕参见（清）许嘉猷：《许顺庵老人自述年谱》，《北图珍本年谱丛刊》，第121册，第14－18页。

〔2〕（清）张祖翼：《清代野记》卷中《觞令之解围》，北京：中华书局2007年版，第115页。

此事虽与商贾之经营没有直接关联，但汪某若在此场合因胸中无墨而出丑，则必然会受到同行的奚落与歧视，进而影响其在行业中的声名和商业经营，正因为如此，汪某才对方姓塾师的及时解围格外感激。在崇尚风雅的传统社会中，塾师在课读之余随馆东出入各种社交场合，以文才协助馆东应对宾客，开展社交活动，已经是一种普遍现象。明末的太学生沈国彦涉案，县尉率队入室缉拿，沈家塾师梁次辰亦揖让其间，后沈国彦脱逃，县尉疑为塾师梁次辰所谋划，遂捕其入狱。陆圻为梁次辰申冤时就认为，处馆塾师“入则教训子弟，出则应对宾客，此师席之恒情也”[1]。笔者前引张履祥应徐忠可之聘请时，向徐约定“不拜客、不与燕席、不赴朔望之会”，也从侧面说明处馆塾师课读之暇，应邀出入东家社交场合在当时是一种极为普遍的现象。明清时期，在有能力开办家塾的家庭中，工商阶层占据相当大的比例，而他们在文化底蕴上则相对欠缺，因而协助这样的馆东开展社交活动的现象，在明清时期处馆商贾富室的塾师身上体现得更为突出。

塾师除了通过参与馆东的日常交际应酬，为东家获取声名和积累文化资本外，还时常更直接地参与到馆东的家计经营中。如明代归安生员龙训，“初馆潘姓，训其父，又训其子，历三十年。不但课以诗书，凡为其身家谋者，靡不至焉”[2]。乾隆间，桂阳人何先佑之父延塾师课之读书，“未几丧父，其母以家政属塾师，因私焉”[3]。此处所谓“为其身家谋”“家政”，虽未能窥见更详细的信息，但显然涉及家庭经营的各个方面。如果龙训之“谋”可看作是为经营家计出谋划策的话，那么何先佑的塾师在何先佑之父去世后，俨然成了主持一切家务的男主人。这种现象显然不是处馆塾师一厢情愿的结果，而是主家出于信任和某种依赖心理，主动接纳塾师融入自己的家庭之中。明代常熟钱氏所建

〔1〕（明）陆圻：《为梁天署讼冤》，（清）王元勋、程化騄辑：《明人尺牍选》卷四，康熙四十四年碧云楼刻本，第四十八页。

〔2〕（明）李乐：《见闻杂记》卷六，上海：上海古籍出版社 1986 年版，上册，第 484 页。

〔3〕赵尔巽等：《清史稿》卷五百十一《列女四》，北京：中华书局 1977 年版，第 46 册，第 14172 页。

东湖书院曾称盛一时，由于钱梦玉、钱梦圭兄弟不和，书院最终被毁，而这一事件的发生，竟与钱梦圭家的塾师直接相关。据李诩《戒庵老人漫笔》载，钱梦玉以国子监生的身份自负，导致兄弟间产生嫌隙，弟弟钱梦圭欲加害其兄长钱梦玉。县令葛桷与钱梦玉曾有过节，而钱梦圭家所聘塾师恰巧为葛桷之姻亲，因而钱梦圭在塾师的协助下设计抢夺其兄钱梦玉家财。县令果以钱粮之事拘其兄，“坐以侵欺，立杖庭下，欲判永戍。……系于县之丽谯中。玉竟挈妻子逃焉。圭因鼓众尽掠其藏，而东湖书院之图事狼籍委掷，为之一空矣”[1]。笔者在此不对钱梦圭及其塾师的行为进行道德评判，单就钱梦圭促成县令构陷其兄而言，其家中塾师在这一事件中无疑起到了参谋、联络或游说的作用。而塾师的这一行为，从其与钱梦圭的宾、主关系来看，亦可看作是塾师为其馆东“谋事尽忠”的分所当为。

值得注意的是，清代的处馆塾师常被民间称作“师爷”。据明末小说《醒世姻缘传》，“师爷”本为民间对地方儒学学官的称谓[2]，但到清初便有称塾师为“师爷”的例子，如《歧路灯》中的娄昭应谭忠弼的聘请课读谭绍闻时，谭府上下与亲戚皆称其为“师爷”。“师爷”之称谓，其适用范围由学官扩大至处馆塾师，最大的关联在于“师”的身份，这是显而易见的，但“师爷”在清代更广泛地被借用来指称官员幕宾，却是一个十分值得玩味的现象。清人徐珂云：“盖仆从之于官称老爷，于幕友称师爷，刑名、钱谷二席，均得此称……”[3] 所谓“幕友”，即官员私人聘辟、用以佐理政务的幕宾。幕宾之称“师爷”，很可能由民间对处馆塾师的这一称谓演化而来，而两者最大的关联并非“师”的身份，而是其职能中“佐理政务”的相通性。有学者将官幕中师爷的职能概括为：“出谋划策、参与机要；起草文稿、代理奏疏；处

---

〔1〕（明）李诩撰：《戒庵老人漫笔》卷五《钱杨藏书可惜》，魏连科点校，北京：中华书局1982年版，第201页。

〔2〕如《醒世姻缘传》第二十九回云：“次早，秦伯猷家使一个小厮说：‘学里师爷奉县里委了修志，请相公急去商议，门子见在家中等候。’”“学中师爷”指县学学官。其余章节中所见数例用法均同。

〔3〕（清）徐珂：《清稗类钞·幕僚类》，第三册，第1381页。

理案卷、裁行批复；奉命出使、联络官场。”[1] 这与笔者在本部分所论述的塾师参与馆东的“应对斡旋与家计谋划”大体相类，区别仅在于“官政”与“家政”而已。因此，“师爷”一词的指称对象由塾师到幕宾的演化，正可追溯处馆塾师协助馆东“佐家政”这一普遍但又通常易被研究者忽略的职能。清初人翁叔元早年为生员时，有族叔欲延聘其为塾师，“意不在课子也，其平居以武断为事，欲因之以谒官长，索乡里。叔元曰：‘此岂士君子所为！’亟辞之。叔恨甚，过于道，几饱老拳”[2]。明清时的生员可以“礼见官长”，明中叶以来，由于士风的变迁，生员与官府勾连，从中获利的现象日渐突出。翁叔元的族叔欲聘他为塾师，主要目的不在于课读，而在于助其“谒官长、索乡里”，从中可见塾师为馆东“谋家政”这一职能的极端化。

三、宾主之谊对塾师职业生涯的影响

处馆塾师作为受延聘课徒的读书人，不仅以“师”的身份为东家子弟传道授业，而且还以“帮闲”的角色与馆东交往，以“帮忙”的职能为东家谋划经营家计，较高程度地融入东家的家庭之中。许多相处融洽、超越了单纯的聘用关系的塾师与馆东，他们的宾主之谊往往会延续相当长的时间，不会因聘用关系的解除而消失。塾师充当的超越于教育场域的多重角色，为馆东带来或即时或潜在的利益，而这种宾主之谊反过来也会对塾师自身的职业生涯甚至个人前途、命运产生不同程度的影响。

明清时期的馆东延师，大多一年一聘，只有极少数学行兼备或极善课读、足为师范的塾师例外，因而塾师处馆常被称为“一年之局”。主宾相处，不合则离，每到年末，便是塾师谋来年馆地的时刻。这种不成文的“潜规则”往往让塾师的从业带有强烈的不稳定色彩，塾师也因此产生一种不安定感。从这个意义上来说，宾主之谊能否建立并得以延

[1] 陈志勇：《师爷》，北京：中国社会出版社2009年版，第4页。
[2] （清）翁叔元：《翁铁庵年谱》，《北图珍本年谱丛刊》，第82册，第79－80页。

续，直接影响着塾师处馆的稳定性和连续性。塾师与馆东建立并延续宾主之谊的途径无非两种，一是课读得其法，馆东子弟学业有不断的进益；二是塾师通过“帮闲”与“帮忙”进入馆东的社交网络，取得主家信任，进而融入其家庭生活。

塾师因与馆东相处融洽而长期坐馆于东家的例子在明清时期并不少见。如明人李乐的同年沈藻，“自二十岁至三十九，俱馆于同邑某姓之家，更无别处至，登科而后告辞”[1]。明代塾师、小说家邓志谟受聘于福建建阳余氏家塾，与馆东建立了亲密而牢固的宾主关系，因而掌教余氏家塾数十年。余氏为刻书世家，邓志谟在课读之余撰写小说、传奇等十余部，且为余氏书坊编辑书稿供其刊印、销售，邓志谟的著作也由余氏书坊代为刊刻[2]。又如清代文学家蒲松龄一生以塾师为业，前后教馆长达半个世纪，其中有三十余年在毕际有家塾课徒。蒲松龄自身在教学上并无多大成就，他能长期执教毕氏家塾，很大原因在于其与毕际有建立了比较深厚的宾主之谊。从蒲松龄现存的诗文集中可以发现，蒲松龄在毕际有家教馆期间，不仅为毕际有代理过不少文牍、笔札，而且与毕际有的不少族人也有交游，并时有诗文唱和。这种长期执教于同一家塾的塾师，多数都曾教读东家两代以上子弟。如清人刘汉卿少时从管绍宁先生习举业，“余大人及外父皆诚斋受业门人也”[3]。宋在诗七岁就傅，“从路先生学，先生……先严之业师也，时年已近七旬，仍以训蒙为事”[4]。谱主在记录的时候虽未对塾师与自家的渊源作更详细的说明，但数代人皆聘其为塾师的现象，已经充分说明该塾师与东家在交往中建立了深厚而持久的宾主之谊，从而为塾师往后的继续掌教奠定了基础。

除了长期应聘入主馆东家塾外，东家的社会关系网络也成为塾师辞

---

〔1〕（明）李乐：《见闻杂记》卷五，上册，第484页。

〔2〕参见谢水顺、李珽：《福建古代刻书》，福州：福建人民出版社2001年版，第238页。

〔3〕刘汉卿：《依思公年谱》，《北图珍本年谱丛刊》，第73册，第313页。

〔4〕（清）宋在诗：《忆往编》，《北图珍本年谱丛刊》，第95册，第388页。

馆后实现再就业的重要渠道，在主宾相得的情形下，馆东多乐于利用自己的熟人圈子为塾师荐馆。如清人张大镛少时，其父延聘汪思泉先生课读诸子：

> 先生人极醇厚，书法工雅，老于游幕。先公自家延至京师，一路在舟中课余兄弟读书，循循善诱，爱余尤真笃，自内外上下无不敬之重之。……庚子年春间，先生起身归里，余兄弟皆痛哭不忍舍。又阅数载，先公将先生札荐于浙江富阳县先叔祖（讳福敏）署中。[1]

从张大镛的记述中可以见出，汪先生不仅学行兼备，而且善教读、善处事，因而得到了张家的敬重。教读期间，主宾欢洽，也正是基于这样的宾主情谊，张大镛的父亲在数年后仍利用自己的宗族关系为其荐馆。课读张大镛兄弟的还有另一位塾师徐学屿，徐因诗学深湛、为人正直而受到张家尊重。张大镛的父亲曾推荐其至湖北学使吴白华幕中襄阅试卷，吴白华因其正直而倍加礼敬，这为张大镛扩大自己的社会关系网络起到了很大作用。又如清代宛平人王陈常父子均以充塾师授徒为业，王陈常之父曾处馆于太常载俊峰家，十五年后，载俊峰仍然通过宗族和姻亲等关系为其荐馆。四年后，载俊峰之子溥来又通过朋友关系为王陈常荐馆[2]。由于课读有法，师徒、主宾相得，王陈常父子二人所历宗室、亲王家塾，多为前任馆东所荐，可以说是塾师通过建立和延续宾主之谊谋得馆地的典型例证。

此外，对一些处馆于官宦、富厚之家的塾师而言，馆东多有较好的经济条件，他们往往会在塾师及其家庭陷入困境时施以援手。如遵义生员黎安理为诸生充塾师时，因其弟黎上理将完婚、家无余钱以应乡试。

---

[1] （清）张大镛：《鹿樵自叙年谱稿》卷上，《北图珍本年谱丛刊》，第132册，第6－7页。

[2] 参见（清）王陈常：《王淡园自订年谱》，《北图珍本年谱丛刊》，第187册，第260－263页。

其鄢姓馆东即出资资助，“慨然假十金为赆，兼命鄢生偕至馆，约附近东家助资斧，固请余行”[1]，当年黎安理即得以乡试中式。再如清末浙江人庄景仲为塾师时，曾馆于吴江吴可舟家塾，后庄景仲母亲病逝，“吴君可舟……为谋葬地，赖可舟以双竹桥后官出衢山田让渡之，得于次年安葬焉”[2]。清末张謇的父亲张彭年以经商为业，十分期望子弟出人头地，因而修建“仿陶书屋”，延请宋效祁（字蓬山）先生主家塾。张家对宋先生服食起居关照有加，而宋先生则对教学极为尽心，对张謇叔侄的训诲极为严厉。先生与张謇兄弟同寝室，晚间常与二人闲谈交流，次日即将张謇兄弟的所想、所作与张彭年沟通，因而主宾甚为相得。后来宋效祁因为兵乱辞馆归里，不久即病逝。“先君闻讯，即挈余兄弟星夜赴其丧，任经纪丧费。先君命至西亭从宋紫卿先生读，宿膳其家，先生蓬山先生之从子也。”[3] 从张謇的记述中可推知，宋紫卿学问、教法均无特别之处，因而张謇在此期间还经常跟从另一位先生课文。可见张謇之从宋紫卿读书，多半是其父张彭年出于对塾师宋蓬山的感激而照应其从子。又如明人陈继善，“尚贤重士，交久而敬不衰。儒者吴文度学行俱高，聘教家塾，礼之甚厚，七年如一日。文度卒，丧葬之具悉出陈氏。春秋必命子若孙展其墓，终翁之世，二十余年不废。又刻其所著文章以传诫”[4]。

一些馆东在官场中有极广的人脉，对塾师而言，宾主之谊甚至可能改变他们的人生命运。如清代人王懋官的父亲调任四川时，在京中以重金延请生员孙小云随任课读，“且许以两子作文完篇时，为纳一官以谢”[5]。孙小云沉毅博学，课读严而有法，宾主、师弟相得，两年之内，弟子二人作文顺利完篇，因为求仕心切而辞馆，馆东欲强留而不得，遂为孙小云捐一知县，孙也自此脱离塾师行业，走入仕途。又如康

〔1〕（清）黎安理：《长山公自书年谱》，《北图珍本年谱丛刊》，第118册，第338页。

〔2〕（清）庄景仲：《求我山人年谱》，《北图珍本年谱丛刊》，第186册，第516页。

〔3〕（清）张謇：《啬翁自订年谱》，《北图珍本年谱丛刊》，第183册，第14页。

〔4〕（明）杨士奇：《东里续集》卷三十一《故南野翁陈君墓表》，《景印文渊阁四库全书》，第1239册，第71页。

〔5〕（清）王懋官：《养云主人自编年谱》，《北图珍本年谱丛刊》，第181册，第23页。

熙年间通州名士丁腹松三十岁即为举人，但会试屡次下第，“时明珠当国，闻其名，延之课子。丁督课严，明益重之，每朝罢必往谒，数年如一日”[1]。会试时间临近，丁腹松心灰意懒，无心应试。但纳兰明珠却极力劝勉，并派专人负责后勤。后纳兰明珠暗通关节，使丁腹松得以中式。这样的例子在明清时期虽属少数，但从中也可以见出，经济实力、政治资本雄厚的馆东确实有能力改变塾师的个人命运。

清人张世英十七岁成为生员，但屡应乡试不售，在家中靠训蒙糊口，其祖母则不以为然：“家居授徒，便多而累不变，计终于此矣。……愿再计为要。”[2] 认为居乡训蒙只能当一辈子塾师，要想改变命运，必须走出乡间课徒，建立更多的社会关系。事实上，明清时期的塾师十分重视通过扩大社交圈子寻求个人生存状态的改善。清人汪辉祖尝言：“广交游，通声气，亦觅馆一法。”[3] 汪虽是针对幕宾而言，但对塾师同样适用。塾师除了通过自身的亲友、师弟等人脉扩大社交圈子外，最重要的方式便是通过馆东来实现“广交游、通声气”了，而且越是人脉广的馆东，越有可能对塾师的人生产生重要的影响。

第二节　塾师与地方社会服务

笔者在上一节中重点考察了应聘处馆的塾师与馆东的交道、教学之外所扮演的角色，以及宾主之谊对塾师的执业、人生可能产生的影响。但应聘处馆只是塾师从业的方式之一，塾师处馆社学、义塾、村塾以及开门设帐等在明清时期都广泛存在。如果说应聘处馆的塾师最主要的社会活动是与馆东及其社交网络产生关联的话，那么通过“公延”的方式进入社学、义塾、村塾的塾师或自行开馆设帐的塾师则以深度介入地方事务的方式，与普通民众产生更为频繁的交往和更广泛的联系。

---

[1]（清）徐珂：《清稗类钞·考试类》，第二册，第660页。

[2]（清）张绍蕃：《祖庭闻见录》，《北图珍本年谱丛刊》，第180册，第433－434页。

[3]（清）汪辉祖：《佐治药言·慎交》，北京：中华书局1985年版，第13页。

一、塾师与地方日常文化服务

明清时期，普通教育的普及范围和程度都远胜于前代，但即便如此，农、工、商贾阶层中文化知识程度较高的仍旧只占少数。在传统乡土社会中，文字虽不是普通乡民们沟通的主要工具，但在日常生活中毕竟还要不时接触，如文字的识读、子弟的命名起字、信札书契与婚丧文字的拟写等。在这些时候，乡民会十分自然地求助于能读会写的读书人。塾师是乡村中文化知识、传统礼仪的掌握者和传播者，且以训蒙处馆为业，与当地乡民有着较为频繁的接触，因而理所当然地充当了地方文化服务者的角色。

（一）文字服务

1. 识文断字与命名起字

一般而言，居乡授徒的塾师是当地受教育程度较高的群体，且塾师常因其“行为端正”而被乡民所信赖，所以，文化程度低的乡民凡有识文断字的事，多半会求助于塾师。如《歧路灯》中以塾师为业的惠养民被乡民尊为“惠圣人”，其家中仆人如此解释这个尊号的来由：“俺主人家是个好实进的秀才，人人见他行哩正，立哩正，一毫邪事儿也没有，几个村看当票，查药方，立文约儿，都向俺主人家领教，所以人就顺口儿叫做惠圣人。”[1] 塾师帮助乡民子弟命名起字的情形在明清乡间极为常见。如《金瓶梅》中的白赉光，有人嫌他的名字取得不好听，他便解释道：“不然我也改了，只为当初取名的时节，原是一个门馆先生，说我姓白，当初有一个甚么故事，是白鱼跃入武王舟。又说有两句书是‘周有大赉，于汤有光’，取这个意思，所以表字就叫做光汤。”[2] 又如清末山西人刘大鹏以居乡授徒为生，一日，“东家油店内

---

〔1〕（清）李绿园撰：《歧路灯》第三十八回，栾星校注，中册，第350页。

〔2〕（明）兰陵笑笑生：《金瓶梅》第一回，第四页，《明清善本小说丛刊初编》（第十辑）。

二掌柜名王玉典者求为其子命一名，大排行皆从‘廷’字。余于是从‘廷’字择数个字书写纸上，令其自己采择，王乃告谢，欣然而退”[1]。

一般而言，明清乡间的童蒙多在入塾开蒙时由塾师命以学名，成年时起字。命名起字是一门学问，一求典雅，二求有来历，古人对此十分讲究。如清代昆山有这样的风俗：“男子将婚，则请字于塾师师长，合亲邻作‘字说’，装潢以贺之，颇存冠礼遗意。”[2] 所谓“字说”，即对所命之字的来历、寓意作一番讲解。这对于不识字或仅粗通文墨的普通乡民而言并非易事，因而乡间子弟命名起字的工作多由乡村塾师来完成。塾师为乡民子弟命名起字的传统在建国初期的私塾中依然存在。湖北监利人郑继芳发蒙于20世纪60年代初的乡村私塾。根据他的讲述，塾师要为每一位新入学的儿童起一个“学名”，起名对于刚入学的孩子来说，庄严、神圣而又有趣，很有一种“仪式感”，学生家长与普通乡民都甚为看重。在郑继芳看来，这种“仪式感”在人一生的成长中具有里程碑的意义。郑继芳的情况比较特殊，由于很早就起了学名，在入学时不用再起，因此，这种“仪式感”的缺失所引起的失落感长期伴随他的读书生涯，甚至成为他敏感、自卑性格的源头[3]。从郑继芳的讲述中，笔者可以明显感受到，传统塾师对童蒙的命名起字在乡村社会中是一种普遍存在的文化现象，而且这种现象折射出的是塾师在传统乡土社会的文化活动中所具有的独特影响力。

2. 代作文字

读书人是知识和文化的掌握者，读书习文乃士人之本业。普通乡民看似与文字诗书无涉，但在乡村生活中，由于传统礼仪或习俗的影响，普通乡民仍有对文字的需求。例如涉及各类应酬的书启、关涉财产的文契、婚丧嫁娶中的应用文字等，都是普通乡民在日常生活中最为实际的

---

〔1〕 刘大鹏遗著，乔志强标注：《退想斋日记》，第31页。

〔2〕（清）赵诒翼纂：《信义志稿》卷二十《风俗物产》，《中国地方志集成》（乡镇志专辑），南京：江苏古籍出版社1992年影印本，第8册，第492页上栏。

〔3〕 参见郑继芳：《读书海螺湖·之一》，http://blog.sina.com.cn/s/blog_4aa4c0c30100073v.html，2007年1月14日。

文字需要，而求助于本地的塾师往往是他们的第一选择。蒲松龄在《学究自嘲》中这样描述乡村处馆塾师在课读之余，为乡民代作文字的情形："……寄居三年五载，乡党邻里相烦，通启回启不少，请帖求帖多端，分书文书犹可，还有那休单冤单。"[1] 这应该算是乡村塾师最具普遍性的课余文化生活了。

明清时期，普通民众在生活中涉及的日常应用文种类繁多，笔者此处仅以文契类和婚丧类应用文为例予以说明。明清时期，由于商品经济的活跃，民间社会的财产流动十分频繁，最常见的如土地房屋买卖、家产的继承与分割、民间借贷、纳妾买婢、佃田雇工等。这些涉及财产交易、转让或借贷的经济活动，多需相应的契约文书作为凭证，如上文中的塾师"惠圣人"就常替人立文约，因而受到乡人的倚重。又如，清代小说《枕上晨钟》中的沈君章要将鹤仙卖为奴，史世无见鹤仙气度不凡，想收他以为继嗣，"世无恐他反悔，便道：'你叫其母写入帖子，典我为凭，言定与我为嗣，不许归宗了。'君章道：'这个自然。'便去央对门一个教书先生写了帖子来，双手交把世无"[2]。再如清人何蒙雷《咏村学究》云："黄梅日子最为长，绝妙先生住落乡。……只恐忙多闲变少，契单借券有人央。"[3] 从作者对村塾师日常生活的调侃式描述中可以见出，乡民因经济活动向塾师央写文约的情形十分普遍。此外，乡民请塾师代拟契约、文书还有一个考量，即塾师因其在乡民中较高的公信力和社会威望，在代作文字的同时，还充当了见证人的角色。

古代的婚丧嫁娶等同样会涉及各类应用文字，如嫁娶有庚帖、婚书，庆寿有寿序，丧祭追远有诔铭、传记，筑屋乔迁有记文等。作这些礼仪程序中所需的应用文体，普通乡民必须求助于居乡的士子，而塾师无疑是较理想的人选。例如，《红楼梦补》中晴雯被王夫人逐出大观园

---

〔1〕（清）蒲松龄：《学究自嘲》，《蒲松龄集·附录》，下册，第1752页。

〔2〕（清）不睡居士：《枕上晨钟》第十一回，《古本小说集成》（第三辑），上海：上海古籍出版社1991年影印本，第二册，第232页。

〔3〕（清）姚裕廉、范炳垣纂：《重辑张堰志》卷十二《遗逸》，《中国地方志集成》（乡镇志专辑），南京：江苏古籍出版社1992年版，第2册，第413页。

后，借住在其姑舅家中，便有人来给晴雯说媒，晴雯的舅母应允了亲事，“一面去央一位村馆先生写了八字回来，停了两天，媒人来袖了庚帖送去……”[1] 明清时期流传下来的文集和族谱中有大量墓志、传赞、寿序等应用文，其中相当一部分出自居乡授徒的塾师之手。如常州《蓉湖柳荡刘氏宗谱》中《秉钧公增美公合传》《云裳公传》等文均为塾师胡锟所作。据胡锟所述，胡锟与刘氏族中的乡先生有交游，对秉钧、增美二公的品行早已有所耳闻。“丁丑岁，予就馆其里，公嗣弼全先生奉祖父略迹示予，丐予合传，予始得悉其颠末。”[2] 又如清代安徽建德人周馥少时负笈从王应兆先生学文，其自述“凡乡村中有请先生作祭文、信札等件，先生属予代撰”[3]。一些塾师甚至因长期从事此类应用文的代作而闻名遐迩，如清代吴县生员蔡家驹以课徒为业，“晚年专事古文，熟掌故而深于经学，文体近曾、王，郡中碑版之文半出其手”[4]。

当然，寿序、祭文、墓志铭这样的文体本身多用古文写作，对文化知识的要求较高，并非所有的塾师都能胜任。明代广泛流传着两则关于塾师不会写祭文的笑话，其一云村馆塾师因东家求祭文而自己不会作，无奈骑马远遁荒郊，以逃避写作之苦；其二云馆东丧其母，托塾师代作祭文，塾师乃照搬古本活套，不料误抄为祭妻父文。馆东不解，塾师曰：我买刊本已定，谁教你家错死了人[5]！这样的笑谈未免夸张，但它也从侧面反映了古文写作对惯习时文的塾师而言是有难度的。明清时期，凡以科举为目标的士子，多习时文而不习古文，他们往往在屡试不售、绝意进取之后，才转而钻研“诗古文词”，这样的例子在明清人的传记中可以找到大量例子。笔者以为，在放弃功名之后，钻研诗古文词

---

〔1〕（清）归锄子：《红楼梦补》第十三回，第六页，《明清善本小说丛刊初编》（第十辑）。

〔2〕（清）胡锟：《秉钧公增美公合传》，《蓉湖柳荡刘氏宗谱》卷七，《中华族谱集成》（刘氏谱卷），第三册，第116页下栏。

〔3〕（清）周馥：《周悫慎公自著年谱》，《北图珍本年谱丛刊》，第178册，第537页。

〔4〕曹允源纂：民国《吴县志》卷六十六下《列传四》，《中国地方志集成》（江苏府县志辑），第12册，第107页上栏。

〔5〕详见（明）墨憨斋主人辑：《广笑府》卷一《儒箴》，“引马入窑”“错死人”，上海：中央书店总店1935年版，第7-9页。

的这种选择，很可能是基于“诗古文词”在乡居生活中的普遍适用性。

（二）礼仪服务

“礼”是中国古代用以维持社会运行秩序的重要工具，主要通过系统的礼仪程序和仪式来实现。明清时期民间的各种礼仪虽多因陋就简，但对普通乡民而言，仍然显得繁琐而不易掌握，而且礼仪在诸多环节上都需要通过文字来实现，因而普通民众在家庭的各种礼仪场合中仍然需要借助“知书识礼”的人来主持或协助。如《官场现形记》中的赵温中举以后，赵家要请喜酒，“赵老头儿祖孙三代究竟都是乡下人，见识有限，那里能够照顾这许多，全亏他亲家，把他西宾王孝廉请了过来一同帮忙，才能这般有条不紊”[1]。当然，这种“帮忙”除了酒筵涉及的各种文字外，还包括整个活动过程的管理，民间常称此类人员为“督管”。

由于婚姻关乎蕃后，且意味着一个全新家庭的建立和男子真正立足于社会，丧事则关乎慎终，一生一死，皆与宗族盛衰相关，因而婚事和丧事是传统乡土社会中最为乡民所重视的两大事件。在男女婚嫁或为死者治丧时，不同地域之间虽因民俗的不同而有形式的差异，但无一例外都会由乡中年高望重、谙熟礼仪的长者来主持大局或协助实施一系列礼仪程序。塾师作为居乡授徒的读书人，无疑是与普通乡民交接往还较频繁而又具备较高威望的“知书识礼”者，因而他们往往会成为乡里民众举办婚礼和丧礼的主要操持者和协助者。清末人刘大鹏在乡间充塾师时，曾多次应乡民之请，协助办理婚礼，如其日记载光绪二十年正月，“去西镇村任秀琨帮办婚事。至则寂静无事矣。询之，乃云女家概不允期，必须改择良辰乃允。不得已遂思再卜吉期，早餐而归”[2]。又光绪二十二年八月十八日、十九日载，塾师王锡九于村中续娶正室，即请同

---

〔1〕（清）李宝嘉撰：《官场现形记》第一回，张友鹤校注，北京：人民文学出版社1996年版，上册，第6－7页。

〔2〕 刘大鹏遗著，乔志强标注：《退想斋日记》，第29页。

为塾师的刘大鹏襄办婚事[1]。

与婚礼相比，丧礼更为讲究，礼仪程序繁琐，普通百姓难以掌握，必须由谙熟礼仪的专人来主持。如清代宛平人在办丧礼时，“丧主延亲友一人专典宾客礼，曰‘主宾’；延亲友知礼者一人，凡丧事皆听其处分，曰‘相礼’”[2]。明清时期的地方志中多有类似的记载。王尔敏在论及丧礼时云：“丧葬之礼进行，须请大傧相执事主持仪节……必须入黉门之人方具资格，即是秀才。高可至于进士举人。丧家祭葬，除大殓小殓不用外人，其余均由大傧相执行仪节进行，亦分成赞礼官、献礼官、执事官、读祭官。”[3] 此外，明清时期的日常祭祀中亦须用礼官，如《歧路灯》中的谭绍闻在中副榜后回乡祭祖，便敦请四位秀才为礼生主持祭祀：“……四位礼生引着，谭绍闻贡生公服，谭篑初襕衫巾带，站在中间。礼生高唱爵帛伏兴的盛仪，细读厚积贻谋的祝文。礼毕还步。又引至明故孝廉方正、拔贡生谭公墓前，礼仪同前。”[4] 这些“大傧相”或“礼生”多为长期居乡授徒、谙熟礼仪的塾师。

明清时期的生员和童生多以充塾师为生计，他们是塾师群体的主要组成部分，而乡间被尊为一乡之望的长者也多为充塾师的读书人。因而，塾师在乡土社会中为普通乡民提供各种礼仪服务，实际上是塾师课余生活的重要组成部分，但此类生活细节极少被纳入塾师的传记中。明清文人虽有撰写日录的习惯，但如刘大鹏般事无巨细皆录于日记的案例太少，因而关于塾师与乡村礼仪服务的论述尚需更翔实的材料支撑。

二、塾师与地方公共事务

由于中国古代的国家权力机构历来止于县一级，传统中国的乡土社会一直以“自治”的形式存在和运转。在明清时期，随着居乡的士绅

〔1〕 参见刘大鹏遗著，乔志强标注：《退想斋日记》，第62页。

〔2〕（清）王养濂等纂修：康熙《宛平县志》卷一《风俗》，《中国地方志集成》（北京府县志辑），上海：上海书店出版社2002年影印本，第5册，第11页上栏。

〔3〕 王尔敏：《明清时代庶民文化生活》，长沙：岳麓书社2002年版，第62页。

〔4〕（清）李绿园：《歧路灯》第九十七回，下册，第907页。

群体不断壮大，乡村越来越明显地呈现出以士绅为主导的治理结构，有学者将其概括为："国权不下县，县下惟宗族，宗族皆自治，自治靠伦理，伦理造乡绅。"[1] 明清时期的"乡绅"是一个动态的概念，最初专指退闲居乡的官僚，后来外延逐渐扩大，泛指居乡的士绅，由具有科举功名的士子和退闲官僚两个群体构成。士绅之所以成为乡村社会的主导者和秩序的控制者，除了因为他们具有国家赋予的政治、经济等特权外，更重要的还在于普通乡民对他们"读书人"的身份而生发的敬服感和认同感。有学者认为，"读书人"的身份暗合了"礼"这一中国传统社会最基本的价值取向和理想的生活方式，他们往往因此被人们看作是儒家文化指导下的社会规范的解释者和象征者，士绅在乡间的社会权威也正是由此产生[2]。在明清时期的塾师群体中，属于士绅阶层并取得这种社会权威的占了相当的比例。更为特殊之处在于，塾师作为文化知识的掌握者和传播者，对于文化的承传有着高于一般士绅的特殊使命感和社会责任意识。同时，塾师通过传播文化知识和进行日常文化服务所结成的师弟、宾主等社会关系，使得他们与普通乡民之间有着更紧密的联系，因而在参与地方公共事务时具有更广泛的群众基础。

（一）塾师与宗族事务

中国古代的宗法制度源远流长，至少可上溯到周代。后世国家层面的宗法虽废，但乡土社会本身的凝固特质使得传统村落聚族而居的整体格局并未改变，民间的宗族情结也得以维持，宗法制得以保存。明清时期，宗族文化蓬勃发展，"贻后有谱，奉先有祠，莫大二者"[3]。足见时人对敬宗收族的重视。

明清时期的宗族文化主要以宗祠为核心，辅之以族田和族谱，形成

---

〔1〕秦晖：《传统中华帝国的乡村基层控制》，《中国乡村研究》（第一辑），商务印书馆2005年版，第2页。

〔2〕参见徐祖澜：《乡绅之治与国家权力——以明清时期中国乡村社会为背景》，《法学家》2010年第6期，第111－127页。

〔3〕（明）程敏政：《篁墩文集》卷五十六《山斗宗老士修遗像赞》，《景印文渊阁四库全书》，第1253册，第308页上栏。

一个完整的体系："……上尊祖祢，下亲宗族，祠之大伦也。有谱以纪世次，有家训以志教命，有世祀之田以共齐盛牢醴，有文字歌颂以章上世之美、广后人之思，祠之杂制也。"[1] 宗族是乡村社会以家族为基本单元的社会组织形式，这种以宗祠为中心的宗法体系的建立事实上是明清时期的乡村社会赖以实现"自治"的根基。明清时民间的宗族情结主要体现在"读书人"身上，这从当时的谱牒文献、小说中均可找到大量相关记述，其中尤具热情的则是以教书为业、以传承宗族文化为己任的塾师。

以清代清河张氏为例，张氏家族历代建立宗祠、修缮族谱皆与族中塾师张庭瑛、张友庆、张星传、张茂玱等人直接相关。张星传弱冠入邑庠，因家贫，在科场角逐中半途而废，转而以舌耕为业，"始迁祖自元迨今未有特祠，历世憾为阙典。康熙乙未，合族奋志踊跃，□将创议建祠。……卜基月山之阳，地业参差龃龉，非先生从容筹划，极力斡旋，终不克就"[2]。张庭瑛应乡试不售，居家课徒，"及立五派祀典，修十宗谱牒，殚精悉虑，不辞劳悴"[3]。张友庆五应童试不售，以舌耕糊口，慷慨疏落，"甲戌《宗谱录》亦公所倡首捐金，续成巨帙，且曰：'此吾先君生平未了之业。'故取剔尤严，较若画一"[4]。张茂玱应童试不售，平常课生徒以资其家，对宗祠修建、谱牒续修等宗族事务颇为挂怀：

> ……尝语余曰："吾幼即以宗祠、谱牒两事为念，后幸附存斋公创建宗祠，得与末议，惟谱则遥遥千古，倡刊者谁？余虽参考有

---

〔1〕（明）薛蕙：《考功集》卷十《高氏大宗祠记》，《景印文渊阁四库全书》，第1272册，第116页下栏。

〔2〕（清）张茂玱：《旻溪说岩先生传》，《清河张氏宗谱》卷十四，《中华族谱集成》（张氏谱卷），第八册，第715页上栏。按："重任"，疑当作"任重"。

〔3〕（清）陈九韶：《张价人先生传》，《清河张氏宗谱》卷十四，《中华族谱集成》（张氏谱卷），第八册，第607页上栏。

〔4〕（清）黄龙光：《友庆公传》，《清河张氏宗谱》卷十四，《中华族谱集成》（张氏谱卷），第八册，第690页下栏。

年，如力不逮志何？”适前秋东曙族叔等特邀刊谱，兄虽以重任费巨为辞，然私心未尝不欲赞其成也。寻以众议既妥，欣然束装诣洞壶司事。盖以嗜古之力，了其匡抱之志，经营惨淡，心思竭而酷热烦，历久而靡悔也。自夏徂秋，而谱书亦将告竣。[1]

从《清河张氏族谱》中的塾师传记中可以见出，族中宗祠之建立、族谱之修缮，有的是在族中塾师的直接倡议下进行，有的则由本族塾师总理其事，筹划斡旋。

塾师之所以能够在宗族事务中具有如此高的参与度，首先来源于他们自身作为文化知识的传播者对延续“奉先贻后、睦亲厚俗”的宗族文化的热情。其次，塾师多承担着家族子弟育成的责任，且谙熟宗族事务，因而他们在宗族中具有较高的威信和较强的凝聚力，他们参与族中公事的筹划、资金的筹措等环节能让众人信服。如清代南海县举人黄斯瀚家居授徒，洞悉世务，“初，合省绅老谋建族祠，因观望者多，事已中止，公极惜之，起而往来谋合，卒底于成。时人谓运筹之妙，指使之神，惟公为最云”[2]。再次，塾师虽以课徒谋食，但他们中的相当一部分在本族中具有较好的经济条件，在宗族事务中常以率先捐赀并主动承担重任的姿态而成为表率，在修祠、续谱等事务中居于主导地位，有的甚至一人独自承担全部费用。如清代生员李斗南入泮成为生员后，即以居乡课读为业，族中宗祠倾颓，族谱近五十年未能续修，李斗南以此为憾，遂独任主持：

提纲挈领，□纂严膳，费亦自备。办事诸君皆贬食省用，不逾年，谱成。……数十年来，大水溃堤，崩颓及祠外，先生悯之，商

〔1〕（清）张茂珂：《�谷公传》，《清河张氏宗谱》卷十四，《中华族谱集成》（张氏谱卷），第八册，第715页上栏。

〔2〕（清）佚名：《渔洲公小传》，（清）黄任恒修：《南海学正黄氏家谱》卷十一，《北京图书馆藏家谱丛刊》，闽粤（侨乡）卷，北京图书馆出版社2000年影印本，第4册，第859页。

诸族父老，出修谱余赀，卜迁白沙洲，去旧祠半里许，山水环绕，胜地也。……夫敬宗收族以考世系大事也；上栋下宇以妥先灵，大典也。二事告成，先生始无遗憾。[1]

明清时期的乡村社会与前代相比，人口的流动性不断加大，但聚族而居的整体格局依然没有改变，塾师对建祠、修谱等宗族事务的高度参与，反过来也会增加其在宗族中的威信，从而为他们更广泛地参与乡村社会中的公共事务奠定了基础。

（二）塾师与乡村公共事务

清代广西提督惠庆在上书朝廷呼吁加强广西团练时云："伏思办理团练，固在乎地方官实力奉行，尤在乎地方绅士认真经理。盖官有更替，不如绅之居处常亲；官有隔阂，不如绅之见闻切近。"[2] 可见士绅阶层因与乡土社会的密切关联，而在地方事务中具有举足轻重的作用。明清时期的乡村塾师群体构成复杂，对于居乡授徒的塾师而言，其中相当一部分属于士绅阶层的范畴，多少都因政治、经济和文化上的资本而具有较高的社会威望，加之塾师本身传播文化知识的职业特点，他们在乡里普遍有较高威望，颇受尊崇，从而成为乡村公共事务（主要是指关涉乡中所有成员公共利益的事务）的主导者和决策者。

民国时期的学者廖泰初曾以山东省汶上县为样本，探讨私塾与新式学堂的争斗，其中特别论及私塾在当地的乡村中扮演了"村民活动中心"的角色，从而具备了"一个近乎参议院的雏形"。他认为，在当时的乡村生活中，最让乡民头疼的事情是应付官府，应付官府需要具备与官方交际的手段和辞令，还要熟悉官方文牍，精于敷衍之道，而这两种能力恰好是乡民所缺乏的。老百姓认为这些都是当地塾师的本分工作，

---

〔1〕（清）李士铨：《一卿先生家传》，《陇西李氏四修族谱》卷首，《中华族谱集成》（李氏谱卷），第一册，第75页上栏。按："膳"，疑当作"缮"。

〔2〕（清）惠庆：《奏陈粤西团练日坏亟宜挽救疏》，（清）盛康辑：《皇朝经世文续编》卷八二，道光二十三年刻本，第四十五页。

也只有塾师才有能力办理这些事务，因此在涉及乡村公务时，塾师用以课徒的私塾便成为乡民的活动中心[1]。从廖氏的分析中可以看出，私塾在乡村社会中之所以能够获得类似于“参议院雏形”的地位，其核心正在于主导私塾的塾师本身所具有的社会威望和凝聚力，在具体的事务中，塾师或直接主导，或设计筹划，或充当参谋的角色。

事实上，塾师对乡村公共事务的主导或参与，并不仅仅局限于应对官府，他们的身影几乎出现在与乡民切身利益相关的各种事务中，如乡村公益事业的倡导与兴办往往有塾师参与。明清时期的乡村公益事业主要有赈灾济急、乡村基础设施建设等。明清时期的塾师参与或主导公共慈善事务的案例在明清地方志、文集、族谱中记载极多。如明代华亭人陈继儒绝意仕进后，即隐居以授徒为业。万历三十六年，松江遭灾，乡民嗷嗷枵腹，陈继儒不仅向当局请赈，而且自己还亲任其事。“……首倡天马，捐资作灶，一切所需杂件并修桥梁道路，顾募执事五十余人，自晨至未，日给粥百余锅。”[2] 清代蓉湖柳荡人刘玘屡应童子试不售，以课徒为业，且偶尔与邻人合伙贩卖布帛菽粟。“道光二十年，邑大水……道殣相望，子钦设法倡捐，力为赈救，而民之困尚未苏也，遂将所鬻之粟帛尽贷于人。”[3] 与方志、文集、族谱中的人物传记资料记载相比，塾师年谱中的记载更为翔实。以天津名宿、塾师梅成栋的年谱为例，其中详细记载了梅成栋的舅父朱光觐及梅成栋本人在教授生徒时的主要慈善活动。朱光觐为梅成栋的舅父和业师，梅成栋十二岁（乾隆五十二年）时，山东饥荒，流民涌入天津，饿殍遍野。“朱仰文夫子罄其资，施粥于邑城之西。闻其风者踊跃助施，用谷数千石。”[4] 朱光觐的慈善行为得到很多士绅的响应。不仅如此，朱光觐还创立“济急会”：

〔1〕 参见廖泰初：《动变中的中国农村教育——山东省汶上县教育研究》，第39页。

〔2〕（明）陈梦莲：《眉公府君年谱》，《北图珍本年谱丛刊》，第53册，第435页。按：“顾募”，疑当作“雇募”；“晨”，疑当作“辰”。

〔3〕（清）许源：《子钦先生传》，《蓉湖柳荡刘氏宗谱》卷七，《中华族谱集成》（刘氏谱卷），第三册，第119页上栏。

〔4〕 邱学士、龚望、刘炎臣：《梅树君先生年谱初稿》，1989年自印本，第8页。

鸠请士林百余人，每人每月出钱二百文，汇齐一处，遇有贫寒旧族耻于求乞者，当饥寒病卧、闭门待死之余，查访真确，将此项钱文酌量轻重帮助，行之五十余年，全活无算。[1]

朱光觐去世后，梅成栋即接管“济急会”的慈善事务。道光年间，梅成栋多次募捐劝赈，在天津的影响甚大。道光三年，天津水灾严重，时馆于任兰士家塾中的梅成栋连续向天津地方官上书。除了呼吁官方尽早介入赈灾、为赈灾建言献策外，他还以“济急会”为平台，展开大规模的民间赈济行动：

倡议捐赈施粥，设厂四门外，分男妇，届五日一给签，越日汇领来，无庸原人复来。其旧家之不便赴厂领签者，径送米于其门。法简而备，无遗滥，施米万余石，全活甚众。[2]

道光十五年，天津大旱，流亡载道，梅成栋再一次通过“济急会”造福乡里。“先生目睹心伤，劝捐施赈，设为四大粥厂，全活无数。”[3]朱仰文与梅成栋两位塾师通过接力的方式，以“济急会”为平台，成为清代中后期天津塾师主导地方赈济的典范。

除了赈济以外，塾师参与或主导地方公共设施修建的案例亦复不少。如清代黟县生员汪学棂蜚声庠序，课徒以馆谷养亲，并热心地方公益事业：“立水龙会以备灾，集乐善会以掩骼，经修北门沿城大路长生亭桥……节孝总坊、桃源门石桥诸善举并与筹议。”[4]当然，倡议和兴办公共慈善事业，除了自身要具备一定的经济实力外，还需要倡导者具有相当的凝聚力。塾师因其职业的特性，在乡村中具有较广泛的师弟、

〔1〕 邱学士、龚望、刘炎臣：《梅树君先生年谱初稿》，第8页。

〔2〕 邱学士、龚望、刘炎臣：《梅树君先生年谱初稿》，第26页。

〔3〕 邱学士、龚望、刘炎臣：《梅树君先生年谱初稿》，第44页。

〔4〕（清）谢永泰等修：同治《黟县三志》卷七《人物》，《中国地方志集成》（安徽府县志辑），南京：江苏古籍出版社1998年影印本，第57册，第138页上栏。

宾主等社会关系，这正是他们兴办公共慈善事业容易得到响应的重要原因。

此外，为维护乡民的公共利益而介入乡村公共事务的读书人中，同样也有不少塾师的身影。以聚居广州南海学正乡的黄氏家族为例，有清一代，致力于乡村社会公共慈善的黄氏塾师不在少数。童生黄秀枝因家贫，弱冠即以舌耕为业，授徒之余，则致力于家族公共事务。“族繁衍，恐饥于荒，率族设法权子母为备荒策，历两荒，族无饥色。”[1] 正因为如此，黄秀枝在族中积累了很高的威望，凡有公事，族人必与之商议。黄秀枝之子黄沛义，早年困于童试，纳粟得国子监生，三应乡试不售，居家课徒为生，“乡里以其望重且品优，堡局事宜专推主断，君或未至，众必曰：‘待黄二公来始能定议’”[2]。由此可见，黄沛义在乡间公共事务中充当的是决策者的角色。黄沛义之子黄瀛士，以贡生终老乡间，居乡教学半生，乡中来问事者皆称道其才能，自己也以排难解纷自任，因而颇具威望。“道光十三年水灾，先生与梁序镛求官赈恤，领米万石而回，人不至为饿殍者，先生力也。”[3] 黄敬祐以举人身份隐居授徒，成为乡中公共事务的主持者：

> 先生老成望重，既为乡里所宗敬，凡所当为，无不尽力。咸丰元年，诏免民间逋税，先生因间上请于官，下谋于父老，联五图、创义会，行代征代纳之法，自是民不见吏，鸡犬无惊，按期毕输，上下咸便，至今沿之，已五十余年。……君君子也，昔任太平局事者即君也，耶勉之，盖红匪之乱，平地堡团勇防堵，先生董其役，

[1] （清）黄荣枝：《先兄荔园黄公府君传》，《南海学正黄氏家谱》卷十，《北京图书馆藏家谱丛刊》，闽粤（侨乡）卷，第4册，第825页。

[2] （清）梁序镛：《黄君达泉小传》，《南海学正黄氏家谱》卷十，《北京图书馆藏家谱丛刊》，闽粤（侨乡）卷，第4册，第861页。

[3] （清）李伟勋：《黄荻洲先生传》，《南海学正黄氏家谱》卷十，《北京图书馆藏家谱丛刊》，闽粤（侨乡）卷，第4册，第867页。

一方赖之，故官以为言也。[1]

黄敬祐通过自己的斡旋能力和组织能力，不仅让本乡免受胥吏骚扰之苦，实现了真正意义上的“自治”，而且在突发事件中通过自己的才智和魄力让本乡免受兵燹之苦，可谓乡绅治乡、造福一方的典范。

如果说塾师倡导和兴办公共慈善在某种程度上可以以自身在乡民中的凝聚力为基础的话，那么塾师为乡民代言、争取利益则更多地依托他们作为“乡绅”的社会身份（而不是“塾师”这一职业身份）所带来的与官府“对话”的政治资本。明代的社学教师虽具有与官长直接沟通的权力，但若要通过这样的渠道为乡民代言，仍然需要凭借社师拥有的衿监、举人或退闲官僚的社会身份来实现。换句话说，塾师与官方交涉为乡民代言、争取利益时，其“塾师”的职业身份是不起作用的。士绅阶层中的塾师借助自己的社会身份和政治资本为乡民代言、争取利益的情形在明清时期虽不少见，但正如笔者在第二章中分析的那样，明清时期的塾师群体构成复杂，处于“生员”这一官方系统认可的最低功名以下的童生以及普通的读书人占据了相当的比例，他们作为普通民众，并不具有直接与官方交接的特权。换言之，“塾师”与“乡绅”是两个完全不同层面的概念，它们所涵盖的群体仅有部分交集，因而对塾师“为乡民代言”这一观点，笔者更倾向于采取一种谨慎的态度[2]。

第三节　塾师与乡村教化

“师也者，教之以事而喻诸德者也。”[3] 在中国传统社会中，“师”

[1] （清）黄荣康：《黄秋虆先生传》，《南海学正黄氏家谱》卷十，《北京图书馆藏家谱丛刊》，闽粤（侨乡）卷，第4册，第871页。

[2] 刘晓东认为，明代塾师充当着“乡民代言人”的角色。参见《明代的塾师与基层社会》，第244－248页。

[3] （东汉）郑玄注，（唐）孔颖达疏：《礼记正义》卷二十《文王世子》，第741页。

除了充当传授文化知识的角色外，还承担着以德树人的职责，胄子之师如此，庶民之师亦如此。周代里塾之师即以老而有道德者充之，教里中子弟以道德、孝悌、仁义，后世将此类教师称为“人师”。在“国权不下县”的明清时期，民间教育虽因科举的影响而呈现出明显的功利化倾向，但在广大的乡村社会中，以猎取功名为目的并能最终成功的毕竟是少数，大多数接受教育的民众子弟仍然以农、工、商贾为业，若要在他们之中推行教化，发挥“师”之“授业”与“树人”的双重职能依然显得十分必要。

明清两朝的统治者十分重视基层民众的社会教育。明代自洪武年间开始，先后兴起过几次复兴社学的运动；到了清代，社学式微，而义学如雨后春笋般成长起来，清代统治者又转而主动介入到义学的兴办中去。明清时期有官方介入的社学和义学对启蒙养正之教的强调，在很大程度上强化了普通民众对乡间塾师参与地方社会教化这一角色的认知，同时也促使塾师自身为满足这一角色的需要而不断进行自我调适。

一、塾师与乡村风教

风教即风俗教化。风俗是一个社会在特定时期内累积起来的社会风尚和行为模式，一种良好的风俗，其形成或转变可以通过潜移默化的教化方式来实现，这个潜移默化的过程即是风教。明清时期的乡村社会处于国家行政体系的直接控制之外，乡村治理主要通过士绅主导的乡治系统来实现，乡村风教作为乡村治理的重要内容，显然也需要由士绅等乡村读书人来承担。正如王尔敏所言：“除博学鸿儒之外，尚有广大多数各形各色之村镇乡里儒生，终生抱器守道，践履儒家教义礼法，谨持勿失，而于民俗风教时时引导，并具有深远影响。”[1] 这些所谓的“村镇乡里儒生”，多半长期居住于乡间，并具有塾师的职业身份。统治者和整个社会对塾师参与乡村教化的角色的强调，使得这个群体有意识地参

〔1〕王尔敏：《儒学世俗化及其对于民间风教之浸濡——香港处士翁仕朝生平志行》，《近代文化生态及其变迁》，南昌：百花洲文艺出版社2002年版，第31页。

与到了乡村风教中去。总体上看，乡村塾师参与乡村风教的方式有两种途径：一是通过教授生徒的职业活动，言坊行表，成为后学的榜样；二是借助自身的社会身份所赋予的权力，导民善俗，使民风归于淳厚。

（一）言坊行表：塾师的道德形象与养正之教

明代王守仁在江西推广社学时，曾这样评价赣州社学："教读贤否，尚多混杂，是以诗礼之教，久已施行，而淳厚之俗，未见兴起。"[1] 将风俗日薄归因于社学教师之不贤，因而他要求社师须聘用"学术明正、行止端方"之士充任。清人蓝鼎元亦曾对民风与士人、塾师的关系作出这样的概括：

> 士为四民之首，一举一动，关系民风士习，端则民生观感兴起，日趋于厚；不端则乡里效尤放纵，日竞于邪。故士不宜妄自菲薄，当以言坊行表为己任。……余以阖邑人心风俗分寄其责于诸生，而又以诸生立心制行、学问文章分寄其责于司义学、拥皋比之一二人，可不谓专且重哉！[2]

明清时期的统治者几乎一致地认为，士风好坏直接关乎民风之好坏，而"师道"又关乎士风，所谓"师道立则善人多"。在蓝鼎元看来，义学塾师通过教授活动影响着当地士风的好坏，从而事实上肩负着引导一乡风俗走向的责任。王守仁与蓝鼎元二人在表述上虽略有不同，但无疑都强调塾师课徒本身对移风易俗有着重要的作用。

塾师参与社会教化始于课徒活动，这就要求塾师自身的学行足以为后学之矜式。事实上，明清时期，不仅社学、义学延师要求塾师学行兼备，个人或宗族创办的家塾、族塾在延师时同样有此要求，甚至更为严

---

〔1〕（明）王守仁撰：《王阳明全集》卷十七《兴举社学牌》，吴光、钱明等编校，上海：上海古籍出版社2011年版，中册，第670页。

〔2〕（清）蓝鼎元：《鹿洲初集》卷十《重修潮邑义学碑记》，《景印文渊阁四库全书》，第1327册，第724页下栏。

格。如清人蒋伊在家训中要求家塾所延之师须“博雅敦厚、束脩自好”[1]；浙江慈峰李氏规定：“每岁塾师务请德行敦厚、学问该博之士以为之，庶使子弟有所观感而兴起。”[2] 江苏苦竹王氏要求选家塾之师“必择正学端严、可为师法者为之，苟非其人，则童稚之年以先入之言为主，教之不慎，适为终身之误。若曰稚子无知，不必慎检明师，不知教者也。”[3]。明清时期私塾的最大特点在于，馆东延聘塾师或生徒慕名负笈从游是一种高度自主的行为，塾师主要依靠个人的学识、道德魅力赢得馆东或生徒的青睐。在社会普遍看重道德之师的传统观念影响下，塾师首先必须具备，或者至少要通过一定的方式展示、标榜自己的学行，才能获得更多的就业机会。同时，越是有官方介入的社学、义学或有隆师传统的书香、官宦等诗礼之家，对塾师的德行要求越高，因而塾师若要获得待遇优厚的馆地，也必须展现出自己在道德上的过人之处。一般而言，由于塾师的职业活动所涉及的启蒙养正等内容本身就与道德之学紧密相关，而且一些塾师还要在课徒的同时自修以准备应试，因而长期浸淫于儒家典籍，他们与普通的士子相比，更加具备养成和践行儒家所倡导的伦理道德与礼仪规范的便利条件。

在明清时期的人物传记资料中，许多塾师在功名、教育、学术等方面并无多大成就，但他们却被密集地载入各类史料之中，很大程度上是因为他们践行孝悌忠信、礼义廉耻等儒家道德规范而为时人所重。如传统社会中儒家孝道一直为统治者与社会大众所推崇和弘扬，方志文献的传记往往有“孝行”一目，收录以孝道著称的各类人物传记，其中以塾师为业者占了不小的比例。与此相似，在明清文集中，塾师践行儒家孝道的事迹也往往成为其传记中被重点叙述的部分。这些塾师所践行和尊奉的孝悌、礼义等道德规范，除了作为修身齐家的个人修为以外，还

---

〔1〕（清）蒋伊：《蒋氏家训》，《丛书集成初编》，上海：商务印书馆1939年版，第977册，第六页。

〔2〕《慈峰李氏宗谱》卷首《家规》，《中华族谱集成》（李氏谱卷），第十四册，第608页上栏。

〔3〕《润东苦竹王氏宗谱》卷一《家范》，《中华族谱集成》（王氏谱卷），第十四册，第59页。

是他们塑造自身形象、谋取教职的必要资本。如明初吉安处士孙真，“自幼不凡，事父母孝。既长，惇行古道，见重于先生君子。……洪武初，县令丞举明经，力辞，乃请教社学，力以成就后进为务。……其教学者必在修己及物、由义安命”[1]。晚明兴化生员萧桂早年以学行闻名：“公天性孝谨，居丧毁瘠骨立，三载不入内。客有给公入酒肆者，甫坐，伎以酒来，公大惊，绝道走归舍，竟夕自责数。郡有吴丞者，礼公诲其子，公自讲诵经术外，不旁及他事。吴丞亟谓其守周：‘识吾萧生否？后进中叔度也。’”[2] 以上二人可谓以个人道德修养见重于时人，又以此获得教师之职的典型。

塾师所表现出来的符合儒家道德规范的品行，除了作为谋馆之资外，更重要的是作为“师范”的一部分贯彻到课徒活动中去，对生徒的“启蒙养正”施加正面的影响。如明代长洲人严泽以文行著称于时，“乡人慕其贤，争延聘教授家塾。陆起敬晚致之，重加敬礼，宗族子弟悉以付焉。先生开导训诲，先之以孝弟、忠信，而词章为次，谆谆懔懔，久益不倦，以故诸生多底成立。”[3] 清代沁州生员吴道默多次应乡试不售，“退而益以明道授徒为己任。……公自少至老，以孝悌、仁义修其身，以教其家与乡，盖乡之知有师，自公始也”[4]。又如昆山人顾松及其子、孙皆以塾师为业，顾松以积学、纯孝闻名，执经请业者常常多至塾舍不能容纳。顾松授徒首重躬行，造就颇多。其子顾臣亦秉承家法，居乡授徒五十余年，尤重师范：

谓蒙以养正，受人子弟之托，而蒙养弗端，长益浮靡，是我误

---

〔1〕（明）杨士奇：《东里续集》卷三十二《孙处士墓表》，《景印文渊阁四库全书》，第1239册，第81页上栏。

〔2〕（明）王世贞：《弇州续稿》卷一百四《周府崇善王教授秋岩萧公墓志》，《景印文渊阁四库全书》，第1283册，第489页下栏。

〔3〕（明）韩雍：《襄毅文集》卷十三《友兰严先生墓表》，《景印文渊阁四库全书》，第1245册，第788页上栏。

〔4〕（清）陈廷敬：《午亭文编》卷四十二《封中宪大夫希声吴公传》，《景印文渊阁四库全书》，第1316册，第611页上栏。

之也。又谓初学难以高深，当养其良知良能，以爱亲、敬长为先，尤以收放心为本，能以孝弟植根，收敛放心，而上达者在是矣。其朝夕为学徒言者，皆顺亲、敬长之事，一言一动，不令苟且便安。……以故得执经处士者，即总角童子，以恂恂醇谨，循蹈规矩，言动与凡儿异。[1]

从上面的这些案例可以见出，塾师所扮演的乡村社会风教推行者的角色，事实上从其“抗颜为师”之时已经开始了。科举时代的教育，父母于子弟虽多少都有博功名、为仕宦的念想，即有很明显的功利色彩，但真正能走入仕途的人少之又少，绝大部分接受教育的子弟最后都不免成为普通乡民，以农、工、商贾为业，他们在成年后便成为乡村社会结构中的新生力量，因而端严方正的塾师对他们从小实施的教化，其效虽未必能立显，但确实有可能影响一乡风俗的走向。

（二）导民善俗：塾师教化功能在乡村社会的延伸

“教不止于授徒而已，化及乡闾而风旨超然以高。”[2] 这是明人吴宽对吴县学者、塾师杜琼的评价。显然，塾师作为后学之矜式，其对乡村社会教化的影响力不仅仅存在于训诲弟子的职业活动中，一些塾师所具有的社会身份与社会威望使得他们的“师范”效能突破了教学本业，延伸到更广泛的乡村日常生活中，发挥着导民善俗的功能。

塾师之导民善俗，首先体现在他们通过自己作为“道德之师”所具有的威望，对普通乡民产生潜移默化的影响与实施劝勉晓谕。例如笔者在本章第二节论及塾师主导宗族事务和参与乡村公共事务，立宗祠、修族谱表面上是一种文化服务，但这些宗族事务本身就是以笃恩义、厚人伦、扶世教为主要目的的；塾师主导或参与公益慈善事业以倡导仁义为宗旨，在宗族、乡党中起到一定的感化作用。除此之外，更多的塾师

〔1〕（清）陈宏谋：《培远堂文集》卷六《昆山顾处士传》，《陈榕门先生遗书》，民国三十三年（1944）铅印本，第三册，第三页。

〔2〕（明）吴宽：《匏翁家藏集》卷七十二《杜东原先生墓表》，第一页。

则是以个人的道德魅力去引导一乡的风俗。如明代兰州举人段坚于正统间家居授徒，以师道闻名乡中。“兰人婚娶，昔多论财，独先生毅然以择配为正，乡邦至今效之。”〔1〕段坚通过自己在乡中的道德魅力，以亲身示范的方式，纠正了乡民以财货为标准的婚配观念，达到了救时匡俗的目的。又如山东汶上人郭文亮幼年以孝闻名，入泮后借舌耕自给，“后稍赢余，尤好赒恤党族，又尝作《三字箴》以垂家训，邑人多矜式之”〔2〕。郭文亮便是通过在族党中推行慈善、在家庭中树立家风的方式，在普通乡民中产生了一种示范效应，不知不觉地履行了推行社会教化的职能。明清时期的士绅常被统治者赋予基层社会教化的职能，而塾师作为以“传道”为目的的职业群体，更容易对社会教化产生一种责任感，因而塾师的这种通过“潜移默化”的方式引导一乡风俗的行为，可以看作是他们出于“士”的本能和作为传道之“师”的职业心理所致。

当然，塾师作为乡土社会中知识群体的代表，当他们以儒家道德、礼仪承传者的眼光来审视浮薄的社会风俗时，除了潜移默化地导民善俗外，往往还通过劝勉晓谕的方式，对个人或群体施以道德感化。上文论及的段坚居家授徒时，曾以儒家的“守节”观念劝谕一位即将改嫁的寡妇：“邻有孀妇为乡鄙所诱，且迫将嫁之，先生使人谕妇以义而示乡人以法，遂完节以终身。”〔3〕姑且不论此孀妇之改嫁是否被迫，或者其最终的守节是否迫于“道德捆绑”的威力，仅从段坚的角度来看，他通过这种道德劝勉的方式引导了礼教控制下的人们遵循当时的社会风俗。清代天津塾师梅成栋在教学之余，除积极参与地方公益事业、文化事业外，对天津地方节孝观念的推广亦用力甚多。仅以道光五年、六年为例，梅成栋以道光五年出资修复城西“八烈坟”（葬有天津历史上的

〔1〕（明）彭泽：《段容思先生年谱纪略》，《北图珍本年谱丛刊》，第39册，第476－477页。

〔2〕（清）岳睿等修：乾隆《山东通志》卷二十八之四，《景印文渊阁四库全书》，第540册，第869页下栏。

〔3〕（明）彭泽：《段容思先生年谱纪略》，《北图珍本年谱丛刊》，第39册，第477页。

八位烈女）为契机，宣扬节孝文化。次年，天津人李廷栋之女遇歹人强暴致死，官方坐视李氏蒙冤，并诬以“泼悍”之名。梅成栋出于义愤，以一系列举动为其伸张正义，并趁此传播节烈孝道：

先生为撰《书烈妇李氏事》，记述详赡，又纠合同志移氏柩附葬城西烈女坟。张杏史作启征诗，梅社同人吟咏殆遍。此事若非先生倡之，几何湮没而不彰也。明年丁亥暮春，复为文以祭之。[1]

梅成栋除了身先士卒地为导民善俗而努力外，还积极地组织本地士人加入其中。道光七年，梅成栋于天津文昌帝君庙立月课，会本地士人，期望他们加入自己的行列。当然，除了梅成栋这类主动引领地方教化的塾师外，更多的塾师通过积极配合官方以达到教化社会的目的。如黟县塾师舒伯华于光绪间居乡授徒时，曾应县尊之请，宣扬儒家道德礼仪以救俗薄：

光绪初，承乱离之后，邑俗渐以偷薄，贤令屈公忧之，遴选高材有德望宿儒，按朔望宣讲古昔圣贤义礼，以期救正，而君与城东胡立培明经实膺其任，屈赠颂曰“名教宣扬”，盖纪其实也。[2]

如果说这些塾师是在为风俗的复古而努力的话，那么清末的另一些塾师则在为新风俗的养成而进行活动。如广东兴宁人罗师扬在光绪间授徒乡里时，即为当时倡导的妇女改装一事奔走于乡间：

与同邑人议改革兴宁妇女服装事，众皆赞许，比返乡，遂联名呈请当道，批准改装布告实行。府君等分头鼓吹，家则桓先生复仿邑俗山歌，作《改装歌》八首，雇善歌者往各乡高唱，乡中妇女

〔1〕 邱学士、龚望、刘炎臣：《梅树君先生年谱初稿》，第44页。
〔2〕 陈之澍：《舒伯华先生传》，民国《黟县四志》卷十四，《中国地方志集成》（安徽府县志辑），第58册，第310－311页。

反嗔为喜，改装运动终以告成。[1]

光绪末年正值新旧交替之际，社会变革带来了新的社会风尚，而当时的乡村塾师正好利用自己的文化优势，自觉或不自觉地发挥着引导社会风俗的功能。

刘晓东认为："塾师作为基层社会中'王道正统'的维护者，自然要秉承与维护以官府为代表的上层社会之意图，施教化于乡民，甚至成为官府进行社会控制的一个工具。"[2] 此论甚为确当。从表面上看，塾师对乡村社会风教的干预虽多出于自觉意识下的个人行为，但其本质乃是官方在"国权不下县"的政治现实下对民间实施社会控制的方式，通过士人尤其是塾师这一媒介，官方价值体系的触角得以深入乡村社会的最底层。明清统治者通过塾师实现的社会控制最直接地体现在有官方介入的明代社学和清代义学中。明代由统治者多次倡导复兴的社学并非单纯的启蒙教育机构，统治者之所以多次掀起创办社学的运动，目的就在于让社学成为官方宣扬儒家伦理、实施基层社会教化的工具和平台。社学在明代中期以后发展为乡约、社学、社仓、保甲四位一体的乡治系统的组成部分，这种乡治系统以乡约统领社学、社仓、保甲。社学除了进行蒙学教育外，主要用以教化乡民，包括讲乡约、举行各种礼仪活动、评议劝惩等，社学事实上已经成了乡村实施教化的主要场所。在社学中所举行的各种教化活动，如乡约的讲论、礼仪规程的讲解和主持、乡民言行的评判与劝惩，总是少不了社师的参与[3]。在一些地方，乡约和社学甚至由同一人掌管，"以讲所为课蒙之地，以约长兼塾师之职能"[4]，这就更加强化了社师对全体乡民的教化职能。较之明代，清代的社学衰微，但直至清末依然存在于乡村社会中，且官方参与兴建的义

---

〔1〕 罗香林：《先考幼山府君年谱》，《北图珍本年谱丛刊》，第188册，第594页。

〔2〕 刘晓东：《明代的塾师与基层社会》，第237页。

〔3〕 参见施克灿：《中国古代社学教化职能初探》，《教育学报》2010年第1期，第105－109页。

〔4〕（清）潘杓灿：《未信编》卷六《机务下》，"讲约"，《官箴书集成》，合肥：黄山书社1997年版，第三册，第188页。

学大多具有与社学相似的教化功能。

如果说塾师以自身的人格魅力导民善俗，重在以个体为榜样实施“德化”的话，那么塾师通过社学、义学对乡民进行教化与劝惩，则以“治理”的成分居多，带有一定的强制色彩。社学、义学塾师的这种教化职能对居处、课徒于乡间的其他塾师群体有着一定程度的导向作用，使得整个塾师群体参与乡村社会教化的责任意识和主动性大大加强。明清时期的各种人物传记资料中，塾师在日常教学之外运用各种强制手段，甚至通过官、师联动的方式推行社会教化、移风易俗的情形十分常见。例如中国古代有着久远的孝文化传统，明清时期，由于世风趋于浇漓，民间背离儒家孝道观念的人、事时可见之，一些儒者或理学家对此颇为介怀，而塾师作为“启蒙养正”的实施者，往往对挽救风俗、弘扬孝文化表现出一种超乎常人的使命感。如清代鄞县徐元第之类的塾师，好以儒家孝道箴规他人，“故常以非意得罪于人”[1]。又如清人杨超格之舅父英公在县署充塾师时，即以教刑惩戒一位素不相识的“不肖子”：

> 正月四日，花衣期内，有老妇喊告其子忤逆者。公饬役拘其人来，醉极跳踉叫呶，势不可驯。缚于柱，袒其背，以藤鞭鞭之。才十数下，绝叫酒醒，呼母求免，母亦代叩。乃释缚而训以孝顺养亲，毋再酗酒。观者数百人，咋舌曰：“仁威父母也！”[2]

当事人及围观者对杨超格的舅父以强制手段惩劝陌生人家子弟这一事件的认同，很大程度上源自塾师作为社会教化实施者在大众眼中具有的“合法性”。明清之际的理学家张履祥绝意进取，一生授徒乡里，其时乡中多有丧亲而不葬的积习，张履祥利用自己在宗族和乡中的威望，与友人一起重振“葬亲社”，极力革除这一陋俗：

---

〔1〕（清）徐时栋：《烟屿楼文集》卷二十二《徐远香墓志铭》，《续修四库全书》，第1542册，第403页上栏。

〔2〕（清）杨超格：《仲骧年谱》，《北图珍本年谱丛刊》，第160册，第254－255页。

> 举《葬亲社约》。社始于德清唐灏儒，先生推广之。分八宗，宗八人，立宗首、宗副。凡社有葬亲者，宗首、副传之各宗首、副，汇八宗吊仪人三星致葬家。八宗宗人俱会聚，即登于社，约曰："某年月日，某人某亲已葬。"使未葬者惕然。以七年为期，过期不葬者不吊，所以示罚也。后又增一条：八年葬者，亦酬其半，以存厚也。自是七年之内葬亲者凡数十家。先生亲已葬，葬叔祖之无后者。[1]

明清易代之际，社会混乱，地方风俗大坏，停丧不葬之习无论在以孝治天下的统治者眼中，还是在崇尚儒家伦理道德的理学家眼中，无疑都是一种足以坏人心的陋俗。张履祥所推广的葬亲社，主要采取了一种类似乡约的组织形式，以劝惩结合的方式达到厚人伦、救风俗的目的。两年后，张履祥在处馆课徒的同时，再举葬亲会。"先生为主，悬孟子像于中堂，行士相见礼，讲《吕氏乡约》等书，及禁作佛事，并邑令胡舜允禁火葬告示等条。"[2] 可以看出，张履祥对于乡中风俗的拯救和社会教化的实施已经扩展到日常生活的多个方面，并与官方实现了联动。

明清时的佛道文化在民间十分兴盛，滋生出不少社会弊端。受宋明理学的影响，其时的文士多有排斥佛老的倾向，因而也屡屡出现塾师干预乡村社会中佞信佛道的风习。如明代段坚在入仕前居家授徒时，就曾将乡村佞佛之害上书于官府，要求官方出面取缔：

> 乡民惑于释教者，敛财聚众为华严会，且有舍其子女，披剃为僧尼者。先生白当道正之，惩其首，以其财为贫难补纳税租。……城有接引寺，为尼者多良家子女，不无伤风败教事，先生力白于巡

---

[1] （清）姚夏：《张杨园先生年谱》卷二，《北图珍本年谱丛刊》，第70册，第57－58页。

[2] （清）姚夏：《张杨园先生年谱》卷二，《北图珍本年谱丛刊》，第70册，第73页。

按，毁寺逐尼，以正其俗。[1]

与段坚类似，清代扬州学者焦循授徒邑中时，县中有道人在东岳庙聚集乡民讲经，里甲擒而又将纵之，焦遂与丁忧在家的阮元商议，“即作札与郡守伊墨卿，急提至府枷示。其后岳庙一带无敢有讲经传法者”[2]。清朝统治者出于维护社会和政权稳定的目的，对道人聚众讲经传法的行为极为敏感，打击也颇为严厉，焦循对道人讲经的警惕与上报，从某种意义上说是在通过与官方一同行使“治”权，维护社会政治的稳定。

除了在乡村社会中推行儒家伦理道德，维护名教的权威外，整肃乡间庸俗娱乐文化也是明清统治者通过强制手段实施社会教化的内容之一。在官、绅联合整肃的案例中，塾师往往也是积极的参与者。如南海黄瀛士为塾师时，乡间盛行赌博，为影响民风的一大隐忧。“时堡内赌博有白鸽票花会等名，先生禁之，匪辄通贿乞原，先生大怒，请官毁其巢，而赌风稍息。”[3] 又如清代高邮人夏之蓉未入仕时居家授徒。康熙二十五年，高邮适逢水灾，而天长县女班优人来此演剧，时为塾师的夏之蓉上书知府谢某云：

吾邑自洪水告灾，青畴尽没，幸免室庐漂泊之苦，正宜节俭厚生，得安士农休息之常，岂容淫戏自绝。……竟乃举国若狂，艳舞妖歌，试看一夕筵开，直费尽中人之产；酒阑灯灺，可惜三更曲罢，已消完十亩之租，此诚治道之榛芜，人心之蟊贼也。……惟愿司牧贤明，主持风化，倘能显除国蠹，不妨按匹夫蛊惑之诛，即或暂革奸回，亦宜效行鹰鹯之逐。[4]

---

[1] （明）彭泽：《段容思先生年谱纪略》，《北图珍本年谱丛刊》，第 39 册，第 476－477 页。

[2] （清）闵尔昌：《焦理堂先生年谱》，《北图珍本年谱丛刊》，第 127 册，第 49 页。

[3] （清）李伟勋：《黄荻洲先生传》，黄任恒等修：《南海学正黄氏家谱》卷十一《家传》，《北京图书馆藏家谱丛刊》，闽粤（侨乡）卷，第 4 册，第 867 页。

[4] （清）夏味堂：《检讨公年谱》，《北图珍本年谱丛刊》，第 96 册，第 466－468 页。

夏之蓉认为，灾荒之后，民生凋敝，士民正需要节俭休养，而优人演剧，令乡民在“艳舞妖歌”中消耗家财，实在是破坏治道、败坏人心的罪魁，因而请求知府主持风化，驱逐优人。

此外，市民文化的繁荣使得明清时期低俗的香艳小说泛滥，在乡村社会中广为流布。当时的一些塾师为“挽回风俗、救正人心”，也常常参与到由统治者发起的禁毁淫书运动中。清代无锡塾师余治一生致力于乡村公共慈善和社会教化，其中很大一部分精力都用在了禁毁淫书上，自道光二十五年开始，“以淫书小说之为人心害也，禀请当道示禁收毁”[1]。此后数年，余治在授徒之余，与官方一道办理收缴淫书事。咸丰七年，余治绝意仕途，专意以乡约救时，在课徒之余，仍不忘收禁淫书。“患乡愚之不能家喻户晓，遂以俚语别撰诗歌各种劝世，冀以潜移默化，为收禁淫书一案作釜底抽薪之计。”[2] 可谓惩劝并重，不遗余力。

二、塾师与乡村民事纠纷的调解

“听讼，吾犹人也，必也使无讼乎。”（《论语·颜渊》）“无讼”是孔子对社会治理目标的一种理想化描述。“无讼”并非完全没有争端，而是指人们在遇到争端时，不以诉讼于官的方式，而是运用伦理道德的力量在民间进行协调和解决。事实上，在中国传统社会中，统治者对社会的治理一直是以此为理想目标的。明清时期的统治者通过乡治系统赋予了基层社会解决民事纠纷的权力，这也为乡村中的塾师群体参与乡里调解提供了较广阔的活动空间。

（一）明清官方的“无讼”理想与民间的“戒讼”观念

明初的《教民榜文》以成文的形式将国家审判权中的一部分分配给民间，并对民事纠纷的乡里调解作了比较系统的阐述。后朱元璋又命

---

〔1〕（清）吴师澄：《余孝惠先生年谱》，《北图珍本年谱丛刊》，第156册，第317页。

〔2〕（清）吴师澄：《余孝惠先生年谱》，《北图珍本年谱丛刊》，第156册，第325－326页。

民间里老理其乡之词讼："严越诉之禁，命有司择民间耆民公正可任事者，俾听其乡诉讼……事涉重者始白于官。且给《教民榜文》，使守而行之。"[1] 规定民间普通民事纠纷皆由里老和里胥解决，若擅自告于官，则当事人会因"越诉"而受到惩罚。自乡约兴起后，里老的调解职能转移到乡约身上。而到了清代，随着保甲制的兴盛，乡约与保甲相配合，形成了比较成熟的乡里调解机制。与明代相同，清代统治者也通过各种上谕告诫民众不要因普通民事纠纷而轻易诉讼于官，雍正《圣谕广训》中"和乡党以息争讼"条云：

> 乡党中生齿日繁，比间相接，睚眦小失，狎昵微嫌，一或不诚，凌竞以起，遂至屈辱公庭，委身法吏。负者自觉无颜，胜者人皆侧目，以里巷之近而举动相猜，报复相寻，何以为安正业、长子孙之计哉？[2]

雍正帝主要从诉讼对双方均有害无益的角度告诫四民不要轻易兴讼。《圣谕广训》是雍正帝在康熙《圣谕十六条》基础上寻绎推衍而作，雍正命民间大量刊刻印行，使之成为乡约、社学、义学中必须讲论的内容和童生应县试时必须默写的内容。民间在流传的过程中还衍生出了不少白话讲解版本。

明清时期的统治者除了对诉讼的当事人进行劝谕外，还一直通过"学规"限制生员干预民间词讼。明代学校禁例规定："江西、两浙、江东之民，多有代人诉状者，自今不许。"[3] 后更申令："今后如有此等之人，治以重罪。若果邻近亲戚人民，全家被人残害，无人申诉者，方许。"[4] 清代的儒学卧碑文关于禁止生员干预词讼的规定与明代类

---

〔1〕《明太祖实录》卷二三二，洪武二十四年"四月壬午"，第四册，第3396页。

〔2〕（清）胤禛：《圣谕广训》，《景印文渊阁四库全书》，第717册，第594页下栏。

〔3〕《明太祖实录》卷一四七，洪武十五年"八月辛巳"，第三册，第2301页。

〔4〕转引自魏忠策《明代卧碑〈儒学榜谕〉评介》，《中原文物》1983年第2期，第71－73页。

似。由于统治者对“戒讼”的不断强调，清代的许多地方官员也有意识地整肃民间的健讼之风，将民间的民事纠纷交与当地的乡治系统来解决。明代范景文办理的一个有关叔侄争夺家财的案件中，王氏叔侄之争最终通过乡里调停得以解决，而居间干预词讼的生员叶时新则因以青衿干预人事，被革除生员资格。即便如此，范景文尚觉处罚太轻，“惜时新褫巾外法无所加，犹有遗恨耳”[1]。从这一判例中可以清楚地看出，地方官员在对待民事诉讼案件时，对当事人以调解为主，对干预词讼的生员则主张重罚。清代历城人赵于京于康熙间任城武县教谕时，为城武诸生讲《五子近思录》：“深言弟兄争财、党亲构讼为耻，因令书吏在县门伺察，若有非切己事而轻出入者，书名以闻。于是诸生凛然。”[2]同为康熙间官员的王植任宁远知县时，由于当地士习浇漓，好以干讼为事，王植到任后制定规条，凡是事非切己而干预词讼的生员，概不问供，罚当堂作文，若作证之乡民存在偏袒现象，生员还要与之一同受罚：

> 国家优待衿士，虽己事许用抱告，如事非切己，或为邻佑，或为干证，护符袒讼者，点名之后，概不问供，给予纸笔，令在堂右席地作文，邻证中自有白丁在审。系白丁左袒，则与白丁并列之衿士即与白丁之罪罪之，立会教官，当堂扑责；白丁非左袒者，衿士亦不复取供，而以所作之文年终汇送学使职员。监生则先责后详，必不姑恕。[3]

生员干预词讼主要体现在两个方面：一是代作诉状；二是干证，通过生员具有的特权左右案件的最终判决。从某种意义上讲，生员干预词讼是

---

〔1〕（明）范景文：《文忠集》卷四《谳牍附·王家瑞》，《景印文渊阁四库全书》，第1295册，第498页。

〔2〕（清）吕元亮：《赵客亭先生年谱记略》，《北图珍本年谱丛刊》，第86册，第405页。

〔3〕（明）王植：《治士子干讼》，（清）徐栋辑：《牧令书》卷十六《教化》，道光十八年刊本，第二十六页。

一种推波助澜。学校和地方官员对生员干讼的限制，可以大大降低乡民诉讼于官的意愿，是推动民事诉讼转向乡里调解的辅助手段。

在统治者“戒讼”思想的长期影响下，明清时期的民间社会中形成了一种“远讼”的观念和习惯意识，因而民间各类文献中对于诉讼之害的陈说也颇为常见。以族谱、家训为例，清代的族谱中多刊印《圣谕十六条》原文，有的还附录各种通俗讲解，以便族人阅览；而族规、家训中则几乎都有“止争讼”的条文。民间对于兴讼之害的叙述归纳起来大约有如下几个方面。其一，废事破财。“讼端之兴，未有不倾荡者，故治以无讼为贵，而公断不若乡评也。族中有不平事，故当白其情于家长里保或公正祠首等，急则即与分解，缓则俟朔望公论，慎毋逞奸肆志，以致荡产倾家。”[1] 其二，体面尽失。“一纸投入易，后去归结难。官差拘提，入门索酒饭，出门索银钱，略不称意，横肆诟骂；一言抵触，蜚语诬赖。投到听问，门皂人等，东扯西拽，百般凌辱；庭伏受杖，有同囚奴。”[2] 其三，易结仇怨。“报复相寻，家不可保；冤仇世结，身亦难容。妻怨叹于房帏，贻恨罔极；子放荡于闾里，流祸无穷。”[3] 民间最易产生争端的乡民多为宗亲邻舍，若妄兴词讼，无论输赢，皆易结仇，必不利于乡党的和睦。“兴讼”是一个宗族在发展中所忌讳的事件，因而乡村社会的族长里老劝谕甚至惩罚兴讼的成员，除了维护统治者所宣扬的“无讼”理想外，还有为群体和个人的实际利益考虑的因素在。当然，单纯的“戒讼”不可能完全消除争端，所以调解人是乡村社会中必不可少的角色。

（二）塾师作为乡民争端的调解人

笔者在本章第二节中论及，塾师在乡村社会中，无论是职业活动中

---

〔1〕（清）张廷辉等修：《清河张氏宗谱》卷一《家法》，《中华族谱集成》（张氏谱卷），第七册，第38页上栏。

〔2〕（明）萧雍：《赤山会约》，《丛书集成初编》，上海：商务印书馆1936年版，第733册，第十页。

〔3〕（明）觉迷迂叟：《讼师赋》，（明）李贽辑：《开卷一笑》卷一，第三十七页。

的启蒙养正，还是日常生活中的导民善俗，都带有明显的社会教化色彩。这主要源于统治者对士人作为“一乡之望”的预期，以及塾师本身作为施教者所具有的社会责任感。民间社会中的纠纷调解严格说来也是社会教化的内容之一，这些来自乡治系统内部的调解人往往兼有塾师身份，而塾师充当普通民事纠纷的调解人通常被认为是分所当为的事。

在明清时期的人物传记资料中，塾师为族人、亲戚解纷息讼的案例几乎随处可见。如清代安徽旌阳塾师张振千，常年闭户以授徒为业，“族有争讼，绅士父老不能决者，咸踵门请一言为正，两造遂无不折服而去”[1]。桐城人孙云锦少时充塾师，“时亲戚中有因争置房产，从堂兄弟参商，衅屡不息，几酿大变。先君谕之以情，折之以理，使其说各无所逞，乃皆感悔，各归和好，至今某后裔犹称微先君无以保家”[2]。保定新城人王树枬家贫，以耕读为业，终身居家训蒙，“乡里称为善士，鼠牙雀角，皆相就质，数十年族党亲戚无匍匐公堂者”[3]。当然，调解人作为乡居的知识群体，其个人影响力和解纷息讼的范围并不局限于宗族内部，“若与外讼，我族不直，则请外族叨理，年高者至祠治本族应得罪、赔礼，外族不直亦求其调释”[4]。因而塾师解纷息讼的功能也相应延伸到整个乡村社会中。如明代旌阳人张文颐以塾师终其身，课徒之余，往往为邻里解纷息讼：

> 尤善和解人。乡党鬩竞者质成有司，历岁纠纷，先生往譬，晓之，一言而决。或有争者，辄相戒曰：“吾党有叔度在，讵可使闻之耶？”皆惭而罢。其为乡里崇信类如此。[5]

---

〔1〕（清）佚名：《拔甫公传》，《旌阳张氏通修宗谱》下卷卷之一，《中华族谱集成》（张氏谱卷），第二册，第932页上栏。

〔2〕（清）孙孟平：《开封府君年谱》卷上，《北图珍本年谱丛刊》，第165册，第14页。

〔3〕（清）王树枬：《陶庐老人年谱》，《北图珍本年谱丛刊》，第182册，第508－509页。

〔4〕刘兴开、刘昌明修：《中梅刘氏续修家乘》卷二《修身齐家要录》，《中华族谱集成》（刘氏谱卷），第十七册，第46页上栏。

〔5〕（清）佚名：《明觉庵文颐公传》，《旌阳张氏通修宗谱》下卷卷之一，《中华族谱集成》（张氏谱卷），第二册，第916页上栏。

南海黄朝干以生员授徒乡中，师表当世，“平生见义勇为，待人诚恳，乡里或争曲直，咸就取衷，曲者无不服从”〔1〕。张履祥的及门弟子颜孝嘉兄弟因事与族人兴讼，张履祥为修书一封，劝曰：“乘人孤寡老弱而肆其毒虐，在异姓稍有人心有所弗忍，况功缌之亲乎？……讼事目前胜负均不必论，在君兄弟自为之。若异日克自树立，光于前后，视他人子弟高出数等，以不愧于祖宗创垂之际，今日虽负犹胜也。”〔2〕要求兄弟二人不要执着于争一时之胜负，而是要励志树立，臻于有道，否则只会让“仇者得志而抚掌”。吴县西沙塾师王大亮设帐乡里，热衷宗族事务和乡村公共事业，喜为人解纷，“遇事不辞费，里党有相角者，往往得其片言而涣然释。数十年来，一乡解讼牍之累，公之力居多”〔3〕。蓉湖柳荡塾师刘佑藩以品谊为乡闾钦服。“壬申馆韩地，主人以利债将涉讼，先生为居间排解，两造输服，而张邑侯清厘，举图证，众言朋兴，得先生片词而定。记曰：‘桃李无言，下自成蹊。’不其信欤？”〔4〕

塾师在明清时期如此普遍地充当乡村社会中民事纠纷的调解人，从塾师自身的角度来看，主要原因在于其作为统治阶层的后备力量和文化传播者而具有的天然使命感；从当事人的角度来看，塾师能为争端的双方所信服，除了因塾师自身的威望为人所钦佩外，更重要的原因还在于，塾师因其知书识礼和修身养正的职业形象，往往被乡民看作是知识群体中更能象征“持论公正”的代表，因而乡民在遇到争端时，也更倾向于选择能让双方折服的塾师作为调解人。塾师广泛参与乡村民事纠纷的调解，可以说为他们在整体上并不十分出色的训蒙课徒活动增添了更多赢得乡民信任与尊崇的要素。他们在参与调解的过程中积累的个人威望，也为其更广泛地参与乡村事务创造了条件，这就与明清时期以另

〔1〕（清）佚名：《鹏南公小传》，《南海学正黄氏家谱》卷十一，《北京图书馆藏家谱丛刊》，闽粤（侨乡）卷，第4册，第847页。

〔2〕（清）张履祥：《杨园先生全集》卷二十三《示颜孝嘉兄弟》，中册，第663页。

〔3〕（清）薛乔：《静轩王公传》，《王氏三沙统谱》卷首，《中华族谱集成》（王氏谱卷），第九册，第251页下栏。

〔4〕（清）刘汤载：《心田公暨谢孺人合传》，《蓉湖柳荡刘氏宗谱》卷七，《中华族谱集成》（刘氏谱卷），第三册，第135页上栏。

一种形式介入乡村民事纠纷的群体——讼师，在社会形象上形成了巨大的反差。

讼师即中国古代的律师。以现代法理观念来看，在维护个人或群体利益的诉讼中，律师是一个必不可少的职业群体，是为当事人伸张正义的代言人。但在以儒家伦理道德为基础、以宗族乡党为基本构成的传统乡土社会中，主导诉讼的讼师往往被认为是挑战和破坏乡土社会伦理秩序的邪恶化身。传统社会中，纠纷调解人的宗旨是以“礼义”为前提，让大事化小、小事化了，而讼师则以“律法”为依据，为了引起官长的重视，不惜夸大其词，甚至无中生有，使普通纠纷升级、恶化。他们将“小事变大”的主要目的是为了从当事人身上榨取更多的利益：“横以虎狼之心，恣以沟壑之欲。靠利口为活计，无田而农；倚刀笔作生涯，无本而殖。……写呈讲价，论事体之重轻；做状索钱，看机宜之大小。”[1] 讼师中多有以牟利而教唆词讼的情形。清人李汝珍如此评价当时的讼师：

> 哄骗愚民，勾引兴讼，捕风捉影，设计铺谋。或诬控良善，或妄扳无辜。引人上路，却于暗中分肥，设有败露，他即远走高飞。小民无知，往往为其所愚，莫不被害。[2]

基于这样的群体形象，讼师往往被斥为乡党之鬼蜮、名教之罪人。明人有谚语云：“为人解忿息争，胜造七级浮屠；唆人告状倾家，定入阿鼻地狱。”[3] 一褒一贬，充分表现出时人对作为纠纷调解人的塾师与挑唆词讼的讼师完全相反的道德评判。正是由于明清时期的塾师在乡村社会民事纠纷中充当了十分重要的“调解人”角色，因而塾师包揽词讼是

〔1〕（明）觉迷迂叟：《讼师赋》，（明）李贽辑：《开卷一笑》卷一，第三十五页。

〔2〕（清）李汝珍撰：《镜花缘》第十二回，张友鹤校注，北京：人民文学出版社 1955 年版，上册，第 74 页。

〔3〕（明）萧雍：《赤山会约》，《丛书集成初编》，北京：商务印书馆 1936 年版，第 733 册，第十页。

难以被社会所容忍和接受的。如明代江西高安人戴用未入仕时，曾延聘一塾师于家中坐馆，该塾师好为人作讼牒，戴用之父即将其辞退[1]。清代名臣陈宏谋在地方兴办义学时，对塾师的要求颇严，其中一条便是禁止塾师包揽词讼：

> 倘有不安本分，于设学之村寨唆讼生事、愚弄夷民者，是不得义学之益，反滋汉奸之扰，立即另行延请，仍将所犯查审详究，以示惩戒。[2]

从总体上看，明清时期的塾师因统治者的强调和自身作为“师”的责任感而承担着社会教化的职责，同时又被乡村社会赋予了民事纠纷调解人的角色，因而他们也多能谨守自己的道德底线，并不轻易干预词讼。

总之，处馆塾师所建立的宾主关系、塾师与乡土社会建立在文化服务和乡村教化基础上的社会关系，使得塾师在传统乡土社会中具有除塾馆教师以外的多重社会角色。从整体上讲，这些社会关系和社会角色虽被分而论之，但它们相互之间是有着密切联系的。处馆塾师介入馆东的家庭生活，是一种社会需要，更为重要的是，塾师通过这样的方式加深了宾主之谊，拓展了自身的社交网络，对自己的从业甚至人生轨迹产生了正面的影响。对于绝大多数居乡授徒的乡村塾师而言，他们通过职业活动及与馆东的交往，在乡村社会中积累了较稳定的社会关系和个人威望，为自己更广泛地介入乡村社会生活奠定了基础。提供社会服务与实施社会教化是塾师介入乡村社会的两种相辅相成的方式，为乡民提供社会服务本身会进一步巩固塾师在职业活动中建立的社会关系和树立的威望，从而使塾师在乡村中得以自如、有效地实施社会教化；而塾师在实施社会教化的过程中，又会不断增加其社会威望。明清时期的塾师群体

[1]（明）陆容：《菽园杂记》卷八，北京：中华书局1985年版，第97页。
[2]（清）陈宏谋：《培远堂文集》卷三《通省义学规条详》，第二页。

在乡土社会中所扮演的社会角色和发挥的作用表明，塾师在传统社会中不仅仅是以启蒙、授业为唯一功能的职业存在，他们与乡民以相互需要的形式融入乡土社会的整体结构中，只要以儒家伦理为基础的乡土社会不发生根本变革，塾师就有生存的社会土壤。

第五章　明清塾师的收入、家计及经济地位

在向学之风浓厚和科举人才流通渠道日益壅滞的双重影响下，明清时期的民间累积了大量家庭并不富裕的读书人，他们无论是长期应考，还是绝意进取、另谋出路，无一例外都面临着生计问题，而充塾师授徒被普遍认为是读书人一举多得的谋生手段。既然充塾师是一种谋生手段，那么考察塾师群体的收入水平与经济生活无疑是一个让人颇感兴趣的话题。事实上，学界近二十年来关于塾师的研究中，有相当大比例的文章在探讨塾师的收入问题，也出了不少成果。明清以来的文献中，关于塾师收入的文献记载颇为零散，带有官办色彩的社学、义学中的塾师，他们束脩偶见于方志，族塾中塾师的束脩散见于族谱中，研究者多用以论证明清时期塾师收入的水平。事实上，明清时期的塾师群体由于本身的构成十分复杂，就业方式多样，加之私塾教育本身的灵活性，塾师的收入在现实中具有相当大的差异性。笔者在本章中试图通过已经掌握的文献，对明清塾师的收入构成、水平差异、造成这些差异的原因以及塾师的收入在家庭生活和社会职业群体中的地位进行探讨。

第一节　塾师的收入

在中国传统社会中，私学教师的职业报酬被称为“束脩”。但这种说法是十分笼统的，往往会给人一种误会，认为束脩等同于塾师的总收

入。事实上，明清塾师与职业活动相关的收入除了束脩之外，尚有馆膳、节敬、聘金、贽敬、月钱、谢金等。只不过束脩数目多在聘书中写明，为塾师一年内的固定收入，而其他形式的职业收入则由弟子父兄根据自己的家境状况灵活确定，标准不一，难以像束脩那样进行量化。此外，职业活动收入往往只是塾师收入构成中的一部分，明清时期的塾师（尤其是乡村塾师）并不以授徒为唯一谋生手段，他们在授徒之余广泛参与到各种治生活动中，以谋取业外收入。从总体上看，明清塾师的收入由职业收入和业外收入两大部分构成。由于明清时期普通塾师的职业活动收入偏低，他们的业外治生活动往往成为其平衡收支、补贴家用的重要收入来源。对于明清塾师最引人注目的束脩问题，学者们多有讨论，但得出的结论并不一致，笔者亦试图根据掌握的文献，尽量全面和客观地进行梳理和论证。

一、塾师收入的构成

明清时期的私塾类型多样，既有公共色彩较浓的社学、义学，又有私人特点突出的家塾、散馆。不同类型的私塾对塾师活动的限制有差别，社学、义学多拟定章程，对塾师的管束较严，塾师的自由度较低，他们的收入主要来源于教学所得；家塾、散馆中，塾师的自由度则比较高，因而他们的收入相对多样化，除了教学所得外，往往还包括业外治生的收入。

（一）职业活动收入

所谓职业活动收入，是指塾师通过“授徒”这一职业活动得到的报酬。清代康熙、乾隆间的小说《歧路灯》中，孔述经在替其婿谭绍闻延聘塾师惠养民时说：“弟虽未暇与小婿订明束金多寡，大约二十金开外，节仪每季二两，粮饭油盐菜蔬柴薪足用。若不嫌菲薄，关书指日奉投。”[1] 从孔述经的言语中可知，处馆塾师的职业活动收入中，束

[1] （清）李绿园撰：《歧路灯》第三十八回，栾星校注，中册，第352页。

脩、节敬和膳食是最常见的组成部分。

1. 束脩与节敬

“束脩”一词出自《论语·述而》：“自行束脩以上，吾未尝无诲焉。”后世虽对“束脩”一词有不同解释，但在明清时期主要用来代指教师从事教学活动所得的报酬。塾师的束脩最初多以米、粟、谷等粮食来支付，明代的社学和清代中期以前的社学、义学，以粮食等实物形式支付塾师束脩的情形十分普遍，因而明清时期塾师的束脩又有“馆谷”“学兕”等别称。此外，塾师教读，古人常称为“舌耕”“砚田”，均与其报酬以粮食为主要支付形式相关。明中期以来，白银成为普遍流通的货币，以银两以及与银两形成直接兑换关系的制钱支付束脩的情形逐渐流行，因而束脩又多了“束金”“馆金”“脩金”“学钱”等别称。但在乡村社会中，以实物支付束脩的形式直到清末都是普遍存在的，有的乡民甚至以食品、家畜、柴薪等实物充当束脩。如清初婺源生员詹元相居乡训蒙时所得束脩中，银钱与实物兼而有之，如其日记中载，康熙三十九年“收铭叔公北枣十二两、夹沙糕十二两、旧束脩三钱，仍欠束脩一两三钱，言后补”[1]。康熙四十四年，“收棠弟小猪一口，算束脩，计值二钱七分”[2]。

根据私塾组织形式的差异，束脩的承担者也不尽相同。一般而言，具有官方色彩的社学、义学主要由地方官吏个人捐助，或从地方公产中抽税，用以支付束脩，其中明代一些社学需要由学生纳费；宗族所设族塾、义学多由宗族中的富室捐助，或从宗族所置学田中收租进行统一支付，学生一般无需承担费用；私人家塾延聘的塾师，束脩由馆东支付，若有附读的生徒，则另外计算；乡民合请的塾师则由各家根据个人经济状况、子弟的数量和学习程度分摊。束脩的发放大约有按年、按半年、按季、按节、按月发放几种方式。按年发放的情形比较少，多为有经济

〔1〕（清）詹元相：《畏斋日记》，《清史资料》（第四辑），北京：中华书局1983年版，第213页。

〔2〕（清）詹元相：《畏斋日记》，第269页。

能力的大户人家在家塾开馆时一次性支付。半年发放一次的亦往往有之，如清代龙船港李氏族塾规定："塾师供奉必于关内书定……俸钱五月交半，十月全交。"[1] 相对而言，更常见的是按季和按月发放，如明人沈鲤拟定的义学章程中规定："义学束脩，东家总备，分四次送，每季仲月十五日送一次。"[2] 清代按月支付束脩的情形在各类私塾中都十分普遍，此不赘述。

所谓节敬，又称节仪，即生徒之父兄在重要节日里馈送给塾师的钱物。在明清时期，无论哪一种类型的私塾，生徒之父兄在逢年过节时都会向塾师致送节敬，节敬根据生徒的家境状况而定，多寡不一。由于时代和地区风俗的差异，民间子弟父兄向塾师致送节敬的时间、次数、多寡亦不同。如万历间常熟县所设义学规定，每年清明、端阳、中元节向塾师致送节仪各三钱[3]。《醒世姻缘传》在描述无行塾师汪为露时说："但只是端午、中秋、重阳、冬至与夫年下这五大节的节仪，春、夏、秋、冬这一年四季的学贶，上在考成，你要少他一分，他赶到你门上足足也骂十顿。"[4] 清末吴县人包天笑在开蒙时，家塾中延请塾师何希铿授读，除了一年的束脩外，另送端午节、中秋、年底三节节敬共六元[5]。包天笑在十多年后外出处馆，同样也是享受每年三节节敬的待遇。

2. 馆膳

馆膳指塾师授徒时由馆东提供的日常膳食，是塾师职业活动收入中仅次于束脩的重要组成部分。在明清时期的各类私塾中，除了自行开馆的塾师多由自己负责饮食外，公请塾师（社学、义学、村塾等）和特

---

〔1〕（清）李秉人等修：《龙船港李氏五修族谱》卷三《家塾》，《中华族谱集成》（李氏谱卷），第十七册，第171页上栏。

〔2〕（明）沈鲤修：《沈龙江义学约》，（清）张伯行编：《养正类编》卷四，《丛书集成初编》，上海：商务印书馆1936年版，第980册，第二九页。

〔3〕（明）李维柱、缪肇祖纂修：《常熟县儒学志》卷三《饮射志》，《北京图书馆古籍珍本丛刊》，北京：书目文献出版社1998年版，第51册，第318页上栏。

〔4〕（明）西周生：《醒世姻缘传》第三十五回，中册，第514页。

〔5〕参见包天笑：《钏影楼回忆录》，第33页。

请塾师（家塾）由延聘方负责饮食的情形十分普遍。明清时期的传记资料在表现传主尊师重教时，往往称其为塾师提供馆膳“必丰且洁”，即是当时家塾普遍负责处馆塾师膳食的佐证。正因为如此，塾师应聘处馆又常被称为“适馆授餐”。有能力独自延师的官宦、富室常被认为理当为塾师提供膳食。如《姑妄言》中的都督李太要延请生员干行来家塾课孙读书，他本不想提供馆膳，但却被荐馆的广教官讥讽道：“束脩多寡倒也罢了，府上这样门第，那里有先生回去吃饭的理？若是住得近还罢了，要住得远，一日回家吃两遍饭就晚了，还读甚么书？”[1] 于是李太最后决定提供一日两餐的随常茶饭。当然，随着时代的变迁和尊师观念的日渐淡漠，不向塾师提供馆膳的馆东也时有见之。如清人唐彪曾感叹时人重经师而轻蒙师云：“经师犹乐供膳，而蒙师多令自餐。纵膳，亦亵慢而已矣。”[2]

塾师馆膳的提供方式主要有两种。一是由弟子父兄备办并负责烹饪。如包天笑少时处馆缙绅之家，“每天三荤一素，饭是开到书房里来，我一人独食……住在馆里的时候，除了午饭、夜饭两餐之外，还有两顿点心，即是早点晚点”[3]。在乡间，乡民公请的塾师则多由各家轮流供膳，如清代江阴人殷葆诚在乡间坐馆时，“乡人视师极尊……轮番供给。每值二日，传食诸家，盖到馆后一月间，故无日不酒食醉饱也”[4]。二是由东家提供一切材料，烹饪则由塾师自己负责。小说《歧路灯》中孔述经在为谭绍闻延聘塾师惠养民时，惠养民特地回到后院去与其内人商量，出来便问孔述经是供馔还是携眷，若是携眷的话便无不去之理，孔述经也一口应承携眷，并答应一切粮饭、油盐、菜蔬、柴薪足用[5]。清代直隶高阳人李殿图幼时随其父馆于河间王氏，“岁暮归里，遇边秋崖先生于途。……时两家各携眷就馆，至是同归”[6]。在明清时期，塾

〔1〕（清）曹去晶撰：《姑妄言》第九卷，许辛点校，中册，第470页。

〔2〕（清）唐彪辑著：《家塾教学法》，第4页。

〔3〕包天笑：《钏影楼回忆录》，第128页。

〔4〕（清）殷葆诚：《追忆录》，《北图珍本年谱丛刊》，第186册，第579页。

〔5〕（清）李绿园：《歧路灯》第三十八回，栾星校注，中册，第352页。

〔6〕（清）钱景星：《露桐先生年谱》，《北图珍本年谱丛刊》，第109册，第34－35页。

师携眷处馆的情形也较为常见。事实上，与供膳相比，许多塾师更愿意携眷。其中有几个原因：首先，由于习惯的差异，携眷自爨能令塾师在饮食上更加适应；其次，塾师处馆往往意味着夫妻分离，携眷则不存在这一问题；再次，塾师所携家眷的饮食费用也多由东家承担，相当于变相增加了塾师的收入，这恐怕是《歧路灯》中的惠养民倾向于携眷的主要原因。

3. 聘金、贽敬、月钱、谢金

除了束脩、节敬与馆膳等主要部分外，聘金、贽敬、月钱、谢金也是塾师职业活动收入的一部分。所谓聘金，是馆东在向塾师递送关书时附送的礼节性银钱，相当于"订金"，但不算在束脩之内。如李渔《合锦回文传》中的柳太守向富家子栾云荐塾师梁栋材，梁栋材的妹夫赖本初得知后，遂骗得梁栋材回绝了栾家，自己却去毛遂自荐。"次日，栾云果然使人送聘来，开聘仪三两。"[1] 此处的聘仪即是聘金。清代人张鉴瀛在介绍家塾延聘塾师的关书活套时云：

> 家塾特请塾师则应东家出名，外加拜帖一张，用套套之，中间粘一红签写称呼，若另有聘金，则于封套签上写聘金。[2]

可见附送聘金在明清时的塾师延聘中是较为常见的。

聘金而外，又有贽敬。贽敬是师生相见、学生拜师时的贽见礼。如《儒林外史》中的周进应薛家集乡民的公请坐馆，开学第一天：

> 晚间学生家去，把各家贽见拆开来看，只有荀家是一钱银子，另有八分银子代茶；其余也有三分的，也有四分的，也有十来个钱的，合拢了不够一个月饭食。[3]

---

〔1〕（清）李渔撰：《李渔全集》第九卷《合锦回文传》，杜维沫点校，杭州：浙江古籍出版社1991年版，第332页。

〔2〕（清）张鉴瀛：《宦乡要则》卷四《关贴式》，第九页。

〔3〕（清）吴敬梓：《儒林外史》第二回，第12页。

又若清末民初的黄陂私塾开学时：

> 红烛高烧，宝鼎内焚香，香案上供着“至圣先师孔子”的牌位。香烛以外，还供着全鸡、全鱼、元宝（鸡蛋）和插满红花的神福（猪头）。硬木戒尺下面，放着用红纸袋封固的“贺仪”，上写“贽敬××元”字样。[1]

一般来说，在普通家塾、村塾或散馆中，贽敬仅是一种表现尊师的礼节，是象征性的，数量并不多。但是，对一些世家大族的家塾，以及对一些名望很高的塾师而言，情况就有些不同了。例如《红楼梦》中秦邦业要送儿子秦钟到贾府的族塾中读书，而贾府族塾的塾师是颇有名气的老儒贾代儒，秦邦业东拼西凑，准备了一大笔贽敬：

> ……秦钟此去，学业料必进益，成名可望，因此十分喜悦。只是宦囊羞涩，那贾家上上下下都是一双富贵眼睛，容易拿不出来。为儿子的终身大事，说不得东拼西凑的恭恭敬敬封了二十四两贽见礼，亲自带了秦钟，来代儒家来拜见了。然后听宝玉上学之日，好一同入塾。[2]

在当时，二十四两白银不是一笔小数目，大约相当于普通经师半年的束脩、蒙师两年的束脩。

在一些条件较好的家塾和义学中，塾师往往还能得到一定的月钱。所谓月钱，是指东家或走从的生徒每月在束脩和馆膳之外为塾师准备的零用钱。如崇祯年间的陈舜系在黄惟尊家塾坐馆时，除了一年二十石馆

---

〔1〕王楷元：《五十年前湖北黄陂私塾生活片段》，马玉田、舒乙编：《文史资料存稿选编·教育》，第711页。

〔2〕（清）曹雪芹、高鹗：《红楼梦》第八回，第127－128页。

谷外，另有月钱共四千八百文[1]；清代卫辉人王锡彤为生员时，曾处馆于曾任知府的李德均家，除了脩金外，每月又有零用铜钱二千[2]。在江汉平原一带，自行开馆的塾师往往也能以“茶钱”的形式获得月钱。如清末鄂城人朱峙三随一王姓塾师开蒙时，“见同学有送茶钱与先生者，回家问父母，谓此俗例也”[3]。这种“茶钱”即相当于月钱。学生一般在每月朔、望日送先生茶钱，多寡不一，贫苦学生亦可不送。

最后，塾师还有一种职业活动范围内的收入，即谢金。谢金是指生徒在获取功名后致送塾师的谢礼。谢金一般比较丰厚。如《醒世姻缘传》中塾师汪为露的父亲是个老秀才，也是以教书为生，不料教了一辈子书也没教出个秀才，学生辞了下去，从了别的先生，“今日才去从起，明日遇着考试，高高的就是一个生员，成五成十的银子谢那新教的先生”[4]。汪为露为塾师时，时来运转，“凡是别人家的书堂，有那积年不进的老童，你只来跟了他，遇考就进，再不用第二次出考的事；凡值科岁两考，成百金家收那谢礼”[5]。清代遵义人黎安理三十二岁时在家设馆授徒，从游者甚众，“夏生宾王府县俱列前茅，其夏游庠，获谢金三十”[6]。再如左宗棠之子左孝威乡试中式后，左宗棠嘱咐孝威分别致送其经师浩斋师谢金六十两，石渠、芝生、湛湖三位先生各二十两[7]。一般来说，谢金的数额都是比较可观的，有的甚至相当于普通塾师一年的束脩，但谢金又最不易得，因为在多数塾师所教生徒中，能够获得科举功名的属于少数。

---

〔1〕（清）陈舜系：《乱离见闻录》，林雄主编：《明清广东稀见笔记七种》，广州：广东人民出版社2010年版，第17页。

〔2〕（清）王锡彤：《抑斋自述七种之一：浮生梦影》，《北图珍本年谱丛刊》，第189册，第93页。

〔3〕朱峙三：《朱峙三日记》（连载之一），《辛亥革命史丛刊》（第10辑），第235页。

〔4〕（明）西周生：《醒世姻缘传》第三十五回，中册，第512页。

〔5〕（明）西周生：《醒世姻缘传》第三十五回，中册，第512页。

〔6〕（清）黎安理：《长山公自书年谱》，《北图珍本年谱丛刊》，第118册，第345－346页。

〔7〕（清）左宗棠：《与孝威》，《左宗棠全集·家书》，林鸣凤、喻岳衡等整理，第61－62页。

（二）业外收入

业外收入是指通过本业之外的治生手段所获得的收入。塾师的本业是课徒教学，在这个范围之外的一切活动所获取的收入，均可以视为塾师的业外收入。明清时期的塾师，尤其是乡村塾师通过从事业外活动赚取收益的现象十分普遍。塾师的业外治生活动也十分驳杂，笔者根据这些活动与塾师本业的关系远近，将其归纳为三类：一是与科举相关的考书院、作廪保与襄阅试卷；二是与文人生活直接相关的作文写字；三是农、商、医卜等杂业。

1. 考书院、作廪保与襄阅试卷

中国古代的书院最初以学术传播为主要职能，但到了明中期以后，书院的官学色彩日渐浓厚，为科举服务的倾向也越来越明显。清代的书院绝大多数有官方背景，虽仍有研讨学术的功能，但其主要职能已经演化为教授科举之学、培养应试人才，这就使得书院成为了士子获取功名的肄业之所。明清时期的书院生徒来源主要有二：一是从官学生中考选或调送；二是面向童生招考。书院根据考试成绩将生徒分为正课生、附课生、随课生等不同层次，正课生、附课生每月均有膏火银，考试名列前茅的还有额外奖励，随课生则没有膏火银，但他们可以参加书院组织的月课等日常考试，成绩突出者均有奖励。在清代一些经济发达、文风鼎盛的地区，书院生徒的膏火、奖赏是非常丰厚的，考书院的生员、童生虽然多以获取功名为目标，但赚取膏火、奖赏未尝不是他们的目的之一。前文论及的卫辉人王锡彤在坐馆李德均家塾时，考取大梁书院正课生，“肢膏火银一两五钱，足为饮食之需，每月再得奖金，仍可寄家为养”[1]。晚清武昌人权量在为童生和生员时以授徒资生，同时还较长时间肄业于各家书院，其在年谱中多次提及书院的膏火、奖赏，如在二十岁时授徒于家，“考各书院月课，所入膏火颇丰”。二十二岁处馆本城

---

〔1〕（清）王锡彤：《抑斋自述七种之一：浮生梦影》，《北图珍本年谱丛刊》，第189册，第93－94页。

中，入泮并选送经心书院肄业，“时吾省有经心、两湖两书院，皆选士之优秀者肄业其中，待以高材生，廪饩极优”。二十三岁馆本城中，“兼应各书院月课，砚田殊为不恶”[1]。权量虽未透露其在肄业书院时膏火的具体数目，但从其语气中可知收入不菲。江苏元和人韩葑十六岁入泮，次年即开始授徒于蒋氏家塾，十八岁被拔入紫阳书院肄业：

> 蒋氏岁脩仅六金，院中膏火岁得三十六金，月米三斗。先大夫家业日落，一身衣履之资，藉少自给焉。[2]

可见其书院膏火收入远超训蒙所得。江阴人殷葆诚二十岁时应童子试不售，在训蒙的同时投考江阴城内礼延书院。“年来西郊课尚称利市……礼延向归学使甄别，有官、师两课，月考前列，花红、膏火亦复数千，寒畯生涯居然不恶，穷儒恃此为活者故大有人也。”[3] 当然，考取书院有较高的门槛限制，膏火并非人人能得，但塾师既长期浸淫于四书五经中，对科举时文的训练亦较多，在应付官师考试上与其他士子竞争相对自如，所以一些文才较优的塾师在考书院上有较大的优势，往往能从中获取不菲的膏火、奖励。

根据明清童试惯例，童生应试须由本籍廪膳生员出具保结，保证应试者没有身家不清或冒名、冒籍等舞弊行为，称为“廪保”，是一种第三方信用担保的方式。总体说来，明清两朝三年两次的童子试规模庞大，每县应考者少则数百，多则数千，这些应考童生都须请本籍廪生作保，廪生因此也能从这些童生身上获得一定数额的报酬。廪生作保的报酬数目，在明清人的年谱中有零星记载。清初常熟人翁叔元在康熙五年曾欲冒籍大兴县参加考试，需要当地廪生保结，一老儒告之曰：“此非易事，须十金乃得。”[4] 康熙七年，翁叔元再冒大兴籍，请廪生张劭保

---

〔1〕 参见权量：《适园老人年谱》，《北图珍本年谱丛刊》，第196册，第438－440页。
〔2〕（清）韩葑：《韩桂舲先生自订年谱》，《北图珍本年谱丛刊》，第120册，第484页。
〔3〕（清）殷葆诚：《追忆录》，《北图珍本年谱丛刊》，第186册，第578页。
〔4〕（清）翁叔元：《翁铁庵年谱》，《北图珍本年谱丛刊》，第82册，第93页。

结以进，“余囊中所有尽为其追索，惟余一被，逼令质典中，得数百钱，攫而去，少不遂即疾言遽色，加骂詈焉”[1]。这种为冒籍应试的童生作保具有很大的风险，一旦被学官察觉，将会面临严厉的惩罚，因而保结报酬也较高。在正常的保结中，保结费用视童生经济状况和童生与廪生的关系而定，大约在数百文至数两银子之间。在明清时期的塾师群体中，多有廪膳生员以作廪保赚取银钱者。如晚清卫辉人王锡彤充塾师时，即以作廪保之收入贴补家用，王锡彤每年的束脩为铜钱三十余串，“清制，凡廪生于应考童生签字作保，亦薄有收入。淇泉书院月课，又月得钱数千，穷秀才每年所获计及百千而歉，亦未尝不可苟活”[2]。从这些描述可以推知，王锡彤替童生作保的报酬约在20—30千钱，与其训蒙所得束脩大致相当，是其每年总收入的重要组成部分。但是，廪生在生员中所占比例较低，替童生作保虽收入可观，但在塾师中并不十分常见。

明清时期，地方官学的府、县试及岁科两试常出现阅卷人员短缺的情形，每届试期，学政或知县多延聘有文名的士人襄阅试卷，在这些士人中，往往有塾师的身影。翁叔元在进士及第之前，长期以处馆授徒为生，其中康熙十四年被延入学使署分阅试卷并汇定甲乙。“余在学使署甫十阅月，历六郡，岁、科试皆遍，所录文皆隽异拔俗，山左为之纸贵。”[3] 如果塾师能被推荐或受邀襄阅试卷，他们不仅能得到不菲的报酬，而且还常常有机会展示才学，增加自己的文名，从而获取更多、更好的就业机会。如清代常德塾师罗杰在三十一岁时应武冈黄教授之聘，帮助校阅试卷，兼课读其子。三十七岁时，“就马知县桂清之聘授读其家。夏，龙阳傅知事闻君贤，聘往襄校试卷。功令向不试算学、舆地，君坚请以命题加试，有不合者随笔改正。及试毕，领卷诸生知为君手

[1]（清）翁叔元：《翁铁庵年谱》，《北图珍本年谱丛刊》，第82册，第97页。

[2]（清）王锡彤：《抑斋自述七种之一：浮生梦影》，《北图珍本年谱丛刊》，第189册，第97页。

[3]（清）翁叔元：《翁铁庵年谱》，《北图珍本年谱丛刊》，第82册，第107页。

笔，称服不已，县令徇邑人意，请主龙阳小学校讲席”[1]。又如学者李富孙终身以塾师为业，一生被推荐或受聘襄阅府、县试卷十余次，并通过阅卷不断找到新的课徒馆地[2]。需要指出的是，塾师襄阅试卷虽然有很高的报酬，但多须以自身较高的才学与文名为前提，清代的学者型塾师多有此类经历，但由于条件要求较高，在普通塾师中属于少数。

2. 佣书卖文

对中国古代的读书人而言，文字功夫是获取功名的手段，更是赖以生存的文化资本之一，而以卖文、卖字谋生的文人在明清时期是十分常见的，其中有相当一部分人的职业身份为塾师。广义的卖文、卖字可以包含应求而代书、代作文字，如笔者在上一章中所讨论的塾师与乡村文化服务中，塾师替乡民命名、代作日常应用文字即可获得一定的谢礼。但那多是应求而作，服务的色彩超过交易的性质，笔者此处主要讨论的是塾师所涉及的以获取银钱为直接目的的卖文、卖字行为。

塾师卖文、卖字的方式很多，如替人作应试文章、誊录缮写、卖对联，等等。如清代鄞县人朱青石少孤家贫，以替人抄书为生，成诸生后以授徒为业，善作骈体诗赋，因而经常替生员捉刀，代作文章：

> 学使者试《菊影赋》，青石既为人成三篇，日下稷矣，已卷空无有，仓卒为数百字投卷以出。明日甲乙下，三赋皆高等，而青石名第一。皆哗然，怨青石为人谋不忠，及取其自为赋读之，又心弗善也。[3]

明清时的生员须应各种官、师考课，一些文字功夫较差而又家中饶裕的生员常以很高的报酬请人代作文章，朱青石替人捉刀就带有明显的“卖

[1] （清）罗杰：《唾莽年谱》，《北图珍本年谱丛刊》，第191册，第706页。

[2] 详见（清）李富孙：《校经叟自订年谱》，《北图珍本年谱丛刊》，第128册，第425－438页。

[3] （清）徐时栋：《烟屿楼文集》卷七《朱青石传》，《续修四库全书》，第1542册，第298页上栏。

文”性质。江西宁都人彭玉雯在入仕之前一直以塾师为业，其在授徒之余，亦常替人作文以获取高额报酬：

表10　塾师彭玉雯的卖文收入

时间	卖文活动及收入
21岁（嘉庆六年）	时坊间新出《典制文林》选本，予购得一册，皆裔皇典丽之作，与近科乡墨相似，揣摩百十篇，临文捃摭，每日可完五六艺，于是书院课文倩作者多，每年约增笔赀七八十金，家用稍足。
26岁（嘉庆十一年）	数年以来，予除脩金、膏火外，所得润笔颇不赀，渐与同笔往来，亦多酬酢，家中甘旨无敢少缺。
29岁（嘉庆十四年）	时予文名颇噪，奉润笔以求者旋至立就，计一岁所获不下五六百金，遂清宿负。
31岁（嘉庆十六年）	补廪。……予初抵州时，三学友人倩作诗文者甚夥，补一廪可得三百金，余忻然动，已应二人矣。益斋叔力劝予辞去一人，从之，其一人亦补廪。

文献来源：（清）彭玉雯：《云墀老人自订年谱》，《北图珍本年谱丛刊》第137册，第486－496页。

从彭玉雯的卖文活动可知，当时的书院和官学中倩人代作文字之风盛行，而替人捉刀的报酬是相当丰厚的。但这种倩代需要塾师有过人的文才，这在塾师中仅占少数。相对而言，塾师业外治生较常见的是替人誊录缮写。如清代直隶定兴人王太岳少时家贫，以授徒糊口，“教读之余，并日夜佣书，日可得七八分，籴米供亲”〔1〕。桂林人梁济在入仕前以塾师为业，因作对和书法水平较高，其父生前好友常推荐他替人写扇对，以此获得较丰厚的报酬。“辛卯、癸巳、甲午、丁酉所荐不下三十余家，以迄庚子，八九年间约入三千四五百金，勉资糊口”〔2〕。又如清末湖北宜都人杨守敬在入仕前亦曾充塾师十余年，光绪元年应会试不售，其自述云：“同大埔何子峩（如璋）出天津，子峩乃遍告天津商人，言余善书，即僦居于郑君兰行中，不半月，遂得润金百五十元。”〔3〕安徽六安人涂宗瀛祖、父皆为塾师，涂宗瀛本人也曾有三十年

〔1〕（清）王太岳：《家训》，《中国历代名人家训精粹》，第363页。

〔2〕（清）梁焕鼎：《桂林梁先生年谱》，《北图珍本年谱丛刊》，第186册，第323页。

〔3〕（清）杨守敬：《邻苏老人年谱》，《北图珍本年谱丛刊》，第179册，第105页。

的塾师经历，每年年底解馆后，涂宗瀛父子皆以卖春联为事，前后长达十五年，涂宗瀛记云："迨余中举后，始不复书写春联矣。"[1] 清末人李若虹有《书春》诗云："教书先生腊月时，书春报帖日临池。要知借纸原虚话，只为些许润笔资。"[2] 可见书写对联也是塾师赖以获取业外收入的常见手段。

3. 贸迁、医卜及其他杂业

塾师的三种业外治生方式中，如果说上述两类方式尚与读书人的本业有关的话，那么下文所要涉及的则是一些脱离"士"之本业的治生活动。

儒家义利观重义而轻利，因而传统士人往往不屑于从事商贾。但到明中叶以后，随着商品经济的繁荣和整个社会"趋利"价值观的盛行，文人的治生观念有了明显改变，弃儒就商的现象开始多起来，而塾师在本业活动之余从事贸迁以治生的例子亦不少见。到了清代，这一现象已经变得十分普遍，如蓉湖柳荡人刘玘屡应童子试不售，以隐居课徒为业，"间亦与邻人共贾，鬻贩布帛菽粟"[3]。甘肃天水人张世英会试中试前，曾长期居乡授徒，并在教学之余从事贸迁活动，二十五岁时，"谷值日昂，斗麦至五缗有奇。岁得脩金六十余缗，又贷钱购驴雇佣，转运饷面，可得钱六十余缗，可偿贷之八九，卒以救活亲友"[4]。其贩售饷面的收入与其束脩收入数目相当。遵义塾师黎安理入仕前曾居乡授徒近四十年，中举前由于家计窘迫，常在课徒之余以贩售补贴家用：

---

〔1〕（清）涂宗瀛：《涂大司马年谱》，《北图珍本年谱丛刊》，第160册，第158页。

〔2〕（清）李若虹撰：《朝市丛载》卷七，杨华点校，北京：北京古籍出版社1995年版，第153页。

〔3〕（清）许源：《子钦先生传》，《蓉湖柳荡刘氏宗谱》卷七，《中华族谱集成》（刘氏谱卷），第三册，第119页上栏。

〔4〕（清）张绍蕃：《祖庭闻见录》，《北图珍本年谱丛刊》，第180册，第430－431页。

表 11　塾师黎安理的贸迁活动

时间	贸迁活动及收入
19 岁（乾隆三十四年）	馆谢家坝之白果庙。……余即从此年担荷家计矣。是冬，先君远游，余贸易以资朝夕。
20 岁	冬余散馆归，为生易计，五更起入城贩买棉带、棉线等物至绥阳山箐各场市卖。旋又别觅近场生理。
21 岁	开馆川北射洪南门外。……至七月，余辞先君，出射洪城，贸易棉花生理，至十月颇获微利。……抵家数日，仍至各场经营生理。
22 岁	馆得十数金，合三冬经营以供用度。
23 岁	脩脯亦未及二十金……是冬，余同陈姓虾子场花行伙卖棉花生理，一月计得利六七金。余随往湄潭杨家山贩买爆竹，回又至偏刀水贩买蜡烛，就近场拆卖。
24 岁	脩脯未及二十金，不足供用，乃即馆中业医市药，馆通新州场大道，遇场期趋市者，便道求药，辄售之，亦多奏效，颇获利十余金。至冬解馆后，复市药绥、湄二邑间，亦得十余金，终难支持。
26 岁	馆金不及二十，兼售医获利亦不过十数金，家无长物，清淡异常。
29 岁	束脩可得五十金，又兼业医，二月至六月，亦获利四五十金。

文献来源：（清）黎安理：《长山公自书年谱》，《北图珍本年谱丛刊》第 118 册，第 325－338 页。

根据黎安理在年谱中的叙述，他在课徒之余所从事的贸易活动从其负担家计时开始，其父黎正训（亦为塾师）去世后，黎安理的贸易活动更为频繁，直至乡试中式后才结束。由此可知，黎安理从事贸易的主要原因在于课徒收入不足。在多数时候，数月的贸易活动收入与整年的课徒所得持平，成为黎安理维持家计用度的重要经济来源，或许这种短周期、高回报的特点正是吸引其在授徒之余从事贸易的主要原因。

医生这一职业在中国古代的地位并不高，但笔者通过比较发现，在明清时期塾师业外治生的行业中，从医的出现频率却是最高的。如清代系列《黟县志》所载塾师中，凡有业外治生活动的多半都习医。清人汪辉祖在论及士人习医时云："语曰：'儒学医，菜作齑。'言其易也。又曰：'不为良相，则为良医。'盖医以活人为道，其功甚大。"[1] 按照这个解释，塾师业医是因为识字的天然优势，加之行医能治病救人，是蹭蹬科场的士子变相实现儒家"兼济"理想的方式。笔者在统计塾师

〔1〕（清）汪辉祖：《双节堂庸训》卷五《蕃后》，第 181 页。

业医时还发现一些值得注意的现象：一是这些行医卖药的塾师往往都是童生或功名最低的生员，他们多终身以居乡授徒为业；二是他们大多亦兼习其他杂业。如黟县生员江纪南一生以训蒙为事，“门多醇谨之士……又善相地，精医”[1]。同为黟县生员的姚绅除课徒外，还“旁及易卦、医术”[2]。又如南海人黄其著终身以童生训蒙乡里，“其余算术、勘舆、星命、医卜皆不以小道而见遗”[3]。在笔者看来，医学和相术、堪舆、星命、占卜之类的杂业一样，都是乡土社会中民众高度需要的行当，从业者有相对稳定的收入，很适合长期居乡授徒但收入又微薄的蒙师用以作为兼业。“兼济”的理想未必没有，但治生的目的却是很明显的。

二、塾师的束脩

束脩是塾师职业活动收入的主要构成部分，与塾师其他类型的收入相比，束脩在明清时期的各类文献中有相对较多的量化叙述。尽可能准确地了解塾师的束脩状况，有助于把握明清塾师的真实生活状况。但是，明清文献对塾师收入的记载零星而散乱，这给研究者探讨塾师的束脩带来了不小的困难。

（一）研究者对明清时期塾师束脩收入的推算

当前的研究者在估算塾师的束脩时，较多利用的文献是明清时期的方志和族谱，其中的学约、章程等对明清社学、义学塾师的束脩有一定数量的记载。民国时的王兰荫曾专门研究过明代社学，对社学教师的束脩有所涉及，认为社师每月馆谷在 2 斗至 2 石之间，低者和高者之间相

---

〔1〕 同治《黟县三志》卷六《人物》，《中国地方志集成》（安徽府县志辑），第 57 册，第 114 页下栏。

〔2〕 民国《黟县四志》卷六《人物》，《中国地方志集成》（安徽府县志辑），第 58 册，第 68 页上栏。

〔3〕 （清）孙燮和：《先考郎如公小传》，《南海学正黄氏家谱》卷十一《家传》，《北京图书馆藏家谱丛刊》，闽粤（侨乡）卷，第 4 册，第 884 页。

差十倍[1]。刘晓东在考察明代文人文集、杂录后推定："明末江南地区'经师'的束脩收入，平均约在每年白银40—50两之间。这可能也是当时江南地区'经师'中较为常见的束脩收入状况。……明代中叶后，江南地区义学、家塾'蒙师'的束脩收入，一般在年白银10—20两之间。"[2] 其中对蒙师束脩的推算又主要以明代社学教师的收入为佐证。陈宝良认为："以明代的官方社学师来说，多属于蒙师，其束脩一般为每年二十两银子，少者则为十五两。……在明代，一般经师的束脩，大概在每年三十至五十两银子之间，多者亦有超过五十两，甚至超过一百两者。与明代塾师的脩金相比，清代塾师的脩金就稍显微薄。总体说来，清代塾师的脩金，低者为每年十至二十两银子之间，高者则在四十至五十两银子之间。"[3] 谭景玉、王其勇以清代山东为样本，认为山东塾师的束脩在乾隆以前约为三四千文至七八千文，到同治、光绪间则为四十千文左右[4]。刘伯山考察了安徽黟县宏村某万姓塾师在同治三年至八年间的束脩收入账目，最后得出结论："以一年收门人20人计，一个塾师年收束金达30000—36000文。"[5] 徐梓重点考察了清代塾师的束脩，虽然未对束脩的数目作出推算，但文中重点关注了清代官方主导的义学以及地方宗族族塾所规定的束脩，其中义学的束脩数在二三十两至六七十千文不等。徐梓认为这些官方对塾师薪俸的规定最接近广大塾师的平均水平[6]。

仔细比较不难发现，以上几位研究者对明清时期塾师束脩的推算方法有所不同。刘晓东、陈宝良二位主要以明代社学来定位明代蒙师的束

---

〔1〕王兰荫：《明代之社学》（续），《师大月刊》1936年2月第25期，第104页。

〔2〕刘晓东：《明代的塾师与基层社会》，第120－121页。

〔3〕陈宝良：《说"教书匠"——明清塾师的生计及其形象转变》，《文史知识》2012年第7期，第36－41页。

〔4〕谭景玉、王其勇：《清代前期塾师三题》，《岱宗学刊》2007年第4期，第41－43页。

〔5〕刘伯山：《清代徽州塾师的束脩——以〈徽州文书〉第二辑资料为中心》，《安徽大学学报（哲学社会科学版）》2008年第1期，第86－94页。

〔6〕徐梓：《明清时期塾师的收入》，《中国社会经济史研究》2006年第2期，第30－37页。

脩；徐梓则主要根据清代义学、族塾来框定塾师束脩收入的范围。这种从公共办学者的角度去分析塾师的束脩有其优点，它能至少反映出一个时期的塾师群体收入在稳定状态下的平均水平。但它也存在明显的不足之处：其一，单纯估算束脩的平均数据容易导致重中间而轻两端的“折中”倾向。其二，社学、义学、族塾等公共色彩浓厚的私塾组织形式，其运作方式是单方面确定塾师的束脩标准，而家塾、散馆具有灵活性和不确定性，两者有很大差别。这种从办学者角度的考察容易使塾师的束脩收入研究笼统化、概念化，难以见出各种生动的具体因素在塾师束脩收入中的影响。其三，研究者获得的社学、义学、族塾等私塾形式的束脩数目，多为办学之前预设的束脩，私塾运行中的实际情况很可能与此有较大出入。其四，此类私塾的办学者一般有相对严格的择师标准，因而其束脩标准反映的应当是当地教学水平或社会评价居于中上的塾师的收入状况。这个层次的塾师在整个塾师群体中的比例很可能并不高，以办学方预设的束脩来判断整个塾师群体的束脩状况，很可能有高估的嫌疑。

（二）明清时期塾师束脩收入举例

鉴于现有研究还有进一步拓展和完善的空间，笔者尝试从塾师个体的角度入手，以明清时期的年谱、文集、杂记、小说等文献所记录的塾师实际所得为主要依据，对他们的束脩状况做一粗略统计。

表 12　明清塾师束脩举例[1]

姓名	时间	馆地	身份	束脩	文献来源
莫封翁	景泰、成化	江苏华亭	文士	10 两	李延昰：《南吴旧话录》卷下
钱福	弘治	江苏江阴	罢闲官僚	500 两	李诩：《戒庵老人漫笔》卷五
谢简	嘉靖	江苏华亭	文士	岁米 30 斛	冯时可：《雨航杂录》卷下
归春阳	隆庆、万历	江苏昆山	退闲官僚	50 两	王道通：《简平子集 · 归春阳》
董其昌	隆庆、万历	浙江当湖	生员	60 两	李延昰：《南吴旧话录》卷下

〔1〕 本表中所涉及的明清塾师均为开门授徒和应聘处馆家塾的塾师，社学、义学中塾师的束脩，民国王兰荫及今徐梓、刘晓东等研究者已多有论述，故此处不再列入统计。

续表

姓名	时间	馆地	身份	束脩	文献来源
邹泉	隆庆、万历	江苏扬州	生员	100 余两	蒋以化：《西台漫记》卷三
袁应春	隆庆、万历	江苏扬州	生员	100 余两	蒋以化：《西台漫记》卷三
陈幼学	万历初	江苏无锡	生员	100—200 两	丁元荐：《西山日记》
陈颖伯	万历十五	浙江海宁	生员	4 两	陈确：《陈确集·别集》卷十一《先世遗事纪略》
堵胤锡	万历四十七	江苏无锡	童生	4 两	堵胤锡：《堵忠肃公年谱》
田秀才	万历	福建侯官	生员	40 余两	张应俞：《杜骗新书》卷二
陈舜系	崇祯十四	广东吴川	文士	米 20 石，月钱共 4800 文	黄舜系：《乱离见闻录》
陆容	明	江苏昆山	生员	12 两	陆人龙：《型世言》第十一回
林茂	明	三山	生员	8 两	《型世言》第十九回
钱流	明	山西山阴	生员	50 两	《型世言》第二十七回
未详	明	江苏松江	生员	50 两	凌蒙初：《初刻拍案惊奇》卷十三
孔良宗	明	浙江秀水	生员	24 两	西湖渔隐主人：《欢喜冤家》第十七回
徐必遇	明	浙江仁和	生员	12 两	华阳散人：《鸳鸯针》卷一
翁叔元	顺治五 顺治十七 康熙七 康熙十	江苏常熟 河南洛阳 京师 京师	附生 廪生 生员	12 两 100 两 1—2 两/月 300 两	翁叔元：《翁铁庵年谱》
张履祥	顺治十三	浙江桐乡	生员	30 余两	张履祥：《杨园先生全集》卷二十四《答吴仲木》（九）
戴名世	康熙二十五	安徽舒城	廪生	6—12 两	戴钧衡：《南山先生年谱》
王廷干	康熙	山东安丘	生员	15 千	王培荀：《乡园忆旧录》卷六
干行	康熙		生员	12 两	曹去晶：《姑妄言》第九卷
侯嘉缙	雍正七	浙江临海	生员	100 两	李用仪：《侯夷门先生年谱》
周进	雍正、乾隆	山东汶上	童生	12 两	吴敬梓：《儒林外史》第二回
虞育德	雍正、乾隆	江苏常熟	生员	30 两	《儒林外史》第三十六回
余有达	雍正、乾隆	江苏仪征 安徽五河	贡生	50—60 两 40 两	《儒林外史》第四十四回 《儒林外史》第四十六回
盖宽	雍正、乾隆	江苏南京	落魄商人	8 两	《儒林外史》第五十五回
赵翼	乾隆七	江苏阳湖	童生	6 两	佚名：《瓯北先生年谱》
洪亮吉	乾隆三十 乾隆三十一 乾隆四十二	江苏阳湖	童生 廪生	2800 文 7 千文 120 两	吕培：《洪北江先生年谱》
陆元鋐	乾隆三十三	浙江桐乡	童生	5 千文	陆元鋐：《乡石自订年谱》

续表

姓名	时间	馆地	身份	束脩	文献来源
黎安理	乾隆三十三 乾隆三十四 乾隆三十六 乾隆三十八 乾隆三十九 乾隆四十 乾隆四十四	贵州东乡 四川射洪 贵州东乡	生员	数两/半年 16 两 24 两/半年 未及 20 两 未及 20 两 30 两 50 两	黎安理：《长山公自书年谱》
韩崶	乾隆四十	江苏元和	附生	6 两	韩崶：《韩桂舲先生自订年谱》
张琛	乾隆五十一	湖北潜江	附生	8 两	张琛：《生述》，553 页
鲍桂星	乾隆六十 嘉庆元年	京师 京师	候选教谕	300 两 300 两	鲍桂星：《觉生自订年谱》
张元	乾隆	山东德州	举人	2000 两	王培荀：《乡园忆旧录》卷二
娄昭	乾隆	河南开封	贡生	40 两	李绿园：《歧路灯》第二回
惠养民	乾隆	河南开封	生员	20 余两	《歧路灯》第三八回
叶亦园	乾隆、嘉庆	山东东昌	进士	1000 余两	王培荀：《乡园忆旧录》卷八
徐保字	嘉庆九 嘉庆十一	山西安邑	附生	10 千文 24 千文	徐保字：《阮邻自订年谱》
彭玉雯	嘉庆二十三	江西宁都	廪生	300 两	彭玉雯：《云墀老人自订年谱》
赵光	嘉庆二十三	京师	举人	4 金/月	赵光：《赵文恪公自订年谱》
陈士枚	嘉庆二十四	山西平定	附生	25 千文	陈士枚：《勿斋自订年谱》
余龙光	嘉庆二十五	安徽休宁	童生	6 两	余香祖：《鷭山府君年谱》
童韫华	嘉庆	江苏扬州	生员	10 余两	毛祥麟：《对山余墨》
吴春鸣	道光十一	河南嵩县	文士	8 千文/季	李钧：《判语录存》
涂宗瀛	道光十一	安徽霍山	童生 生员	14—15 千文 40—50 千文	涂宗瀛：《涂大司马年谱》
丁守存	道光十三	山东日照	举人	200 缗	丁守存：《编年自纪》
成琦	道光二十一	京师	举人	10 缗/月	成琦：《主善堂主人年谱》
陈元恒	道光二十三	江苏南京	廪生	30—40 千文	陈元恒：《教谕公稀龄撮记》
孙云锦	道光二十五	安徽桐城	童生	20 缗	孙孟平：《开封府君年谱》卷上
钟毓	咸丰八 咸丰九	上海宝山	童生	16 千文 20 缗	钟毓：《半隐先生花甲记略》
孙小云	咸丰九	京师	生员	300 两	孙小云：《养云主人自编年谱》
吕海寰	同治元年	山东莱州	童生	1 千文/月	吕海寰：《吕镜宇自叙年谱》
杨守敬	同治元年 同治六	湖北宜都 山西高平	生员 候补教谕	40 千文 600 两	杨守敬：《邻苏老人年谱》
段炳堃	同治五	贵州贵阳	廪贡生	30 两	万大章：《段甲楼先生年谱》
张世英	同治七	甘肃天水	生员	60 余缗	张绍蕃：《祖庭闻见录》

续表

姓名	时间	馆地	身份	束脩	文献来源
陈庆容	同治十一	上海嘉定	附生	50 千文	陈庆容:《心乾氏自编年谱》
左宗旨	同治	湖南湘阴	举人	160 两	左宗棠:《左宗棠全集·家书》
韩国钧	光绪三 光绪五	江苏海安	生员 举人	70 千文 6 千文/月 100 圆	韩国钧:《永忆录》
梁济	光绪四	京师	童生	5 两/月	梁焕鼐:《桂林梁先生年谱》
何希铿	光绪六	江苏苏州	童生	24 圆	包天笑:《钏影楼回忆录》
赵启霖	光绪七	湖南长沙	增生	40 缗	赵启霖:《澥园自述》
殷葆诚	光绪十	江西南昌	童生	42 千文	殷葆诚:《追忆录》
王锡彤	光绪十一 光绪十二 光绪十五	河南卫辉	附生 廪生	30 千文 5 两/月 30 余千文	王锡彤:《抑斋自述七种之一:浮生梦影》
钮泽晟	光绪十二	浙江乌程	增生 廪生	28 圆 100 圆 100—110 圆	钮泽晟:《自述录》
包天笑	光绪十八 光绪十九 光绪二十 光绪二十四	江苏苏州	童生 附生	2 圆/月 30 圆 42 圆 60 圆	包天笑:《钏影楼回忆录》
丁福保	光绪二十二	江苏无锡	附生	40 圆	丁福保:《畴隐居士自订年谱》
刘大鹏	光绪二十二	山西晋祠	举人	100 两	刘大鹏:《退想斋日记》
徐懋淮	光绪	内蒙古和林格尔凉城	生员	50 两	徐向前:《历史的回顾》
不具名	清末	江苏苏州	童生	30—40 千文	蘧园:《负曝闲谈》第一回
俞生	未详	未详	生员	200 两	吴炽昌:《客窗闲话·初集》卷四
屈玉文	1913 年	山西晋祠	生员	20—30 千文	刘大鹏:《退想斋日记》
王陈常	1913 年 1915 年 1919 年 1921 年	河北宛平	生员	20 两/月 10 圆/月 10 圆/月 12 圆/月	王陈常:《王淡园自订年谱》

就笔者所见而言，文献中关于明前期及以前塾师束脩的记载付诸阙如[1]，关于成化、弘治以后的塾师束脩则间有零星记载。在这些材料中，笔记、杂录所载多为束脩颇高的塾师，而实录、小说所载普通塾师较多。总体说来，与社学、义学、族塾对塾师束脩收入的单方面、固定化规定相比，从塾师的角度记录的束脩呈现出多样化的特点，不同的塾师之间、同一塾师在不同时期的束脩差别均相当大。如果以上表中所统计的明代后期为截面的话，明代塾师的年收入多者在白银 40 两以上，极少数人能达到 100 两以上。陈宝良、刘晓东两位研究者的估算是比较合理的。但是，对于万历以来塾师中低收入者（他们占塾师群体中的大多数）的束脩状况，笔者想作一些补充。

陈宝良认为，明代塾师的低收入者其束脩在每年 15—20 两，刘晓东先生则将其限定在 10—20 两。但就笔者所见的资料来看，实际情形似乎比这个数目更低。例如生活于嘉靖、万历之间的福建官员李廷机曾云：

> 儒家生计，不离教馆，十金馆可当永春百亩田。……不佞当年教馆有六七金者。[2]

李廷机生于嘉靖二十一年，万历十一年进士及第，其授徒时间大约在隆庆至万历十一年之间。此文当作于李廷机入仕以后，为李廷机与其妹夫议论当时士子贪婪、“薄小馆而弗屑”之风气的书札。由李廷机的叙述可以推知，万历中后期江南一带普通蒙师的束脩应在 10 两左右。晚明人陈确之父陈颖伯少时家极贫，在为诸生时充塾师，以授徒为事，第一

〔1〕明初笔记小说《剪灯新话》卷三《富贵发迹司志》载元至正六年（1346）泰州贫士何友仁以教馆发家云：“郡有大姓傅日英者，延之以训子弟，月奉束脩五锭，家遂稍康。”此处“锭”为元代锭钞，元代官定钞一锭等价于白银 50 两，但由于钞价的持续下跌，到元至正六年时，一个银单位约等价于二十个钞单位，按此换算，何友仁的五锭月俸实际相当于白银 12.5 两，年束脩约 150 两。但作者意在表现何友仁所拜“富贵发迹司”神灵的应验，不足作为当时一般塾师束脩的佐证。

〔2〕（明）李廷机：《李文节集》卷十二《与林迪采妹夫》，第 1179 页。

年（万历十七年）的束脩为白银4两，其后数年的收入亦“去首年四金不远”[1]。据此推测，陈颖伯的束脩收入一直维持在10两以内，属于蒙师中的低收入者。明末人堵胤锡未入泮时，于万历四十七年因贫所迫，“乃受四童蒙以糊口，卒岁所获，四金而已”[2]。万历晚期至崇祯间生活于南京的葡萄牙传教士曾德昭（Alvaro Semedo）曾叙述当时童生充塾师的“数量极多”，堵胤锡无论在充塾师的年代还是地域上，都和曾德昭所述接近，应该能够反映当时的童生充塾师时束脩收入的大致情形。明末小说《型世言》中，作者认为读书人“若为穷所使，便处一小馆”。所谓小馆，即学生小且人数少的蒙馆。该小说中的秀才林茂便是因为贫困而充塾师，“在一个颜家，处一个半斤小馆，是两个小鬼头儿”[3]。“半斤小馆”即束脩八两的蒙馆。《型世言》刊行于崇祯年间，当能反映当时的江南一带塾师中的低收入群体的真实情形。

事实上，不仅应聘处馆家塾的塾师如此，明后期的社学教师中，束脩在10两以下的也不在少数。以刘晓东所举13例社学中的塾师待遇为例，若将其馆谷以当时的银、米比价进行折算，至少有6所社学中塾师的年束脩在10两银以下。李廷机、陈颖伯、堵胤锡三人的授徒活动均在晚明经济最发达的江南地区，由他们所透露出的普通蒙师的收入，应比当时全国大多数地区同层次塾师的收入高。

通过以上分析，笔者暂且对明代塾师的束脩收入水平得出以下结论：如果按明代塾师的束脩收入水平将塾师从整体上划分为低、中、高三个层次的话，就明后期而言，低收入群体的束脩以每年10两为常见，上下浮动，低者数两，而高者也很少超过20两；中等收入群体的束脩以每年40两为准上下浮动，低者30余两，高者50—60两；高收入群体的束脩在每年100两左右，但不多见。需要指出的是，在低、中、高三个群体中，低收入群体是塾师的主体，中等收入群体次之，高收入群

[1]（清）陈确：《陈确集·别集》卷十一《先世遗事纪略》，北京：中华书局1979年版，第531页。

[2]（清）堵胤锡：《堵忠肃公年谱》，《北图珍本年谱丛刊》，第62册，第380页。

[3]（清）陆人龙：《型世言》第十九回，第163页。

体又次之，由低到高呈现出一种“金字塔形”结构，而非“纺锤形”结构。

明清的易代并未对塾师束脩收入的整体格局带来明显影响，在清代中期以前，低收入群体的束脩以每年10两、12两为最常见。常熟人翁叔元于顺治四年入泮，次年应聘处馆，馆金为每年12两。康熙七年，翁叔元为了冒籍大兴应试而留馆京师，束脩为每月1两[1]，一如十八年前。这可能是当时的低收入塾师群体中一个比较常见的行情。流传于康熙、雍正间的世情小说《姑妄言》中，生员干行在应都督李太之聘至其家塾训蒙时，脩金与翁叔元相同，也为每月1两，其下有林钝翁批语云：“近来就算是好馆了。”[2] 此小说以江南为背景，据学者考证，林钝翁亦曾长期生活在南京一带[3]，他的这一批语应当能反映当时江南地区低收入塾师的普遍情形。

与江南地区相比，在稍显偏远的乡间，束脩的行情似乎更为惨淡。淄川人蒲松龄于康熙十一年开始处馆乡宦毕际有家，其在《闹馆》中云：“束脩钱四千正七折八扣，要白银有八分就算一钱。”[4]《闹馆》表现的是一位因饥荒失馆的陕西台阳县蒙师流落到洛川寻馆的一幕，属于乡村塾师中最为落魄的一类。同样在康熙年间长期训蒙的山东临朐生员马益著在其《舌耕传》中如此描述当时乡村塾师的收入：“厚者白银数两，薄者铜钱几串。”[5] 他们所展现的并非特例，应当是当时边远地区的乡村塾师中比较普遍的束脩收入状况。这种情形一直持续到乾隆年间，如表12所示，阳湖人赵翼、洪亮吉、桐乡人陆元鋐、遵义人黎安理在授徒之初，束脩均不满10两。萧山人汪辉祖在比较授徒与游幕的

〔1〕参见（清）翁叔元：《翁铁庵年谱》，《北图珍本年谱丛刊》，第82册，第77、98页。

〔2〕（清）曹去晶：《姑妄言》第九卷，中册，第470页。

〔3〕参见王长友：《林钝翁生平考》，《明清小说研究》2001年第4期，第204-213页。

〔4〕（清）蒲松龄：《蒲松龄集·戏三出》，上册，第815页。

〔5〕马益著：《舌耕传》，中国人民政治协商会议山东省临朐县委员会编：《文史资料选辑》（第四辑），1985年（内部资料），第80页。

差别时说："寒士课徒者，数月之脩，少止数金，多亦不过十数金。"[1] 可见，即便在经济发达的浙江一带，10 两左右的束脩仍是乾隆年间低收入塾师的常态。

嘉庆以来，塾师的束脩出现了两个值得注意的变化：一是束脩在整体上有提高的趋势，15 两（清初官定白银 1 两合制钱 1 千文）似乎成为了束脩的最低水平；二是以制钱和银元支付束脩的情形明显多了起来。其实这两个现象是相互关联的。清初虽以白银 1 两等价于制钱 1 千文，但在实际流通中的情形并不如此。大体而言，在乾隆后期以前，1 两银等价于制钱 700—800 文；而自乾隆末期以后，制钱价格持续下跌，到同治中期，1 两银等价于制钱 1800 文左右；此后到光绪末年，又逐渐恢复到 1300 文左右[2]。制钱价格的下跌，导致馆东在支付束脩时倾向于采用有利于自己的方式，即用贬值的制钱或分量不足的银元（晚清的银元种类较多，但银元 1 圆均不足 1 两白银的重量）支付束脩。因而以制钱和银元支付的束脩存在较大的"水分"，塾师"增长"的收入若以银两计算的话，贬值的制钱和分量的不足银元抵消了一部分数字上的增长。但这一时期直接以银两支付的束脩则实实在在获得了增长。

另外需要指出的是，以月计束脩的塾师其年束脩并不一定等于十二个月的总收入。事实上，明清时期的塾师一年的授徒时间常常不满十二个月，如张履祥《答吴仲木》云："近例馆谷之常，以八月为度，弟只到四月，当拜领半俸。"[3] 即塾师束脩若以月计的话，一年仅能领八个月的束脩。又如清代河南永城县以月计束脩的塾师教学活动亦不满一年，咸丰以来，生徒"到馆不必春，随时可以入学，按月扣计，以十月为一年"[4]。一般来说，明清时期大多数以月计脩金的塾师能获得十个月的束脩。因此对这些塾师而言，他们的年束脩不能用月束脩乘以一年

---

〔1〕（清）汪辉祖：《佐治药言·范家》，第 4 页。

〔2〕参见彭信威：《中国货币史》，上海：上海人民出版社 1958 年版，第 569－570，577－578，588－589 页。

〔3〕（清）张履祥：《杨园先生全集》卷二十四《答吴仲木》（九），中册，第 677 页。

〔4〕岳廷楷等修：光绪《永城县志》卷十三《俗产志》，第一三页，光绪二十九年（1903）刊本。

总月数的方法计算，其实际所得要打一些折扣。

从整体上看，作为清代塾师群体中占多数的低收入塾师，其束脩收入水平虽在明代后期的基础上有缓慢的提高，但幅度并不明显，乾隆以前维持在10—12两，至嘉庆以后维持在15两上下；中等收入群体约以50两为常见，多者可至60—70两，较之明代后期在整体上有所提高，但亦不明显；至于高收入群体，则出现较明显的增长。如清末张謇曾在入泮的次年（同治十三年）入孙云锦幕为书记，获俸银100两，其父云："通、海乡里老师宿儒授徒巨室，终岁所得不过如此。"[1] 又如，据山西晋祠举人刘大鹏的日记透露，他在光绪二十二年至二十四年间的年束脩均为100两[2]。他的束脩，即相当于张謇父亲口中的"老师宿儒"的收入水平，这类长期授徒的举人或贡生，其束脩应能代表当时塾师中的高收入群体的普遍情形。张仲礼在研究清代后期绅士的收入时指出，"有绅士身份的塾师最精确的平均年收入看来是100两银子左右"[3]，张所说的"收入"，单就束脩而言。笔者以为，这样的估算明显偏高，100两大约相当于普通经师包括业外收入在内的年度总收入，而非单纯的束脩收入。当然，那些长于八股文且门人屡有获售的经师，其束脩多至数百两甚至上千两（如表12中的翁叔元、鲍桂星、彭玉雯、孙小云、张元、叶亦园、杨守敬），但这样的情形并不多见。

（三）影响塾师束脩收入的主要因素

从表12的统计中可以看出，明清时期塾师的束脩虽然在整体格局上并无明显变化，但仍然呈现出相当不均衡的特点，个体之间、个体在不同时期的差别非常大。仔细分析这些塾师的经历与背景可以发现，影响他们的束脩收入的因素十分复杂，笔者仅就一些主要因素略作分析。

1. 功名与教龄

在明清时期，决定一位塾师是否有更多人愿意主动延聘并支付尽可

---

〔1〕（清）张謇：《啬翁自订年谱》，《北图珍本年谱丛刊》，第183册，第28页。

〔2〕刘大鹏遗著，乔志强标注：《退想斋日记》，第55、88页。

〔3〕张仲礼：《中国绅士的收入》，第95页。

能丰厚的束脩，最重要的因素往往是其功名的级别。功名包括科举和仕宦两个层面。明清的科举功名有很多层次，考取儒学生员被时人看作是最初级的功名，往上是廪膳生员、贡生，再上一级是举人、进士。仕宦层面的功名包括候选官员、在职官员、退闲官僚等。不同功名的塾师，待遇往往有较大的差别。一般而言，那些科举功名越高的士子，往往越容易出现被人“争而延致”的情形，待遇普遍较高；而功名低或没有功名的读书人，多要靠自身的熟人圈子来荐馆、谋馆，待遇也普遍偏低，这从表12的塾师束脩收入统计中已能见出大概。在表12的高收入群体中，如明代被徐氏家塾延聘的钱福，其身份不仅为退闲的翰林院修撰，而且还是弘治三年的状元，因而能够被富家以重金延聘；清代鲍桂星、杨守敬分别以300金、600金的束脩为豪宦延至家塾，很大程度上也是因他们的举人、候选教谕的身份。包天笑在谈及清末私塾先生时曾言：

> 苏州请先生，也有等级，这等级是根据于科举的。大概未进学的，等级最低，馆谷最少；已进学的高一级；补过廪，文才好的，再高一级；中过举人的，再高一级。至于中过进士的，也不会当一个处馆先生了。[1]

这种分级可以说是科举时代的人们在延师时的一种普遍存在的等级观念，直接决定着塾师受尊崇的程度和束脩的高低。

科举功名是读书人通向仕路的重要砝码，也是社会身份的主要指标，科举功名越高，意味着离仕途越近，社会身份也越高。在官本位文化盛行的明清时期，人们有一种因崇尚官本位而生发出来的对高功名士人天然的崇拜感和主动结交的愿望。钱福被徐氏以重金延聘后，并未专注于教学，“居半载，仅改课三篇，日挟妓游燕”[2]。可见徐氏延聘钱

---

〔1〕 包天笑：《钏影楼回忆录》，第33页。

〔2〕（明）李诩：《戒庵老人漫笔》卷五《钱鹤滩馆江阴遗诗》，第204页。

福，意不在训迪子弟，而是将状元定位为自家“帮闲”的角色，用以博取美名。明代常熟人马凤为诸生时亦以授徒为业，但他的境遇与钱福这样功名藉甚的退闲官僚却有云泥之别：

> 其所著时义，俊逸清婉，以贫益工。见谓可屈其群，而试辄殿，贵耳者遂下其品目，无有延诸塾者。君亦耻于干人，岁恒家食，即或延之，其金不登人之什二。[1]

所谓“贵耳者”，即以延请功名较高的塾师以博声名、事交接的富室。在此类人眼中，塾师的才能远不及功名所具有的吸引力，李诩斥为“炎凉变态”。正因为如此，马凤在中举以后，“于是多金而借势者乘其匮且费，持金献之”[2]，与他为诸生时的惨淡馆况可谓天差地别，从中也衬托出时人对于塾师科举功名的一种近乎偏执的看重。那些在授徒的同时兼应科举的塾师，其馆况常常因为应试获售而得到很大改善。如包天笑在为童生时即以授徒为业，其在回忆自己入泮后的情形云：

> 最高兴的是我的馆东张检香，连忙把每月束脩两元的加到了每月三元，那也是苏州处馆先生的升级条例呢。[3]

又如张大镛十五岁时，其父张敦培延请翁紫书先生课读。“先生于癸卯举于乡，先公闻之而喜曰：‘吾明年得名师矣！’盖谓先生将应礼部试赴京也。”[4] 塾师应试获售，并不见得其才学会得到即刻提升，馆东对于塾师功名的看重，很大程度上乃是源于“宾”的功名所象征的身份与地位对“主”的声名有可能形成一种潜在的正面影响。

---

〔1〕（明）李诩：《戒庵老人漫笔》卷六《马孝廉志》，第246页。

〔2〕（明）李诩：《戒庵老人漫笔》卷六《马孝廉志》，第247页。

〔3〕包天笑：《钏影楼回忆录》，第142页。

〔4〕（清）张大镛：《鹿樵自叙年谱稿》卷上，《北图珍本年谱丛刊》，第132册，第8－9页。

当然，塾师的功名在处馆时所代表的也不仅仅是社会身份与地位。在以考试为中心的科举制度下，一位得到官学认可、成绩优异的士人，且不论其学识、文章在学术层面上的高下优劣，首先就意味着他具备应付考试的能力，从而也就具有向生徒传授或培养这种能力的可能性。明清时期的塾师有经、蒙之分，蒙师的课读内容主要为识字、记诵、写仿、礼仪规范等基础知识的传授，而经师则主要负责经书的讲解和作文之法的传授。经师中绝大多数为有功名在身的士子，他们经历过较高程度的教育，对经义有较多心得，在时文写作方面也得到了较多的训练，这是许多蒙师所不具备的。因此，越是功名高的塾师，越有可能课读学习程度高的学生，因而束脩也自然比普通蒙师高得多。

此外，塾师执教的资历（教龄）也是影响其束脩收入的重要因素。刚进入塾师行业的塾师往往无教学经验，只能拿到最低一级的束脩，随着资历的增加，束脩亦逐步增加。根据表 12 中所统计，黎安理在初任塾师时，束脩仅有数两，但此后从 16 两逐渐上升到 50 两左右；又如包天笑在任塾师期间，随着资历的增加，束脩由 24 圆逐次增加到 60 圆。这些案例都能见出从业的资历对塾师束脩多寡的直接影响。

2. 文名与德行

所谓文名，即文才方面的声名。明清时期，一位读书人的文名大概来自两个方面：一是因邃于经学或善教应试文章而获得名气；二是因诗词歌赋、艺术才华而享有盛名。这两类文名皆可能成为影响塾师就业机会和束脩多寡的因素。在明清科举取士的时代背景下，凡让子弟接受高级阶段教育的父兄，多有让子弟角逐科场之想，因而，一位对八股文颇有钻研的塾师，不仅有更多机会课读高阶段的生徒，而且也有更广的生源。如明代塾师邹泉少时即以善作应试文章而闻名，入泮后以塾师为业：

> 邑弟子执经门下者岁可三四十人。先生留心书义，讲解竟日不

倦，批评文义如老吏断狱，字字精核，以故游其门者多取科第去。[1]

邹泉之所以能招揽如此多的生徒，除了勤于讲授外，最重要的原因恐怕在于他对时文有独到的把握，能让弟子在科场角逐中博得功名，因此，他每年能得到束脩百余两。昆山人李棠因病不应科举，以训蒙为业，束脩微薄。“翁虽夺于病，不获用经术显，然中不能无望之。而有子同芳，其治经精甚，又工属文，教授诸弟子，所荐十倍于翁。”[2] 李同芳所得束脩十倍于其父李棠，主要原因即在于他对八股文章的谙熟。又如清代山东东昌进士叶亦园因足跛不出仕，家居授徒，“列屋栉比，门生兼六七省人。……善揣摩闱墨，每秋闱后，即选刻各省魁卷流布，及门多掇巍科”[3]。这是典型的以时文擅名的经师，因而叶亦园每年束脩多达千余两。

中国古代的名士文化在明清时期仍延续不衰，豪宦、富室往往有标举“风雅”的情结，那些精通诗词古文，或在琴棋书画等艺术领域中擅名的士人，多以“名士”身份而受到青睐，被财力雄厚之家延聘课读。如清代翁叔元冒永平籍考取生员后，在京中以课徒为业。他曾自述：“余又以其暇为人作诗辞、古文，长安士大夫多传诵之。有巨公欲延余者，许岁给俸三百金。”[4] 明清时期的塾师常以积极的姿态参与到当时的各种诗社、文会中，除了应举的需要外，还有借助文林品评以传播自身文名，从而获得更多、更好就业机会的目的。明人董其昌少时亦处馆授徒，每年束脩60两左右，在当时已经算很高的收入了。董其昌十八岁时便跟从当时的书法名家莫如忠受学，学晋人书而得其形模，以至于“目无吴兴”，二十二岁时又开始学绘画，在当时已颇有声名。另

[1] （明）蒋以化：《西台漫记》卷三《纪邹广文》，《四库全书存目丛书·子部》，第242册，第100页下栏。

[2] （明）王世贞：《弇州续稿》卷一百二十六《怀石李翁墓表》，《景印文渊阁四库全书》，第1283册，第753页下栏。

[3] （清）王培荀：《乡园忆旧录》卷八，第426页。

[4] （清）翁叔元：《翁铁庵年谱》，《北图珍本年谱丛刊》，第82册，第103－104页。

据董其昌自述，他对应试文章并不擅长[1]。其在资历尚浅而又对科举文章并无心得的情形下，能受富家之延聘，并获得不菲的馆金，应该说与他在书画方面的名气有很大的关系。

当然，除了文名之外，读书人的德行操守也常常是影响其收入多寡的因素之一。明清时期，无论是官方主导的社学、义学，还是宗族兴办的族塾，由于有较强的经济支撑，塾师束脩也相对丰厚。但这些学塾延聘塾师的标准大多较为严格，要求塾师学行兼备，对生徒具有道德示范作用，因此，那些入主社学、义塾、族塾的塾师，往往能获得优于普通塾师的束脩收入。

3. 其他客观因素

以上两个方面的讨论主要集中在塾师的个人因素，但影响塾师束脩收入的还有诸多客观因素，如地域差异、城乡之别、馆东财力等。明清时期经济发展极不平衡，南北、东西差异很大，塾师的束脩多寡很大程度上受制于一个地区的民众对教育的整体支付能力。从总体上看，东部地区的塾师束脩优于西部，南方塾师的束脩优于北方。《醒世姻缘传》载：

> 北边的学贶甚是荒凉，除那宦家富室每月出得一钱束脩，便是极有体面。若是以下人家，一月出五分的还叫是中等。多有每月三十文铜钱，比比皆是。[2]

从作者的描述中可知，当时的塾师在束脩收入上存在明显的南北差异，南方普遍高于北方。地区差异除了经济发展的程度外，还有塾师供求状况的影响。有些地区文风鼎盛，充塾师的士人众多，在供过于求的情况下，塾师的束脩收入往往受到限制，而在一些供小于求的地区，塾师束脩则相对较高。如徐向前的父亲徐懋淮终身以训蒙为业，但他不是在本

---

〔1〕参见郑威编：《董其昌年谱》，上海：上海书画出版社 1989 年版，第 12 页。
〔2〕（明）西周生：《醒世姻缘传》第九十二回，下册，第 1308 页。

乡授徒，“他教书多是到‘口外’去，大概就是现在内蒙的和林格尔和凉城一带地方吧。因为在本村或附近教书，薪水太低，维持一家人的生计有困难”[1]。和林格尔与凉城在徐向前的家乡五台县西北，两地相距颇远，徐懋淮之远涉处馆，说明彼地束脩收入远高于本乡。之所以会产生这种差异，并不一定是“口外”的经济状况就比家乡五台县好，而是因为本乡以塾师为业的人太多，而“口外”则相对较少。

除了地区差异外，一个县的城乡塾师的束脩收入差别也是较为明显的，这主要是由城乡居民在经济实力上的差异所导致的。城乡塾师束脩的差别可以在城乡社学、义学上体现出来。以清代云南宜良县的义学为例，宜良县在康熙至光绪间共建义学 11 所，其中城内 2 所，塾师束脩分别为每年谷 40 石、麦 1 石 7 斗；乡间共 9 所，束脩为谷 10—20 石不等[2]。这种差异应该是当时城乡塾师束脩收入差异的普遍状况。最后，塾师与馆东的关系、生徒父兄的支付能力与慷慨程度也会影响其束脩收入。一般来说，塾师与馆东为亲、友等关系时，馆东除了延师教子外，往往还出于“资助”贫士的心理而在束脩上给予塾师较多的照顾，一些重文隆师而又具备较高经济支付能力的家庭，也多会为塾师提供较丰厚的束脩。

第二节　塾师的基本消费与经济地位

在本章第一节中，笔者着重分析了明清时期塾师的收入构成和作为塾师职业收入主要组成部分的束脩。对于束脩一项，笔者采用了当时的主要货币——银两进行折算，但纯粹以数字来表现的束脩仍然显得比较抽象。要想对塾师真实的经济生活状况作出相对具象化的展现和评价，除了要推算数字意义的束脩收入外，还必须考察当时的“塾师家庭”

〔1〕 徐向前：《历史的回顾》，北京：解放军出版社 1988 年版，第 3 页。

〔2〕 袁嘉谷修，许实纂：民国《宜良县志》卷五《学校志》，《中国方志丛书 · 华南地方》，第卅号，台北：成文出版社 1967 年影印本，第 90 - 93 页。

这一微观经济体，包括家庭日常消费、家庭总收入的主要构成、塾师的束脩在家庭日常消费中占据多大的比例等。同时，必须将明清塾师的束脩收入与当时其他行业中普通民众的收入进行比较，才能对塾师这一职业群体在当时社会中的经济地位有相对准确的把握。

一、塾师家庭的基本消费

对于明清时期的大多数普通民众而言，其收入所得主要用于家庭的基本生活消费。根据笔者在第二章中的分析，明清塾师多是来自当时社会中经济较拮据的中下层家庭，他们的教学所得无疑也是以维持家庭基本生活消费为主，但束脩收入在其中占据多大比例，则要通过估算家庭日常消费总量来明晰。

（一）普通塾师家庭的基本消费

一个家庭的基本消费，最主要在吃、穿两个方面，即维持一个家庭基本生存的温饱需求。明清时期的普通小户家庭较常见的为二三代人组成的五口之家或八口之家，在这五口、八口之中，成年人与未成年人的组合方式多样，因而对于一个家庭基本生活消费的估算仅能停留在粗略的层面。刘晓东曾用元代胡祗遹对当时五口之家生活消费的描述来推算明代普通家庭的日常消费，这是可行的。因为就生存资料而言，中国古代的普通家庭所需无外衣、食二端，由于社会发展进程相对缓慢，以米粟、布帛等实物形式呈现出来的家庭消费能够在较长时间内保持稳定。胡祗遹如此描述元代五口之家的基本生存消费：

> 父母妻子身，计家五口，人日食米一升，是周岁食粟三十余石。布帛各人岁两端，计十端。絮二斤，计十斤。盐醯酰油一切杂费，略与食粟相当。[1]

〔1〕（元）胡祗遹：《紫山大全集》卷二三《匹夫岁费》，《景印文渊阁四库全书》，第1196册，第429页上栏。

西汉晁错云："农夫五口之家，其服役者不下二人。"（《汉书·食货志》）即五口之家中有二人为成年男丁。胡氏所言五口之家，应为当时较常见的4位成年人、1位未成年人的家庭结构，但胡氏将未成年人的消费以成年计，稍欠妥，以成人之半计似乎更恰当。根据胡氏所言，若以4成人、1未成年人来计算，五口之家一年消费的米粟为16.425石；杂费开销与之相当，亦为16.425石。两者共计32.85石。衣、被开销中，布9端，合4.5匹；帛9端，合4.5匹；棉絮9斤。笔者以万历年间北京的物价为参照来对这些消费品进行折价：粟米0.64两/石；白棉布0.3两/匹（万历三十七年）；丝绢0.4两/匹（中下档）；弹熟棉花0.07两/斤（万历三十七年）[1]。以此计算，所费粟米合银21.024两；布合银1.35两；帛合银1.8两；棉絮合银0.63两。共计24.804两，略作25两。这可能是明后期普通的五口之家一年的基本生活消费。

当然，塾师作为社会人和文化人，其日常消费不可能停留在维持基本生存的层面，冠、婚、丧、祭等日常礼仪，书籍、笔墨纸砚以及同人间的交游，都需要耗费钱财。刘晓东详细论列了明代塾师的以上社会文化消费[2]，笔者在此处不再赘述。但需要指出的是，刘晓东所列塾师社会文化消费具有相当大的弹性，日常礼仪中除祭礼有常外，其余均不常有，文化消费则根据个人经济状况而耗费多寡不一，很难作出量化，所以笔者在此处不作深入分析。

（二）底层塾师的家计：以王太岳和包天笑为例

根据上文粗略计算可知，明后期年束脩40两左右的经师在家中没有冠、婚、丧等事项的前提下，仅用束脩即足以应付全家一年的日常消费，甚至可有部分盈余；但是，对于塾师群体中占多数的低收入塾师而言，即便因处馆而不家食，其10两左右的束脩也仅能勉强支撑一个五

---

[1] 高寿仙：《明万历间北京的物价和工资》，《清华大学学报（哲学社会科学版）》2008年第3期，第45－62页。

[2] 刘晓东估算，基层士人每年的"四礼"消费与文化生活消费合计约20—30两白银。详见刘晓东：《明代的塾师与基层社会》，第129－134页。

口之家半年的生活费用，剩下半年的缺口则需通过其他途径谋取收入来填补。

清代中期的直隶定州人王太岳（1721－1785）少时家极贫，其父多病，仰食于祖。其母则日刺女红，佐其祖治家计。因而王太岳十九岁入泮，次年便承担起养家的重任：

> 迨余年二十担家务，祖年七十矣。余拮据得米，其蔬菜柴火，皆母十指中出，每夜操作至鸡鸣，约一日得钱十余文，可三分。十余岁以为常。家约十人，晨、午用米二升五合，晚用一升五合，大困时略减，日用六升或五升。然每餐溲米下锅，必手撮一把他藏之，适大匮，供吾祖一二餐。以故家虽奇贫，而祖未尝废箸，然母瘁甚矣。吾十九岁入泮，二十岁有友以午饭邀余伴读，晨昏则自家吃饭，又无束脩。其明年，此友再邀余教子，初约云：月米三斗，蔬菜银三钱，无束脩。子弟则自教，只藉看文章，不敢禁先生出入。馆虽凉薄，余私自计算：我应二社，一月课六日在外，至过从知友，或东家留客相陪，月亦可数次，计一月之内止二十日自爨耳。每日用米七合五勺，二十日可用米一斗五升，余一斗五升，可供吾家二日半之粮。其三文钱之金，可得钱一百二十文，吾每日买柴一文，三日共菜脯一文，计二十日可用二十文而足，存九十三文，可买米一斗五升，足家中二日半之粮。计算已定，欣然就馆，而友人忽变前说，欲饭余。余固请，辄欲弃予，悒悒就之。教读之余，并日夜佣书，日可得七八分，籴米供亲。而社中友亦有哀王孙而进食者，偶闻是餐匮，东家进饭，余以他事遗去，苍头急将饭与肉裹巾中，少选，携至家奉亲。如东家陪饭不能携，则余故推病，竟不自食，不忍独馁吾父母也。[1]

[1]（清）王太岳：《家训》，包东波编：《中国历代名人家训精粹》，第362－363页。按："三文钱"，疑当作"三钱"。

从上文可以看出，王太岳是一个典型的底层塾师，其对家计的谋划已到了计日而食的地步。根据王太岳的叙述，笔者对其家计大致作如下分析：王太岳一家的生计主要由两个成年人支撑，先由其祖、其母共同承担，其后则由王太岳与其母承担，家中收入由两部分构成，并有明确的分工。其母的针黹女红是直接用于盈利的，一年的收入约 11 两，主要用于日用杂费开销；王太岳自身通过舌耕、笔耕所得主要用于应付一家之口粮。根据王太岳提供的数字，以正常年岁计，全家一年食米约 23.4 石，除去本人的耗费（馆东负责膳食），仍需米 20 石左右（约合银 18 两），必须由他来负担。由于王太岳充塾师之初没有束脩，因此他只能以佣书赚取收入，一年可得银 24 两左右，绝大部分用于籴米供亲。以当时低收入塾师较常见的年束脩 10—12 两来衡量，束脩完全不能解决塾师一家的基本生存问题，必须通过家庭纺绩、女红或塾师的业外收入来进行补贴。王太岳虽在授徒之余日夜佣书，但所得也仅能维持最低的生活标准："食不粱肉，充饥而止；衣不文彩，蔽体而止。"[1]

清末苏州人包天笑充塾师时的境况与王太岳大体类似。包天笑十七岁丧父，家中困窘不堪，不得不以童生身份开门授徒，全家一年用度约需 72 元，而包天笑的束脩仅 24 元，因而他不得不在授徒之余考书院，同时替人抄每千字 3 分钱的粮册，尽可能多地分担家中的日常生活费用，其余则由其母以全年的女红所得来承担[2]。其后数年间，包天笑的束脩虽逐年上涨，但始终未达到能一人承担家庭全部开销的程度，家庭经济生活也仅维持在基本消费的层面。"我们在衣、食、住、行四者之中，只有食与住两个字，衣服不能添做，走路只靠两脚了。"[3] 王太岳与包天笑虽所处时代和地域不同，但他们皆因家中缺少经济支柱而早早挑起生活重担，皆为塾师中的低收入群体，不得不在授徒之余，通过业外治生的手段赚取收入以贴补家用，在明清时期的低收入塾师中极具典型性。他们谋家计、谋生存的活动，是明清时期占塾师群体多数的底

〔1〕（清）王太岳：《家训》，包东波编：《中国历代名人家训精粹》，第 363 页。

〔2〕参见包天笑：《钏影楼回忆录》，第 123－125 页。

〔3〕包天笑：《钏影楼回忆录》，第 125 页。

层塾师在家庭生活中作为经济支柱而备尝艰辛的缩影。

二、从行业收入差距看塾师的经济地位

通过分析明清时期普通塾师的家庭经济生活可知，塾师在家庭中往往扮演着经济支柱的角色，但这仅仅是塾师在家庭经济生活中的地位，他们的束脩收入在整个社会的普通民众收入中居于何种层次，似乎并不明晰。笔者试图将明清塾师的束脩收入与当时普通民众中的主要职业群体进行粗略比较，以期对塾师这一职业群体在基层社会中的经济地位有一个大致的把握。

（一）明清塾师与文人其他常见职业的收入比较

在明清时期，文人大概有如下几种职业去向：一是入仕做官；二是主书院，为山长；三是充塾师；四是作幕宾；五是包揽词讼，为讼师；六是流落街头成为以卖文为活的流民。在科举时代，通过考试获得功名、进入仕途是读书人的普遍理想，但最终能如愿的仅属少数，绝大多数人不得不通过其他渠道谋生。

书院山长在明清时期多为官方延聘退闲官僚及学术水平较高的民间士人充任，其待遇因地域、书院经费状况而各有差异，经济越发达、文风越鼎盛的地区，书院山长的收入也越高，但从总体上看，明清时期书院山长的束脩都算是丰厚的。丁钢、刘琪认为："一般来说，省会或商业繁荣地区书院山长年收入均在500两左右，府州县书院山长收入在200两左右。"[1] 张仲礼在对清代广东地区的书院进行研究后认为，"书院山长平均350两银子左右的年收入，是执教者所能期盼的最高收入"[2]。这一结论与丁钢、刘祺等所云200—500两的平均数相符。

事实上，即便在经济较落后、文风不算兴盛的边远地区，山长的束脩收入也是比较优厚的。如甘肃的地方文献对书院山长束脩的记载中，

---

〔1〕 丁钢、刘琪：《书院与中国文化》，上海：上海教育出版社1992年版，第77页。
〔2〕 张仲礼：《中国绅士的收入》，第88页。

皋兰书院为最低，其山长年束脩为100两[1]。书院山长的束脩之所以普遍较高，除了山长本身的功名学识较高、书院教育程度较高以外，充足的经费也是重要原因之一。明清时期的书院有学田作保障，且多数书院或有官方的介入，或有地方豪绅的捐赠，资金筹集较为容易，因而其教师的收入皆能维持在很高的水平。总体而言，明清时期收入最低的书院山长，大约与当地塾师中的高收入群体的束脩相当，而普通塾师与书院山长在束脩收入上差距过大，没有可比性。

入幕为宾对明清时期的文人来说，也是一种十分常见的从业方式。但明代文献对幕宾的收入罕有记载，清代则间或有之。乾隆年间的著名师爷汪辉祖曾这样描述当时幕宾的收入："吾辈以图名未就，转而治生，惟习幕一途……幕中数席，惟刑名、钱谷岁脩较厚，余则不过百金内外，或止四五十金者。"[2] 汪辉祖虽是以牢骚的口吻感叹幕宾的收入之低，但还是可以从中见出当时幕宾通常的年收入在100两银子左右，与塾师中的高收入者相当，最低者也与塾师中的中等收入群体持平。事实上，汪辉祖曾不止一次对普通塾师与幕宾的收入进行过比较："寒士课徒者，数月之脩，少止数金，多亦不过十数金……游幕之士，月脩或至数十金，积数月寄归，则为数较多。"[3] 又云："吾辈从事于幕者，类皆章句之儒，为童子师，岁脩不过数十金，幕脩所入或数倍焉，或十数倍焉，未有不给于用者。"[4] 汪辉祖本人最初亦尝充塾师糊口，因馆金不足以资生，转而习幕，可见游幕之收入远胜于普通塾师。与汪辉祖情形相似的还有吴省钦和章定瑜。吴省钦的祖、父皆为塾师，吴省钦本人在中举以前也以塾师为业，二十三岁时因其父去世，家中欠债百余金，"无所典贷，追呼盈耳，乃决意习幕事"[5]。吴省钦之习幕虽属无奈之举，但从中也可看出习幕的收入远高于授徒。江西新淦人章定瑜二十岁

---

〔1〕 邓明：《甘肃历史上的四大书院》，中国人民政治协商会议甘肃委员会文史资料研究委员会编：《甘肃文史资料选辑》（四十四辑），兰州：甘肃人民出版社1996年版，第12页。

〔2〕（清）汪辉祖：《佐治药言·勿轻令人习幕》，第14页。

〔3〕（清）汪辉祖：《佐治药言·范家》，第4页。

〔4〕（清）汪辉祖：《佐治药言·自处宜洁》，第3页。

〔5〕（清）吴省钦：《吴白华自订年谱》，《北图珍本年谱丛刊》，第106册，第269页。

即以授徒为业，前后持续十余年，三十三岁时，为家中窘境所迫，难以支撑，遂将妻、子寄食于外家，至保定进班学幕。三十五岁时入曲周县作帮办，月脩5两；三十八岁入平山县幕，岁脩500金；四十一岁入东光县幕，岁脩600金；四十四岁入通州幕，岁脩900金[1]。从章定瑜的从业经历可以看出，作幕宾与授徒在收入上真有云泥之别。根据这些数字，笔者对幕宾与塾师收入的差距作如下判断：幕宾中低收入群体的脩金相当于中等塾师的束脩，而幕宾的中等收入者则相当于高收入塾师的束脩，即幕宾的束脩收入在整体上高了塾师一个档次。

讼师是中国古代极不受统治者和普通民众欢迎的职业群体，但它却一直存在了数千年。在明清时期，因社会经济的发展，民事纠纷增多，讼师变得空前活跃。讼师大多与官府有着千丝万缕的联系，其主要职业活动可以分为两个方面：一是代写诉状，二是献策与参与辩诉。讼师的社会构成十分复杂，与塾师类似，包括退闲官僚、举人、贡监、生员以及未有任何功名的读书人等。从这个角度来说，在明清文人的职业群体中，讼师与塾师在群体构成上是最有可比性的。明清笔记中所载讼师的收入，单宗诉讼少则百金，多则数千金，当属收入最高的极少部分。事实上，讼师的收入比塾师具有更大的弹性。塾师的束脩以年计，且一年之内的束脩是基本固定的，而讼师的收入则不同，讼师的酬金以案件数计，且每一宗诉讼案的酬金都会因案件本身的大小、涉讼人的财力状况而各有差异。美国学者 Melissa Macauley 对清代讼师的收入有过一个大致的统计，其中一位汉口讼师每理一宗诉讼案件的酬金少则3—5千钱，多则20—30千钱。该讼师每年要包揽40—50宗案件[2]。即便以3千钱这一最低报酬计算，这位讼师的年收入也在120千钱以上，与清代塾师中的高收入群体大致相当，这是绝大多数普通塾师望尘莫及的。可见明清时期的讼师的收入在整体上也远远超过塾师。

---

〔1〕 参见（清）章定瑜：《新淦公自定年谱》，《北图珍本年谱丛刊》，第177册，第253－257页。

〔2〕 参见潘宇：《明清及民初的讼师与讼学研究》，吉林大学2006年博士学位论文，第65页。

（二）塾师与农、工、商贾从业者收入的比较

中国传统社会将民众分为士、农、工、商四个大的阶层，明清时期的“士”，可笼统地归纳为脱离生产劳动的读书人。从这个意义上讲，并非所有的塾师都属于“士”阶层。但为叙述方便起见，笔者将塾师统一纳入“士”的范畴，将他们与农、工、商贾从业者的收入进行比较。

明清时期的商业极为繁荣，并且出现了许多区域性的商人群体，以商为业在民众中已甚为常见。经商是一个风险系数颇高的行业，致富者固大有人在，破产者亦复不少，他们的收入很难从整体上进行量化。笔者姑以小商贩为例，考察小本经营者在一年内的所得，对于塾师而言，可能更有参照价值。《醒世恒言》中的秦重以卖油为生，本钱仅 3 两银子，因看上了花魁王美娘，遂励志节俭，一年以后，计有 16 两银子的收入[1]，除去本钱，倒也与一个普通蒙师的年束脩不相上下。由此看来，至少在明末时，塾师中的低收入者一年的束脩，大约与底层小商贩的年收入相当。又如《儒林外史》中的范进以案首进学以后，想继续应当年的乡试，向其岳父胡屠户借盘缠时，被胡屠户骂道：“不要失了你的时了！……趁早收了这心，明年在我们行事里替你寻一个馆，每年寻几两银子……你问我借盘缠，我一天杀一个猪还赚不得钱把银子，都把与你去丢在水里，叫我一家老小嗑西北风！”[2] 根据这个描述，姑且按一天赚 8 分银子计算，胡屠户一年的纯收入为 29 两银子左右。即使将胡屠户设定为康熙、乾隆间的人物，其收入也大体相当于一个普通蒙师年束脩的 2～3 倍，或相当于一个馆事极丰的普通蒙师一年的束脩收入。从总体上看，明清时期的普通蒙师一年的束脩收入，大约与底层个体商贩的年收入相当，至于经营规模更大的商人，其收入非普通塾师所

[1] 参见（明）冯梦龙：《醒世恒言》第三卷，北京：中华书局 2009 年版，第 28－31 页。

[2] （清）吴敬梓：《儒林外史》第三回，第 19 页。

能比。

相对于商人来说，匠人、雇工的工资在明清史料中有较多记载。以万历年间的北京为例，当时工部所有的十个工种中，工价最低的为运土渣厂夫，每日3分，一年合银11两左右；工价最高的为木工和烧窑匠人，每日7分，一年合银25两左右[1]。又如清代嘉庆、道光间，北方铁铺工匠的月钱为2千文，一年合24千文；豆腐坊工人月钱1千文，一年合12千文[2]。由此可见，当时的工匠年收入相当于低收入蒙师中馆况较好的那部分塾师的年束脩，最低者也和普通蒙师的年束脩相当。除工匠外，尚有雇工。在清代前期的江南劳动力市场中，农村的长工价约为每年7—8石米[3]；清代后期，北方农业雇工的工价约在年钱2千文至5千文之间；商铺店员的工价约在4.5千文至9千文之间[4]。这种收入是低于当时普通蒙师的年束脩的。清人石平士在《童蒙急务》中这样描述清代道光年间普通蒙师束脩之微薄："近见蒙馆中，富者学钱止一二千，贫者学钱止七八百，甚至有二三百文者，殊属不成事体。屈指一堂学生，已有二十余人，统计一年学赀，不过十三四千。比之人家雇工，虽见有余，较之有等匠师，则大不足。"[5]这一记录与笔者上文分析的结果基本吻合。

万历间的李廷机曾云："儒家生计，不离教馆，十金馆可当永春百亩田，乃不输官，不家食，则又过之。"[6]永春即福建永春县，为李廷机岳家所在地。又据《汉书·食货志》云："一夫挟五口，治田百

---

〔1〕参见高寿仙：《明万历间北京的物价和工资》，《清华大学学报（哲学社会科学版）》2008年第3期，第45－62页。

〔2〕参见姜守鹏：《明清时期的北方劳动力市场》，《东北师大学报（哲学社会科学版）》1995年第4期，第85－90页。

〔3〕参见方行：《清代前期江南的劳动力市场》，《中国经济史研究》2004年第2期，第3－12页。

〔4〕参见姜守鹏：《明清时期的北方劳动力市场》，《东北师大学报（哲学社会科学版）》1995年第4期，第85－90页。

〔5〕转引自徐梓：《明清时期塾师的收入》，《中国社会经济史研究》2006年第2期，第30－37页。

〔6〕（明）李廷机：《李文节集》卷十二《与林迪采妹夫》，第1179页。

亩。"[1] "百亩田"即国家分给一户的私田。根据李廷机的叙述可知，万历年间普通塾师常见的10两束脩相当于一位普通农夫一年的农业劳作所得，在束脩不收税且馆东供膳的情况下，塾师略胜于普通农夫。在"男耕女织"的小农经济模式中，男主耕，女主织，明清人常称授徒为"舌耕""砚田"，即以讲授代替耕田之意。塾师事实上仍然扮演者着"耕"的角色，也从侧面印证了大多数普通蒙师的收入相当于农夫一年之劳作所得的事实。

通过以上对比分析，笔者得出如下结论：明清时期占塾师群体大多数的低收入蒙师，其束脩收入水平在当时文人的主要职业类型中居于最下等，且低于有等工匠的工价，大致相当于底层小商贩和普通农夫一年的收入。如果说本书第三、四两章主要从授徒与自课活动、社会活动的角度对明清塾师的生活场域进行横向展开的话，那么本章的讨论可以看作是塾师上述三种活动在经济层面的延伸。塾师的经济收入主要来源于职业活动，但以束脩为主的职业收入过低，多数塾师完全不能保障一个家庭的基本生活，这使得他们不得不在授徒之余从事业外治生活动，这也可能是促使塾师热衷于参与乡村社会文化服务、公益慈善等活动的一个内在动因。单从塾师的束脩收入来看，他们的经济地位处于当时的文人职业类型的末端，与底层小商贩和普通农夫在同一水平线上，或许正因为如此，塾师才往往被贴上"贫士""落魄书生"的标签。从经济学和社会学的观点来看，一个人的职业收入水平是衡量其社会经济地位高低的重要指标，而作为"贫士"的塾师显然是较高的社会身份和极低的经济地位的复合体，这一矛盾的存在必然直接影响明清普通民众对塾师社会地位的衡量和社会形象的塑造。

---

〔1〕（东汉）班固：《汉书》卷二十四上《食货志第四上》，第四册，第1125页。

第六章　文化变迁背景下的明清塾师形象

一个群体的形象主要通过群体成员的职业活动和社会活动体现出来，同时也在普通大众的反馈中得到确立和强化。塾师亦不例外。明清时期的塾师形象，主要是通过塾师的教学活动和社会活动来呈现的，而本书第三章至第五章涉及的主要内容便是塾师的教学活动与社会活动，大多数普通塾师应具有的职业形象与社会形象，多已含括其中。从这个意义上讲，塾师形象似乎已无单独探讨的必要。但是，随着社会发展与文化的变迁，明清时期的“师道”变迁加剧，商业经济影响下的世俗价值观念在通俗文学中展现出强大的统治力，而且在新旧教育交替的清末民初，新式教育的拥趸牢牢掌握着传播媒介的话语权，因而，明清时期的塾师无论是在自我形象的呈现上，还是“他者”对其形象的反馈与塑造上，均在一定程度上突破了“客观”的限度，呈现出在主观评价上有异于“正常”范围的形象。本章对明清塾师形象的探讨即以此为切入点，而非对明清塾师群体形象的全方位研究。

从总体上看，除极少数理学家以外，明清时期的普通民众并未将塾师排除出“师”的范畴，生徒也多以“授业师”统称自己的蒙师与经师，因而明清时期的塾师仍旧在传统“师道”观念的作用下从事个人职业活动，并受到来自士人群体内部及普通民众的评判。随着时代的发展，明清时期塾师群体的构成、人们的价值观念与此前相比，都有了较为显著的变化，传统的“师道”观念也面临着不小的冲击。如果将“师道”分为“为师之道”和“事师之道”两个方面的话，那么，明清时期的塾师无论是自我的塑造还是他者的塑造，其形象都存在着某种程度的“失衡”。在这种“失衡”以及与之相关的社会心理作用下，明清时期的塾师形象呈现出特有的矛盾性，被打上了鲜明的时代印记。

第一节　师道变迁与塾师的职业形象

“师也者，教人以事而喻诸德者也。”（《礼记·文王世子》）“师，教人以道者之称也。”（《周礼·地官司徒》）在中国古代社会中，“师”似乎一直与传统的“道”或“德”有着先天的关联[1]。在“师”与“道”和“德”的关联下，中国传统社会中形成了一种特有的“师道”观，它在整体上呈现出两端，即“为师之道”和“事师之道”。“为师之道”主要就施教者而言，“人师”为“师”之至道，“经师”次之。“事师之道”主要就求学者而言，《学记》有云：“凡学之道，严师为难，师严然后道尊，道尊然后民知敬学。是故君之所不臣于其臣者二：当其为尸，则弗臣也；当其为师，则弗臣也。大学之礼，虽诏于天子，无北面，所以尊师也。”[2] 可见为学者事师之道重在尊师，其难亦在尊师，“师”与“道”合一，尊“师”即是尊“道”，后世学者屡屡强调的“隆师礼”“好其人”，便是对尊师的具体要求。

无论是开门授徒还是应聘处馆，无论是授经还是训蒙，塾师自身对“为师之道”的秉持，以及普通大众（尤其是生徒的父兄）对“事师之

[1] 无论是学在官府的三代，还是学在四夷的春秋战国，“师”之秉持和传播“道”与“德”都具有当然之义。汉代以来，以道自任之师被称为“道德之师”或“人师”，他们多是以立德、树人为根本的儒者，“人师”为“师”之最高境界。以传授经典为主的人被称为“经师”，他们以弘扬学术为职业活动的主要方面。东汉魏昭欲拜郭泰为师，郭泰问询其缘由，魏昭曰：“盖闻经师易遇，人师难遭，故欲以素丝之质，附近朱蓝耳。”（袁宏《后汉纪·孝灵皇帝纪上》）于是郭泰很满意地收其为徒。元人吴莱对他所处的时代对“人师”的理解作了更直接的描述：“示之以德义，道之以言语，则之以动作、威仪，是将使人观感兴起，而易至于不自觉者，无非教也。”（吴莱：《渊颖集》卷七《白云先生许君哀颂辞》）能以道德礼仪感染、化易生徒之师即可称“人师”。

[2] （东汉）郑玄注，（唐）孔颖达疏：《礼记正义》卷三十六《学记》，第1242页。

道”的尊奉，无疑会对塾师的职业形象产生直接、正面的影响。笔者在第三、四两章中论述明清塾师的职业活动及与馆东的“交道”时，事实上对其职业形象已有所涉及。对塾师而言，他们的主要职责在于传道授业、立德树人，在多数时候，他们不仅需要“抗颜为师”，确立师权，而且在必要的时候还要以体罚等手段管理生徒，体现自己对职业的尽心和对弟子及其父兄的责任感，因而“威严”往往成为人们对“合格”塾师的固有印象。对生徒父兄而言，他们所当为者则在于对塾师教、管权力的认可，协助塾师在子弟中树立威信，并在日常生活中隆之以礼。然而，在教育实践中，平衡“师道”两端并非易事。一些学识、修为较高的塾师与具有诗礼传统的父兄之间，这种平衡不难，这在明清文人的传记资料中能找出不少例证。但明清时期的实际情况是，不仅塾师群体的构成状况比前代的任何时候都更为复杂，个人学识、修为参差不齐的现象十分明显，而且教育的大众化使得求学者的家庭背景前所未有地多元化，因而长期以来为人们所津津乐道的“师道”也必然受到更多因素的冲击。

一、师道变迁：塾师主体性的丧失

从明初至清末，士人对于“师道陵替”的关注和批评几乎从未停止过，宋濂、黄润玉、何景明、管志道以及明清之际的张履祥、顾炎武等学者，无不对当时师道之丧大加挞伐。如生活于明代前期的黄润玉即以《小学》一书备受冷落这一现象引申其论云：

> 《小学》一书，鲁斋许先生敬之如神明，今为师者不知所以教，而弟子不知所以学，皆因世俗溺于举业，忘其本根故也。……《小学》一书，朱子吃紧为人之要典也，采经书子史之精华，立人伦日用之准的，俾天下童稚习而行之。……《易》之蒙象“蒙以养正，圣功也”，其斯书之谓欤！何今之为父兄者莫之教，为弟子者莫之读，而书坊亦视之为长物而莫之刊焉？呜呼，下民惟草偃之在风，使“五经”“四书”不为取士之具，则斯人亦莫之讲习，浇

风薄俗，可胜叹哉！有司者诚能详议科条，去诸无用不急之目，置《小学》于论策，庶使养正之书不为废兴，而学古入官者得有所本云。[1]

《小学》为朱熹所编童蒙教材，由立教、明伦、敬身、鉴古、嘉言、善行等部分构成，其主要目的在于“启蒙养正”。此书在明清时期虽受到许多学者的肯定，但在私塾教育中却备受冷落，黄润玉的议论并无夸饰。其实不惟《小学》一书如此，《孝经》这样的经典启蒙必读书籍在明清时期也颇受轻视，如嘉、万之际的葛昕曾如此批评道：“余为诸生时，犹及见蒙少必读《小学》，而《孝经》一书即穷乡塾师亦知令其徒童而习之，今《小学》在里师处不多见，而《孝经》至市坊无售本，如之何望民兴行以成善俗？宜乎悖德忘本者接踵也。”[2]

至于清代则更甚，卞萃文于乾隆年间充塾师时，“取朱子所著《小学》课徒，将以培其性、正其情，而于古圣昔贤言论、事迹亦使少识于蒙”[3]。但此举却受到时人的质疑。明代曾数次掀起兴办社学的风潮，其目的在于复兴小学，以启蒙、教化为主要目的，清代亦大兴义学以广养正之教。在清代的许多义学中，兴办者在立规程时多强调学塾的“养正”功能，并拟定童蒙必读的蒙养读本，但他们此举往往要因此承受来自民间社会甚至家长的压力。“即有志复古小学，非特物议滋多，即其父母亦不愿，故开蒙即训《学》《庸》，稍欲改易旧章，即群相讶怪。……今呼七八岁童蒙而训之以大人之学，一步登天，自问亦应失笑。……盖功名迟速，自有一定，必不为此一岁小学之功，遂至耽误尔中举人、中进士时候也。”[4] 因此在更多时候，这种宣扬“启蒙养正”的义学章程最终都成了虚文。

---

〔1〕（明）黄润玉：《海涵万象录》卷三，《丛书集成续编》，第87册，第939页上栏。

〔2〕（明）葛昕：《集玉山房稿》卷六《刻孝经引》，《景印文渊阁四库全书》，第1296册，第459页下栏。

〔3〕（清）卞宗谟：《卞征君年谱》，《北图珍本年谱丛刊》，第130册，第566页。

〔4〕（清）余治：《得一录》卷十《简便义塾说·附余论》，第735－736页。

事实上，不惟蒙学如此，经学教育也有着与之相似的遭遇。黄润玉云："宋元以来，所谓师友者，中多举业授受，一是较得失、售富贵，惟利之图，然于道义也何有？吁，世道惟利趋而义路榛荒，此师友之道所由否也。"[1] 所谓"举业授受"，即指应试文章的传授与学习。何景明对明代塾师"举业化"的倾向非常不满，以至于发出"古也有师，今也无师"的感叹。其在《师问》中如此描述当时的父兄对科举之学趋之若鹜而轻道德之学的现象：

> 尝见今之为其子弟求师，及其子弟愿学者，口访耳采，有告之曰：某高官也，其前高第也，其举业则精也，其师之！于是，虽千里从之也。又告之曰：某未有高官也，未有高第也，其道德则可师也。于是，虽比舍弗从之矣。[2]

在这些父兄的眼中，为子弟择师，以功名的高低和科举文章的好坏为唯一标准。明清之际的张履祥记载，贡生沈伦家贫，以授徒养亲，"弟子之父有以《诗经》属其删削而授之者，辞曰：'此经夫子所删定，岂敢删夫子所删定乎？'自是不合。次年失馆，不悔也"[3]。馆东要求塾师删削经书而后授其子，其目的很明显，即免学与应试"无关"的内容，缩短学习时间，提高应试效率。塾师若不配合，则主宾必生龃龉，其结果是塾师被辞退。虽然有少数塾师能坚持自己的原则，但这对于以馆谷谋生、有求于人的大多数塾师来说，无疑面临着为生存而不得不屈从于馆东意志的窘境。

清人陈宏谋曾长期致力于"启蒙养正"之教的研究和推广，兴办过大量义学，他不仅对当时蒙学的功利化倾向多有批评，而且对经学沦

〔1〕（明）黄润玉：《海涵万象录》卷三，《丛书集成续编》，第87册，第938页上栏。

〔2〕（明）何景明撰：《何大复集》卷三十三《师问》，李淑毅等点校，郑州：中州古籍出版社1989年版，第588页。

〔3〕（清）张履祥：《杨园先生全集》卷三十四《言行见闻录四》，下册，第965－966页。

为应试之学的现象也甚为不满：

> 嗟乎，今之拥皋比、称名师者大都董率子弟记诵词章，为举子业，掇一科第去，即忻忻以为有成矣，其于持躬迪德之方、修齐治平之要，辄以为迂远不切，以故终日诵法圣贤，而行辄背焉，狂澜日下，良可惧也。[1]

蒙学追求“速化”，经学沦为场屋文章之学，应该说与科举制的盛行有至为密切的关系。科举制兴起于隋唐，至明清而达到顶峰，并呈现出固化的特点。诚然，作为一种人才选拔制度，科举制为国家网络人才作出了巨大贡献，对中国古代社会文化的发展也有非凡的意义。但是，当士人将科举考试作为通往仕途、实现“修、齐、治、平”的人生价值最主要的方式之后，教育不可避免地要成为一种博名射利的工具。如果说道德、经术之学体现的是人本主义的教育理性的话，那么帖括之学为人们所追捧并长盛不衰体现的无疑是一种工具主义的理性。在这种情势下，蒙师和经师从本应具有的以“养正”为根本的“人师”角色沦为拔苗助长的记诵之师，讲论经学、昌明学术的经师也一变而为干荣射利的举业之师。

黄润玉认为，普通大众之所以冷落“启蒙养正”之学，主要原因在于通往功名之路的考试只重“四书”“五经”而不重启蒙养正之学，要纠正这种浇风薄俗，官方必须在考试的内容上进行调整。黄润玉的议论触及了一个关键的问题，即科举考试制度对民间私学教育内容、方式具有近乎绝对的控制力，它能够左右求学者及其父兄的学习意愿及具体学习内容的选择。这种控制力在“官本位”的社会文化环境和“仕途必由科举、科举必由学校”的教育体制中是不难理解的。而笔者更感兴趣的是科举考试制度这种控制力下所呈现出的另一种景象，即学童的父兄对塾师教学的内容和方式有着相当程度的控制力，他们在更多时候决

---

〔1〕（清）陈宏谋：《培远堂文集》卷六《昆山顾处士传》，第三页。

定着塾师教什么、如何教。相比之下，塾师作为教育的提供者，反而更多地抱着“你要什么，我便教什么”“你要如何教，我便如何教”的“配合”心态。笔者将这一现象称为塾师“主体性”的丧失。此处所谓“主体性”，是指作为独立个体的塾师在教学活动中具有的自主能力和自由意志，它强调的是塾师作为教育实施者存在的内在价值性，对工具理性应具有天然的排斥力。

在中国传统的“师道”观念中，“人师”是作为道德的承载者和传播者的姿态存在的。他们以道德自任，尊崇的是教育理性，以教育所本该具有的“立德树人”的特性为出发点去践行职业活动，这是“师”的主体性的显现。“经师”之称起源于汉代“经典”的概念兴起以后，他们的教育活动以昌明经学、作训诂以传一家之言为主要目的，重视“家学”的传承和发扬，而少受外在因素的支配，因而也算得上是具有“主体性”的群体。

然而，到明清时期，一切情势都发生了新的变化，教育作为一种“干荣要利”的手段，其工具性大大加强，人们对子弟的教育普遍追求“速化”。“十五而不应试，父兄以为不才；二十而不与胶庠，乡里得而贱之。”[1] 明清时期多有学童开蒙即教《学》《庸》，甚至有入塾即诵“五经”的现象，这与教育本身的旨趣已相去甚远，塾师往往迎合生徒之父兄的意志，从其所愿。与蒙师的蜕变相似，明清时期的所谓“经师”也已与“传一家之言”的汉代经师不可同日而语。明人何景明云：

> 今之师，举业师也。执经授书，分章截句，属题比类，纂摘略简，剽窃程序，传之口耳，安察心臆，叛圣弃古，以会有司。[2]

可见明代的许多“经师”已经脱离了钻研经术的根本，而沦为拼凑应试文章的举业师。明清时期虽亦不乏保持独立性、坚守师道的塾师，如

〔1〕（清）戴钧衡：《味经山馆文钞》卷一《桐乡书院四议》，《续修四库全书》，第1545册，第580页上栏。

〔2〕（明）何景明：《何大复集》卷三十三《师问》，第587页。

明代的吴与弼、明清之际的颜元、李塨等理学家，但他们已然成为塾师中的极少数。

总体而言，塾师在教育实践中的“主体性”正在随着时代的发展而逐渐丧失，而导致这种“主体性”逐渐丧失的原因，除了科举考试本身的控制力外，更为重要的是由于塾师在个人生存上对生徒之父兄“有所求”，从而导致自身在教育实践中陷入“由人”而“不由己”的尴尬境地。

二、“我求童蒙”：塾师“教－学”主从关系的倒转

《周易》有云：“匪我求童蒙，童蒙求我。”[1] 这句话本指明者不求于暗。在后世的教育语境中，这句话被阐释为：施教者要“坐以致人”，而不可求为人师，因为在“教－学”这对关系中，教者为“明”，学者为“暗”。又《礼记》云：“礼闻取于人，不闻取人；礼闻来学，不闻往教。”[2] 意为学者求学当就于师，而不可屈师亲来就已。对于施教者而言，不可主动前往教人，“坐以致人”才是合于礼仪的。这两个“信条”在后世学者的阐释中往往相互关联，且成为教学者维护师道尊严的重要原则。故《白虎通》云：“天子之大子、诸侯之世子，皆就师于外者，尊师重先生之道也。故《曲礼》曰：‘闻有来学，无往教也。’《易》曰：‘匪我求童蒙，童蒙求我。’”[3] 在古代社会中，师道之“尊”不仅仅从求学者待师之道体现出来，同样也从为师者之“自重”上体现出来，汉代即不乏以“不往教”维护师道尊严之师：

> 孙宝字子严，颍川鄢陵人也。以明经为郡吏。御史大夫张忠辟宝为属，欲令授子经，更为除舍，设储偫。宝自劾去，忠固还之，心内不平。后署宝主簿，宝徙入舍，祭灶请比邻。忠阴察，怪之，

---

〔1〕（魏）王弼注，（唐）孔颖达疏：《周易正义》卷一《蒙》，北京：北京大学出版社2000年版，第44页。

〔2〕（东汉）郑玄注，（唐）孔颖达疏：《礼记正义》卷一《曲礼上》，第16页。

〔3〕（清）陈立：《白虎通疏证》卷六《辟雍》，上册，第255页。

使所亲问宝："前大夫为君设除大舍，子自劾去者，欲为高节也。今两府高士俗不为主簿，子既为之，徙舍甚说，何前后不相副也？"宝曰："高士不为主簿，而大夫君以宝为可，一府莫言非，士安得独自高？前日君男欲学文，而移宝自近。礼有来学，义无往教；道不可诎，身诎何伤？且不遭者可无不为，况主簿乎！"[1]

包咸字子良，会稽曲阿人也。少为诸生，受业长安，师事博士右师细君，习《鲁诗》、《论语》。王莽末，去归乡里，于东海界为赤眉贼所得，遂见拘执。十余日，咸晨夜诵经自若，贼异而遣之。因住东海，立精舍讲授。光武即位，乃归乡里。太守黄谠署户曹史，欲召咸入授其子。咸曰："礼有来学，而无往教。"谠遂遣子师之。[2]

除孙宝和包咸外，汉代史书所载谨守师道，"不往教"的人物尚有数例。但是，自唐宋而至明清，时易势变，情随事迁，随着教育逐渐大众化，蒙师在私学教师中的比例越来越大，迫于从业的压力，求为人师、"往教"的现象在塾师中也逐渐变得普遍。"教"与"学"的传统逻辑和主从关系产生倒转，教者与学者双方心态的微妙变化也必然对塾师的职业形象产生负面影响。

（一）从"童蒙求我"到"我求童蒙"

清代文献《日下旧闻考》曾载明代京城塾师有榜门招生的现象云：

村夫子诲人子弟必其父兄造请而后教之，无榜门招致人之理。独京师学究大书其门曰"秋爽择日来学"，则其何异百工之肆？大

[1]（东汉）班固：《汉书》卷七十七《孙宝传》，第十册，第3257页。
[2]（南朝宋）范晔：《后汉书》卷七十九下《包咸传》，第九册，第2570页。

非童蒙求我之义矣。[1]

于敏中等按：

揭榜于门，招人就学，今时犹然。盖市贩小民不能延师，得此以训课子弟，体固未宜，事姑从便。其衣冠之家则不尔也。[2]

此则记载透露了明清时期关于塾师从业中的一个重要现象，即所谓的“求为人师”。“榜门招生”的现象与一般工商杂铺张贴广告、招揽生意在性质上是等同的，时人亦常谓此类行为为“市道”“开子曰店”，可以看作是“我求童蒙”的一种表现形式。事实上，这种现象不独存在于城市。明清时期乡村塾师通过“约学”（或称“团馆”）的方式招揽生徒与“榜门招生”，在本质上是相同的。塾师采取不同的方式主动招揽生徒的现象，在现代人眼中虽无可厚非，但在明清时期，它不免与传统的师道观念产生了落差。要解释这种现象形成的原因，还得从明清时期的教育现状和塾师的从业动因说起。

笔者在第二章中曾对明清时期的教育和塾师的构成状况作过专题分析。明代以来，社会经济呈现出较快的发展趋势，尤其是商业的繁荣和农业的商业化让更多的普通民众从中得到实惠。同时，明代以来的科举考试向绝大多数男性民众开放，使得具有一定经济能力的家庭都有可能投资教育，并让其子弟角逐科场，明清时期的民间也因此一直保持着较浓厚的向学之风。但是，由于官僚系统本身的承载能力有限，科举考试的淘汰率极高，且选拔出来的人才流向比较单一，因而社会底层积累了大量落选的士子，他们不得不面临长期应试的现实，这就给那些经济实力较弱的士子及其家庭的生存带来了严峻的考验。由于从事教学本身具有兼顾谋生和自修的可能，大多数底层士子倾向于选择以充塾师授徒为

〔1〕（清）于敏中等：《日下旧闻考》卷一四六《风俗》，北京：北京古籍出版社1981年版，第2339页。

〔2〕（清）于敏中等：《日下旧闻考》卷一四六《风俗》，第2339页。

业。基于上述原因，明清时期的塾师群体随着时间的推移而日渐庞大。从社会身份上看，塾师的构成也发生了明显的改变，仅有初级功名的生员和没有功名的童生成为塾师群体的主要组成部分。明末以降，塾师中童生的数量快速增长，成为清代塾师群体的主要组成部分，从而导致塾师群体整体素质的下滑。这便是明清塾师群体构成的基本状况。

塾师群体的日渐庞大和整体质量的下降，为塾师的从业带来了不小的困难。对于那些功名、才学较高而又声名远播的“名士”而言，他们的从业相对容易，若要开门授徒，则可招徕生徒；若想适馆授餐，则有较多的社会关系和熟人圈子可以利用。对功名较低或没有任何功名的士子而言，他们的就业则面临诸多困难，若要自行设馆授徒，首先在生源上便成问题，因而他们必须通过“榜门招生”或“约学”的方式招徕生徒，这一现象在明清小说中有比较集中的表现。与“榜门招生”相比较，“约学”所表现出的“我求童蒙”的色彩更浓。如明末小说《鸳鸯针》中的穷秀才徐必遇因遭人陷害，被革去生员资格，计无所出，只得寻思谋一堂蒙馆度日：

> 即与一个邻老计议，那邻老道：“如今新例不同，邀定学生，就要先生备个东，去请那些主人来批关方妥。我替你一面邀，你却一面备东道之资。”鹏子道：“这也说得是。”随与王氏商量，脱了王氏身上一件青布褂，当了二钱银子，买了些酒果之类，央烦邻老去邀众人。果然一邀也有十七八位主人来了。”[1]

前来赴约的家长多为卖菜的、挑担的、种田的、算命的、行医的、说媒的、当厨役的、充皂隶的、做里长的。即便如此，待得开馆的时候，也只有十一二个学生。此虽为小说家言，但其所反映出的普通蒙师借助乡老或乡绅的影响力以代为“约学”的方式招揽生童的事实，当与作者

〔1〕（清）华阳散人：《鸳鸯针》卷一，《古本小说集成》（第一辑），上海：上海古籍出版社1991年影印本，第69页。

所处时代的状况大体相合。如果说“榜门招生”还勉强算得上以广而告之的方式达到让学生自愿“来学”的目的，尚有读书人所保持的一份矜持的话，那么“约学”则更多的是通过传统的熟人圈子，利用乡土社会所普遍看重的“情面”邀请童蒙“来学”，与传统的师道观念产生了相当大的落差。传统的师道观念追求的是“坐以致人”，是一种表面被动、实则主动的超然之态，在这种情况下，“师”具有强烈的自主意识，而那些依靠“榜门招生”“约学”的方式求得生源的塾师则相反。这种落差虽未必会对塾师的个人品格产生必然的负面影响，但其所带来的民间社会对整个塾师群体（尤其是蒙师）的普遍轻慢心理却是难以避免的。

对于大多数普通塾师而言，如若仅从束脩的角度考量的话，自行设馆并不是最好的执业方式，主要原因在于，他们所招收的童蒙多为贫寒家庭的子弟，父兄无力为塾师提供足够优厚的待遇，并且此类塾师的束脩收入带有很大的不确定性，或因为学生家庭贫困而在约定的学费上打折扣，或因为学生中途失学而影响收入。相比而言，应聘处馆的塾师却较少出现这样的情况，有能力自辟家塾的家庭在塾师束脩的支付能力上大多都较有保证。因而在明清时期，那些功名高、名气大的塾师多自行设馆授徒，招徕年龄较大、学习程度较高的生徒，而更多的普通塾师则倾向于应聘家塾，“适馆授餐”。

普通塾师要想“适馆授餐”，最大的难题在于少有人家主动延聘，于是在明清时期出现了大量的塾师“谋馆”的现象。塾师谋馆的主要方式为寻求“中人”荐馆，这在第三章中已有论述。笔者此处关注的是由谋馆、荐馆这一行为所折射出来的塾师百态，以及由此所可能带来的塾师形象的矮化问题。“沿门磕头求弟子，遍地碰腿是先生。”[1] 蒲松龄的这两句诗虽充满夸张，但它确实表现出了塾师在谋馆过程中的卑下之态和充满竞争的事实。明代小说《欢喜冤家》中对当时处馆塾师的生活多有涉及，也塑造了几个较为典型的塾师形象。小说中，秀水县

---

〔1〕（清）蒲松龄：《闹馆》，《蒲松龄集·戏三出》，上册，第813页。

的致仕乡绅江五常要请一位先生为儿子课读，“遂将要请先生一事对亲友说知，那荐书雪片一般来了”[1]。这一叙述意味着馆东“坐以致师”，而塾师则极力“谋馆”。作者对当时塾师的这种“谋馆”现象颇为鄙视：“一闻某处是个好东翁，供奉极盛，馆谷极肥，便心里梦里想着，务必央人去讲。略有一面之熟，便去挞面皮、求荐书，谋得到手。”[2]清代山东塾师马益著则从塾师的角度对“谋馆”的丑态进行了更为细致的刻画，在批判之外，更多了一份个中人的辛酸与无奈：

> 富户极力挑剔，饿鬼强为夤缘。烦亲友，若茅庐之三顾；抖精神，似过海之八仙。这个说，不拘束金多寡；那个道，从来不好嫌饭。图馆的似火烧心，请师的只顾买办。忍耐着，过了年，得馆的踢天咆哮，失馆的叫苦连天。亲戚问慰，邻里多言，绝不道谁家来聘，偏说是那里搅馆。[3]

从明清人的这些描述可以看出，当时的普通塾师若要谋得一个待遇丰厚的馆地，往往会面临非常激烈的竞争。在这种竞争之下，塾师不得不完全丢弃传统师道观念中的那种超然之态，表现出低三下四、百般钻营的嘴脸。在很多时候，处于竞争关系的塾师之间还屡屡出现夺馆、骗馆的现象，有的甚至不惜大打出手，可谓斯文扫地。总体而言，无论是“榜门招生”还是“约学”，抑或是谋馆，明清塾师“求为人师”的汲汲之态，已彻底倒转了中国传统师道观念中教与学之间“童蒙求我，匪我求童蒙”“来学而不往教”的应有逻辑。这种逻辑和师生主从关系的倒转，并非出于古人所说的“诲人不倦”，而是以谋生为目的和前提的“自售”行为，它在实质上已等同于普通商贾的买卖。明代人感叹当时的“师道”在塾师职业竞争中已沦为“市道”，良有以也。

---

〔1〕（明）西湖渔隐主人：《欢喜冤家》第十七回，第274页。

〔2〕（清）西湖渔隐主人：《欢喜冤家》第十七回，第273页。

〔3〕（清）马益著：《舌耕传》，中国人民政治协商会议山东省临朐县委员会编：《文史资料选辑》（第四辑），第80页。

（二）“依附性”与处馆塾师职业形象的矮化

从前文的讨论不难看出，由于富宦之家本身具有较强的经济实力，他们所开设的家塾在束脩上有保障且较为丰厚，因而对于多数普通塾师而言，无疑具有极大的诱惑力。若从经济上考量，通过“谋馆”进而处馆是塾师从业方式的首选。但是，家塾有其特殊性，会对塾师的职业活动形成一定的制约。不仅如此，一些塾师为了谋求“固馆”，甚而作出为讨东翁或弟子欢心的“误人子弟”之举。这些因素都会导致处馆塾师形象的矮化。

对于家塾的特点，笔者在第四章中讨论宾主交道时已有所涉及。私人开设的家塾和塾师自行开设的散馆相比，虽在教学内容、方式上略无二致，但却有着更为复杂的角色关系与权力制衡。在一个家塾中，对塾师的职业活动产生影响的关系至少有四种：师徒关系、父子关系、宾主关系以及塾师与馆东家中其他成员的关系。按照传统教育中的理想关系模式来讲，塾师以“严毅”的形象施教并确立“师权”、生徒以“恭顺”服教，应为家塾中的主要角色关系和权力结构，其他角色关系均应置于这一关系之下，并为维系“师权”和促进塾师的教学服务。但在私塾尤其是家塾中，这种理想的关系模式和权力结构常常受到各种因素的挑战。

“师权”首先容易受到来自亲子关系的冲击。在明清时期的家塾中，延师以“严厉”为主要标准的馆东虽不少见，但值得注意的是，馆东及其家人对塾师管理生徒的权力形成了一种制约。生徒在家塾的各种角色关系中虽处于较低的地位，没有自身的权力可言，但至少在塾师管教生徒的时候，亲子关系常常容易居于师徒、主宾关系之上。此时的“师权”无疑会受到明显的冲击，塾师的职业活动很可能面临两难境地：如若严加管束而东家出面干涉或心存不满，则宾主势必产生嫌隙，塾师有失馆之忧；如若一味放任，则生徒学业不进，不唯东家埋怨，还可能有损自己的职业威望，影响以后的从业。“愚顽之子功难成，晨昏费尽千万情。河东狮子反不足，抚儿隔壁高声争。先生一日才放宽，主人责备大失欢。"[1] "拘缚矩头严，护短不容加鞭朴；抚育少功程，又责先生才不足。"[2] 更有甚者，生徒因废课为塾师所扑责后，向其父母要求"打还"，而父母竟遂其愿，"听其打还焉"[3]。

在这种宽严两难的情形下，不仅塾师的"师权"无从谈起，而且其作为"师"的形象亦被大大矮化。一些谨守"师道"、重视操守的塾师往往通过解除师徒关系的方式来维护"师道尊严"，如清代周召的笔记中载毗陵一年老夫妇延师教其独子：

> 师颇严，一夕与同舍生有所适，半晌而至，师大恚，诮让久之，将有夏楚之儆。馆童驰报母夫人，夫人遣婢传语，为丐免，师怫然，遂不责其子，而留一刺为别，竟怫衣去。[4]

其后夫妇二人遍请亲友为解，以至于负荆跪请，师终不复出，其理由是："顾今日师道陵迟甚矣，某所以为此，将以愧夫依阿软美而据人之皋比者。"[5] 该塾师的辞馆行为对常人而言虽不免有矫情之嫌，但从维护"师道"的角度来看，自有其合理之处。事实上，明清时期的塾师在师权受到挑战时，能如这位塾师一般维护"师道"者属于少数。在文献记载中更为常见的情形是，处馆塾师在平衡自身与生徒、馆东的关系时，倾向于采用"依阿软美"的态度，为了"固馆"甚至不惜欺骗父兄，误人子弟。明人顾起元曾感叹云：

> 数十年前，士人多能持师道以训弟子……主人尊敬之如神明，少不合辄拂衣去。其弟子亦敬而爱之，即既贵显老大，悛悛执礼惟

〔1〕（明）启蒙子：《屈屈赋》，（明）李贽辑：《开卷一笑》卷一，第十页。

〔2〕（明）姚江老人：《长恨歌》，（明）李贽辑：《开卷一笑》卷一，第十三页。

〔3〕（清）齐学裘：《见闻随笔》卷十五《打师》，第266－267页。

〔4〕（明）周召：《双桥随笔》卷二，《景印文渊阁四库全书》，第724册，第401页上栏。

〔5〕（明）周召：《双桥随笔》卷二，《景印文渊阁四库全书》，第724册，第401页下栏。

谨，毋敢慢也。后或富室之家，才有延师之意，求托者已麇集其门，始进既不以正矣。既入馆，则一意阿狥主人之意，甘处亵渎而不辞。甚且市欢于弟子，恐其间我于父兄，一切课督视为戏具矣。又有一种黠者，诱其弟子，结纳显贵，买鬻声名，夤缘考试，以蛊其主人。〔1〕

这种通过串通生徒、家仆共同欺骗馆东的例子，在明清时期的小说中有较为集中的体现，如明代的《型世言》《醉春风》、明清之际的《合浦珠》等小说中，均有关于此类塾师形象的刻画，这说明处馆塾师为“固馆”而市欢于弟子、欺骗馆东的行为在当时已非个别，而是比较常见的现象。此种现象的泛滥表明，明清时期的相当一部分处馆塾师在“仰食于馆东”的经济依附下，已经将自身的经济利益置于“师道”之上，授徒对他们而言，只不过是谋取利益的手段而已。他们虽不能代表明清塾师的全部，但作为塾师中的一个部分，依然对这一职业群体形象的矮化起到了“渲染”的作用。

应聘处馆的塾师虽在名义上被视为“宾客”而受到东家的尊敬，但从本质上讲，主宾之间乃是一种雇佣与被雇佣的关系。从古代门客文化的角度来看，应聘处馆的塾师属于门客之一类。宋人吴自牧云：

……以今时府第宅舍言之，食客者有训导童蒙子弟者，谓之“馆客”。〔2〕

可见在宋代人的观念中，处馆塾师属于食客中的一类。食客、门客为同一类人，即寄食于豪宦富室、帮忙帮闲之人。有学者认为：

门客文化中的主客关系说到底是主奴关系，这是由他们的豢养

〔1〕（明）顾起元撰：《客座赘语》卷九《师法》，谭棣华、陈家禾点校，北京：中华书局1987年版，第286页。

〔2〕（南宋）吴自牧：《梦粱录》卷十九，第181页。

与被豢养地位决定的。这种依附性决定了门客的工具性，所谓“知己”关系不过是一种假象。[1]

此种观点虽显得尖锐，但门客在“主客”关系中处于被雇佣的地位，处馆塾师在“主客”关系中的地位在本质上也不例外，只不过这种雇佣的色彩在“延聘”之名和“师徒”关系的掩盖下，显得更加隐蔽罢了。

基于这种事实，明清时期处馆塾师的地位事实上显得非常微妙，若“师权”不受制于亲子关系而得以确立，那么塾师与馆东的宾主色彩能得到强化，塾师将被待以上宾之礼；反之，如若“师权”不能确立，则主、雇色彩甚至主、奴关系会被强化，而“主宾”色彩则被削弱。明清之际的姜宸英对当时处馆塾师的境况有这样一番议论：

古者尊道，其次尊经，皆不废师。其后科举学盛，则经学愈替，国家取士不必通经，士以专经取之，不必问其家学所自，于是士之抱经以处者慼慼靡骋，田舍翁积十斛米得折柬而召之矣！……今世孤儒窭生常不远数千里，负笈以求为人之师，犹不可必得。幸而得之，自非数习礼教旧家善族，其视遇其师不啻厮养，讥呵出入，窘饿拘囚，宾亲不得通，臧婢相侮笑，至有流离颠踣，无所于归者。师道之不立，非一日之故也。[2]

姜宸英所言并非夸大其词，塾师被视为东家之雇工、奴仆的例子在明清时期的通俗文学作品中并不少见。清代的一则笑话很好地揭示了馆东与塾师之间本质上的雇佣关系：

---

〔1〕鄢烈山：《“门客”文化探源》，《社会科学论坛》2004年第6期，第56－59页。

〔2〕（清）姜宸英：《湛园集》卷二《送王白民南归序》，《景印文渊阁四库全书》，第1323册，第643－644页。

> 一乡下训蒙先生在馆遇雨，东家使长工持伞送之回家。行至途中，先生问长工识字不识字，答曰："岂止识字，还会作诗。"先生曰："何不以送我为题，作诗一首?"长工说："先生不要怪我。诗曰：山前山后雨蒙蒙，长工持伞送长工。酒席筵前分上下，一年工价一般同。"先生大怒，说："你敢与我比较，明日一定告诉东家。"次日来至书房，遇见奶妈送学生上学，将长工之事告之。奶妈说："他也配比先生？我才与先生一样呢！"先生诧异问："如何一样?"答曰："我也是哄孩子，你亦是哄孩子，岂不是一样。"先生又与奶妈争吵。适东家接一妓在家，出而劝之曰："先生不必生气，先生倒与我一样。"问何故。妓曰："我用下头嘴挣钱，你用上头嘴挣钱，岂不是一样?"[1]

处馆塾师虽多以"传道授业"的宾师自任，然而在长工眼中，塾师即便在筵席上受到较高的礼遇，但也不过是东家雇佣的长工而已，且一年的收入与自己无差；在奶妈眼中，塾师也不过是东家雇佣的保姆而已；在妓女眼中，塾师只不过是跟他一样，混口饭吃而已。这虽然只是流传于明清民间、针对乡村蒙师的一则笑话，但从居于社会最底层的长工、奶妈、妓女对塾师的评价，仍然可以见出当时的民间社会对塾师的轻视心理。在笔者看来，民众产生这种轻视心理的根源在于，处馆塾师与他们一样，都属于仰食于东家的人群。

另外一个有必要指出的事实是，明清时期的许多关于塾师因未受礼遇而辞馆的文献记载表明，怠慢处馆塾师的往往不是馆东本人，而是馆东的家仆。如永乐间的名士周国宾应江阴张氏之聘，授徒于其家塾，颇受主人礼遇。"一日，主人出，命门下人待饭，遽抗主席，国宾怒，斥之去。明日，束书以归。后主人邀请，而卒不往。"[2] 明代理学家杜琼为处馆塾师时，"凡贤愚不齐之人皆可与语……以其仆一言之慢，即日

[1] （清）游戏主人纂集：《笑林广记》，上海：大新书局1934年版，第61页。
[2] （明）王锜：《寓圃杂记·补遗十则》，第87页。

归家而不可留……”[1] 清人徐时栋曾记述某一不具名的友人坐馆某处，在招待来访友人时，“馆人不恭，愆于酒食，先生盛怒，撤其皋比。一人而蔽火光，待客之饭不等……投袂而兴，褰裳遽去”[2]。这些事实表明，处馆塾师对于东家仆人的待师态度十分在意。究其原因，盖如笔者所言，塾师与馆东虽有“宾主”之名，塾师自身也多以“师道”自相期许，但宾主间其实质乃是一种雇佣关系；在东家的仆人们看来，塾师与自己的地位并无二致，以此多有轻慢之意。家仆对塾师的轻慢态度虽然并非都是出于馆东的授意，但寄食于人的塾师过度敏感亦在情理之中。同时，家仆的轻慢在某种程度上也是将馆东与塾师的主、雇关系明朗化，使得塾师的自我定位与认知同“事实”出现了明显的落差，这足以挑动处馆塾师敏感的神经，而处馆塾师的这种敏感恰好证明他们已经意识到“宾主”礼仪的表面化，以及这种本质上的雇佣关系所带来的自身地位和形象的矮化。

三、“教馆本下流”：塾师职业认同感的缺乏

职业认同感是指个体对于所从事职业的社会价值、自我价值实现及其他因素的看法和认同程度。在中国古代，“师”是“道”的秉持者和传播者，是立德、树人的实施者。在儒家经典的叙述中，“师”被赋予崇高的地位，如汉代对“师”之尊奉有加，通经大儒们也多能以“师道”自任，具有较高的职业认同感。但是，时代发展到明清时期，情势发生了很大的变化，塾师作为私学教师的中坚力量，他们的群体构成、个人状况、教学内容以及整个社会对教育的态度与前代有明显差别，塾师的职业认同感也因而迥异于前代之师。

（一）塾师职业价值感的缺乏

职业价值感是一个人对自己所从事职业的价值的自我判断，其中一

---

[1]（明）吴宽：《匏翁家藏集》卷七十二《杜东原先生墓表》，第一页。

[2]（清）徐时栋：《烟屿楼文集》卷四十《与友人书》，《续修四库全书》，第1542册，第521页上栏。

个重要的方面是职业活动与个体自身的价值实现的契合程度，这种“价值感”是产生职业认同的重要基础。在儒家文化的影响下，中国传统社会中的读书人将“修、齐、治、平”作为个人的人生终极目标与自我价值实现的最高方式。“万般皆下品，唯有读书高”并非指读书本身有多高的价值，而是读书可以让人“朝为田舍郎，暮登天子堂”，以实现自己治国、平天下的人生理想。

唐代以来，考取功名成为士子的进身之阶，到明清时期，仕途必由科举，科举功名对士子而言就显得更为重要。明清时期的塾师虽在社会构成上相当复杂，但从总体上看，为功名而长期奋斗的士子占了绝大部分，包括没有功名的科举童生、仅有初级功名的生员和有较高功名而尚未入仕的贡生、举人等。当然，明清时期不乏一些无意于功名的儒士充塾师，如明代的学者吴与弼以践行和传播理学为主要目的，清代的万斛泉以作养人才为宗旨，但他们在明清塾师群体中属于极少数。笔者在第二章中曾论及，对心系功名的贫寒士子而言，授徒是一种“三全”之选，不仅可以勉力获得糊口之资，而且于个人的自修、应试有极大的便利。对于大多数充塾师的士子而言，其主要动机在于“资生”与“济读”，而不是基于对塾师职业价值的认同，“大丈夫怀奇抱器，平步青云，谁能郁郁从事于朱墨句读之间？不过为贫之故，暂觅几钱用耳”[1]。可见读书人最期望的价值实现方式乃在于角逐科场、“平步青云”，而非训蒙课徒本身。这恐怕代表了相当一部分塾师的心声。

事实上，明清时期的塾师即便功名无望、绝意进取，其授徒亦多以谋生为主要目的，而非“立德树人”。清末塾师刘大鹏曾在日记中不厌其烦地强调自己充塾师并非热爱教育这一行业，而是为了生计着想。“初志本不愿教书，然今出门教书者，为糊口计耳，非希图发财也。”[2]“‘家有三石粮，不作童子王。’……读书之士若能从他处寻出糊口之

〔1〕（南宋）林季仲：《竹轩杂著》卷五《答杨解元书》，《景印文渊阁四库全书》，第1140册，第350页上栏。

〔2〕刘大鹏遗著，乔志强标注：《退想斋日记》，第55页。

需，即可不从事于一途矣。”[1] 从塾师口中道出的这些观念，非常直观地表露出了当时的读书人对于充塾师授徒时那种“不得已而为之”的普遍心态。

诚如刘大鹏所言，明清时期的士子选择以塾师为业，有相当一部分人是因为自身无比教书更好的治生手段。明清之际的张履祥在谈及自己出为处馆塾师的原因时说：

> 予也为此，盖二十年有余，几为羞之恶之，思欲去之，则已童而习之，唯此一技，犹能守其师之传。辗转去就之际，终不得不岁从事于馆谷。[2]

中国传统的“四民分业”观念中，士之本业为读书入仕，因而许多士子从小以读书为本分。“如何叫做本分？凡为士的，只去读书；……如何叫做安分？一心只在本业上做工夫，这就是安分了。”[3] 此话不为不真，但问题在于，在专注于“读书”本业的情形下，读书人对于“治生”之道往往缺乏更多的关注和了解，更别说治生本领的训练了。事实上，在明清人的眼中，“文人不善治生”几乎成为了社会的一种共识。文人一旦不能在科场上崭露头角、有所作为，而是陷入长期应试的困境，那么生存便成了一个很严重的问题，他们所能凭借的，也只有笔砚一副、经书几卷了。明代的一位乡村塾师曾如此描述自己充塾师的原因与诸多权衡：

> 忆少年时，通今博古，焚膏继晷，窗前勤苦十年余，学成文武，几向棘闱，酣征鏖战，龙门点额暴腮。争奈命途多舛，时运不齐，避曲江之车尘，无长门之际会，因此土田园废尽，身口不支，

[1] 刘大鹏遗著，乔志强标注：《退想斋日记》，第59页。

[2] （清）张履祥：《杨园先生全集》卷十八《处馆说》，中册，第545页。

[3] （清）石成金：《传家宝全集》卷一《俚言》，上海：广益书局1912年版，第25－26页。

正是：空余文字三千卷，一字何曾疗得饥？农焉而劳之不任，商焉而财之无资，工焉而巧之不素，丐焉而面之无皮。彷徨三思，不知所之。记得古人有句话："财主败落便教书。"噫嘘嚱，师道之来久矣……[1]

在农、工、商贾诸行业均不擅长的情况下，充塾师授徒乃是贫困士子相对容易从事的职业。

明清时期的塾师行业具有相当大的自由度，入行没有任何限制，而且塾师多为一年一聘，因而他们在出、入的选择上极具灵活性。有的塾师一旦具备更好的谋生方式，很可能随时跳出塾师行业，而在失去新的谋生机会时，又可随时回到塾师队伍中来。如明清时很多塾师在充塾师、游幕、主书院之间反复，清代塾师彭兆荪即是其例。彭兆荪在27至35岁时以授徒为业，36至49岁时辗转于幕府之间，50岁时因幕主病故，失其业，遂又以授徒馆谷为生，52岁再次游幕[2]。这种频繁出入于不同行业的现象在清代塾师中尤其明显。塾师行业自由度与灵活性为塾师谋生、寻求更好的出路或者兼理多种事务以谋取更多收入提供了方便，但从另一方面来看，这种现象对塾师本业的发展未必是好事，因为这意味着塾师这一群体难以实现真正的职业化。一般而言，一个行业要实现其从业群体高度的职业化，必须要求从业者能够在较长时间内、较连续地从事这一职业，并在职业活动中形成相应的职业精神，从而彰显出从业者的职业价值感。明清时期的塾师行业所缺乏的也正是这一点。塾师在职业选择上没有任何门槛限制，塾师行业成为士人退守、驻足的临时性职业，带有浓厚的"兼业"色彩，如刘大鹏所言："夫教书不过暂为糊口计，若作为终身计，则甚左矣！"[3] 这种心态带来的必然

---

〔1〕（明）青毡生：《村学先生自叙》，（明）李贽辑：《开卷一笑》卷一，第十九页。按："齐"，疑当作"济"；"来"，疑当作"丧"。

〔2〕参见（清）缪朝荃：《彭湘涵先生年谱》，《北图珍本年谱丛刊》，130册，619－658页。

〔3〕刘大鹏遗著，乔志强标注：《退想斋日记》，第57页。

是塾师职业精神的普遍缺乏，职业价值感也就无从谈起了。

（二）自伤沉沦与塾师的职业倦怠

对于明清时期的大多数塾师而言，以馆谷谋生是其主要目的，而济读、自修以遂功名之愿乃是其最终的期望。当这种期望在时间的流逝中归于无望时，伴随职业活动的，是自伤沉沦的感慨和持续的职业倦怠。

在明清时期庞大的塾师群体中，仅有少数人能通过科举考试进入仕途，或通过一定的平台进入其他行业，大多数塾师仍不得不以塾师终其身。明代流传的一则乡村塾师的文章云：

> 屈屈复屈屈，仰天难诉乖造物，人皆读书遂荣显，我何读书成抑郁？叹息青春十八时，努力好教诗与书。初心争谓教书好，我何教书无尽期？百岁光阴能几何，在家日少离家多。春初倏忽去赴馆，岁暮欲归成蹉跎。[1]

他人读书能遂功名、致显达，而自己却在教书生涯中日渐抑郁，回忆当年的意气风发，今昔心境之别，有如云泥，光阴虚度之感、身世沉沦之慨，溢于言表。明清时期，塾师感叹自身沉沦的文字几乎随处可见。“衰年底事入书囚，赢得萧萧两鬓秋。名利尽成蕉下鹿，生涯何异雨中沤。”[2] “读书望登天子堂，岂知读书成劳碌。数年流落江湖中，江湖世事多萧索。”[3] “壮志消磨尽，他乡老病俱。还搜残卷帙，重课旧生徒。天地苏群动，饥寒困腐儒。厚生怜入口，吾道乏良图。”[4] 从这些塾师的自述中可以见出，因功名不遂、时间流逝而生发出来的沉沦之感在塾师群体中普遍存在且具有很大的共通性。

---

〔1〕（明）启蒙子：《屈屈赋》，（明）李贽辑：《开卷一笑》卷一，第十页。

〔2〕（明）教学生：《真若虚传》，（明）李贽辑：《开卷一笑》卷一，第四页。

〔3〕（明）姚江老人：《长恨歌》，（明）李贽辑：《开卷一笑》卷一，第十三页。

〔4〕（清）戴亨：《庆芝堂集》卷十《甲子正月八日重馆竹梧轩》，第十页，《辽海丛书》，第30册。

由功名无望、沉沦之感引发的，往往不是全身心地投入教育事业中以作养人才为己任，而是对塾师职业地位低微的愈加不满和对寄人篱下的满腹牢骚，馆塾生涯的诸多弊端都被他们放大。清末鄂城人朱峙三开蒙读书时，其塾师程松年家中墙壁有一幅画，上题诗云："别人骑马我骑驴，仔细思量命不如。回头再把车夫看，比上不足下有余。"[1] 从表面上看，这首诗表现了程松年的放达，但从中也可看出程松年作为屡试不售的老秀才对自己不得不以塾师终其身的一丝无奈，只能通过与底层体力劳动者的比较来寻找平衡与慰藉。清代的一位士子根据自己的从教经历，总结了乡塾中塾师的四种苦楚，即馆课繁重、塾馆破烂、住宿条件差、饮食恶劣[2]；另一些塾师则感叹于馆塾生活的凄凉与妻离子散的无奈之感。"事非由我，辜负雪月风花；身属他人，受尽辛酸冷淡。幽暗岩崖生鬼魅，灯火未来时；凄凉境界忆家乡，书生归去后。"[3] "人谁无父母？父母如天地。我的父母倚尽了王氏的门庐。……娇娇嫡嫡恩爱的夫妻，半抛半离，长夜守着空空的帐子；儿儿肉肉亲生的男女，无倚无依，镇日看那白白的庭闱。"[4] 这些对处馆青毡况味的描述虽难免夸张，但他们的馆塾生活概况和职业心态在明清时期的塾师中当具有代表性。正是因为有身世沉沦、倚人门墙的馆塾生活的特有体验，塾师对于授徒本身充满了倦怠之感：

> 问君有才既有德，可攀龙鳞舞凤翼。麒麟高阁图功臣，黄金置阁延上客。问君无德既无才，尔可田园归去来。白云空谷桂花香，秋风江上芙蓉开。问君二者既不为，囊琴匣剑将何之？川源远近皆可乐，渔樵耕牧随所宜。……早知教书反不如，绛帐皋比永忘却。[5]

---

〔1〕 朱峙三：《朱峙三日记》（连载之一），《辛亥革命史丛刊》（第10辑），第258页。

〔2〕 佚名：《塾师四苦》，（清）钱德苍辑：《新订解人颐广集》卷五，第十四至十五页，《明清善本小说丛刊初编》（第六辑）。

〔3〕 （明）蒙求子：《卷堂文》，（明）李贽辑：《开卷一笑》卷一，第十六页。

〔4〕 （明）青毡生：《村学先生自叙》，（明）李贽辑：《开卷一笑》卷一，第二十页。

〔5〕 （明）启蒙子：《屈屈赋》，（明）李贽辑：《开卷一笑》卷一，第十一至十二页。

在这位塾师看来，处馆的教书先生有多种归宿，或功名得遂，平步青云；或归隐林下，笑看风月；甚或渔樵耕牧，各有所乐，但唯独不可将教书当作终身事业。在这种心态的长期影响下，塾师自身的职业责任感大大降低，在私塾教学与管理中敷衍了事、得过且过。

明清时期的画家笔下出现了许多以塾师教学场景为主题的画作，其中最多的便是"闹学图"，如"明四家"之一的画家仇英有《村童闹学图》。将明清时期的这些"闹学图"放在一起进行比较可以发现其中的共同点：小学童在"闹"，而塾师在"睡"，两者形成强烈的对比，而塾师无一例外都是年迈的"老夫子"形象。在仇英的《村童闹学图》中，学童们做着各种严重违背塾规的举动，有的蹲在地上描画塾师睡觉时的模样，有的装扮为作法的道人，有的顶着凳子当杂耍，甚至有生童悄悄摘掉塾师的帽子（见图16）。明代画家张宏的《杂技游戏图》为反映明代市井风俗的生活长卷，其中一个重要的场景便是"村童闹学"，其画面约略与仇英所画类似（见图17）。另外，清代"扬州八怪"之一的画家华喦亦有《桐屋闹学图》《村童闹学图》（见图18）。

笔者以为，这些画作中的整体场景虽然有极大的夸张和想象成分，但若单看生童之"闹"或塾师之"睡"，任意一个场景都不是画家的凭空想象，其背后是有现实依据的。对于生童之"闹"，明清及民国时期小说家笔下有之，文人年谱中的实录亦复不少，不过此种"无法无天"的场景只会出现在塾师因事出塾之后。另外，清末民初的一些推崇西式学堂的新派文人在抨击传统私塾之落后时，常用"青天白日将尸挺"[1]之类的语言攻击传统塾师，可见这些画作中塾师"睡"的场景绝非凭空想象，而是私塾教学中一种真实存在的现象。因此，明清及民国时期的画家笔下屡屡出现老塾师馆课时大睡的画面，应当看作是对现实生活中真实场景的反映。

不过值得注意的是，将生徒之"闹"与老塾师之"睡"组合在一

---

〔1〕 风凉：《私塾怪现象》，《饭后钟》1921年第9期，第5页。按：民间俗语讽刺昼寝为"挺尸"。

图 16　明代画家仇英《临宋人画》系列中的“村童闹学”（局部）

图 17　明代画家张宏《杂技游戏图》中的“村童闹学”

图 18　清代画家华嵒《村童闹学图》

起，形成一幅完整的画面，却多半出于画家的虚构，因为这两种真实存在的场景在现实中基本不可能同时出现在一个画面中。从民俗学的视角来看，这些画作或许可以视为画家通过创造性的场景拼接，表现出对传统私塾教学压抑氛围的反叛意识或“想象性狂欢”。或许正因为这是一种想象中的狂欢，以学童“闹学”为主题的年画在明清及民国时期十分流行。总而言之，即便不是画家有意识地展现或批判，“课徒时间睡觉的老塾师”在画作中屡屡出现，甚至成为一种绘画主题，仍然从某种程度上反映了明清时期一部分年迈的、前途无望的塾师对授徒本身失去热情，庸庸碌碌，得过且过，在教学上十分懈怠的实态。

明清时期，虽不乏塾师在职业活动中受到尊崇的例子，但在当时各种世俗观念的暗示下，在塾师自己的眼中，训蒙始终难以摆脱“卑贱”二字。“舍己之田，耕人之田，已涉自待之薄，志之卑、计之疏莫甚于教书一事。”[1] 因而蒲松龄感叹：“墨染一身黑，风吹胡子黄；但有一线路，不作孩子王。”[2] 清代书画家郑燮在进士及第前曾有过较长的充塾师经历，其在入仕后对自己的处馆经历有这样的评价：“教馆本来是下流，傍人门户度春秋。……而今幸得青云步，遮却当年一半羞。”[3] 对处馆塾师自我职业认知中卑下之感的形容可谓到了极致。

综上所述，明清时期的塾师，无论是沉沦不遇、以塾师终其身，还是如郑燮一般功名得遂、脱离塾师行业，在具体的授徒活动中虽不乏兢兢业业、以“师道”自任的典范，但对更多的普通塾师而言，他们的职业活动也较少能带给他们自我价值实现和那种“得天下英才而教育之”的乐在其中的职业感受，更多的是表现出对自身沦为教书匠而无力逃脱的哀叹，这种认知所导致的必然是一种深深的职业倦怠感。因此，在明清时期底层塾师的诉苦文中，作者以自身对“青毡况味”的切身体验为基础所塑造出的塾师形象表明，塾师是一个职业化程度相当低的职业群体，普遍缺乏职业认同感和职业精神。

---

〔1〕 刘大鹏遗著，乔志强标注：《退想斋日记》，第57页。
〔2〕（清）蒲松龄：《学究自嘲》，《蒲松龄集·附录》，下册，第1752页。
〔3〕（清）郑燮：《教馆诗》，《郑板桥集·补遗》，第200页。

第二节　世俗价值观念与塾师的社会形象

塾师的活动主要存在于三个场域，即教育场域、科举场域和社会生活场域。塾师的职业形象是塾师在教育场域的职业活动中所展现出来的作为教育实施者的形象，而他们在科举场域和日常生活场域中所表现出来的作为社会人的形象以及人们的评价则可统称为塾师的社会形象。严格说来，塾师的社会形象与其职业形象并不能截然分开，因为塾师的职业活动往往是与其社会生活混杂在一起的，他们作为社会人的形象并不能完全脱离其作为塾师的职业身份而存在，笔者此处仅是为了论述方便起见，将塾师的社会形象单列出来进行考察。

明清时期塾师的社会生活，主要表现为在科举场域中作为“书生”读圣贤书、应试求功名的生活，以及在日常生活中作为普通人的世俗生活。笔者在第二章、第五章中对明清塾师的社会构成及经济状况有专题分析，总体而言，明清塾师主要由科场失意、功名未遂而又在经济上较为困窘的读书人（贫士）构成。在明清时期，塾师一方面作为接受传统道德教育的读书人，谨守着“君子固穷”的志节，往往被官长以“一乡之望”相期许，充当着推动基层社会教化的角色；另一方面又作为世俗生活中的普通人，具有跟大多数人相同的基本欲求，需要求生谋食。在儒家正统思想与世俗价值观念错杂、冲突的明清时期，塾师群体的社会形象在大众中也颇受关注，尤其是在明清时期盛行的小说、戏曲等通俗文学中，塾师的社会形象频繁地被塑造、被评价，并表现出多元化的特点。

本部分内容对明清塾师社会形象的呈现，其文献来源多为明清通俗文学，因此，本部分所谓塾师的“社会形象”，实际上主要关涉的是明清通俗文学中塾师社会形象的一个侧面，而非塾师社会形象的全部。这些文献虽出自文学创作者的“虚构”，反映历史的真实度远不及以纪实为特征的“史料”，但这些文学作品作为底层文人创作或整理、面向广大市民阶层的文学读本，仍然体现出世俗价值观和“师道”变迁影响下，大众对塾师群体形象评价的一部分。这些评价尽管不免带有明显的片面性和偏颇之处，但从社会文化的层面仍具有一定的认知价值。

一、“落魄书生”

现代人对于塾师的印象，多来自于明清时期的通俗文学，而通俗文学中所塑造的一系列塾师形象，大抵可以用“落魄书生”来概括。在中国传统社会中，“落魄”一词似乎一直与读书人有着密切的关联，司马迁描述郦食其“好读书，家贫落魄，无以为衣食业”[1]，应劭释“落魄”为“志行衰恶之貌”。在中国古代的“四民分业”中，“学以居位曰士”[2]，即士之本业乃是读书入仕。郦生之“志行衰恶”，盖源于其家计之“贫”与学而不能居位的“穷”所导致的状貌、言行或矩度背离于“士”之本色，因而县中人皆视之为“狂生”。后世所谓书生之“落魄”往往包含着个人生计的窘迫和读书不遇的困厄两个方面的内涵，而尤以后者为主。科举时代中的读书不遇，多从功名不遂的角度来衡量。明清时期的塾师在身份构成上虽然复杂多样，但仍以出身贫寒、仅有初级功名的生员和没有功名的童生为主，他们活跃于社会的下层，因而在明清通俗文学作品中，俨然成了当时塾师群体的代表。

（一）通俗文学中的“落魄塾师”

塾师因“贫”与“穷”而导致的“落魄书生”形象在明清时期的小说、戏曲、笑话、民间故事中均有较为频繁的表现，案例颇多，笔者此处仅从明清小说中选择二例略加分析。

首先以明代短篇小说集《警世通言》为例。书中塑造了吴洪、马德称、曹可成、赵再理四位塾师，均为人们眼中的落魄文士，在这四位塾师中，作者对马德称这一教书先生的落魄形象刻画最为典型。秀才马

---

〔1〕（西汉）司马迁：《史记》卷九十七《郦生陆贾列传》，第八册，第2691页。

〔2〕（东汉）班固：《汉书》卷二十四上《食货志上》，第四册，第1118页。

德称本官宦子弟，因父亲得罪，被斩首抄家。马德称被落井下石的朋友出卖，流落南京时，寄居承恩寺，想就近觅个馆地以教书糊口，“谁知世人眼浅，不识高低，闻知异乡公子如此形状，必是个浪荡之徒，便有锦心绣肠，谁人信他，谁人请他？又过了几时，和尚们都怪他蒿恼，语言不逊，不可尽说”[1]。后来有个运粮的赵指挥要请个门馆先生同往北京，承恩寺主持赶紧推荐了马德称。不料途中遇黄河决口，运粮船被冲散，赵指挥也不知去向，马德称只得流落京城，在客栈主人的推荐下觅了一个蒙馆。岂知不到三个月，学生出痘病死，遂被人诬为“灾星”：

> “马德称是个降祸的太岁、耗气的鹤神，所到之处，必有灾殃……他是个不吉利的秀才，不该与他亲近。”……从此京中起他一个异名，叫做“钝秀才”。凡钝秀才街上过去，家家闭户，处处关门。但是早行遇着钝秀才的一日没采：做买卖的折本，寻人的不遇，告官的理输，讨债的不是厮打定是厮骂，就是小学生上学也被先生打几下手心。有此数项，把他做妖物看。倘然狭路相逢，一个个吐口涎沫，叫句吉利方走。[2]

马德称后来虽在其未婚妻的资助下得以纳监应试，并进士及第，宾朋向来疏远者奔走其门如市，但延平府人凡是谈论“落魄书生”，无不以“钝秀才”马德称的遭遇作比。作者在小说中塑造马德称这样一个“落魄书生”的形象，意在宣扬“穷达自有定数”的宿命论，但其中用十之八九的篇幅来描写主人公的“落魄”经历，尤其是落魄中的马德称最触手可及的谋生方式是觅馆授徒，以及普通民众对一个“落魄”塾师所持的价值评判，实在是一个值得引起注意的现象。

再以清代小说《儒林外史》为例。书中也塑造了周进、虞育德、余有达、盖宽等数位塾师，其中周进是一位典型的“落魄书生”，六十

---

〔1〕（明）冯梦龙撰，严敦易校注：《警世通言》第十七卷，北京：人民文学出版社1956年版，第239页。

〔2〕（明）冯梦龙：《警世通言》第十七卷，第240－241页。

多岁尚未进学，以训蒙糊口，后来薛家集的村民集资请了周进到村塾中课读子弟。作者这样描写周进前来就馆时的状貌："头戴一顶旧毡帽，身穿元色绸旧直裰，那右边袖子同后边坐处都破了，脚下一双旧大红绸鞋，黑瘦面皮，花白胡子。"[1] 衣履破旧，形象落魄，加之是位老童生，因而，应村民之请前来作陪的新进秀才梅玖对周进甚为轻慢，且还在席间借笑话奚落周进：

> 申祥甫拱进堂屋，梅玖方才慢慢的立起来和他相见。周进就问："此位相公是谁？"众人道："这是我们集上在庠的梅相公。"周进听了，谦让不肯僭梅玖作揖。梅玖道："今日之事不同。"周进再三不肯。众人道："论年纪也是周先生长，先生请老实些罢。"梅玖回过头来向众人道："你众位是不知道，我们学校规矩，老友是从来不同小友序齿的。只是今日不同，还是周长兄请上。"
>
> 原来明朝士大夫称儒学生员叫做"朋友"，称童生是"小友"。比如童生进了学，不怕十几岁，也称为"老友"；若是不进学，就到八十岁，也还称"小友"。……
>
> ……申祥甫道："今日先生为甚么不用肴馔？却不是上门怪人？"拣好的递了过来。周进拦住道："实不相瞒，我学生是长斋。"……梅玖道："我因先生吃斋，倒想起一个笑话，是前日在城里我那案伯顾老相公家听见他说的。有个做先生的一字至七字诗。"众人都停了箸，听他念诗。他便念道："呆，秀才，吃长斋，胡须满腮，经书不揭开，纸笔自己安排，明年不请我自来。"念罢说道："像我这周长兄如此大才，呆是不呆的了。"又掩口说道："'秀才'，指日就是；那'吃长斋，胡须满腮'竟被他说一个著！"说罢哈哈大笑。众人一齐笑起来。周进不好意思。申祥甫连忙斟一杯酒道："梅三相该敬一杯，顾老相公家西席就是周先生了。"梅玖道："我不知道，该罚！该罚！但这个话不是为周长兄，他说明

[1] （清）吴敬梓：《儒林外史》第二回，第11页。

了是个秀才。……"[1]

从上文的描述可以感受到，虽然普通乡民对塾师比较尊敬，但秀才对于童生的轻视和嘲讽在梅玖身上已经体现得淋漓尽致。普通乡民对周进的尊敬，一则因为底层民众对于读书人有一种天然的仰视，二则因为求学者对于施教者的应有礼节。相比之下，梅玖则不然。在读书人的序列中，梅玖为进学的生员，有最初级的功名，而周进为白首童生。梅玖对周进的轻慢，一则因为周进无功名，二则因为周进为老童生，不过这似乎也符合那个功名决定社会地位的时代的价值观念。但是，梅玖以笑话嘲讽周进持长斋，则近于羞辱了。教读期间，学堂里来了一位下乡扫墓、途中避雨的王举人，对周进更是十分轻慢。"管家俸上茶饭，鸡、鸭、鱼、肉，堆满春台。王举人也不让周进，自己坐着吃了，收下碗去。……撒了一地的鸡骨头、鸭翅膀、鱼刺、瓜子壳，周进昏头昏脑扫了一早晨。"[2] 如果说梅玖对周进虽轻慢，却仍然遵循了一些表面的礼节的话，那么王举人对周进的态度可以称得上是鄙弃了。后来有薛家集的父兄传言周进为图富有弟子的节敬而偏爱这些学生，加之介绍人夏总甲嫌周进呆头呆脑，不常去称谢，所以周进勉强教了一年便被辞退。次年周进失馆，家计艰难，只好随姊丈金有余外出经商，因金有余等出钱为其捐了一个监生，周进才得以摆脱受人轻慢与歧视的教读生涯，最终进士及第。

因家境贫寒、功名不遂而以训蒙糊口的"落魄书生"，无论在通俗文学中还是人物传记资料中都极为常见，前文的章节中多有涉及。当然，此处更需要关注的是普通大众对此类塾师的价值评判。明清通俗文学作品对塾师形象的塑造有两个方面的现象值得探讨：一是作者与作品中的普通大众对塾师的落魄虽不无同情，但更多地表现出一种嘲讽与鄙弃的心态；二是落魄塾师由"穷"向"达"的转换，多通过金钱的力

[1] （清）吴敬梓：《儒林外史》第二回，第11－12页。
[2] （清）吴敬梓：《儒林外史》第二回，第14页。

量实现，即金钱是他们通往科举成功之路的基石。这两种现象在民间文学作品中不断重复地出现，可能与明中叶以来世俗社会金钱观得到民众广泛认同并被不断强化有直接关联。在儒家正统思想价值观念的影响下，人们在对待“富”与“贵”的态度上似乎更偏重后者，因为在“四民”社会中，“贵”不仅意味着社会地位与社会身份的高贵，而且还意味着具备获取更多财富的权力资本，可以由贵而富。但是，随着明中叶以来商品经济的发展，这种固有的观念似乎产生了一些微妙的变化，除了财富本身越来越成为对个人进行价值判断的标准外，“富”对“贵”的影响力和维持作用也越来越受到普通大众的重视，“富”几乎取得了与“贵”同等重要的地位。明人张瀚曾云：“……民多仰机利而食……多贾治生，不待危身取给。若岁时无丰，食饮被服无足自通者，虽贵官巨室，闾里耻之，故其民贱啬而贵侈。”[1] 这正反映了当时的人们对物质财富的追求极其“务实”的功利态度和对“富”与“贵”相互关系的评判。

事实上，在明清许多普通民众的观念中，“穿衣吃饭，即是人伦物理”[2]，生存是第一位的，荣显才是第二位的，对物质财富的追求是比对功名的追求更为实际、更值得肯定的行为。《儒林外史》中的周进自薛家集失馆后，其姊丈金有余劝周进云：

> 老舅，莫怪我说你，这读书求功名的事，料想也是难了。人生世上，难得的是这碗现成饭，只管“稂不稂莠不莠”的到几时？我如今同了几个大本钱的人到省城去买货，差一个记帐的，你不如同我们去走走，你又孤身一人，在客伙内还是少了你吃的、穿的？[3]

---

〔1〕（明）张瀚：《松窗梦语》卷四《商贾纪》，第84页。

〔2〕（明）李贽：《答邓石阳》，张建业、张岱编：《李贽全集注·焚书注》卷一，北京：社会科学文献出版社2010年版，第一册，第8页。

〔3〕（清）吴敬梓：《儒林外史》第二回，第14－15页。

在普通人心目中，功名是难以预料的，甚至是先天注定的，只有触手可及的生计才是最值得把握的。又如《初刻拍案惊奇》中的饱学秀才张忠父本出身衣冠之家，后因为家道不足，只得靠着人家聘出去，以馆谷为生；而其邻居罗仁卿则是白屋起家，家事富厚。张家之子张幼谦与罗家之女罗惜惜青梅竹马，当张家托人前去提亲时，罗仁卿与媒人杨老妈有这样的对话：

> 仁卿道："他世代儒家，门第也好，只是家道艰难，靠着终年出去处馆过日，有甚么大长进处？"杨老妈道："小官人聪俊非凡，必有好日。"仁卿道："而今时势，人家只论见前，后来的事，那个包得？小官人看来是好的，但功名须有命，知道怎么？若他要来求我家女儿，除非会及第做官，便与他了。"[1]

罗仁卿的本意是嫌张家贫穷，所以后来有一个辛姓的巨富之家前来求聘时，罗仁卿满口答应，便将先前与张家的约定抛诸脑后。在这种将财富作为价值评判的第一要素的世俗价值观念中，追求功名不成而又在物质上陷于贫乏的"落魄书生"为大众所鄙弃、嘲讽似乎是很寻常的事。或许正因为如此，凌蒙初才发出如下感叹："就是科第的人，总是那穷酸秀才做的，并无第二样人做得。及至肉眼愚眉，见了穷酸秀才，谁肯把眼稍来管顾他？还有一等豪富亲眷，放出倚富欺贫的手段，做尽了恶薄腔子待他。"[2] 清代陕西通州人马先登曾述及自己家中三代业儒不显，均以训蒙糊口，因而被宗族排斥的经历：

> ……家口繁众，言人人殊。本支三世穷读，俱藉馆谷糊口；西院一支，大半业商，见未与选拔，无望出仕，遂与东院析爨，尽所有产业抵还外债，至人有欠己债可望收回者，悉归经商人收取，不

---

〔1〕（明）凌蒙初：《初刻拍案惊奇》卷二十九，北京：中华书局2009年版，第309页。
〔2〕（明）凌蒙初：《初刻拍案惊奇》卷二十九，第305页。

许本支读书人搀与，由是益艰于衣食，几无生路矣。[1]

一个业儒而不显之家先是见弃于家族中的业商之家，而在马先登进士及第后，这个业商的宗族又主动要与马先登一家和好如初。前后反差如此巨大，最主要的因素在于业儒者是否“出仕”，足以见出在当时普通人的观念中，初级功名的吸引力已经相当低，只有走入仕途后享有的“权势”才是真正有价值的。在明清时期的小说中，读者每每可以看到“落魄书生”在为秀才时被亲戚邻里嫌弃，而中举后则贺者盈门的情景，主要原因在于秀才为最低级的功名，而举人、进士则具备了入仕做官的资格，腾达在即。这种前倨后恭的反差虽不免表现出世俗价值观念中露骨的势利之态，但也十分明确地透露出了明清时期的民间社会中普遍的价值取向。

（二）塾师“落魄”形象的根源与评价

落魄的塾师在明清时期的通俗文学中如此频繁地出现，并非纯属虚构，它首先反映了一个无法辩驳的基本事实，即经济贫困的文人（贫士）群体甚至一部分落魄的工商群体充塾师授徒的现象在明清时期变得愈发普遍。但是，若仅从这一视角来观察，显然无益于把握整个塾师群体的生存状况。必须指出的是，明清时期的塾师并非都是“落魄书生”，通俗文学中所塑造的塾师形象并不全面。笔者在本书第二章、第五章集中讨论过明清塾师的社会构成与生计状况，占塾师主体部分的生员与童生皆属于功名未遂、经济上普遍拮据的群体，且他们多为课读童蒙的塾师，而明清通俗文学中所塑造的塾师形象恰好是以“蒙师”群体为对象的。但这并非塾师群体的全部。在塾师群体中，有一部分或为退闲官僚，或是拥有较高功名的贡生、举人甚至进士，在塾师群体中属于高收入群体，无论从教育动机还是从经济收入、物质生活来衡量，他

---

〔1〕（清）马先登：《告存漫叟年谱》，《北图珍本年谱丛刊》，第155册，第412－413页。

们都与“落魄”二字相去甚远。此类塾师在传记类（方志、文集等）文献中有较多的记载，但在明清通俗文学中却极难见到。这种差异，一方面表明这些高层次塾师的生活与普通民众有着较明显的隔膜，甚至处于基层普通文人的生活视野之外，另一方面又表明明清通俗文学中塾师的“落魄”是一种片面的、从通俗文学角度被选择性放大和扭曲了的群体形象。

其次，落魄塾师在通俗文学中的形象，与民间主流的世俗价值观在通俗文学这一底层文化传播媒介中占据了话语权有较密切的关联。随着商业文化的繁荣，明清时期商人的社会地位发生了很大变化，传统的士、农、工、商已经演变为士、商、农、工的基本格局，商超越农、工而取得了仅次于士的社会地位。明清时期的一些士大夫对商人阶层的社会价值予以了肯定，同时商人阶层亦自认为贾“道”与儒“道”存在内在的一致性。这一时期的士、商阶层出现了较明显的互动，不仅在于士人“治生”观念在儒家传统观念基础上产生了变化，而且还在于士人弃儒就贾和商人主动向儒学接近的现象变得日益普遍[1]。值得注意的是，明清时期商业的繁荣、商人阶层的崛起以及儒、商的互动，连同市民文化的兴起，直接推动了明清通俗文学的繁荣，且普通的农、工、商贾阶层成为通俗文学的主要消费群体，明人叶盛曾云：

> 今书坊相传射利之徒伪为小说杂书……农工商贩，钞写绘画，家畜而人有之……有官者不以为禁，士大夫不以为非；或者以为警世之为，而忍为推波助澜者，亦有之矣。[2]

清代学者钱大昕甚至因明清小说的繁荣和广为流布，而将其称为儒、释、道三教之外的另一“教派”：

---

〔1〕参见余英时：《士与中国文化》，第455－476页。

〔2〕（明）叶盛撰：《水东日记》卷二十一《小说戏文》，魏中平点校，北京：中华书局1980年版，第213－214页。

古有儒、释、道三教，自明以来，又多一教曰小说。小说演义之书，未尝自以为教也，而士大夫、农工商贾无不习闻之，以至妇女儿童不识字者亦皆闻而如见之，是其教较儒、释、道而更广也。[1]

读者群的大众化、平民化，使得通俗文学作品从生产到贩售各个环节都呈现出明显的商业化特征，商业最直接的目的是逐利，最显著的表现是迎合消费者的喜好。作品的创作、出版为了迎合受众，获取更大的商业利益，商人必定会根据消费者的价值取向和审美趣味对出版物进行包装定位，因而大众普遍认同的价值观念在当时的通俗作品中均有较集中的反映。

应该说，明清时期的士、商阶层虽有较明显的互动趋势，一些士大夫也对商人的价值观念予以了肯定，但从总体上而言，儒家正统的价值观仍占据着统治地位。例如，明清方志、文集、家谱中的墓志、行状、传记等，对“落魄”的士人（这些士人多以充塾师授徒为业）的评价仍遵循着儒家固有的价值观。这些文献对塾师在经济上之“困”，主要以儒家正统思想中的“固穷”“喻于义”予以充分肯定，而对于塾师个人仕路之“穷”，则更多地表现出同情的态度。因而在一般传记文献中，塾师绝大多数呈现的是正面的、值得肯定和赞颂的形象，如塾师淡泊名利、塾师与孝道的宣扬、塾师与慈善事业的推动、塾师扶危济困，等等。反观这一时期的通俗文学，其中随处可见新旧价值观念的错杂与冲突。如小说中大量存在的通过勤劳致富的普通市民形象与本节所关注的“落魄书生”形象的鲜明对照，便是新旧价值观念相互冲突的产物。前者所承载的是对物质、财富追求的充分肯定，体现的是世俗社会的金钱观与财富观，后者承载的是对因追求功名不遂而陷入困厄的“道学”的否定与嘲讽，是商品经济对儒家正统思想中的“君子固穷”这一价

---

〔1〕（清）钱大昕撰：《潜研堂文集》卷十七《正俗》，《嘉定钱大昕全集》，陈文和点校，南京：江苏古籍出版社1997年版，第九册，第272页。

值理念的有力冲击，而经济上陷于“落魄”的塾师则不幸地成为了明清通俗小说表现这种观念冲突的典型人群。

从明清通俗文学生产与传播的商业化角度来看，“落魄书生”（尤其是塾师）形象在通俗文学中大量出现，而且创作者对他们之“落魄”多表现出贬损的价值取向，未尝不可看作是为迎合或满足受众的心理需求而有意为之。作者通过对这些“道学”中的落魄者的生存状态进行淋漓尽致的展示，对他们最终不得不依靠金钱的能量实现儒家所宣扬的人生理想进行描摹与叙述，使得受众（主要为市民阶层）在与这些“落魄书生”的人生对照中获得人生的“价值感”。因而从这个意义上讲，“书生”（尤其是塾师）虽然在现实生活中是一个被普通民众所需要的群体（教育子弟、主导乡村公共事务等），因而理应“自重”和受到尊重，但塾师却因“落魄”，往往成为通俗文学创作者和受众“娱乐”和“消费”的对象。

综而观之，史传与通俗文学中对塾师经济、仕路之“穷”的不同书写，是在两种叙述视角、两种价值观念或两套话语体系下呈现出的塾师形象的差异。当然，史传有其特殊性，它们中的绝大多数由传主的子嗣提供素材，由亲友或地方官组织人力所撰写，且史志对人物传记的收录有较高的门槛限制，所收录的塾师，多为足堪矜式的代表人物，这是史传中的塾师几乎没有负面形象的重要原因之一。但无论如何，在利用通俗文学中塑造的“落魄书生”来评价明清塾师的整体社会形象时，不仅要清晰地看到这种形象的夸张性和片面性，而且应该更多地关注到史传中对塾师社会形象的书写。

二、“假道学”

“道学”一词，广义上是指道德学问或钻研道德学问之人[1]，到宋代以后，道学多指理学，钻研和践行道学、以道自守的人常被称为“道

[1] 如史载梁简文帝为太子时，“尝置宴集玄儒之士，先命道学互相质难，次令中庶子徐摛驰骋大义，问以剧谈”。参见（唐）姚思廉：《陈书》卷三十三《儒林》，北京：中华书局1972年版，第二册，第440页。

学先生”。明清时期，商品经济持续繁荣，来自世俗社会的价值观受到越来越多大众的认同，并与传统的“道学”产生了碰撞。因而在世俗社会的话语中，“道学”逐渐被着上了贬义的色彩，而“道学先生”则往往被看作是专事道德说教而与世俗社会格格不入、言行近于迂阔的读书人。如明人倪元璐在给其弟的信中云：“刘念老……此老为当今第一人物，弟可时往请教，执弟子礼，毋以其道学先生迂而远之也。”[1]

“道学先生”虽因迂而有不合于时宜之嫌，但毕竟尚有道德坚守，而“假道学”则是另一番景象。所谓“假道学”，指有“道学”之名而无其实，表里不一，甚至借“道学”之名以谋取私利、满足私欲的读书人。应该说，随着明中叶以来士风的转变和普通士人价值观世俗化迹象的出现，读书人中的“假道学”现象在时人的议论中时有见之，通俗文学中的表现亦复不少。塾师作为广大读书人所最易涉足和借以谋生的职业，亦不可避免地被植入“假道学”的某些特征。被讽为“假道学”的读书人，其行为动机无外“名”“利”二字，其实质是以反“道学”的手段达到满足私欲的目的。

（一）“道学”冠冕下的无良塾师

儒家的义利观并不排斥“利”，承认富与贵是人的普遍欲求，但十分强调“利”的实现方式——取之有道。“不以其道得之，不处也。”（《论语·里仁》）在明清时期的通俗文学中，为谋私利而背离儒家义利观，甚至沦为“不义”“无良”的塾师并不少见。如《醒世姻缘传》中塑造了一个为谋财利而无所不用其极的塾师——汪为露。汪为露除了以授徒谋束脩、放高利贷外，还有不少生财之道。一是以生员身份出入官府，干预词讼。其旧时弟子宗昭中举后，汪为露更逼其写书，而自己则制造伪札，以宗昭的名义替人关说，赚取银钱，导致宗昭在乡里名声大坏，不得不避地河南宗师家。二是趁学生进学、中举之机，榨取学生钱

〔1〕（明）倪元璐：《倪文贞集》卷十九《与仲弟献汝》（其一），《景印文渊阁四库全书》，第1297册，第221页下栏。

财。如宗昭乡试中榜后，汪为露即前去索要谢金：

汪为露先走到他家等候。宗举人的父亲宗杰只道他为徒弟中举喜欢煞，实地陪了他酒饭。等到宗昭迎了回来，布政司差吏送了八十两两锭坊银。他取过一锭看了一会，放在袖中，说道："这也是我教徒弟中举一场，作谢礼罢了。"众人也还只道他是作戏。他老了脸，坐了首位，赴了席，点了一本《四德记》，同众人散了席，袖了一锭四十两的元宝，说了一声多谢，拱了一拱手，佯长而去。真是千人打罕，万人称奇。宗昭原是寒素之家，中了举，百务齐作的时候，去了这四十两银，弄得手里掣襟露肘，没钱使，急得眼里插柴一般。[1]

汪为露往日的学生狄希陈在后任塾师程英才的教导下考中了生员，他也趁机索要谢礼：

"你这进学，甚得了我五年教导的工夫，你要比程先生加倍的谢我便罢；如不然，你就休想要做秀才！你比宗昭何如？他中了举，我还奈何的他躲到河南去了。只怕你没有个座师在河南。你合你父亲商议，休听程英才的主谋，看误了你的事！"发作了一顿，去了。[2]

明清时期，官府一直禁止生员干预词讼，虽屡禁不止，但民间一直将"非公事不入县衙"看作是生员的一种基本道德操守。此外，按照传统的礼仪，生徒中式，多会致送塾师一定的谢礼，以表感激塾师的教导之恩，但这种谢礼是根据生徒家境状况而定的。布政使司送银，原是为了让家境困难的学生中举后免于短缺应酬与日后会试的盘费的困窘，

〔1〕（明）西周生：《醒世姻缘传》三十五回，中册，第518－519页。
〔2〕（明）西周生：《醒世姻缘传》三十七回，中册，第560页。

汪为露登门索要谢礼，直接将其中一半据为己有，不但丧失了为师的基本道义，而且突破了做人的“廉耻”底线。《型世言》亦塑造了一个通过“设局”敲诈学生钱财的塾师——钱流。钱流坐馆陈氏家塾时，不仅在课业上连同生徒陈镳一起作弊欺骗馆东，而且还觊觎陈家的钱财。几番索要钱物未果，钱流便时常带陈镳出入街坊，诱使陈镳沉溺于皮匠洪三十六之妻的美色，并怂恿他与之偷情。而自己却与洪三十六暗中策划一场“仙人跳”，诈取陈家钱财：

> 钱公布道：“个须分付令正，哄渠进，老兄拿住了要杀，我侬来收扒，写渠一张服辨，还要诈渠百来两银子，渠侬下次定勿敢来。”皮匠欢天喜地道：“若有百来两银子，在下定作东，请老先生。”钱公布道：“个用对分。”[1]

敲诈得逞后，因钱流想独吞银两，钱、洪二人闹翻，导致事情败露，钱流被革去生员资格并充军。除《型世言》外，明清小说《醉春风》中的杨姓塾师、《合浦珠》中的郑文锦、《雨花香》中的吴养醇等均为钱流一类的塾师。就以上所举汪为露、钱流两类塾师而言，他们的诸般行为不唯背离了作为习儒之人“取财有道”的应有原则，而且还背离了世俗社会中普通大众对于逐利所应坚守的道德底线，可谓塾师群体中不折不扣的“假道学”。

应聘处馆是明清时期的塾师最为常见的就业方式之一。对于大多数塾师而言，处馆（尤其是富宦之家的家塾）在生活待遇上普遍要优于自设塾馆，但同时又不免有客处与寄居的清冷孤寂之苦。或许正是因为应聘处馆的这种特殊性，塾师时不时地被卷入民间艳情故事之中。明清时期的通俗文学作品多热衷描写民间艳事，且这类文学多有不小的市场。在这些故事中，往往能见到处馆塾师的身影，有些塾师甚至成为故事的主角，多少折射出了明清塾师社会形象中“假道学”的另一个侧

---

〔1〕（明）陆人龙：《型世言》二十七回，第232页。

面。明代小说《欢喜冤家》中的浙江秀水县塾师孔良宗处馆江氏家塾时，趁馆东江五常出游之际，便与其第三妾王楚楚暗中勾通，后来产下一子。不料此事为孔良宗的同乡秀才于时探知，于时洞悉此馆好处，便谋划夺馆。夺馆不成，于时便将孔良宗与王楚楚通奸一事告发于江五常，孔良宗因此失馆。王楚楚自杀后，阴灵缠住孔良宗，孔良宗遂致身死，二人被冥府罚为一猫、一狗，供江家使唤〔1〕。这虽是明清通俗文学中一个习见的宣扬“善恶果报”的艳情故事，但其中所涉及的处馆塾师与东家女眷暗中偷情的情节却并非全为杜撰，在明清时期塾师的馆塾生活中是有可能性的。正如作者所言：

> 大凡做先生的果然有不乐之处。妻子在家守有夫之寡，自身在馆坐无罪之牢。守了一年，才得释放归家，一似囚人遇赦一般，好生快活。未及一月，又要分离，正是才得相逢又别离。〔2〕

对于大多数处馆塾师而言，夫妻分居是无法避免的现实。这一议论，真实地揭示了处馆塾师在家庭生活方面存在的困境。事实上，将塾师与艳情、女色相勾连的故事模式在明清各类文献中出现的频率并不低。如小说《催晓梦》中，匡荆生在柳侍郎家坐馆，与其长女、次女、侄女均有私情，事情败露后被柳家推下河，未死，改名应试，乡、会试连捷，供职刑部〔3〕。《淞滨琐话》中载梁溪秀才邹伯翔处馆富绅家时，与其姬某以诗词往还，暗通款曲，主人发觉后，遂以“学徒患病”为由，辞去邹秀才〔4〕。除小说外，明清很多地区流传的民间故事中，塾师贪色也往往成为故事的题材。如湖北地区的《鄂南民间故事传说集》《十堰民间传说故事集》中便有《巧斗淫先生》《贪色好财的先生》《村姑戏

---

〔1〕 参见（明）西湖渔隐主人：《欢喜冤家》十七回，第274－293页。

〔2〕（明）西湖渔隐主人：《欢喜冤家》十七回，第274页。

〔3〕 参见石昌渝编：《中国古代小说总目·白话卷》，太原：山西教育出版社2004年版，第35页。

〔4〕 参见（清）王韬撰：《淞滨琐话》卷九《朱素芳》，刘文忠校点，济南：齐鲁书社2004年版，第215－216页。

秀才》《寡妇舌战腐先生》等故事。可见在通俗文学中，贪色塾师已非个例，而是成为了一种具有一定典型意义的形象。

（二）无良塾师形象的现实根源及评价

上述无良塾师形象主要体现在贪财、好色二端。贪财一端，实际上与前文论及的世俗价值观不无关系。明代中期以来，流行于市民阶层的世俗价值观，较为集中地体现在通俗文学中，其中的“财富观”较为引人注目。在民众的观念中，依靠自己的勤劳与智慧获得财富，是个人能力的体现，即使是以获得财富为最终目的，也应当受到充分的尊重与肯定。但是，那些通过非法、不道德手段诈取他人钱财的人，则应该受到严厉的批判。这种财富观念一方面是当时的市民社会较为普遍的价值观念，另一方面又是通俗文学创作者对底层文人通过不道德的手段获取“不义之财”现象的反思与批判。这从一定程度上反映了底层文人“道德滑坡”的一个侧面。充塾师又恰好是底层文人谋生的主要方式，因而这种“道德滑坡”便集中反映在塾师身上，这显然是由文学叙事的“失真”造成的。

如若跳出通俗文学的范畴，就很容易发现，这种现象在明清时期的塾师群体中实在不具有普遍性。事实上，明清时期的地方志记载了大量底层塾师的小传，在这些传记中，有着“仗义疏财”品格的人比比皆是。他们要么不收贫困生徒的束脩，为他们提供食宿，要么将生徒所奉束脩用于乡里的慈善事业，反哺社会，这些扎根乡间一隅的塾师，往往成为儒家道义在民间社会中的真正践行者。因而，通俗文学中关于塾师贪财的叙述，可以看作是底层文人的退化的一种表现，但这种表现并不占主流。

随着时间的推移，明清塾师的年龄结构在整体上呈现年轻化的趋势，加之当时能自辟家塾、延师课读的家庭多为富宦之家，本多女眷，这些因素使得应聘处馆的塾师与风流艳事关联度增加，同时可供文学想象的空间亦大大增加。如《清史稿》载：乾隆二十九年，桂阳人何先佑丧父后，其母与家中塾师某私通，先佑之妻孙氏拜见何母撞破奸情，塾师遂与何母谋并乱孙氏，孙氏不堪胁迫，自缢而死。后塾师问斩，何母则被流放新疆[1]。在近代社会中，此类塾师甚至见诸报端。如据《万国公报》载，皖省某塾师以训蒙为业，家贫，三十未娶。光绪八年避灾于旧馆东家，适逢前塾师病废，因而代馆。馆东有弟媳寡居，该塾师遂暗中勾引：

> 援琴而挑，步马卿之后尘，两情方洽……与妇谋，令其宵遁，藏诸僻静之所，己则仍拥臯比，俨然若未踰东家墙者。[2]

后事败，塾师被馆东送官，禀请严办，以儆效尤。

此外，明清时期的一些杂记、善书、家训中也往往针对处馆塾师而特别强调避男女之嫌。清人别樵居士所编《家庭宝筏》中即多处强调塾师与东家女眷的男女大防："不延有文无行之师。……不从未娶之师。"[3]"若家有嫠妇……延师课蒙，及管理记室，慎勿请浮荡后生。"[4]而《奸近杀》《因果》等章节中更列举明清时期的处馆塾师因"夜拒奔女"而最终致荣显、得福报的故事共六则，以劝诫应聘处馆的塾师持节自守。这些塾师的故事均为用以劝善的正面典范，但"劝善"本身即意味着"恶"的存在。从此类"劝善"故事大量存在的事实不难想见，随着明清塾师群体在年龄结构上呈现年轻化趋势，处馆塾师越礼防而卷入男女艳事并非出于通俗文学创作者无根据的想象和虚构。现实生活中的此类反面事例是真实存在的，而且并非奇闻式的个别现象，似乎已经成为明清时期底层文人生活中一种颇受关注的"社会问题"。或许正是因为这种现实，明清时期的一些"士戒"类书中甚至有"处

---

〔1〕参见赵尔巽等：《清史稿》卷五百十一《列女四》，第四十六册，第 14172 – 14173 页。

〔2〕阙名：《塾师无行》，《万国公报》1882 年第 709 期，第 16 页。

〔3〕（清）别樵居士编：《家庭宝筏》第一章《总论》，台北：台北佛陀教育基金会 2006 年版，第 10 页。

〔4〕（清）别樵居士编：《家庭宝筏》第七章《避嫌疑》，第 44 页。

馆塾师当自珍重，不得淫人妻女”[1] 的明文规条出现。

第三节　新学背景下塾师形象与人格的丑化

随着近代化进程的缓慢推进，清代的教育领域出现了新的变化——西式新学被逐渐引入中国[2]。甲午战争以来，自上而下的大规模兴学运动开始，清末，延续了一千三百多年的科举制被废除，辛亥革命以后，新学一时出现蓬勃发展的局面。这些发生在上层建筑层面的大事件，使得传统的私塾教育受到前所未有的冲击。当时的塾师更加频繁地出现在通俗文学中，作者以嘲讽、挖苦的笔调和充满暴力的语言对塾师形象进行“极端化”塑造的情形随处可见。清、民之际的通俗文学对塾师的批判，在职业活动层面自不必说，学识低下、教学内容陈腐、教法死板、体罚学生等，都是常见的切入点，使得塾师俨然成了这个时代教育的罪人。而这些文学作品中最引人注目的，乃是创作者们对塾师外在形象的丑化和人格的矮化。从某种意义上说，对塾师群体的社会形象有目的、有针对性、带有强烈主观色彩的塑造，往往比单纯的职业活动批判更有力度。这种具有“狂欢”意味的塾师形象和人格塑造，也更具有时代的象征意味。

一、塾师形象与人格的极端丑化

据笔者的统计和分析，清末、民国之际通俗文学（尤其是小说、戏剧、杂谈等）中的塾师多以丑陋猥琐、老迈病态的外在形象出现，以卑劣低下的人格贯穿始终。这些作品可以视为见证当时新、旧学冲突的一个侧面，但其中的塾师形象更多的是文学夸张与刻意扭曲。

---

〔1〕 转引自刘晓东：《明代的塾师与基层社会》，171 页。

〔2〕 本书所谓“新学”，均指新式学校。

（一）外在形象的丑化

就整体而言，清末民国之际通俗文学作品普遍倾向于以极大的篇幅来刻画塾师的外在形象，而这种形象的描绘无一例外地带有丑化倾向。对塾师外在形象的扭曲和丑化可归纳为丑陋猥琐、老迈顽固、气色病态、邋遢肮脏等等。

清末的阿文格在其短篇小说《村学究》中讲述了一位乡村塾师的故事，开篇便对其外在形象的丑陋可怖作了极为细致的描绘：

> 其人躯干长细，双肩斩然若削，骨节柔脆，举步晃漾难禁，头小于蒜，耳大于蒲，顶平而狭，眼大而洼，双瞳灼灼，湛然以绿，哆口而隆准。手苗条而僵，双腕突出袖间者尺许，颤然摆动，若可当猎夫之枪也。足长与手等，色黝然黑，若可充拔火之杖也。尝见田家剪纸作人，约以苇索，悬之竿头，用觇风信，以拟先生形相，其诸可得神似欤。日寒风烈，先生摇步山前，裹体之衣，翕呷嫳屑，萃蔡有声，见者不疑为穷神之下降，必讶为山精之远窜焉。[1]

这段描绘塑造的塾师，不仅五官极其丑陋，而且身形枯槁，异于常人，作者还特意选择了“田间纸人”“穷神”“山精”来形容这位塾师。无论从哪个角度解读，作者着意塑造的都是这位塾师毫无“人味”、令人骇汗的“鬼魅”形象，读来瘆人无比。与此相似，署名南邨所作《冰教师》中的塾师桑塔布的形象如下：

> 先生今老矣，头童童如剥芋，额上皱纹如春浪鳞然，似一一记其生平德业之程度者。两目深落，瞳小如豆，光冏冏自巨眶中出，大类幽圹中之冥灯。靥颐枯松，皮层垂于口角，随步而颤，似示人以此教师固亦曾经丰肌莹肉之少年日月者。黄髭数茎，疏燥不中

[1] 阿文格：《村学究》，《教育世界》1905年第1期，第75－76页。

视，远观之，唯巨准隆然挺起，中岳势压培堘，不知有他也。……每凭案观书，隙窥之，不知先生人也，盖大类城隍中之木偶。[1]

与前文所引《村学究》中塾师犹如“鬼魅”的形象相比，南邨笔下的塾师“桑塔布”除了同样缺乏“人味”，如同“城隍中之木偶”，令人生怖外，还多了一分“老迈”气息。而且作者在刻画其老迈形象时，大量使用比喻、夸张等修辞，极尽讥讽之能事。

除了外在的丑陋可怖外，清末民初的小说中所刻画的塾师形象大多具有老迈的特征，因老迈而又往往与顽固、旧派相关联。如澍棠所作《老学究传》，全文以“老”为关键词对一个秀才老先生作了全方位的刻画：老迈无比，戴老花镜，读老八股，学生老大无成，穿老羊皮袄，喝绍兴老酒，娶老寡妇，老不知趣再购一小老婆，老不中用而被小老婆戴绿帽，被儿子骂作老糊涂、老王八[2]。当然，在清末民初的小说家笔下，塾师除了丑陋可怖、老迈病态以外，邋遢肮脏也是一大特点。天僇生（本名王钟麒）发表于1907年的《学究教育谈》如此描写一位陆姓塾师：

村有陆先生，业傅蒙，年约五十许，面狭长如削瓜，背偻作曲线，双目眴转，睛深陷作碧色。……师母年较先生差长，面黄作菜叶色，龋齿掀鼻，而先生好之，使有五子。……先生居恒不漱口，因患口臭，触鼻令人作三日恶。冬夏一旧布衫，涕唾满衣衿上。性嗜淡巴菰，手一烟筒，长三尺以赢，未尝斯须去手。每对客作长谈，唾花飞溅客面。客或稍稍掩鼻遁，而先生不之顾。妇人女子，有见先生者，辄相骇以为鬼魅，避先生惟恐不速。[3]

---

〔1〕 南邨：《冰教师》，《小说丛报》1914年第3期，第1页。

〔2〕 详见澍棠：《老学究传》，《白相朋友》1914年第8期，第8－9页。

〔3〕 天僇生：《学究教育谈》，《月月小说》1907年第1卷第12期，第33页。

这段描绘中，陆姓塾师除了形容猥琐外，还具有如下两个特征：一是审美低下，主要表现为师母面目丑陋，“而先生好之，使有五子”；二是肮脏邋遢，主要表现在不漱口、有口臭、涕唾满衣、说话唾沫飞溅等等。总之，作者刻意塑造了一个令人作呕、唯恐避之不及的塾师形象。

值得注意的是，这些作者在塑造塾师形象时，除了毫不掩饰的挖苦与嘲讽外，用现代的标准审视，有的甚至夹带着人身攻击，具有强烈的“语言暴力”色彩。如《老学究叩阍记》开篇即如此叙述这位姓名不详的塾师的身世：

> 学究父故贫窭，牧豕为活，晚岁薄有资积，娶村妪。一夕梦豕人立而言曰：“荷君豢养，图报有日矣！”既寤而学究生。……娶吴氏，同里吴齿之女。[1]

这段叙述直接将塾师设定为猪投胎转世所变，将其丈人命名为吴齿（音谐“无耻”），均带有显而易见的人身攻击和语言暴力色彩。类似具有攻击性的小说在清末民初的报刊杂志上十分常见。又如《飘行塾师》一文中形容某塾师：“既摆尾以摇头，复咬文而嚼字。徐徐行步，宛然出洞之龟；狺狺吠人，竟似傍村之犬。”[2] 再如《私塾怪现象》中将塾师比作“猴王”：“胡须翘得壁卓灵，口含了牛渡马勃（黄烟也），青天白日将尸挺。”[3] 作者在开篇特意表明“老学究者，不知何许人”，从表面上看，这种无名塾师的人物设定是小说作为虚构作品的自身需要，但它还有一个作用，即利用人物塑造的非实指性，将攻击的矛头指向当时的整个塾师群体。这些显然是在有意识地丑化当时塾师的同时，进行具有暴力色彩的言语攻击。明清时期的通俗文学虽亦不乏对塾师外在形象的负面书写，但其语言的攻击性远不及清末、民国之际的小说中这般极端。

---

〔1〕 弗措斋：《老学究叩阍记》，《新小说》1902 年第 3 期，第 125 页。
〔2〕 徐子美：《飘行塾师》，《钱业月报》1929 年第 9 卷第 4 号，第 8 页。
〔3〕 风凉：《私塾怪现象》，《饭后钟》1921 年第 9 期，第 5 页。

（二）人格的丑化

清末民初的文学作品对塾师形象的极端化塑造，除了外在形象的“猥琐”化以外，还包括内在人格的丑化与矮化。以鲁迅早期的小说《怀旧》为例，其中塑造了年迈的、“以书斋为报仇地”的塾师“秃先生”，村中土财主的儿子金耀宗打探得一则流言：八百“长毛”将至。于是前来与秃先生商议对策，并要请先生代书“顺民”二字，秃先生劝耀宗：“且勿且勿，此种事殊弗宜急，万一竟来，书之未晚。……昔发逆反时，户贴顺民字样者，间亦无效；贼退后，又窘于官军，故此事须待贼薄芜市时再议。”[1] 作者对秃先生的“智慧”作如此议论：

> 人谓遍搜芜市，当以我秃先生为第一智者，语良不诬。先生能处任何时世，而使己身无几微之痏，故虽自盘古开辟天地后，代有战争杀伐治乱兴衰，而仰圣先生一家，独不殉难而亡，亦未从贼而死，绵绵至今，犹巍然拥皋比为予顽弟子讲七十而从心所欲不逾矩。若由今日天演家言之，或曰由宗祖之遗传；顾自我言之，则非从读书得来，必不有是。[2]

在这里，作者通过描写秃先生向金耀宗传授“苟活”之术，极尽讽刺与挖苦，将秃先生塑造成一个圆滑、苟且偷生，没有丝毫“威武不能屈”的儒家气节的塾师。这其实是对传统知识分子人格和气节的丑化甚至否定。

值得注意的是，这篇文章发表时间虽为1913年4月，但写作时间却在辛亥革命爆发前后。文章以作者精心设计的一则“红毛来了”的流言展开故事，在当时具有强烈的影射色彩。事实上，作者鲁迅不仅跟其他作者一样，从文化上批判传统知识分子，而且还将其纳入“革命”

---

[1] 鲁迅：《怀旧》，《鲁迅全集》第七卷《集外集拾遗》，第228页。

[2] 鲁迅：《怀旧》，《鲁迅全集》第七卷《集外集拾遗》，第228页。

的大背景下去暴露并拷问他们在作者看来近乎龌龊的“劣根性”。鲁迅对旧知识分子的批判，为什么会以一个底层的塾师为典型？或许正因为作者看到了充塾师是底层知识分子主要的生存方式，本身就代表了传统知识分子的大多数，塾师身上具有传统知识分子的大多数特征，而塾师群体又是“生产”旧式知识分子的庞大“机器”。如此说来，作者所嘲讽和批判的不仅仅是秃先生一人，而是由“旧文化”熏染出来的整个旧知识分子群体，作为塾师的秃先生不过是其中的一个代表而已。

二、塾师形象与人格丑化原因

据笔者翻阅清末民初见诸报刊的文学作品所见，以塾师为中心人物的小说极为普遍，这在整个文学史中都算是极其罕见的现象。更为重要的是，这些作品几乎是一边倒地对塾师形象进行全方位的丑化、矮化，成为那个时代十分引人注目的文学现象。任何一个文学现象都必有其具有时代色彩的内在原因。清末民国之际的文学创作中，塾师形象之所以带有如此明显的极端丑化、扭曲的色彩，除了在传统社会中扎根于基层社会的塾师群体自身一贯的“落魄”外，更多的是源于新、旧教育在近代化历程中的“狭路相逢”。

1895 年，中国近代化进程中以技术学习为中心的第一阶段终结，以文化、制度革新为中心的第二阶段的开始。清廷在甲午战争中的失败，让当时的相当一部分知识精英意识到，技术层面的学习不能救亡，国家的落后，根源在上层建筑（文化、制度等），只有在上层建筑层面除旧布新，才有可能真正实现救亡图存。在这个精英群体中，在思想上走在前列的是以严复、康有为、梁启超等为代表的维新派，他们都意识到开启民智对变革的重要作用，其中，严复译介并连续刊载的《天演论》在思想界引发了激烈回响。这是一部宣扬物种进化的著作，与清朝末年处于深层焦虑中的新式知识群体相遇，无可争议地成为当时最具影响力的书籍。新的思想与旧的文化相对照，一些新派知识分子从“社会达尔文主义”的视角出发，也开始将中国落后、积弱的根本原因归咎于延续了数千年的“旧文化”，“旧文化”不破除，新思想便难以立足。

在这种时代心理的渲染下，塾师作为“旧文化”的承传者和“旧教育”在基层的实施者，不可避免地要被推上前台，置于被新派知识分子口诛笔伐的风口浪尖。从某种意义上讲，这是社会变革和文化继替的必然，是历史的宿命。

当然，有破必有立，上层建筑的变革首要依赖的是新人才，新人才需新教育，新教育须有新学校。这便是甲午战争失败以来新学脱颖而出的基本逻辑。新学的推进在清末大致有两途，即出国留学和广开新式学堂，但无论何种途径，都会造就一个规模迅速壮大的排斥旧学、推广新学的群体[1]。这个群体的主要职业去向为官僚系统、新式学校、传媒界和实业界等，而这些系统（尤其是学校和传媒）都极易与旧文化与旧式教育“狭路相逢”，从而产生正面冲突。在这些冲突中，最为激烈的当然是新、旧学校和新、旧教师群体的对立，而这种对立和冲突的触发点则在生源的争取上。洋务运动伴生的新式学堂虽也属于新学，但这些学堂属于高等职业教育范畴，与以基础教育为核心的传统私塾教育并未形成正面冲突。而甲午战争以后的新学则逐渐延伸至基础教育层面（如 1904 年的“癸卯学制”、1912 年的“壬子癸丑学制”），与私塾教育在生源上产生了直接的利益冲突。鉴于中国古代两千余年的私塾教育传统，新式学校在基层的推广虽渐成规模，但与私塾相比，仍旧处于劣势。一些激进的新派知识分子认为，遍布基层的塾师是撬动传统基础教育的最大阻力和直接障碍，因此，这个群体普遍对传统私塾与塾师心存敌意。他们不能在当时的教育实践中快速地将塾师挤出中心地位，出于表达愤怒的欲望驱使，因而更多地倾向于诉诸游戏文字，将塾师贴上“丑陋”“老迈”“邋遢”“过时”“病态”等标签，以期让学龄儿童及其家长避之唯恐不及，从而在文学创作和作品传播中达成“摧毁”对

〔1〕 据估算，清末十五年间，1905 年，仅留日学生规模已至 1 万人左右（参见章开沅、余子侠：《中国人留学史》，北京：社会科学文献出版社 2013 年版，第 90 页），则留学生总量必相当可观。而同年，国内新学堂学生数约 26 万人（参见郑登云：《中国近代教育史》，上海：华中师范大学出版社 1994 年版，第 157 页）。另据蒋纯焦的统计，1915 年，全国仅小学校数已接近 13 万所，学生超过 400 万人（蒋纯焦：《一个阶层的消失——晚清以降塾师研究》，第 145 页）。

方的愿望。王尔敏先生在论及清末、民国之际的塾师时曾说：

> 二十世纪流风，新派文人当道，文界浮华夸诈之习甚盛，一面倒俱鄙薄儒生儒家，一时舞文弄墨者，更是信笔丑诋塾师，此固然早见于前代，而二十世纪尤甚，无论小说、话剧、杂文，此一时代皆可搜来覆按。[1]

王先生对这一现象的概括是符合历史事实的。应该说，此类作品在艺术上罕有特别之处，更多的是一种具有浓厚“狂欢”色彩的文字游戏。这些文字的确反映了当时新、旧学及其从业者之间的矛盾，显露了新学的拥趸渴望为新式教育的发展扫清障碍的急切心情，但此类“狂欢”式的口诛笔伐却略显失态，与真正理性的探讨相去甚远。

此外，清末、民国之际的文学作品中的塾师形象之所以如此高频率地被丑化、矮化，在笔者看来，其原因除了新式知识分子的崛起外，还在于他们中的一部分人掌握了新时代的传媒及其话语权。在清末民初，与新式知识分子群体相伴而生的，是随着近代化进程而日渐兴盛的报纸、杂志等新型传播媒介，新式知识分子牢牢掌握了这些传播周期更短、更高效、受众更广的舆论阵地，主宰着知识界的话语权。相当一部分创作者本身就是报纸、杂志的创办者、编辑或主笔，这使得他们的各种观点和思想主张可以更顺利、更方便地在报纸、杂志上得到呈现和传播。通俗文学中呈现出的丑陋、猥琐、病态等“妖魔化”的塾师形象虽未必没有一定的现实依据，但主要是一种选择性的夸张和扭曲，并不能作为评价当时塾师形象的主要观察视角。

---

〔1〕 王尔敏：《塾师翁仕朝历经世局三变及其故国情怀》，《近代经世小儒》，桂林：广西师范大学出版社2008年版，第480页。

结论及余论

一、对明清塾师群体的评价

20 世纪 90 年代末以来，学界掀起了私塾研究热潮，作为古代私塾教育直接实施者的塾师也逐渐进入人们的视野。但传统塾师的真实形象已然模糊不清，人们更多的是通过明清及民国时期的通俗文学作品去观察和认识这个职业群体的活动与整体形象。正如笔者在第六章中所分析的那样，明清时期的通俗文学生产已经高度商业化，其消费者主要为农、工、商贾阶层。在崇尚财富的世俗价值观念得到大众认同的明清时期，通俗文学的创作者和出版者为了获得更多的商业利益，无疑要不断地迎合受众的价值观念和审美趣味，这是明以来通俗文学中的塾师群像充斥着“落魄书生”“假道学”的重要原因之一。在民族危机日趋严峻的清末、民国时期，旧式教育及其在基层的实施者——塾师被进一步贴上落后、病态、猥琐乃至罪恶的标签，报纸、杂志等文学传播媒介也成为激进的知识群体批判塾师、主张新教育的舆论平台。显然，明清及民国时期的通俗文学作品对塾师群体的描绘是十分偏狭和片面的。虽然研究者可以从这些作品中了解塾师职业活动和生活细节的一些侧面，但却无法以此为根据对塾师群体作出相对全面和客观的评价。

自春秋以来，中国的民间私学存在了两千余年，其主要原因在于中国古代的行政系统止于县一级，“国权不下县”，县以下的治理则由以乡老、士绅为主导的乡治系统来完成。与此相应，地方官学亦只延伸至县一级，且官学并不承担初级教育的职能，这个巨大的缺位必须由民间私学来弥补。在科举制成熟并日益固化的明清时期，官学在县以下的基层社会中的失位，使其高度依赖塾师群体来履行基础教育的职能。由于科举和教育本身的工具化，此时的塾师无论在教学内容还是施教方式上都明显功利化，这一点一直为明清时期的学者以及后来的研究者所诟病。

但需要指出的是，明清塾师所实施的私塾教育并不全是为了应付科举考试。明清时期的普通大众虽无不希望通过教育让子弟在科举考试中有一番作为，但从实际情形来看，大多数普通塾师所实施的仍然是启蒙教育，即基本伦理、礼仪规范和基本文化知识的传授。这些启蒙教育与科举考试并无直接的关联，但无论对文化自身的存续，还是对传统社会的正常运转来说，这些启蒙塾师的教育实践都是十分必要的。诚如王尔敏所言："中国文化泉脉要恃此类小儒浸濡农工负贩，升斗小民，向来那里会受到大圣大贤的直接影响。"[1] 因此，明清时期普通塾师的职业活动虽不免带有工具化色彩，但若从推广儒家思想、传播知识以及维系基层传统文化的存续等方面去观察，明清塾师在基层的存在，无疑具有不可否认的历史意义。

明清时期由塾师组织和实施的私塾教育具有鲜明的特点和独有的适应性，其与传统乡土社会中人们的生活方式高度契合。首先，私塾的组织极具灵活性，适应性极强。由于私塾的规模普遍较小，对硬件设施的要求不高，乡村社会中的塾师或村民要建立一所私塾并不需要以雄厚的资金为前提，这就使得即便是经济较为落后的地区，建立私塾也变得相对容易。更为重要的是，塾师收取学费的标准与方式十分灵活。一般而言，塾师收取束脩的额度视生徒家庭经济状况而定。对于家庭较为贫寒的弟子，塾师往往收取较少的束脩，或者银钱与实物相杂，尽量取其方便，减轻生徒的经济负担。一些塾师对于经济窘迫而又勤奋好学的学生，又往往减免其学费，这种情形在明清时期的塾师传记资料中较为常

[1] 王尔敏：《塾师翁仕朝历经世局三变及其故国情怀》，《近代经世小儒》，第480页。

见。笔者在本书第五章中曾论及，明清时期塾师束脩的支付方式多样化，有的按节支付，更多的是按月支付，对于多数中下家庭而言，这无疑是一个极为人性化的支付方式。乡塾中有的学生在无力支付束脩或家事繁忙时会选择暂时性停学，而后又可以根据自身情况随时入学，重拾学业。同时，私塾的灵活性还表现在教学时间的灵活安排上，夜学、雨学等专门利用农家子弟的农事空闲时间进行教学。这些灵活性是新式学校所难以具备的。

其次，私塾没有严格的学制，教学进度上完全根据生徒的学习能力而进行灵活的安排，不存在升降级以及整齐划一的教学所导致的众口难调或相互牵制的情形。在生徒人数不多的情形下，塾师可以实施个别教授。同时，生徒的学习内容也可根据家庭差异而进行灵活调整，如农家子弟可能偏重杂字的教习，而工商子弟则多有算术方面的学习内容。一些塾师甚至根据家长的具体要求来确定授读的具体内容。

再次，明清时期的塾师多是通过乡土社会的“熟人圈子”来实现就业的，他们与生徒的父兄存在着或远或近的熟人关系，且这种“教－学”关系的建立是双向选择的结果。塾师的束脩、食宿由家长供给，塾师的教学是直接对家长负责的，因而明清时期很多塾师的“责任心”与自身的人际关系的维持或实际的经济利益紧密关联，这对塾师具有鞭策的作用。另外，在传统私塾的教学中，塾师与塾生朝夕相处，尤其是处馆塾师，几乎与生徒一同生活，因而塾师除了在课堂上传授书本知识外，生活中的言行对生徒亦会产生熏陶作用，有的研究者称之为“人格感化教育”。这正是传统启蒙教育中值得当代基础教育进行深入探讨的话题。

以上所列几个方面是明清私塾在教学上较为突出的特点，而它们正是新式学堂所缺乏的。这些特点在现代教育理论的视野中虽未必是值得引起重视的方面，但它们至少是与明清时期的传统乡土社会结构和普通民众的生存方式相适应的，其在当时的教育中的积极意义不可抹杀。

明清时期的乡村塾师除了作为教育的实施者的角色而存在以外，还在乡土社会中扮演着多重社会角色，他们不仅为乡民提供必要的日常文化服务，而且是乡村社会教化的实施者和乡村公共事务的主导者，在乡民中享有较高的威望。自清末开始推广新学至20世纪30年代中期，关于取缔私塾的呼声和讨论在教育界从未停止过，但实际的执行效果远低于决策者的预期。多数人将这种结果归咎于“塾师”这一顽固势力的作祟，但也有少数学者通过调查研究，注意到了塾师在乡土社会中除教育外所具备的社会功能。如学者单维藩在《北平私塾的研究》一文中指出：

> 塾师往往为应旧社会之需要，并营阳宅、阴宅，及写契纸，排八字，算命，开药方子，一切中国大半民众所信仰着的东西，日常应用的东西，私塾先生他们都会。[1]

又云：

> 除读书识字外，什么写书信、便条哪，写柬帖、契约，说理，评是非曲直，谈天讲故事哪，……塾师都是头头是道，件件都能，私塾不啻是一地方政治文化中心，民众休闲生活场所，虽然未办小学教育，但是办了许多民众教育，……它根本就是一个很好的教育机关。[2]

单维藩所言，便是塾师在乡土社会中所具有的提供日常文化服务和实施社会教化的功能。无独有偶，同样十分关注私塾教育的学者廖泰初则以山东省汶上县为样本，探讨新式学堂在与私塾的竞争与冲突中处于下风的原因。他注意到，私塾在乡村社会中发挥着“村民活动中心”的功能，从而具备了“一个近乎参议院的雏形”[3]。在这一点上，廖泰初与单维藩所谓“地方政治文化中心，民众休闲生活场所”的结论基本一

---

〔1〕 单维藩：《北平私塾的研究》，《新北辰》1936年第2卷第10期，第73页。
〔2〕 单维藩：《北平私塾的研究》（二续），《新北辰》1936年第2卷第12期，第62页。
〔3〕 廖泰初：《动变中的中国农村教育——山东省汶上县教育研究》，第39页。

致，从中亦可见出私塾的这种社会功能具有相当的普遍性。当然，这种功能与塾师个人的威望和受尊崇的程度密切相关。

在旧学、新学并存的时代，一个学童究竟是进学堂还是进私塾学习，最终取决于家长的意愿，而家长的意愿则取决于与乡土社会相关的诸多因素。如在乡土社会中，乡民对教育的需求主要以识字和基本文化知识的习得为主，这种要求通过私塾教育即可满足，而不必舍近求远。因为在乡民的观念中，新式学堂的教学内容与他们的日常生活联系多不紧密。因此，只要传统乡土社会的固有结构不发生根本性变革，乡民的生存方式继续维持，他们对教育的需求就不会产生本质变化。事实上，中国近代以来的变革，多是发生在上层建筑层面的政治变革。社会史领域的研究表明，传统的乡土社会在近代以来的一个世纪之内并未出现足以改变人们的生存方式的变革[1]，乡土社会产生真正意义上的社会变革是改革开放以后的事，因而，普通乡民对教育的需求一直停留在满足于传统私塾教育的层面。同时，清末、民国时期的多数乡民亲私塾而远新学，除了“守旧”的心理作用外，维系熟人社会中的人际关系也是重要考量之一。从这个意义上讲，清末至民国时期的乡村塾师之所以在新学的冲击下仍然具有相对广阔的生存空间，主要源于塾师与乡民各自需求的高度契合，这种契合使得塾师深深扎根于广大乡村的“肌体”内部，成为乡土社会“自足”结构中不可或缺的组成部分。

明清时期的塾师在基本知识文化的传播、乡土社会的教化领域虽然发挥了如此大的作用，且无论在授徒还是自课活动中都十分辛劳，但是，他们的经济收入、生活质量却又普遍低下，收入处于文人群体的最低层级，与普通农夫与底层商贩略同。在通俗文学作品以及其他民间叙事中，他们的社会形象也屡屡被夸张的负面书写或矮化塑造所笼罩。因

---

〔1〕 如王先明在论及20世纪前期的乡村社会冲突时认为：“近代以来尤其是20世纪前期的中国社会，事实上呈现出城乡分途演进的态势：……而中国乡村社会却并无大规模的结构性变动和分化；人们社会地位或生活水平的变动，也基本上局限于同质性结构的变化，而罕有社会结构的质的变动。”见王先明：《20世纪前期乡村社会冲突的演变及其对策》，《华中师范大学学报（人文社会科学版）》2012年第4期，第1－15页。

此，笔者以为，明清塾师在私塾教育以及社会教化方面的付出与其所获得的经济回报和社会评价之间存在着显而易见的失衡。教育活动与经济回报的失衡固然与塾师整体素质的下降和民众教育支付能力有直接关联；但塾师的负面社会形象无疑与广受认可的崇富尚利的价值观念对传统的儒家价值体系的强烈冲击有至为密切的关联，是两种观念相互激荡之下的特有社会文化现象。

概而言之，明清时期的塾师是明清私塾教育的组织者和实施者，他们担负着填补官学教育在基层失位造成的教育空白的重任。他们既为国家的人才选拔培育后备力量，又为普及基本文化知识、传播儒家伦理道德和礼仪规范尽到了作为“师”之本分。更为重要的是，明清时期的塾师与传统乡土社会紧密结合，是国家推行基层社会教化的主导者，他们为乡民提供的各种社会、文化服务，使得乡土社会得以在传统的结构模式中稳定运行。明清塾师虽然馆课辛劳，但他们的经济生活普遍窘迫，在通俗文学或民间话语中的社会形象偏低，与其扮演的社会角色和艰辛的付出极不对等。诚然，自明中叶以来，塾师群体的构成发生了持续而明显的变化，塾师的整体素质呈现下降的趋势，职业精神也普遍缺乏，加之世俗价值观念的影响，塾师群体“师道不立”逐渐成为了一个引人关注的社会现象，但就整体而言，明清时期的塾师在教育、社会、文化等方面所发挥的历史作用是不可忽视、不容否定的，其在通俗文学作品中和民间话语中负面的社会形象应该得到合理的纠正。

二、传统塾师群体的消亡

中国近代史是一部救亡图存的历史。自鸦片战争以来，志士仁人无不以挽狂澜于既倒为己任。救国之要在人才，而人才之兴在教育，近代逐渐形成了一股教育救国的思潮，源自西方的新式教育也在国家的倡导下逐渐推广开来。清末、民国之际，中国社会掀起了第一次大规模的兴学运动，科举制度被废除，在中国传统社会中存续了两千余年的塾师群体也第一次遇到了前所未有的生存挑战。这便是中国传统塾师群体走向消亡的时代语境。

塾师群体的生存空间虽然在19世纪、20世纪之交时已经开始受到挤压，但他们的最终消亡却是半个世纪以后的事了。蒋纯焦在《一个阶层的消失——晚清以降塾师研究》一书中对晚清以降塾师群体的消亡过程有较为详尽的叙述。书中以时间为线索，将晚清以来的塾师群体由遭受新学冲击到最终消亡的过程分为鸦片战争到维新运动时期、清末新政至辛亥革命时期、民国时期、中华人民共和国成立后四个阶段。作者认为，从鸦片战争到洋务运动后期和维新运动时期，随着新的教育机会的增加，以及因经济发展和政府求强而带来的社会结构、社会流动的变化，塾师阶层的市场开始出现部分萎缩，从业人员的数量亦当随之减少；清末新政至辛亥革命时期，新学制及其配套政策的颁布实施，强有力地推动了中国教育的现代转型，传统教育节节退缩，新式学堂迅速扩张，塾师阶层的职业活动遭到了颠覆性的冲击；民国政体渐趋稳定后，新教育制度的建设进一步强化，政府大力推广义务教育，使私塾教育受到重创，塾师们连做蒙师的机会也越来越少了；中华人民共和国成立后，政府接管并改造民国时期的公立、私立学校系统，作为非学校系统的私塾，在解放初期已接近它的历史终点，大量自动停办，部分则经过改造，被新政府纳入社会主义的学校系统，还有部分则逐渐被基层政权所取缔[1]。这种阶段划分主要以政治事件为节点，虽未必准确，但大体上能反映塾师群体从遭受新学冲击到最终消失的历史发展进程。

以笔者的浅见来看，以教育制度自身演变为节点来进行阶段划分似乎更符合实际。清末《奏定学堂章程》（即癸卯学制）的颁布和次年废除科举制，标志着塾师群体的生存第一次受到来自国家顶层制度设计的冲击，可视为第一、第二阶段的分野。此后直至1936年前后，清政府、民国政府一直坚持改良和取缔私塾相结合的原则，持续挤压私塾和塾师的生存空间，而抗日战争的爆发使得这种长期持续的教育政策中断，这是第二、第三阶段的分野。抗日战争、解放战争期间的混乱局面让当局无暇顾及教育的改革，从而为塾师生存空间的短暂反弹创造了条件。此

〔1〕 参见蒋纯焦：《一个阶层的消失——晚清以降塾师研究》。

后，新政府多管齐下，或通过土地政策断私塾之经济支撑，或改造私塾以并入新式学校系统，或直接取缔私塾，使得塾师群体最终在20世纪60年代中期走到尽头。因民国以来的塾师群体并非本书关注的重点，故笔者此处实难系统阐述，仅作简笔勾勒。

从表面上看，塾师群体从遭受新学冲击到最终消亡的过程似乎给人一种他们遭到自上而下的持续“打压”的表象，但一个如此庞大的群体很难通过单纯的“打压”让其消亡。如果将塾师群体形象地看作一个巨大的“蓄水池”，那么从清末到中华人民共和国成立半个世纪左右的时间里，塾师群体的最终消亡乃是堵、疏、等三种方式综合作用的结果。

“堵”有两个方面：一是堵住通往塾师群体这个巨大蓄水池的入口；二是取缔不合格的私塾，迫使部分私塾教学从业者另谋出路。当然，民国期间取缔私塾的呼声与相关政策虽在抗日战争爆发前一直存在，且几乎从未停止过，但由于新式学堂自身还存在一些亟待完善的地方，它们尚不足以达到彻底冲击和取代私塾和塾师群体的程度，因而取缔私塾的政策构想始终受到各种因素的制约。相对而言，“堵”的重点在于尽可能地分流塾师的后备力量和潜在人群。新式学堂数十年的持续壮大吸纳了越来越多的生源，他们中的多数在学成以后，或投身教育成为新式教员，或进入伴随近代化进程而衍生出的种类繁多的新兴行业。以报纸、杂志为例，清末以来的报纸、杂志吸纳了大量的从业者，他们或为创办人，或为编辑，或为职业撰稿人。当然，在新式学堂毕业后仍投身塾师行业的例子亦常有，但这并不是主流。

所谓“疏”，即让现有塾师中的一部分通过各种渠道实现分流。清末至20世纪30年代的数十年间，国家层面一直坚持私塾改良政策，让塾师参加新式教育培训，培训合格的塾师则转化为新式教师。此外，塾师中受废除科举制冲击最直接的要数科举功名较高的经师，他们由于自身的学识、身份较高，拥有较多的社会资源，因而在个人职业的转型上有较大的优势。在功名之路断绝的情况下，他们中的相当一部分人选择直接跳出塾师行业，一部分人则通过考入学堂肄业，为进入新的行业作准备。“等”是最迫不得已的办法，即依靠时间的推移，让现有塾师中的一部分自然消亡。形象地说，是让塾师群体这个“蓄水池”实现自然“蒸发”。从清末至中华人民共和国成立，历经了半个世纪，相当一部分塾师或在建国前后走完了人生历程，或因力不任事而退出塾师行业。除开堵与疏的政策干预，仅在自然状态下，塾师群体也已出现大幅萎缩。

中华人民共和国成立以后，国家在整体经济以及乡土社会结构未发生根本变革的前提下对私塾予以取缔，有其政治上的现实必要性，但它并不意味着乡土社会对教育的传统需求产生了根本改变，从而也不意味着传统塾师群体生存土壤的消失。事实上，在建国初期，乡土社会（尤其是中国西部的偏远乡村）对私塾的需求仍然较为旺盛。根据教育部1950年的档案文献记载，当时的不少偏远地区，私塾和塾师的数量均超过了新式学校。当地干部以为私塾是封建教育的象征，而塾师则是“封建文化的忠实传授者”，所以一律予以取缔。但是，由于新的政府尚无力兴办足够的新式学校，这种全面取缔私塾的激进观念和措施造成了私塾学童的失学和塾师的失业[1]。20世纪50年代后期，这些做法所带来的弊端开始引起一些人士的重视，如盛康年曾公开发文建议市民开办私塾以解决适龄儿童失学问题[2]。各地方志对当时私塾复苏的迹象亦多有记载，在一些地区，60年代初期尚有私塾和塾师存在。但随着“文化大革命”的到来，私塾与塾师再次遭到全面否定和禁止，传统意义上的塾师群体才真正退出历史舞台。

---

〔1〕参见教育部档案，1950年长期卷，卷76。转引自毛礼锐、沈灌群：《中国教育通史》，第六卷，第30－31页。毛礼锐等认为，建国初期广大地区的私塾之所以普遍存在，“第一是因为这些地方学校太少，甚至没有学校，以至部分儿童不得不到私塾上学。第二是因为学校的上课时间及功课不能适合农村的生产情况，而私塾的成立是农民自己组合而成的，这种自由设学，不正规的教学形式反适合农村情况。长期以来，私塾在农民中已取得了较深的信任，认为读古书，懂道理好，塾师又管得严，教得小孩有规矩，而农民宁愿送小孩到私塾上学。第三是某些地方的群众对新式学校还有不正确的认识”。

〔2〕盛康年：《提倡市民办私塾是解决学龄儿童入学的一个可行办法》，《人民日报》，1957年3月22日。

三、当代私塾及其执教者

传统私塾虽然在20世纪50年代就已从法律层面被取缔，60年代中期以后被全面禁止，传统塾师群体已不复存在，但私塾的教育组织形式却并未因此而永久性地绝迹，在当代中国仍然以各种形式存在于民间。由于本书的讨论重点不在此，对于当代私塾及其执教者，笔者虽亦有关注，但在此处仅作简单描述。概而言之，当代私塾主要以三种形式存在。

一是禁而未绝的传统乡村私塾在少数地区得到延续。例如，21世纪初为人所关注的湖南平江县私塾即是以传统乡村私塾的面貌存在的。中央电视台于2004年专题报道了平江私塾，探访了当地著名的老塾师朱执中。根据报导，朱执中其时已八十高龄，十九岁开始办私塾，除去“文革”期间停办外，教了整整五十年。他所招收的弟子多为在新式学校中辍学的学生，他们读完私塾后，仍旧以务农为主。据当地人讲述，20世纪80年代是平江县私塾最为兴盛的时期，平均每个村有一两所[1]。另据黄守愚的调查，湖南平江是一个十分闭塞的地区，较多地保持了传统社会的风貌，聚族而居，宗族和民间宗教氛围浓厚，对于红白喜事非常看重。这个具有传统特点的乡土社会，正是平江的传统私塾得以生存的土壤。除朱执中以外，李勋伯、黄砥中、李复兴、魏启便、胡仕柱等，均为当地有名的老塾师。这些塾师教学的重点不在经典诵读，而在传统礼仪的演练、当地民俗文化的承传以及日常应酬文字的书写等方面，具有极强的实用性。村民介绍：“办红白喜事很注重礼仪，主持礼仪的多是族长或教老书的私塾先生及其弟子等头面人物。私塾先生平日教授老书，遇有红白喜事即出面主持大局。”[2] 笔者在本书第四章中较详细地论述了塾师与乡土社会日常文化活动之间的紧密关系，而

〔1〕 中央电视台新闻频道《社会记录：私塾》，http://www.cctv.com/news/society/20040204/101250.shtml，2004年1月21日。

〔2〕 黄守愚：《湖南平江私塾考察浅见》，中国江西网：http://www.jxcn.cn/430/2004-5-13/30039@86750.htm，2004年5月13日。

湖南平江私塾中老塾师的主要社会活动，可以说为笔者的论证提供了一个“活标本”。但是，随着年老的塾师先后封馆，以及传统乡土社会结构在改革开放的进程中逐渐消解，此类私塾及塾师的最终消亡几乎是不可避免的。

二是以新式学校为名，但其运行方式却与传统私塾略无二致的乡村小学。此类乡村小学多存在于偏远山区，尤以西北、西南地区为常见。这些地区山高路遥，交通不便，经济困难，新式学校有名无实，家校间的距离遥远，不方便儿童入学，乡民唯有通过“凑份子”这一传统私塾的组织方式来合办学校。这些小学是取缔私塾后成立的新式学校，学校的校舍与教学设施、运转的费用、教师的工资必须由家长筹措。以贵州为例，罗甸县班仁乡金祥村油落小学的校舍和课桌由社会捐资、村民出工出力打造，教师为仅有初中文化的李兹喜一人，是应金祥村村长的央求前来掌管学校的，其全年的教学所得为学生家长合凑的 365 斤玉米，折合月薪约为 24 元，并不时需要自掏腰包为学生买课本[1]。毕节市大河乡官代河村的岩口小学与油落小学相似，唯一的教师仅有初中文化，教室由教师自己修建，木板架在石头上便是课桌椅，教师工资由学生家长凑集[2]。这样的“村小”，虽名为新式学校，教学内容虽也参照新式学校，但其组织与运行与私塾没有本质区别；学校教师名为“代课老师”，由乡民公请，被排除在国家教师编制之外，与传统私塾中塾师的生存方式并无二致。通过分析不难发现，这种“假小学、真私塾”现象的存在是国家取缔私塾而又未来得及兴办新式学校所造成的遗留问题，私塾因其本身所具有的组织与运行的灵活性，填补了新式教育的失位，只不过这些私塾式的小学已经不再教授传统的蒙学读本，而是努力向新式教育看齐。同时，这一现象也从侧面印证了乡土社会对私塾的需求在偏远地区并没有因新式学校的兴起和新时期的教育改革而消失。

---

〔1〕 参见付先锐、闵云霄：《代课教师李兹喜：365 斤包谷的“年薪”领了 11 年》，《贵州政协报》，2006 年 6 月 22 日。

〔2〕 参见北京师范大学贵州岩口支教队录制的《贵州省毕节市岩口私塾小学图书募捐》，新浪视频：http://video.sina.com.cn/v/b/104918741-2675242465.html，2013 年 5 月 25 日。

三是以培养个性化人才为目标的私塾。改革开放以来，民办学校在中国大陆得到较快速的恢复和成长，并在进入21世纪以后，由高等教育、职业教育向基础教育领域延伸。民办教育的成长一度让被取缔的私塾也受到刺激，开始在各地出现。2010年，读经教育推广者李勇刚博士完成了一份中国大陆当代私塾的统计，共收录了全国各地的私塾615所[1]。但是这个统计很不完全，全国私塾的实际数量当远不止于此。最近十年，私塾在大陆的发展更为迅速，在数量上亦应当远超以前。据《大公报》2012年的报道，仅深圳就有近200家私塾，而且大多为全日制私塾，涉及学生五六千人[2]。这类私塾多设立在城市之中，情形较为复杂，笔者姑且将其分为两个小类：一是以适龄儿童为教育对象的全日制私塾；二是针对体制教育内的学生和成人的非全日制补习班。全日制私塾的生源的家长多为高学历或高收入群体，有较好的能力规划子女的学习，也有较多的精力、金钱和时间投入子女教育，因而他们或联合开设私塾，由家长担任塾师，或将孩子送入有专门的塾师执教的全日制私塾中学习。当然，在授课内容上，除了一些国学典籍外，外语、数学、计算机、书画、音乐、物理与生物实验、各类生活实践活动、特长培养等，都可能进入课堂[3]。但是，这类全日制私塾目前尚处于探索期，存在一些比较棘手的问题，例如私塾存在的合法性问题、师资问题、学生学籍问题、专业发展问题、社会适应性问题等等。以体制内学生为教授对象的非全日制补习班则不存在这些困难，它们多以国学为教学内容，学生有学籍，只在空闲时间前去补习。当然，乘“私塾热”的东风，贯以“私塾”之名、以学校的课程为补习内容的补习班亦十分常见。一般来说，全日制私塾在整体运行上较为规范，执教者多为传

〔1〕 李勇刚：《当代私塾及经典教育网点名录》，海口孔子学堂官方网站：http://www.hkkzxt.org/djzx/djtg/2010/0710/528.html#d23，2010年7月10日。

〔2〕 王一梅：《近二百所私塾隐身深圳》，《大公报》，2012年4月10日。

〔3〕 参看陈薇：《在家上学联盟：理想教育试验田?》，《中国新闻周刊·深度中国》：http://insight.inewsweek.cn/topic-623.html.2012年7月2日；参看夏继锋：《一个当代私塾女孩的成长史》，《东方今报》，2008年11月26日；参看李丹：《自学软件编程 13岁娃水平堪比大学生》，《天府早报》，2012年12月24日。

统文化的爱好者，对传统私塾的教学亦有较多了解。相比之下，以补习为主的非全日制私塾则多为在校学生兼营的副业，执教者不免鱼龙混杂，水平也是参差不齐。

2013年8月，21世纪教育研究院发布的调研报告显示，中国大陆目前在家上学的学生群体约为1.8万人，如果再加上国学学校等私塾，当前接受个性化教育的学生人数已达到10万人[1]。这个数字虽然相比1.4亿的九年义务教育阶段在校生而言只算极少数，但可以预见的是，随着教育开放性的加强、大众对教育个性化的重视以及传统文化的回归，教育的多元化需求会越来越明显，而常规教育无疑难以满足这种需求，这必然会导致就读私塾的学生持续增加。在笔者提及的三类当代私塾中，如果说前两类属于历史遗留问题，会随着时间的流逝而自然消亡的话，那么第三类则是当代常规教育的伴生物，无论最终与常规教育决裂还是达成妥协，其队伍与规模显然会不断壮大。21世纪初期，在传统私塾和塾师群体的命运彻底宣告终结的时候，新时代的私塾和塾师群体却以这样一种方式得以成长起来，彼此虽无直接关系，在时间上却又如此接近，不能不让人感慨。诚如李勇刚所言："私塾之路，或许刚刚开始。"[2] 但必须看到的是，传统私塾及其执教塾师在教学内容上受到传统学校教育以及科举制度的制约，两者在教育的根本目的上保持了高度的一致性，可以看作是体制教育在民间的延伸，而且，多数乡村私塾面向底层民众，为他们接受基本教育提供了一个难得的平台。相比之下，当代私塾（尤其是以培养个性化人才为目标的私塾）更多的是对当代教育同质化倾向的逃脱甚至"叛逆"，主要面向社会的中上收入阶层。因此，虽然当代私塾复苏甚至呈现出"兴盛"的局面，但作为教育多元化力量的一支，其边缘地位与小众属性难以改观。

---

〔1〕 参看马晖：《中国式"在家上学"》，《21世纪经济报道》，2013年9月30日。

〔2〕 李勇刚：《私塾这些年》，《学习博览》2008年第1期，第10－16页。

参考文献

一、著述类

（一）国内部分

A

（清）阿桂等纂：《钦定盛京通志》，《景印文渊阁四库全书》，第503册，台北：台湾商务印书馆1983年影印本。

安徽省地方志编纂委员会编：《安徽省志·教育志》，北京：方志出版社1997年版。

B

（东汉）班固撰：《汉书》，北京：中华书局1964年版。

包东波编：《中国历代名人家训精粹》，合肥：安徽文艺出版社2010年版。

包天笑著：《钏影楼回忆录》，香港：大华出版社1971年版。

（清）鲍桂星撰：《觉生自订年谱》，《北京图书馆藏珍本年谱丛刊》，第128册，北京：北京图书馆出版社1999年影印本。（该丛书以下简称《北图珍本年谱丛刊》）

（清）卞宗谟编：《卞征君年谱》，《北图珍本年谱丛刊》，第130册。

（清）别樵居士编：《家庭宝筏》，台北：佛陀教育基金会2006年版。

（清）不睡居士撰：《枕上晨钟》，《古本小说集成》，上海：上海古籍出版社1991年影印本。

C

（清）曹去晶撰：《姑妄言》，许辛点校，北京：中国文联出版公司 1999 年版。

（清）曹雪芹、高鹗撰：《红楼梦》，中国艺术研究院、红楼梦研究所校注，北京：人民文学出版社 2005 年重印本。

曹允源等纂：民国《吴县志》，《中国地方志集成》（江苏府县志辑），第 12 册，南京：凤凰出版社 2008 年影印本。

陈宝良著：《明代儒学生员与地方社会》，北京：中国社会科学出版社 2005 年版。

（清）陈芳生撰：《训蒙条例》，（清）王椸、张潮编纂：《檀几丛书》，上海：上海古籍出版社 1992 年影印本。

（清）陈宏谋撰：《陈榕门先生遗书》，广西乡贤遗著编印委员会，民国三十三年（1944）铅印本。

（清）陈康祺撰：《郎潜纪闻初笔　二笔　三笔》，晋石点校，北京：中华书局 1984 年版。

（清）陈立撰：《白虎通疏证》，北京：中华书局 1994 年版。

（清）陈鼒撰：《百可漫志》，《纪录汇编》本，北京：全国图书馆文献缩微复制中心，1994 年。

（清）陈庆容撰：《心乾氏自编年谱》，《北图珍本年谱丛刊》，第 182 册。

（明）陈确撰：《陈确集》，北京：中华书局 1979 年版。

（清）陈声暨、王真编：《侯官陈石遗先生年谱》，《北图珍本年谱丛刊》，第 184 册。

（清）陈士枚撰：《勿斋自订年谱》，《北图珍本年谱丛刊》，第 148 册。

（清）陈舜系：《乱离见闻录》，林雄主编：《明清广东稀见笔记七种》，广州：广东人民出版社 2010 年版。

（清）陈天锡撰：《迟庄回忆录》，《近代中国史料丛刊续编》（第 3 辑），第 24 册，台北：文海出版社 1974 年影印本。

（清）陈廷敬撰：《午亭文编》，《景印文渊阁四库全书》，第 1316 册。

（明）陈献章撰：《陈献章集》，孙通海点校，北京：中华书局 1987 年版。

（清）陈元恒编：《教谕公稀龄撮记》，《北图珍本年谱丛刊》，第 163 册。

陈志勇著：《师爷》，北京：中国社会出版社 2009 年版。

（明）陈子龙撰：《陈忠裕公自著年谱》，《北图珍本年谱丛刊》，第 63 册。

（清）陈作梅编：《第七泉居士年谱》，《上海图书馆藏珍本年谱丛刊》，第 11 册，北京：国家图书馆出版社 2015 年影印本。（该丛书以下简称《上图珍本年谱丛刊》）

（清）成琦撰：《主善堂主人年谱》，《北图珍本年谱丛刊》，第 173 册。

（明）程敏政撰：《篁墩文集》，《景印文渊阁四库全书》，第 1252 册。

（明）程敏政纂：《新安文献志》，合肥：黄山书社 2004 年版。

（清）程树德编：《黄忠节公年谱》，《上图珍本年谱丛刊》，第 7 册。

（清）程庭鹭撰：《梦盦居士自编年谱》，《北图珍本年谱丛刊》，第 148 册。

（东汉）崔寔撰：石声汉校注：《四民月令校注》，北京：中华书局 1965 年版。

（清）崔述撰：《崔东壁遗书》，顾颉刚编订，上海：上海古籍出版社 2013 年版。

D

（清）达受撰：《宝素堂金石书画编年录》，《北图珍本年谱丛刊》，第 144 册。

（清）戴亨撰：《庆芝堂集》，《辽海丛书》，第 30 册，沈阳：辽海书社 1933 年版。

（明）戴进：《太平乐事》，册面，绢本，台北：台北故宫博物院藏。

（清）戴钧衡编：《南山先生年谱》，《北图珍本年谱丛刊》，第 87 册。

（清）戴钧衡撰：《味经山馆文钞》，《续修四库全书》，第 1545 册。

（清）丁福保撰：《畴隐居士自订年谱》，《北图珍本年谱丛刊》，第 197 册。

丁钢、刘琪著：《书院与中国文化》，上海：上海教育出版社 1992 年版。

（清）丁守存撰：《编年自纪》，《北图珍本年谱丛刊》，第 158 册。

（明）丁元荐撰：《西山日记》，《历代日记丛钞》，第 4 册，北京：学苑出版社 2006 年影印本。

（清）丁宗洛编：《海康陈清端公年谱》，《北图珍本年谱丛刊》，第 87 册。

（明）堵胤锡撰：《堵忠肃公年谱》，《北图珍本年谱丛刊》，第 62 册。

（清）段玉裁撰：《说文解字注》，上海：上海古籍出版社 1981 年版。

E

（清）鄂尔泰等修，靖道谟等纂：雍正《云南通志》，《景印文渊阁四库全书》，第 570 册。

F

（明）范景文撰：《文忠集》，《景印文渊阁四库全书》，第 1295 册。
（南朝宋）范晔撰：《后汉书》，北京：中华书局 1965 年版。
（清）方华钦编：《竹南居士年谱》，《北图珍本年谱丛刊》，第 126 册。
（清）方浚师编：《随园先生年谱》，《北图珍本年谱丛刊》，第 98 册。
（清）方浚师撰：《蕉轩随录》，盛冬铃点校，中华书局 1995 年版。
费孝通著：《乡土中国》，北京：生活·读书·新知三联书店 1985 年版。
（明）冯梦龙编撰：《醒世恒言》，北京：中华书局 2009 年版。
（明）冯时可撰：《雨航杂录》，北京：中华书局 1985 年版。
福建省地方志编纂委员会编：《福建省志·教育志》，北京：方志出版社 1998 年版。

G

（清）高覲昌撰：《葵园遁叟自订年谱》，《北图珍本年谱丛刊》，第 184 册。
高时良著：《学记研究》，北京：人民文学出版社 2006 年版。
（清）高一麟撰：《矩庵诗质》，乾隆间高氏刻本。
（明）葛昕撰：《集玉山房稿》，《景印文渊阁四库全书》，第 1296 册。
（明）耿定向撰：《观生记》，《北图珍本年谱丛刊》，第 50 册。
龚笃清著：《明代八股文史探》，长沙：湖南人民出版社 2006 年版。
（明）龚绂编：《龚安节先生年谱》，《北图珍本年谱丛刊》，第 38 册。
（明）顾起元撰：《客座赘语》，谭棣华、陈家禾点校，北京：中华书局 1987 年版。
（明）顾宪成撰：《泾皋藏稿》，《景印文渊阁四库全书》，第 1292 册。
（清）顾炎武撰：《天下郡国利病书》，《四部丛刊三编》，民国二十五年（1936）上海商务印书馆影印本。
（清）顾炎武撰：《顾亭林诗文集》，华忱之点校，中华书局 1983 年第 2 版。
（清）顾炎武撰：《日知录》，黄汝成集释，栾保群、吕宗力校点，上海：上海古籍出版社 2006 年版。
（明）顾与沐编：《顾端文公年谱》，《北图珍本年谱丛刊》，第 53 册。

（清）管庆祺编：《征君陈先生年谱》，《北图珍本年谱丛刊》，第139册。

（清）归锄子撰：《红楼梦补》，《明清善本小说丛刊初编》（第十辑），台北：天一出版社1985年影印本。

郭白阳撰：《竹间续话》，福建地方志编撰委员会整理，福州：海风出版社2001年版。

H

（清）韩葑撰：《韩桂舲先生自订年谱》，《北图珍本年谱丛刊》，第120册。

（清）韩国钧撰：《永忆录》，《近代中国史料丛刊初编》，第9册，台北：文海出版社1966年影印本。

（西汉）韩婴撰，许维遹校释：《韩诗外传集释》，北京：中华书局1980年版。

（明）韩雍撰：《襄毅文集》，《景印文渊阁四库全书》，第1245册。

（清）杭世骏撰：《道古堂文集》，《续修四库全书》，第1426册，上海：上海古籍出版社2002年影印本。

（明）何出图撰：《何伯子自注年谱》，《北图珍本年谱丛刊》，第52册。

（明）何景明撰：《何大复集》，李淑毅等点校，郑州：中州古籍出版社1989年版。

（清）何应松修，方崇鼎纂：道光《休宁县志》，《中国地方志集成》（安徽府县志辑），第52册，南京：江苏古籍出版社1998年影印本。

河南省地方史志编纂委员会编纂：《河南省志·教育志》，郑州：河南人民出版社1993年版。

（明）贺复征编选：《文章辨体汇选》，《景印文渊阁四库全书》，第1408册。

（明）贺培新编：《水竹邨人年谱》，《北图珍本年谱丛刊》，第184册。

（南宋）洪迈撰：《夷坚志》，何卓校点，北京：中华书局1981年版。

胡寄尘主编：《白相朋友》，1914年第8期，上海：广益书局发行。

胡适著：《胡适文集》，欧阳哲生编，北京：北京大学出版社1998年版。

（元）胡祗遹撰：《紫山大全集》，《景印文渊阁四库全书》，第1196册。

（清）华阳散人撰：《鸳鸯针》，《古本小说集成》（第一辑），上海：上海古籍出版社1991年影印本。

黄任恒等修：《南海学正黄氏族谱》，《北京图书馆藏家谱丛刊》，闽粤（侨乡）卷，第4册，北京：北京图书馆出版社2000年影印本。

（清）黄如瑾编：《溧阳僊山黄轫云年谱》，《北图珍本年谱丛刊》，第 81 册。

（明）黄润玉撰：《海涵万象录》，《丛书集成续编》，第 87 册，上海：上海书店出版社 1994 年影印本。

（清）黄廷桂等修纂：雍正《四川通志》，《景印文渊阁四库全书》，第 561 册。

（明）黄仲昭撰：《未轩文集》，《景印文渊阁四库全书》，第 1254 册。

（明）黄佐撰：《泰泉乡礼》，《景印文渊阁四库全书》，第 142 册。

J

季羡林等主编：《敦煌学大辞典》，上海：上海辞书出版社 1998 年版。

季羡林等主编：《中国敦煌壁画全集》，沈阳：辽宁美术出版社 2006 年版。

（清）江藩撰：《国朝汉学师承记》，钟哲整理，北京：中华书局 1983 年版。

（清）江锦波编：《江慎修先生年谱》，《北图珍本年谱丛刊》，第 92 册。

（清）姜宸英撰：《湛园集》，《景印文渊阁四库全书》，第 1323 册。

蒋纯焦著：《一个阶层的消失——晚清以降塾师研究》，上海：上海书店出版社 2007 年版。

（清）蒋彤编：《武进李先生年谱》，《北图珍本年谱丛刊》，第 131 册。

（明）蒋威著：《清代江南的塾师与地方社会》，中国社会科学出版社 2019 年版。

（明）蒋一葵撰：《尧山堂外纪》，《续修四库全书》，第 1194 册。

（清）蒋伊撰：《蒋氏家训》，《丛书集成初编》，第 977 册，上海：商务印书馆 1939 年版。

（明）蒋以化撰：《西台漫记》，《四库全书存目丛书·子部》，第 242 册，济南：齐鲁书社 1994 年影印本。

（清）蒋元益撰：《时庵自撰年谱》，《北图珍本年谱丛刊》，第 98 册。

（清）觉罗勒德洪等编：《高宗纯皇帝实录》，《清实录》，北京：中华书局 1986 年影印本。

（明）金木散人撰：《鼓掌绝尘》，刘葳校点，南京：江苏古籍出版社 1990 年版。

K

（清）康基田撰：《茂园自撰年谱》，《北图珍本年谱丛刊》，第 105 册。

（明）柯潜撰：《竹岩集》，《景印文渊阁四库全书》，第1246册。

L

（明）兰陵笑笑生撰：《金瓶梅》，《明清善本小说丛刊初编》（第十辑），台北：天一出版社1985年影印本。

（清）蓝鼎元撰：《鹿洲初集》，《景印文渊阁四库全书》，第1327册。

（明）郎瑛撰：《七修类稿》，北京：中华书局1959年版。

（清）黎安理撰：《长山公自书年谱》，《北图珍本年谱丛刊》，第118册。

（清）黎庶昌编：《曾文正公年谱》，《北图珍本年谱丛刊》，第157册。

（清）李宝嘉著：《官场现形记》，张友鹤校注，北京：人民文学出版社1996年版。

（清）李秉人等修：《龙船港李氏五修族谱》，《中华族谱集成》（李氏谱卷），第十七册。

李承庆等修：《陇西李氏四修族谱》，《中华族谱集成》（李氏谱卷），第一册。

（明）李东阳撰：《李东阳集》，周寅宾点校，长沙：岳麓书社1984年版。

（清）李富孙撰：《校经叟自订年谱》，《北图珍本年谱丛刊》，第128册。

李惠芳主编：《中国民俗大系·湖北民俗》，兰州：甘肃人民出版社2003年版。

（清）李钧撰：《判语录存》，高旭晨、俞鹿年、徐立志整理，《历代判例判牍》，第10册，北京：中国社会科学出版社，2005年版。

（明）李乐撰：《见闻杂记》，上海：上海古籍出版社1986年版。

（清）李绿园撰：《歧路灯》，栾星校注，郑州：中州书画社1980年版。

（清）李庆辰撰：《醉茶志怪》，高洪钧、王淑艳点校，石家庄：河北人民出版社1988年版。

（唐）李冗撰：《独异志》，北京：中华书局1985年版。

（清）李汝珍撰：《镜花缘》，张友鹤校注，北京：人民文学出版社1955年版。

（清）李若虹撰：《朝市丛载》，杨华整理点校，北京：北京古籍出版社1995年版。

（清）李慎修编：《家父年谱》，《北图珍本年谱丛刊》，第158册。

（明）李廷机撰：《李文节集》，《四库禁毁书丛刊·史部》，第44册，北京：北京图书馆1997年影印本。

（明）李廷机撰：《李文节集》，台北：文海出版社1970年影印本。

（明）李维柱、缪肇祖纂：《常熟县儒学志》，《北京图书馆古籍珍本丛刊》，第51册，北京：书目文献出版社1998年版。

（明）李诩撰：《戒庵老人漫笔》，魏连科点校，北京：中华书局1982年版。

（清）李延昰撰：《南吴旧话录》，上海：上海古籍出版社1985年版。

（清）李应果修：《慈峰李氏宗谱》，《中华族谱集成》（李氏谱卷），第十四册。

（清）李用仪编：《侯夷门先生年谱》，《上图珍本年谱丛刊》，第10册。

（清）李渔撰：《李渔全集》，杜维沫点校，杭州：浙江古籍出版社1991年版。

（明）李贽辑：《开卷一笑》，《明清善本小说丛刊初编》（第六辑），台北：天一出版社1985年影印本。

（明）李贽撰，张建业、张岱编：《李贽全集注》，北京：社会科学文献出版社2010年版。

（明）李中馥撰：《原李耳载》，凌毅点校，北京：中华书局1987年版。

（清）梁焕鼐编：《桂林梁先生年谱》，《北图珍本年谱丛刊》，第186册。

（清）梁启超主编：《新小说》，1902年第3期，横滨：译书汇编社发行。

（清）梁启超撰：《中国近三百年学术史》，北京：中国人民大学出版社2012年版。

（清）梁悦馨等修：光绪《通州直隶州志》，《中国地方志集成》（江苏府县志辑），第52册，江苏古籍出版社1991年影印本。

（清）梁章钜撰：《归田琐记》，于亦时点校，北京：中华书局1981年版。

廖泰初著：《动变中的中国农村教育——山东省汶上县教育研究》，1936年个人刊。

（南宋）林季仲撰：《竹轩杂著》，《景印文渊阁四库全书》，第1140册。

林乐知主编：《万国公报》1881年第709期，上海：林华书院发行。

（明）凌蒙初编撰：《初刻拍案惊奇》，北京：中华书局2009年版。

（明）凌蒙初撰：《警世通言》，严敦易校注，北京：人民文学出版社1956年版。

（清）刘策先编：《诰封光禄大夫刘公象久年谱》，《北图珍本年谱丛刊》，第152册。

刘春池等修：《白石刘氏四修族谱》，《中华族谱集成》（刘氏谱卷），第十三册，成都：巴蜀书社1995年影印本。

刘大鹏遗著，乔志强标注：《退想斋日记》，太原：山西人民出版社 1990 年版。

刘薇廷等修：《余姚开原刘氏宗谱五编》，《中华族谱集成》（刘氏谱卷），第五册。

刘国生等修：《蓉湖柳荡刘氏宗谱》，《中华族谱集成》（刘氏谱卷），第三册。

（清）刘汉卿编：《依思公年谱》，《北图珍本年谱丛刊》，73 册。

（清）刘命清撰：《虎溪渔叟集》，康熙三十八年刻本。

刘盼遂编：《段玉裁先生年谱》，《北图珍本年谱丛刊》，第 108 册。

（明）刘双、松子明重编：《新板增补天下便用文林妙锦万宝全书》，万历四年（1612）刻本。

蒋箸超主编：《民权素》，1914 年第 2 集，上海：民权出版社发行。

刘晓东著：《明代的塾师与基层社会》，北京：商务印书馆 2010 年版。

刘晓东著：《明代士人生存状态研究》，长春：吉林文史出版社 2002 年版。

刘兴开、刘昌明修：《中梅刘氏续修家乘》，《中华族谱集成》（刘氏谱卷），第十七册。

（五代）刘昫等撰：《旧唐书》，北京：中华书局 1975 年版。

刘禺生撰：《世载堂杂忆》，北京：中华书局 1960 年版。

龙赓言纂修：民国《万载县志》，民国二十九年（1930）刊本。

（明）庐熊纂修：洪武《苏州府志》，《中国方志丛书》（华中地方），第四三二号，台北：成文出版社 1983 年影钞本。

鲁迅著：《鲁迅全集》，北京：人民文学出版社 2005 年版。

（清）陆模撰：《朝议公自订年谱》，《北图珍本年谱丛刊》，第 143 册。

（明）陆人龙撰：《型世言》，崔恩烈、田禾校点，济南：齐鲁书社 1995 年版。

（明）陆容撰：《菽园杂记》，北京：中华书局 1985 年版。

（清）陆世仪撰：《陆桴亭思辨录辑要》，《丛书集成初编》，第 668 册，上海：商务印书馆 1937 年版。

（清）陆我嵩编：《无成录》，《北图珍本年谱丛刊》，第 143 册。

（清）陆以湉撰：《冷庐杂识》，崔凡芝点校，北京：中华书局 1984 年版。

（清）陆元鋐撰：《乡石自订年谱》，《北图珍本年谱丛刊》，第 118 册。

（清）罗惇衍编：《椒生府君年谱》，《北图珍本年谱丛刊》，第 160 册。

（清）罗杰编：《唖莽年谱》，《北图珍本年谱丛刊》，191 册。

（清）罗香林编：《先考幼山府君年谱》，《北图珍本年谱丛刊》，第 188 册。

（清）罗正钧编：《左文襄公年谱》，《北图珍本年谱丛刊》，第159册。

（清）骆秉章撰：《骆文忠公自订年谱》，《北图珍本年谱丛刊》，第147册。

（清）吕凤岐编：《石柱山人行年录》，《北图珍本年谱丛刊》，第173册。

（清）吕海寰撰：《吕镜宇自叙年谱》，《北图珍本年谱丛刊》，第180册。

（清）吕培编：《洪北江先生年谱》，《北图珍本年谱丛刊》，第111册。

（清）吕元亮编：《赵客亭先生年谱记略》，《北图珍本年谱丛刊》，第86册。

（清）吕子珏修，詹锡龄纂：道光《黟县续志》，《中国地方志集成》（安徽府县志辑），第56册，南京：江苏古籍出版社1998年影印本。

M

（清）马先登撰：《告存漫叟年谱》，《北图珍本年谱丛刊》，第155册。

马夷初撰：《我在六十岁以前》，《近代中国史料丛刊续编》，九五三册，台北：文海出版社1974年影印本。

马玉田、舒乙主编：《文史资料存稿选编·教育》，北京：中国文史出版社2006年版。

毛礼锐、沈灌群主编：《中国教育通史》，济南：山东教育出版社1985年版。

（清）毛奇龄撰：《西河集》，《景印文渊阁四库全书》，第1320、1321册。

（清）毛祥麟撰：《对山余墨》，《香艳丛书》，第八册，上海：上海书店1991年影刊本。

蒙荫昭、梁全进撰，《广西教育史》，南宁：广西人民出版社1999年版。

（清）闵尔昌编：《江子屏先生年谱》，《北图珍本年谱丛刊》，第122册。

（清）闵尔昌编：《焦理堂先生年谱》，《北图珍本年谱丛刊》，第127册。

（清）缪朝荃编：《彭湘涵先生年谱》，《北图珍本年谱丛刊》，第130册。

（明）墨憨斋主人辑：《广笑府》，上海：中央书店总店1935年版。

（元）牟巘撰：《牟氏陵阳集》，《景印文渊阁四库全书》，第1188册。

N

（明）倪谦撰：《倪文僖集》，《景印文渊阁四库全书》，第1245册。

（清）倪涛撰：《六艺之一录》，《景印文渊阁四库全书》，第836册。

（明）倪元璐撰：《倪文贞集》，《景印文渊阁四库全书》，第1297册。

（清）钮泽晟撰：《自述录》，《北图珍本年谱丛刊》，第191册。

O

（南宋）欧阳守道撰：《巽斋文集》，《景印文渊阁四库全书》，第 1183 册。

P

（清）潘杓灿撰：《未信编》，《官箴书集成》，第三册，合肥：黄山书社 1997 年版。

（明）庞尚鹏撰：《庞氏家训》，《丛书集成新编》，第 33 册，台北：新文丰出版公司 1986 年版。

（清）裴士骐编：《裴光禄年谱》，《北图珍本年谱丛刊》，第 165 册。

彭信威著：《中国货币史》，上海：上海人民出版社 1958 年版。

（清）彭玉雯撰：《云墀老人自订年谱》，《北图珍本年谱丛刊》，第 137 册。

（明）彭泽编：《段容思先生年谱纪略》，《北图珍本年谱丛刊》，第 39 册。

蒲殿钦等修：民国《绵阳县志》，《中国地方志集成》（四川府县志辑），第 17 册，成都：巴蜀书社 1992 年影印本。

（清）蒲松龄著：《蒲松龄集》，路大荒整理，上海：上海古籍出版社 1986 年版。

Q

（清）齐学裘撰：《见闻随笔》，《续修四库全书》，第 1181 册。

（清）钱大昕撰：《钱辛楣先生年谱》，钱庆曾校注，《北图珍本年谱丛刊》，第 105 册。

（清）钱大昕撰：《潜研堂文集》，《嘉定钱大昕全集》，陈文和点校，南京：江苏古籍出版社 1997 年版。

（清）钱德苍辑：《新订解人颐广集》，《明清善本小说丛刊初编》（第六辑），台北：天一出版社 1985 年影印本。

（明）钱谷编：《吴都文粹续集》，《景印文渊阁四库全书》，第 1385 册。

（清）钱景星编：《露桐先生年谱》，《北图珍本年谱丛刊》，109 册。

（清）钱泰吉撰：《甘泉乡人稿》，《续修四库全书》，第 1519 册。

秦翰才编：《齐彦槐年谱稿》，《上图珍本年谱丛刊》，第 14 册。

（清）青城子撰：《亦复如是》，于志斌标点，重庆：重庆出版社 1999 年版。

邱学士、龚望、刘炎臣编：《梅树君先生年谱初稿》，1989 年自印本。

（清）屈大均撰：《广东新语》，北京：中华书局 1985 年版。

璩鑫圭主编：《中国近代教育史资料汇编：鸦片战争时期教育》，上海：上海教育出版社 1990 年版。

（明）瞿佑等撰：《剪灯新话》（外二种），周楞伽校注，上海：上海古籍出版社 1981 年版。

（清）瞿中溶撰：《瞿木夫先生自订年谱》，《北图珍本年谱丛刊》，第 131 册。

（清）蘧园撰：《负曝闲谈》，上海：上海古籍出版社 1985 年版。

（清）权量编：《适园老人年谱》，《北图珍本年谱丛刊》，第 196 册。

R

（明）任环撰：《山海漫谈》，《景印文渊阁四库全书》，第 1278 册。

（清）阮升基纂修：《重刊宜兴县志》，光绪八年（1882）刻本。

S

商衍鎏著：《清代科举考试述录》，北京：故宫出版社 2014 年版。

（北宋）邵雍纂辑：《梦林玄解》，崇祯九年（1636）刻本。

（清）沈德潜撰：《沈归愚自订年谱》，《北图珍本年谱丛刊》，第 91 册。

（清）沈尧撰：《落帆楼文集》，《续修四库全书》，第 1525 册。

（清）盛康编：《皇朝经世文续编》，道光二十三年刻本。

石昌渝主编：《中国古代小说总目・白话卷》，太原：山西教育出版社 2004 年版。

（清）石成金撰：《传家宝全集》，上海：广益书局 1912 年版。

（西汉）司马迁撰：《史记》，北京：中华书局 1959 年版。

四川省地方志编纂委员会编：《四川省志・教育志》，北京：方志出版社 2000 年版。

（北宋）宋祁、欧阳修等撰：《新唐书》，北京：中华书局 1975 年版。

（清）宋在诗编：《忆往编》，《北图珍本年谱丛刊》，第 95 册。

（清）苏惇元编：《张杨园先生年谱》，《北图珍本年谱丛刊》，第 70 册。

（明）苏天爵辑撰：《元朝名臣事略》，姚景安点校，北京：中华书局 1996 年版。

（明）孙岱编：《归震川先生年谱》，《北图珍本年谱丛刊》，第 49 册。

（清）孙亢宗撰：《悔迟自叙年谱》，《上图珍本年谱丛刊》，第 9 册。

（清）孙孟平编：《开封府君年谱》，《北图珍本年谱丛刊》，第 165 册。

（清）孙蔚撰：《逸云居士自订年谱》，《北图珍本年谱丛刊》，第 111 册。

T

（清）唐彪辑著：《家塾教学法》，赵伯英、万恒德选注，上海：华东师范大学出版社 1992 年版。

（清）唐文治撰：《茹经先生自订年谱正续篇》，《近代中国史料丛刊三编》，第九十册，台北：文海出版社 1986 年影印本。

（明）田汝成辑：《西湖游览志余》，上海：上海古籍出版社 1958 年版。

田涛著：《百年记忆：民谣里的中国》，北京：人民出版社 2011 年版。

（清）童以谦撰：《抝卢氏自编年谱》，《北图珍本年谱丛刊》，第 179 册。

（清）涂宗瀛编：《涂大司马年谱》，《北图珍本年谱丛刊》，第 160 册。

屠光甫等主编：《钱业月报》1929 年第 9 卷，第 4 号，上海：上海钱业工会发行。

（元）脱脱撰：《宋史》，北京：中华书局 1977 年版。

（清）万大章编：《段甲楼先生年谱》，《北图珍本年谱丛刊》，第 185 册。

W

（清）汪辉祖撰：《双节堂庸训》，王宗志等注释，天津：天津古籍出版社 1995 年版。

（清）汪辉祖撰：《佐治药言》，北京：中华书局 1985 年版。

（清）汪廷珍等编：《仁宗睿皇帝实录》第三〇册，《清实录》，北京：中华书局 1986 年影印本。

（清）汪琬撰：《尧峰文钞》，《景印文渊阁四库全书》，第 1315 册。

汪惟农等主编：《月月小说》1907 年第 1 卷，第 12 期，上海：群乐书局发行。

（清）汪宗沂编：《程可山先生年谱》，《清代徽人年谱合刊》，合肥：黄山书社 2006 年版。

（明）王鏊撰：《震泽集》，《景印文渊阁四库全书》，第 1256 册。

（清）王宝仁撰：《王宝仁自述行年纪略》，《北图珍本年谱丛刊》，第 143 册。

（清）王陈常撰：《王淡园自订年谱》，《北图珍本年谱丛刊》，第187册。

（东汉）王充撰，黄晖校释：《论衡校释》，北京：中华书局1990年版。

（明）王道通撰：《简平子集》，《天津图书馆藏孤本秘籍丛书》，第12册，北京：中华全国图书馆文献缩微复制中心，1999年。

王尔敏著：《近代经世小儒》，南宁：广西师范大学出版社2008年版。

王尔敏著：《近代文化生态及其变迁》，南昌：百花洲文艺出版社2002年版。

王尔敏著：《明清时代庶民文化生活》，长沙：岳麓书社2002年版。

王国维等主编：《教育世界》1905年第1期，上海：教育世界社发行。

王洪宾、武修敬撰：《中国教育大系·历代名人教育志》，武汉：湖北教育出版社1994年版。

（清）王家勤编：《王靖毅公年谱》，《北图珍本年谱丛刊》，第149册。

（清）王钜撰：《悔庵先生年谱》，《上图珍本年谱丛刊》，第12册。

（清）王筠撰：《教童子法》，《丛书集成初编》，第986册，上海：商务印书馆1937年版。

（清）王懋官撰：《养云主人自编年谱》，《北图珍本年谱丛刊》，第181册。

（清）王培荀撰：《乡园忆旧录》，蒲泽校点，济南：齐鲁书社1993年版。

（明）王圻撰：《续文献通考》，万历三十一年刻本。

（明）王锜撰：《寓圃杂记》，北京：中华书局1984年版。

（清）王士禛编：《渔洋山人自撰年谱》，《北图珍本年谱丛刊》，第82册。

（清）王士禛撰：《池北偶谈》，勒斯仁点校，北京：中华书局1982年版。

（明）王世贞撰：《弇州四部稿》，《景印文渊阁四库全书》，第1280册。

（明）王世贞撰：《弇州续稿》，《景印文渊阁四库全书》，第1283册。

（明）王守仁撰：《王阳明全集》，吴光、钱明等编校，上海：上海古籍出版社2011年版。

（清）王守恂撰：《阮南自述》，《北图珍本年谱丛刊》，第187册。

（清）王树枏撰：《陶庐老人年谱》，《北图珍本年谱丛刊》，第182册。

（清）王恕编：《楼山省身录》，《北图珍本年谱丛刊》，第92册。

（清）王韬撰：《淞滨琐话》，刘文忠校点，济南：齐鲁书社2004年版。

（清）王韬撰：《淞隐漫录》，王思宇校点，北京：人民文学出版社1983年版。

（清）王锡彤撰：《抑斋自述七种之一：浮生梦影》，《北图珍本年谱丛刊》，第189册。

（清）王先谦集解：《荀子集解》，沈啸寰、王星贤点校，北京：中华书局 1988 年版。

（清）王养濂等纂修：康熙《宛平县志》，《中国地方志集成》（北京府县志辑），第 5 册，上海：上海书店出版社 2002 年影印本。

（清）王萦绪撰，（清）王凤文补辑：《成祉府君自著年谱》，《北图珍本年谱丛刊》，第 98 册。

（清）王应奎撰：《柳南随笔》，王彬、严英俊点校，北京：中华书局 1983 年版。

（清）王永祺编：《泰舒胡先生年谱》，《北图珍本年谱丛刊》，第 95 册。

（清）王元勋、程化騄编选：《明人尺牍选》，光绪十七年（1891）刻本。

（清）王源编：《颜习斋先生年谱》，《北图珍本年谱丛刊》，第 83 册。

（明）王直撰：《抑庵文集》，《景印文渊阁四库全书》，第 1241 册。

（清）王钟等修：《王氏三沙统谱》，《中华族谱集成》（王氏谱卷），第九册。

（清）翁叔元编：《翁铁庵年谱》，《北图珍本年谱丛刊》，第 82 册。

（清）翁同书编：《先文端公年谱》，《北图珍本年谱丛刊》，第 145 册。

（清）吴炽昌撰：《客窗闲话》，石家庄：河北人民出版社 1985 年版。

（清）吴怀清编：《雪木先生年谱》，《北图珍本年谱丛刊》，第 80 册。

（清）吴敬梓撰：《儒林外史》，上海：上海古籍出版社 1991 年版。

吴克俊纂：民国《黟县四志》，《中国地方志集成》（安徽府县志辑），第 58 册，南京：江苏古籍出版社 1998 年影印本。

（明）吴宽撰：《匏翁家藏集》，《四部丛刊初编》，第 1561 册，上海：商务印书馆 1922 年影印本。

（元）吴莱撰：《渊颖集》，《景印文渊阁四库全书》，第 1209 册。

（明）吴鹏编：《吴太宰公年谱》，《北图珍本年谱丛刊》，第 46 册。

（清）吴省钦撰：《吴白华自订年谱》，《北图珍本年谱丛刊》，第 106 册。

（清）吴师澄编：《余孝惠先生年谱》，《北图珍本年谱丛刊》，第 156 册。

吴双热主编：《饭后钟》1921 年第 9 期。

吴宣德著：《明代进士的地理分布》，香港：香港中文大学 2009 年版。

吴宣德著：《中国教育制度通史》（第四卷），济南：山东教育出版社 2000 年版。

（清）吴之振等选编，管庭芬、蒋光煦补编：《宋诗钞》，北京：中华书局 1986

年版。

（南宋）吴自牧撰：《梦粱录》，《丛书集成初编》，第3221册，上海：商务印书馆1939年版。

X

（明）西湖渔隐主人撰：《欢喜冤家》，于天池、李书点校，北京：北京师范大学出版社1992年版。

（明）西周生撰：《醒世姻缘传》，黄肃秋校注，上海：上海古籍出版社1981年版。

（清）夏味堂编：《检讨公年谱》，《北图珍本年谱丛刊》，第96册。

（清）逍遥子撰：《后红楼梦》，《明清善本小说丛刊初编》（第十辑），台北：天一出版社1985年影印本。

（明）萧雍撰：《赤山会约》，《丛书集成初编》，第733册，上海：商务印书馆1936年版。

（清）谢旻等修，（清）陶成等纂：雍正《江西通志》，《景印文渊阁四库全书》，第517册。

（清）谢鸣谦编：《程山谢明学先生年谱》，《清初名儒年谱》，第6册，北京图书馆出版社2006年版。

谢水顺、李珽著：《福建古代刻书》，福州：福建人民出版社2001年版。

（清）谢永泰等修：同治《黟县三志》，《中国地方志集成》（安徽府县志辑），第57册，南京：江苏古籍出版社1998年影印本。

（明）谢肇淛撰：《五杂组》，北京：中华书局1959年版。

（清）辛从益撰，（清）辛桂云补辑：《辛筠谷年谱》，《北图珍本年谱丛刊》，第122册。

新北辰杂志社主编：《新北辰》，1936年第2卷第10期，北京：光启学会发行。

（清）徐保字撰：《阮邻自订年谱》，《北图珍本年谱丛刊》，第139册。

（清）徐栋辑：《牧令书》，道光十八年刻本。

（清）徐栋撰：《致初自谱》，《北图珍本年谱丛刊》，第146册。

（明）徐光启撰，王重民辑校：《徐光启集》，北京：中华书局1963年版。

（清）徐珂编撰：《清稗类钞》，北京：中华书局2003年版。

（清）徐时栋撰：《烟屿楼文集》，《续修四库全书》，第 1542 册。

（清）徐时栋撰：《烟屿楼笔记》，《续修四库全书》，第 1162 册。

徐世昌编选：《晚晴簃诗汇》，民国十八年（1929）退耕堂刊本。

（清）徐松辑：《宋会要辑稿》，北京：中华书局 1957 年影印本。

（明）徐渭撰：《徐渭集》，北京：中华书局 1983 年版。

徐向前撰：《历史的回顾》，北京：解放军出版社 1988 年版。

徐元诰撰：《国语集解》，王树民、沈长云点校，北京：中华书局 2002 年版。

徐枕亚等主编：《小说丛报》1914 年第 3 期，上海：《小说丛报》社发行。

（清）徐宗干撰：《斯未信斋主人自订年谱》，《北图珍本年谱丛刊》，第 148 册。

（清）许嘉猷撰：《许顺庵老人自述年谱》，《北图珍本年谱丛刊》，第 121 册。

（东汉）许慎撰：《说文解字》，南京：江苏古籍出版社 2001 年版。

许同梓编：《张文襄公年谱》，《北图珍本年谱丛刊》，第 173 册。

（明）许相卿撰：《许云邨贻谋》，《丛书集成初编》，第 975 册，上海：商务印书馆 1939 年版。

许宗海等纂：民国《夏津县志续编》，《中国地方志集成》（山东府县志辑），第 19 册，南京：凤凰出版社 2004 年影印本。

（清）煦莽撰：《萃英堂老人自订年谱》，《北图珍本年谱丛刊》，第 149 册。

（明）薛蕙撰：《考功集》，《景印文渊阁四库全书》，第 1272 册。

Y

（北齐）颜之推撰，王利器集解：《颜氏家训集解》，北京：中华书局 1993 年版。

（清）杨超格编：《仲骧年谱》，《北图珍本年谱丛刊》，第 160 册。

（清）杨芳灿编：《杨蓉裳先生年谱》，《北图珍本年谱丛刊》，第 120 册。

杨国安著：《明清两湖地区基层组织与乡村社会研究》，武汉：武汉大学出版社 2004 年版。

（清）杨国桢撰：《杨国桢海梁氏自叙年谱》，《北图珍本年谱丛刊》，第 137 册。

（明）杨继盛撰：《椒山先生自著年谱》，《北图珍本年谱丛刊》，第 49 册。

（明）杨慎撰：《升庵全集》，上海：商务印书馆 1937 年版。

（明）杨士奇等编：《明太祖实录》，“中央”研究院历史语言研究所 1962 年校印本。

（明）杨士奇撰：《东里续集》，《景印文渊阁四库全书》，1239 册。

（清）杨守敬编：《邻苏老人年谱》，《北图珍本年谱丛刊》，第 179 册。

（明）杨思尧编：《太师杨文贞公年谱》，《北图珍本年谱丛刊》，第 37 册。

（明）杨希闵编：《吴聘君年谱》，《北图珍本年谱丛刊》，第 38 册。

（清）姚浚昌编：《姚石甫先生年谱》，《北图珍本年谱丛刊》，第 138 册。

（明）姚舜牧撰：《药言》，《丛书集成初编》，第 976 册，上海：商务印书馆 1939 年版。

（唐）姚思廉撰：《陈书》，北京：中华书局 1972 年版。

（清）姚廷麟撰：《上浦经历笔记》，《北图珍本年谱丛刊》，第 79 册。

（清）姚夏编：《张杨园先生年谱》，《北图珍本年谱丛刊》，第 70 册。

（清）姚裕廉修，（清）范炳垣纂：《重辑张堰志》，《中国地方志集成》（乡镇志专辑），第 2 册，南京：江苏古籍出版社 1992 年影印本。

（清）叶葆编：《跛奚年谱》，《北图珍本年谱丛刊》，第 122 册。

（明）叶盛撰：《水东日记》，魏中平点校，北京：中华书局 1980 年版。

（宋）佚名撰：《道山清话》，北京：中华书局 1985 年版。

（明）佚名编：《鼎锲龙头一览学海不求人》，明刻本。

（清）佚名编：《罗忠节公年谱》，《北图珍本年谱丛刊》，第 155 册。

佚名修：《南湖何氏宗谱》，民国十七年（1928）木活字本。

（清）佚名编：《瓯北先生年谱》，《北图珍本年谱丛刊》，第 105 册。

（清）殷葆诚撰：《追忆录》，《北图珍本年谱丛刊》，第 186 册。

（清）胤禛撰：《圣谕广训》，《景印文渊阁四库全书》，第 717 册。

（清）尤侗撰：《悔庵年谱》，《北图珍本年谱丛刊》，第 73 册。

（明）游戏主人纂集：《笑林广记》，上海：大新书局 1934 年版。

（明）于孔兼撰：《景素公自叙年谱》，《北图珍本年谱丛刊》，第 52 册。

（清）于敏中等编纂：《日下旧闻考》，北京：北京古籍出版社 1981 年版。

（清）余香祖编：《鳙山府君年谱》，《北图珍本年谱丛刊》，第 151 册。

余英时著：《士与中国文化》，上海：上海人民出版社 2003 年版。

（明）余永麟撰：《北牕琐语》，北京：中华书局 1985 年影印本。

（清）余治辑：《得一录》，台北：华文书局 1969 年影印本。

（南宋）袁采撰：《袁氏世范》，《丛书集成初编》，第 974 册，上海：商务印书馆 1939 年版。

（东晋）袁宏撰：《后汉纪》，周天游校注，天津：天津古籍出版社 1987 年版。

袁嘉谷修，许实纂：民国《宜良县志》，《中国方志丛书》（华南地方），第卅号，台北：成文出版社 1967 年影印本。

（清）袁毓麟撰：《文薮自撰年谱》，《北图珍本年谱丛刊》，第 196 册。

（明）袁袠撰：《衡藩重刻胥台先生集》，《四库全书存目丛书・集部》，第 86 册，济南：齐鲁书社 1997 年。

（明）袁宗道撰，孟祥荣笺校：《袁宗道集笺校》，武汉：湖北人民出版社 2003 年版。

（清）岳睿等修：乾隆《山东通志》，《景印文渊阁四库全书》，第 540 册。

（清）岳廷楷修：光绪《永城县志》，光绪二十九年（1903）刊本。

Z

（清）詹元相撰：《畏斋日记》，《清史资料》（第四辑），北京：中华书局 1983 年版。

（清）张邦伸编：《云谷年谱》，《北图珍本年谱丛刊》，第 108 册。

（清）张伯行编：《养正类编》，《丛书集成初编》，第 980 册，上海：商务印书馆 1936 年版。

（清）张琛撰：《生述》，《北图珍本年谱丛刊》，第 130 册。

（清）张大镛撰：《鹿樵自叙年谱稿》，《北图珍本年谱丛刊》，第 132 册。

（清）张鼎元编：《万清轩先生年谱》，《北图珍本年谱丛刊》，第 156 册。

（清）张笃庆撰：《厚斋自著年谱》，《北图珍本年谱丛刊》，第 86 册。

（明）张瀚撰：《松窗梦语》，盛冬铃点校，北京：中华书局 1985 年版。

（清）张謇撰：《啬翁自订年谱》，《北图珍本年谱丛刊》，第 183 册。

（清）张鉴瀛撰：《宦乡要则》，台北：老古文化事业公司，1982 年影抄本。

（清）张履祥撰：《杨园先生全集》，陈祖武点校，北京：中华书局 2002 年版。

（清）张庆彬等修：《旌阳张氏通修宗谱》，《中华族谱集成》（张氏谱卷），第二册。

（清）张绍蕃编：《祖庭闻见录》，《北图珍本年谱丛刊》，第 180 册。

（清）张澍撰：《养素堂文集》，《续修四库全书》，第 1507 册。

（清）张廷辉等修：《清河张氏宗谱》，《中华族谱集成》（张氏谱卷），第八册。

（清）张廷玉等撰：《明史》，北京：中华书局 1974 年版。

（清）张英撰：《聪训斋语》，《丛书集成初编》，第 977 册，上海：商务印书馆 1939 年版。

（明）张应俞撰：《杜骗新书》，太原：山西古籍出版社 2002 年版。

（清）张之汉编：《石琴卢主年谱》，《北图珍本年谱丛刊》，第 188 册。

张志公著：《传统语文教育初探》，上海：上海教育出版社 1962 年版。

张仲礼著：《中国绅士的收入》，费成康、王寅通译，上海：上海社会科学院出版社 2001 年版。

张仲礼著：《中国绅士——关于其在十九世纪中国社会中作用的研究》，李荣昌译，上海：上海社会科学院出版社 1991 年版。

（清）张祖翼撰：《清代野记》，北京：中华书局 2007 年版。

（清）章定瑜撰：《新淦公自定年谱》，《北图珍本年谱丛刊》，第 177 册。

章开沅、余子侠主编：《中国人留学史》，北京：社会科学文献出版社 2013 年版。

（清）章学诚撰：《章氏遗书》，民国十一年吴兴刘氏嘉业堂刻本。

漳州市地方志编纂委员会编：《漳州市志》，北京：中国社会科学出版社 1999 年版。

（清）昭梿撰：《啸亭续录》，何英芳点校，北京：中华书局 1980 年版。

赵超编：《汉魏南北朝墓志汇编》，天津：天津古籍出版社 1992 年版。

赵尔巽等撰：《清史稿》，北京：中华书局 1977 年版。

（清）赵光撰：《赵文恪公自订年谱》，《北图珍本年谱丛刊》，第 149 册。

（明）赵继鼎撰：《止安自叙年谱》，《上图珍本年谱丛刊》，第 7 册。

（清）赵启霖撰：《澹园自述》，《北图珍本年谱丛刊》，第 186 册。

赵清主编：《社会问题的历史考察》，成都：成都出版社 1992 年版。

赵诒翼纂：《信义志稿》，《中国地方志集成》（乡镇志专辑），第 8 册，南京：江苏古籍出版社 1992 年影印本。

（南宋）赵与时撰：《宾退录》，齐治平点校，上海：上海古籍出版社 1983 年版。

赵园著：《明清之际士大夫研究》，北京：北京大学出版社 1999 年版。

（清）赵昀撰：《遂翁自订年谱》，《北图珍本年谱丛刊》，第 155 册。

（清）震钧撰：《天咫偶闻》，北京：北京古籍出版社 1982 年版。

郑阿财、朱凤玉著：《启蒙养正：敦煌的学校教育》，兰州：甘肃教育出版社

2007 年版。

郑登云编撰:《中国近代教育史》,上海:华东师范大学出版社 1994 年版。

(清)郑观应撰:《盛世危言》,上海:上海古籍出版社 2008 年影印本。

(明)郑纪撰:《东园文集》,《景印文渊阁四库全书》,第 1249 册。

(明)郑太和撰:《郑氏规范》,《丛书集成初编》,第 975 册,上海:商务印书馆 1939 年版。

郑威编:《董其昌年谱》,上海:上海书画出版社 1989 年版。

(清)郑燮撰:《郑板桥集》,上海:中华书局上海编辑所 1962 年版。

(东汉)郑玄注,(唐)贾公彦疏:《周礼注疏》,北京:北京大学出版社 2000 年版。

(东汉)郑玄注,(唐)孔颖达疏:《礼记正义》,北京:北京大学出版社 2000 年版。

(东汉)郑玄注,(唐)孔颖达疏:《仪礼注疏》,北京:北京大学出版社 2000 年版。

(清)郑珍撰:《说文新附考》,《丛书集成初编》,第 1101 册,上海:商务印书馆 1936 年版。

中国古代书画鉴定组编:《中国古代书画图目》(十二),北京:文物出版社 1993 年版。

中国古代书画鉴定组编:《中国古代书画图目》(二十一),北京:文物出版社 2000 年版。

中国人民政治协商会议甘肃省委员会文史资料研究委员会编:《甘肃文史资料选辑》(第四十四辑),兰州:甘肃人民出版社 1996 年版。

中国人民政治协商会议桑植县委员会文史资料研究委员会编:《桑植文史》(第 3 辑),1992 年(内部刊物)。

中国人民政治协商会议山东省临朐县委员会编:《文史资料选辑》(第二辑),1982 年版。

中国人民政治协商会议山东省临朐县委员会编:《文史资料选辑》(第四辑),1985 年版。

(清)钟毓编:《半隐先生花甲记略》,《北图珍本年谱丛刊》,第 174 册。

周德昌、王建军著:《中国教育史研究·明清分卷》,上海:华东师范大学出版社 1995 年版。

（清）周馥撰：《周悫慎公自著年谱》，《北图珍本年谱丛刊》，第178册。

（明）周晖撰：《金陵琐事》，台北：成文出版社1983年影印本。

（明）周清原撰：《西湖二集》，周楞伽整理，北京：人民文学出版社1989年版。

（清）周寿昌撰：《思益堂日札》，许逸民点校，北京：中华书局2007年第2版。

（清）周在浚编：《周栎园先生年谱》，《北图珍本年谱丛刊》，第71册。

（明）周召撰：《双桥随笔》，《景印文渊阁四库全书》，第724册。

朱德著：《朱德选集》，北京：人民出版社1983年版。

（清）朱骏声撰：《石隐山人自订年谱》，《北图珍本年谱丛刊》，第143册。

（清）朱彭寿撰：《安乐康平室随笔》，何双生点校，北京：中华书局1982年版。

（南宋）朱熹撰：《朱熹集》，郭齐、尹波点校，成都：四川教育出版社1996年版。

（明）朱元璋撰：《御制大诰》，明洪武内府刻本。

朱峙三撰：《朱峙三日记》（连载之一），《辛亥革命史丛刊》（第10辑），武汉：湖北人民出版社1999年版。

（明）庄恒撰：《声鹤公年谱》，《北图珍本年谱丛刊》，第66册。

（清）左辅撰：《杏庄府君自叙年谱》，《北图珍本年谱丛刊》，第118册。

（清）左宗棠撰：《左宗棠全集》，林鸣凤、喻岳衡、文正义整理，长沙：岳麓书社1987年版。

（二）国外部分

［美］Evelyn Sakakida Rawski，*Education and popular literacy in Ch'ing China*（Eastlansing：University of Michigan Press，1979）.

［美］John King Fairbank&Merle Goldman，*China*：*A New History*（Boston：Belknap Press of Harvard University Press，1998）.

［美］费正清、刘广京编：《剑桥中国晚清史》，郭沂纹译，北京：中国社会科学出版社2007年版。

［美］高彦颐（Dorothy Ko）著：《闺塾师——明末清初江南的才女文化》，李志生译，上海：江苏人民出版社2005年版。

［美］何天爵（Chester Holcombe）著：《真正的中国佬》，鞠方安译，北京：中华书局2006年版。

［葡］曾德昭（Alvaro Semedo）著：《大中国志》，何高济译，上海：上海古籍出版社1998年版。

［英］崔瑞德（Denis Twitchett）、［美］牟复礼（Frederick W. Mote）编：《剑桥中国明代史》，史卫民译，北京：中国社会科学出版社2006年版。

［英］麦高温（John Macgowan）著：《中国人生活的明与暗》，朱涛、倪静译，北京：中华书局2006年版。

二、论文类

陈宝良：《明代的义学与乡学》，《史学月刊》1993年第3期，第44－47页。

陈宝良：《说“教书匠”——明清塾师的生计及其形象转变》，《文史知识》2012年第7期，第36－41页。

方行：《清代前期江南的劳动力市场》，《中国经济史研究》2004年第2期，第3－12页。

冯明：《清代湖北义学空间分布差异分析》，《法制与社会》2007年第10期，第760页。

高寿仙：《明万历间北京的物价和工资》，《清华大学学报（哲学社会科学版）》2008年第3期，第45－62页。

管世献：《清代甘肃义学时空分布及运营研究》，兰州大学2012年硕士学位论文。

郭培贵：《明代科举各级考试的规模及其录取率》，《史学月刊》2006年第12期，第24－31页。

韩凝春：《明清塾师初探》，《中国社会经济史研究》1997年第3期，第15－23页。

郝锦花：《20世纪二三十年代乡村塾师的收入》，《福建论坛（人文社会科学版）》2005年第8期，第71－75页。

纪军：《谈民间故事中的塾师形象》，《高等函授学报》2003年第2期，第19－21页。

姜守鹏：《明清时期的北方劳动力市场》，《东北师大学报（哲学社会科学版）》1995年第4期，第85－90页。

蒋威：《论明清塾师在乡村社会中的教化作用》，《广西社会科学》2011 年第 1 期，第 97－101 页。

蒋威：《论清代的塾师与乡村杂事》，《历史教学》2011 年第 14 期，第 24－29 页。

蒋威：《论清代乡村塾师馆居生活的孤寂及其调适》，《贵州文史丛刊》2012 年第 2 期，第 24－29 页。

蒋威：《明清时期塾师业外活动收入及其原因与影响》，《苏州教育学院学报》2008 年第 2 期，第 93－95 页。

李伯重：《控制增长，以保富裕：清代前中期江南的人口行为》，《新史学》1994 年第 3 期，第 25－71 页。

李丽霞：《明清白话小说塾师形象研究》，首都师范大学 2005 年硕士学位论文。

李勇刚：《私塾这些年》，《学习博览》2008 年第 1 期，第 10－16 页。

刘伯山：《清代徽州塾师的束脩——以〈徽州文书〉第二辑资料为中心》，《安徽大学学报（哲学社会科学版）》2008 年第 1 期，第 86－94 页。

刘晓东：《"君师治教"与明代塾师的社会角色》，《社会科学辑刊》2010 年第 2 期，第 142－147 页。

刘晓东：《明代塾师"生计"刍议——以江南地区为中心》，《中国社会经济史研究》2008 年第 2 期，第 32－38 页。

陆胤：《中国文学传统中的"记诵"》，《文学遗产》2017 年第 5 期，第 11－14 页。

马敏、张航：《晚清至民国时期小说中的塾师形象研究》，《西安社会科学》2012 年第 1 期，第 90－93 页。

潘光旦、费孝通：《科举与社会流动》，《社会科学》1947 年第 4 卷第 1 期，第 1－21 页。

潘宇：《明清及民初的讼师与讼学研究》，吉林大学 2006 年博士学位论文。

秦公：《释北魏高道悦墓志》，《文物》1979 年第 9 期，第 44 页。

秦晖：《传统中华帝国的乡村基层控制》，《中国乡村研究》（第一辑），商务印书馆 2005 年。

沈海梅：《明代云南文化教育中的私学》，《思想战线》1999 年第 3 期，第 100－105 页。

施克灿：《中国古代社学教化职能初探》，《教育学报》2010 年第 1 期，第 105

-109页。

宋社洪:《唐代乡学性质考论》,《社会科学战线》2008年第4期,第250-253页。

孙益、武雅静:《集体传记法与教育史研究:可能性与可行性的探讨》,《教育科学》2018年第1期,第89-96页。

谭景玉、王其勇:《清代前期塾师三题》,《岱宗学刊》2007年第4期,第41-43页。

谭清宣、王丽琼、霍敏:《试论明代地方学校的类型及功能》,《重庆社会科学》2007年第11期,第73-77页。

滕志妍:《明清塾师研究》,西北师范大学2006年硕士学位论文。

汪注:《"天演论"的祭品:塾师形象的妖魔化书写》,《内蒙古农业大学学报(社会科学版)》2012年第1期,第335-337页。

王长友:《林钝翁生平考》,《明清小说研究》2001年第4期,第204-213页。

王春榆:《先生虽读万卷书,一字不堪疗饥腹——塾师的辛酸》,《海燕》2005年第12期,第41-42页。

王兰荫:《明代之社学》,《师大月刊》1935年9月第21期、1936年2月第25期。

王善军:《宋代族塾义学的兴盛及其社会作用》,《中国史研究》1999年第2期,第103-110页。

王先明:《20世纪前期乡村社会冲突的演变及其对策》,《华中师范大学学报(人文社会科学版)》2012年第4期,第1-15页。

王玉坤:《清末徽州塾师胡廷卿的乡居生活考察　以〈祁门胡廷卿家用收支账簿〉为中心》,《贵州师范学院学报》2015年第5期,第26-31页。

王跃生:《清代科举人口研究》,《人口研究》1989年第3期,第42-47页。

魏忠策:《明代卧碑〈儒学榜谕〉评介》,《中原文物》1983年第2期,第71-73页。

闻洁:《塾师经济待遇初探》,《教育与经济》2000年第3期,第55-58页。

徐梓:《传统学塾中塾师的辛酸苦痛》,《中国典籍与文化》2004年第4期,第64-70页。

徐梓:《明清时期塾师的收入》,《中国社会经济史研究》2006年第2期,第30

-37 页。

徐祖澜：《乡绅之治与国家权力——以明清时期中国乡村社会为背景》，《法学家》2010 年第 6 期，第 111 -127 页。

鄢烈山：《“门客”文化探源》，《社会科学论坛》2004 年第 6 期，第 56 -59 页。

张松辉、周晓露：《老子是首创私学的人》，《湖南师范大学社会科学学报》2007 年第 5 期，第 119 -121 页。

张艺曦：《明代士人的睡眠时间与睡眠观念——关于睡眠史的初步研究》，《明代研究通讯》第五期，第 35 -55 页。

郑宪仁：《周代“诸侯大夫宗庙图”研究》，《汉学研究》2006 年第 2 期，第 1 -40 页。

左松涛：《晚清民国私塾与塾师的“权势”问题研究》，《中山大学学报（社会科学版）》2006 年第 2 期，第 61 -65 页。

三、报道类

北京师范大学贵州岩口支教队：《贵州省毕节市岩口私塾小学图书募捐》宣传片，新浪视频（http://video.sina.com.cn/v/b/104918741 -2675242465.html），2013 年 5 月 25 日。

陈薇：《在家上学联盟：理想教育试验田?》，《中国新闻周刊》（http://insight.inewsweek.cn/topic -623.html），2012 年 7 月 2 日。

付先锐、闵云霄：《代课教师李兹喜：365 斤苞谷的“年薪”领了 11 年》，《贵州政协报》，2006 年 6 月 22 日。

侯雨佳：《社会科学研究中的集体传记方法》，《中国社会科学报》，2019 年 5 月 28 日，第 6 版。

黄守愚：《湖南平江私塾考察浅见》，中国江西网（http://blog.sina.com.cn/s/blog_ 4905ef6e010008bh.html），2004 年 5 月 13 日。

李丹：《自学软件编程 13 岁娃水平堪比大学生》，《天府早报》，2012 年 12 月 24 日。

李勇刚：《当代私塾及经典教育网点名录》，海口孔子学堂官方网站（http://www.hkkzxt.org/djzx/djtg/2010/0710/528.html#d23），2010 年 7 月 10 日。

马晖：《中国式“在家上学”》，《21 世纪经济报道》，2013 年 9 月 30 日。

盛康年：《提倡市民办私塾是解决学龄儿童入学的一个可行办法》，《人民日报》，1957 年 3 月 22 日。

王一梅：《近二百所私塾隐身深圳》，《大公报》，2012 年 4 月 10 日。

危兆盖：《社会文化史：史学研究的又一新路径》，《光明日报》，2010 年 8 月 17 日。

夏继锋：《一个当代私塾女孩的成长史》，《东方今报》，2008 年 11 月 26 日。

郑继芳：《读书海螺湖》，新浪博客（http://blog.sina.com.cn/s/blog_4aa4c0c30100073v.html），2007 年 1 月 14 日。

中央电视台：《社会记录：私塾》，中央电视台新闻频道：（http://www.cctv.com/news/society/20040204/101250.shtml），2004 年 1 月 21 日。

后　记

这部书稿完成的时候，本拟请张勇（子开）老师作一篇序的，因为书稿是在我的博士学位论文《明清塾师研究》的基础上修改而成的，老师见证了我写作的全过程。但老师向来不为人作序。曾闻古人有云，读序者惬意，作序者两难。又云，书固多有序，书何妨无序？于是释然。但后记还是要有的。

塾师是明清时期士人中一个规模极其庞大的职业群体，对这个群体生存状态的研究，有几个大的障碍，在此稍作说明。一是文献的搜集问题。明清塾师研究，本质上是对基层文人群体生活史的研究，需要大量的生活细节作为文献支撑，然而，明清文集、方志、族谱等文献中对塾师的记载都极零散、极简略，罕有对生活细节的描述。在博士论文写作阶段，这个问题探索了很久才得到解决，最终确定采用以年谱（尤其是自编年谱）为中心，以别集、方志、族谱为补充的策略。近几年的塾师文献搜集实践证明，这一策略是正确的。二是文献的运用问题。对历史人物群体生活史的研究，从方法上来讲，似乎无法绕过集体传记法。集体传记法的要义在于通过统计分析，获得具有群体共性而非个性化的特征，并挖掘这些共性背后的原因，但作为注重人物生活细节的研究而言，这种方法有让塾师群体“脸谱化”的风险，且集体传记法因一直偏重于精英研究而受到质疑。所以本书在塾师文献的选择运用时，力求群体共性归纳与个体差异呈现的平衡，以及个体“知名”与“无名”的平衡。此外，文献择取还涉及史料与文学虚构的区分问题。由于本研究的重心在历史人物本身，因此在论述中，笔者尽量选择具有较高真实性和可靠性的文献，虚构性的文字仅在个别的章节中（如通俗文学中的塾师形象）被征引。三是结构上两头两尾的处理问题。本研究的对象为明清时期的塾师，但私学教师这一职业在先秦已有之，塾师这一称谓在宋代已屡见记载，而且塾师群体在民国及新中国很长一段时间都没有完全消失。所以书稿涉及如何叙述明以前与清以后的塾师群体这一问题。鉴于选题本身有明确的时间断限，所以在写作过程中，背景叙述的部分会涉及明以前的塾师，问题延伸的部分会涉及清以后的塾师，而在以“明清塾师群体”为直接研究内容的章节中，则尽量不涉及明清以外的案例。四是历时与共时的问题。从历时性看，明清时期贯穿了五个半世纪，跨度不可谓不长，但从明清科举制度、官私教育的高度连贯性来看，塾师群体的生存状态也维持着其稳定性。因此，书稿在结构设计时，以共时性为基本架构，在探讨具有显著变量的问题（如塾师的收入等）时，则加入历时性的呈现与论述。当然，由于书稿本身的体例制约，大多塾师案例很难从历时性的角度去线性呈现其生存状态的变化，因而在具体论述过程中，往往仅能涉及塾师活动中与章节主题直接关联的某些片段。这是本书在写作过程中无法做到平衡的地方，也是最大的遗憾，只能寄望于后续研究中以更加得体的形式予以补充了。

书稿得以付梓，离不开众多师友、家人的支持，在此一并表达感恩之情。子开师是我完成这部书稿最重要的引导者和支持者。在川大学习期间，无论是学术研究的基本态度，还是重要方法，子开师都随时不忘耳提面命，堪称“人师”典范。即便在我工作数年后的今天，老师在发现新的塾师文献时，都会叮嘱我及时订补，这让我深感老师的敦学之切。这部书稿虽经不断改补，但显然难以达到老师所要求的高度，学生唯有慢积跬步，以望高山了。按老师的惯例，每周会组织一个读书会，我的博士论文选题就是在每周的读书会中，在老师的启发下酝酿出来的。时至今日，每见师群里关于读书会的通知，我仍然能像放电影一样浮现当年读书会的场景。感谢张老师，我怀念这种有温度的学术氛围。我的另一位导师徐希平老师是我硕士期间走入学术之路的启蒙者。徐老师不仅随时以精彩的案例向我们展示学术的魅力，而且对我们个人的生活也给予了极大的关怀，如今又因研究领域的交叉，对我随加指点和提携，令我心存无限感念。

感谢陪我度过校园生活的泰安左志南，蓉城杨锐、熊劼，崇州肖彦、惠州温智诸君，在那由峥嵘渐露“狰狞”的岁月中，以诗酒调和之，激励之，让我得以最终“上岸”。感恩改变我人生的夫人和儿子，你们是我不断前行的永恒动力。感恩我的两对父母，你们的无私奉献是我得以潜心学问的坚强后盾。感谢湖北民族大学及文学与传媒学院，本项目获湖北民族大学博士科研启动基金项目（MY2014B043）支持，并获文学与传媒学院双一流建设经费资助出版，特此致谢。感谢本书编辑颍川张照华、巴州王楠二君的明察秋毫和过硬的职业素养，让书稿的差错降到最低。

书不尽言，言不尽意。聊止于此。

庚子闰四月廿六日于恩施问月亭